WHISKYS
DER WELT

WHISKYS
DER WELT

HERAUSGEGEBEN VON

CHARLES MACLEAN

MIT BEITRÄGEN VON

DAVE BROOM, TOM BRUCE-GARDYNE,
IAN BUXTON, CHARLES MACLEAN, PETER MULRYAN,
HANS OFFRINGA, GAVIN D. SMITH

**LONDON, NEW YORK,
MELBOURNE, MÜNCHEN UND DELHI**

Für Dorling Kindersley produziert von
Thameside Media
www.thamesidemedia.com

Programmleitung Michael Ellis, Rosalyn Ellis
Redaktion Fay Franklin, Michael Fullalove,
Caroline Blake, Zoe Ross
Gestaltung Nora Zimerman, Kate Leonard, Ian Midson
Bildbearbeitung Steve Crozier

Für **Dorling Kindersley**

Projektbetreuung Danielle Di Michiel
Gestaltung Will Hicks
Redaktionsassistenz Andrew Roff
Umschlaggestaltung Nicola Powling
Cheflektorat Dawn Henderson
Bildredaktion Christine Keilty
Herstellung Ben Marcus

Für die deutsche Ausgabe:
Programmleitung Monika Schlitzer
Projektbetreuung Andrea Göppner
Herstellungsleitung Dorothee Whittaker
Herstellung Mareike Hutsky, Ines Tuszynski

Bibliografische Information Der Deutschen Bibliothek
Die Deutsche Bibliothek verzeichnet diese Publikation
in der Deutschen Nationalbibliografie;
detaillierte bibliografische Daten sind im Internet über
http://dnb.ddb.de abrufbar.

Titel der englischen Originalausgabe:
World Whisky
© Dorling Kindersley Limited, London, 2009
Ein Unternehmen der Penguin-Gruppe

© der deutschsprachigen Ausgabe
by Dorling Kindersley Verlag GmbH, München, 2010
Alle deutschsprachigen Rechte vorbehalten

Übersetzung Dr. Andreas Kellermann
Redaktion Carmen Söntgerath
Fachliche Beratung Jürgen Deibel
Satz PTP, Berlin

ISBN 978-3-8310-1707-2

Colour reproduction by Colourscan, Singapore
Printed and bound by South China Printing Co. Ltd

Besuchen Sie uns im Internet
www.dorlingkindersley.de

INHALT

WHISKYS FÜR GENIESSER

GROSSE WHISKY-NATIONEN

DIE ÜBRIGE WELT

BRENNEREIEN IM PORTRÄT

WHISKY-TOUREN

EINLEITUNG

Weltweit war die Begeisterung für Whisky niemals größer, und das Interesse scheint nicht nachzulassen. In den letzten Jahren wurden neue Brennereien in Europa, Australien und Asien eröffnet. Die meisten davon sind klein und bedienen örtliche Nachfrage, doch auch größere Anlagen befinden sich darunter. Einige führende Malt-Produzenten haben ihre Kapazitäten gesteigert — es seien nur Glenlivet, Macallan und Glenmorangie genannt —, und in Europa stellt eine Handvoll Destillerien neuerdings neben anderen Bränden auch Whisky her.

Was ist die Ursache für diese Expansion, und woher rührt die Zuversicht, dass die Investitionen sich rechnen werden? Es ist zum einen das enorme Interesse an Single Malt, das überall zunimmt, und zum anderen die zu erwartende Nachfrage neuer Märkte in China, Indien, Russland und Brasilien.

Die Begeisterung für Whisky (in Amerika und Irland »Whiskey«) manifestiert sich nicht nur in stetig steigenden Verkaufszahlen, sondern auch im beispiellosen Boom der Whiskyfestivals — von Finnland bis Neuseeland, von San Francisco bis Moskau. Ist der Geschmack erst einmal entwickelt, scheint der Wissensdurst unerschöpflich.

Man darf nicht vergessen, dass heute Whisky erst als solcher verkauft werden darf, wenn er wenigstens zwei Jahre (in den USA), in Schottland sogar drei Jahre, gereift ist — und er lagert oft sehr viel länger. Der Brenner muss daher in die Zukunft blickend die vermutliche Nachfrage in fünf, zehn, 15 oder gar 20 Jahren auf verschiedenen Märkten einschätzen und die Produktion entsprechend steuern.

Das gelingt nicht immer, und so spiegelt die aktuelle Verfügbarkeit einiger sehr guter alter Whiskys zum großen Teil die Überproduktion der frühen 1980er-Jahre wider. Aber wie dem auch sei — hervorragende Qualität wird immer Anklang finden. Modegetränke kommen und gehen, doch ein guter Whisky ist zeitlos.

Das Buch in Ihren Händen bietet einen erstklassigen Katalog der heute erhältlichen Whiskys. Es behandelt nicht nur die Erzeugnisse großer und weniger bekannter Brennereien, sondern enthält auch eine interessante Auswahl von Blended Whiskys. Der Hauptteil des Buches — »Whiskys für Genießer« — ist nach Ländern geordnet. Er listet von A bis Z zunächst die Produkte der großen Whiskynationen Schottland, Irland, USA, Kanada und Japan auf, gefolgt von Whiskys aus anderen Teilen Europas, Asiens und Australiens.

Außerdem findet sich alles Wissenswerte über den Produktionsprozess und die verschiedenen Whiskysorten, ferner Porträts besonderer Destillerien sowie Touren, die Sie in die Whiskyregionen Schottlands, Irlands, der USA und Japans führen. Denn kein Erlebnis trägt mehr zum Genuss bei als der Besuch einer Brennerei: man lernt die Fertigkeit, die Hingabe und die Zeit zu schätzen, die in dieses besondere Getränk einfließen — und natürlich sollte man keinesfalls versäumen, einen Schluck direkt an der Quelle zu verkosten.

Charles MacLean

Whiskyherstellung

Whisky ist ein einfaches Produkt. Man benötigt dafür nur Getreide, Wasser und Hefe, doch das Spektrum an Aromen in einem reifen Whisky kann erstaunlich und betörend sein. Wie vermögen so einfache Zutaten solch eine Palette an Aromen zu erzeugen? Die Antwort liegt in all den kleinen Schritten des Herstellungsprozesses: dem verwendeten Getreide, wie die Gerste gemälzt wird, der Form der *stills*, der Brennblasen, dem Winkel der *lyne arms*, der Länge der Reifung und den verwendeten Fässern. Um diese Nuancen zu erkennen, muss man zunächst mit den grundlegenden Etappen der Herstellung vertraut sein. Der erste Schritt ist die Auswahl des Getreides. Bei der Whiskyherstellung spielt Gerste eine wichtige Rolle. Für schottischen Malt kommt sie ausschließlich zum Einsatz, und ein Teil gemälzter Gerste wird für fast jeden Whisky gebraucht. Auch Mais, Weizen und Roggen werden verwendet. Mais ist das Hauptgetreide für Bourbon und Tennessee Whiskey, und Roggen ist natürlich die Hauptzutat für Rye Whiskey. Der Begriff Grain Whisky bezieht sich auf Whisky, der hauptsächlich aus anderen Getreidesorten als Gerste entsteht. Er dient vor allem als Grundlage für Blends. Die Hauptgetreidearten für Grain Whisky sind Mais oder Weizen.

I MÄLZEN

Die Gerste durchläuft einen Mälzungsprozess, um Enzyme zu aktivieren und den Stärkegehalt zu maximieren. Die Stärke wird später in Zucker und dann in Alkohol umgewandelt. Wird beim Trocknen des Getreides Torf verbrannt, nimmt der Whisky ein rauchiges Aroma an. Manche Brennereien betreiben eigene *floor maltings (oben)*, die meisten verwenden fertig gemälzte Gerste *(s. auch S. 40–41)*.

2 MAISCHEN

In der Brennerei werden die gemälzten Körner zu einem groben Mehl zermahlen. Diesen sogenannten *grist* vermengt man in einem Maischebottich *(oben)* mit heißem Wasser, um löslichen Zucker zu extrahieren. Das gezuckerte Wasser, Würze genannt, wird abgepumpt. Anderes, ungemälztes Getreide kann mit dem Grist im Maischebottich vermengt werden.

3 VERGÄRUNG

Die Würze wird mit Hefe vermengt und in einem Garbehälter (in Schottland *washback*) erhitzt *(oben)*. Die Hefe wandelt den Zucker in der Würze in Alkohol und Kohlendioxid um. Dieser Vergärungsprozess dauert zwischen 48 und 74 Stunden und ergibt ein starkes und recht herbes Bier, den *wash*.

4 BRENNEN

In der nächsten Etappe wird der Wash gebrannt. Ob man eine Säulenanlage für die kontinuierliche oder eine *pot still* (Brennblase) für die portionsweise Destillation verwendet – das Ziel ist dasselbe: Alkohol aus dem Wash zu destillieren. Das Verfahren ist einfach: Der Wash wird erhitzt, und da Alkohol bei einer niedrigeren Temperatur als Wasser kocht, steigt er als Dampf aus dem Wash auf. Dieser Dampf wird dann zu Flüssigkeit kondensiert. Bei der Pot-Still-Destillation kondensiert die Spirituose entweder in einem *Shell-and-Tube*-Kühler *(oben)* oder einem altmodischen *worm tub (s. S. 169)*, was eine schwerere, öligere Spirituose ergibt. Whisky wird meist zweifach gebrannt, zunächst in einer *wash still* (in den USA *beer still*), anschließend in einer *spirit* (oder *low wines*) *still*. Irischer Whiskey wird traditionell dreifach gebrannt, um ein noch reineres Destillat zu erzeugen.

5 DER CUT

Brennereien verwenden bei der Pot-Still-Destillation einen *spirit safe (oben)*, der den Brennern eine Beurteilung der Spirituose erlaubt. Der erste und der letzte Abschnitt des Durchlaufs bei der zweiten Destillation sind nicht rein genug. Sie – die sogenannten *foreshots* und *feints* – werden zusammen mit den *low wines* der ersten Destillation erneut gebrannt. Der gewünschte, verwendbare Teil der Destillation ist der Mittellauf (*middle cut* oder einfach *cut*). Diese *new make* genannte Spirituose ist trinkbar und zeigt einige Charakteristika des fertigen Whiskys. Sie hat aber noch nicht seine Geschmackstiefe und Farbe und darf nicht Whisky genannt werden.

6 ABFÜLLEN IN FÄSSER

Der Alkoholgehalt des New Make wird auf 63–64 Vol.-% reduziert, das gilt als optimale Stärke für die Reifung. Er wird dann aus dem Tank in Fässer gepumpt *(oben)*. In den USA bevorzugt man neue, ausgekohlte Fässer, in Schottland verwendet man in der Regel gebrauchte Fässer.

7 REIFUNG

Der Prozess, der das klare Destillat in jenes goldbraune, komplexe Getränk verwandelt, das man Whisky nennt, ist die Reifung. Ihre Dauer variiert je nach klimatischen Bedingungen, Größe und Art der Fässer und rechtlichen Bestimmungen – bei Scotch sind es wenigstens drei Jahre *(s. auch S. 68–69 und 74–75).*

8 BLENDING

Den größten Marktanteil hat Blended Whisky – eine Mischung aus Malt und Grain Whisky. Ein Verschnitt kann 40 oder mehr Komponenten enthalten, und die Kunst des *blenders* (Verschneiders) besteht darin, die Aromen ausgewogen zu verbinden. Jeder Blend ist auf einen bestimmten Geschmack ausgelegt *(s. auch S. 79).*

9 ABFÜLLUNG

Die Abfüllung von Whisky erfolgt gewöhnlich in automatischen Anlagen *(oben),* doch manchmal wird auch von Hand abgefüllt und etikettiert. Whisky wird meist mit Wasser auf eine Abfüllstärke von etwa 40–46 Vol.-% reduziert; Fassstärken behalten den Alkoholgehalt *(cask strength),* den sie im Fass hatten (53–65 Vol.-%).

Whiskysorten

Es gibt verschiedene Whiskysorten, deren Unterschiede wesentlich vom verwendeten Getreide und dem Herstellungsverfahren abhängen. Am häufigsten verwendet werden Gerste, Mais, Weizen und Roggen. Die Verfahrensunterschiede, auf denen die verschiedenen Klassifikationen beruhen, sind die Art der Destillation (kontinuierlich oder portionsweise) sowie Art und Dauer der Reifung. Amerikanische Whiskeys lagern meist in neuer Eiche, schottische und irische in wiederverwendeten Fässern.

MALT Dieser ursprüngliche Whisky der schottischen Highlands wird ausschließlich aus gemälzter Gerste in kupfernen Pot Stills erzeugt. Seit den 1920er-Jahren stellt man auch in Japan Malt her, heute außerdem in Kanada, Asien und (in kleinen Mengen) in fast allen europäischen Ländern. »Single Malt« ist das Produkt einer einzelnen Brennerei. In Schottland muss er wenigstens drei Jahre reifen (s. S. 28).

BLENDS Ein Blend ist eine Mischung aus Malt Whisky und Grain Whisky, gewöhnlich im Verhältnis von 40 % Malt und 60 % Grain. In Luxus-Blends wird mehr Malt verwendet, in einfachen Blends weniger. Blended Whiskys machen 92 % der gesamten schottischen Whiskyproduktion aus (s. S. 79).

GRAIN Grain Whisky aus kontinuierlicher Destillation wird üblicherweise aus Weizen oder Mais gebrannt und enthält auch geringe Mengen Gerste. Er dient meist dem Verschnitt, kommt aber auch als Grain Whisky in den Handel (s. S. 165).

PURE POT STILL WHISKEY Eine typisch irische Spezialität, für die gemälzte und ungemälzte Gerste verwendet wird (s. S. 193).

BLENDED MALT Während Single Malt das Erzeugnis nur einer Bremerei ist, mischen sich hier die Erzeugnisse von mehreren Herstellern (s. S. 174).

TENNESSEE WHISKEY Er wird ähnlich wie Bourbon mit einem Maisanteil von wenigstens 51 % in der Maische produziert. Eine Besonderheit ist hier die Filtrierung durch eine dicke Schicht aus Zuckerahorn-Holzkohle, bekannt als Lincoln County Process (s. S. 226).

BOURBON Die Maische für Bourbon muss wenigstens 51 % Mais enthalten, hinzu kommen Gerste, Weizen oder Roggen. Der Whiskey reift mindestens zwei Jahre in neuen, ausgekohlten Fässern aus amerikanischer Weißeiche (s. S. 223).

RYE WHISKEY Der ursprüngliche amerikanische Whiskey ist heute weniger gefragt. Für die Herstellung sind wenigstens 51 % Roggen vorgeschrieben und eine Reifezeit von mindestens zwei Jahre in neuen, ausgekohlten Fässern aus Weißeiche. Kanada produziert viel Roggenwhisky, doch sind Verfahren und Klassifikation anders als in den USA (s. S. 262, 270).

KENTUCKY STRAIGHT BOURBON WHISKEY

Alles über …
Whisky genießen

Whisky ist eines der vielseitigsten Getränke der Welt und kann auf verschiedene Art genossen werden. Will man aber seiner ganzen Komplexität auf die Spur kommen, sollte man nur ein wenig Wasser zugeben. Aroma ist eine Kombination aus Duft und Geschmack, und um einen Whisky richtig einschätzen zu können, benötigt man unbedingt ein geeignetes Glas *(s. S. 158–159)*. Die Zugabe von etwas stillem Wasser (die Menge hängt vom jeweiligen Whisky und der persönlichen Vorliebe ab) aktiviert die Moleküle in der Flüssigkeit und verstärkt das Aroma; Eis dagegen verschließt es. Hier einige Tipps für die Verkostung und ein erster Eindruck, welche Aromen Sie dabei erwarten.

Verkosten

Zum Verkosten von Whisky für jede Probe ein frisches Glas verwenden, einen kleinen Krug Wasser zur leichten Verdünnung der Spirituose bereitstellen und nach jeder Verkostung etwas Wasser zur Reinigung des Gaumens trinken. Es ist hilfreich, sich Notizen zu machen *(s. S. 332)*.

1. Farbe Prüfen Sie die Farbe des Whiskys *(s. S. 75)*. Schwenken Sie die Spirituose im Glas und achten Sie auf die »Kirchenfenster« am Rand. Fließen sie langsam und dick, weist das auf einen guten Körper hin.

2. Nase Schwenken Sie die Flüssigkeit im Glas und nehmen Sie den Duft wahr. Achten Sie zunächst auf die Sinneseindrücke – riecht es kratzig, scharf, warm, kühl? Versuchen Sie dann, den Geruch zu beschreiben. Mit einem Tropfen Wasser wiederholen.

3. Geschmack Verkosten Sie den Whisky zunächst pur. Sein Charakter kann jedoch am besten nach Zugabe von etwas Wasser beurteilt werden. Achten Sie auf die Struktur, das »Gefühl im Mund« – weich, ölig, wachsig, trocken, rau usw. Beurteilen Sie dann die Balance zwischen den Hauptkomponenten süß, sauer, bitter, salzig. Schließlich: Wie lang ist der Nachklang und bleibt ein angenehmer Nachgeschmack?

4. Entwicklung Riechen Sie nach zehn Minuten erneut an der Probe und kosten Sie den Whisky noch einmal. Hat er sich verändert?

Ein Glas, das sich nach oben hin verjüngt, ist ideal, um Whisky zu genießen, da es die Aromen konzentriert.

Aroma

Whisky sollte selbstverständlich nach Whisky riechen und schmecken, doch will man ihn richtig genießen, versucht man herauszufinden, woran Duft und Geschmack erinnern. Hier einige der wichtigsten Aromakomponenten:

GETREIDE

Wie nicht anders zu erwarten, kommt dieses Aroma vom verwendeten Getreide. Es zeigt sich in Whiskys wie Knockando *(S. 123)*, Tullibardine *(S. 178)* oder McDowell's *(S. 324)*.
• Kekse • Müsli • Haferbrei • Kleie • neues Leder • Malzextrakt • Maismaische

FRUCHTIG

Frische, fruchtige Aromen entwickeln sich in der Spirituose selbst bei Vergärung und Destillation. Noten von Dörrobst und Kompott stammen aus dem Holz, in dem der Whisky reift. Glenmorangie *(S. 102)*, Yoichi *(S. 296)* und Yamazaki *(S. 302)* bieten interessante Beispiele für unterschiedliche Fruchtaromen.
• Frische Früchte (Äpfel, Birnen, Pfirsiche) • Zitrusfrüchte • exotische Früchte (Ananas, Litschi, Banane) • Trockenfrüchte (Rosinen, kandierte Schalen, Feigen, Pflaumen, Früchtekuchen) • Kompott

BLUMIG

Whiskys aus den schottischen Lowlands zeichnen sich charakteristischerweise durch blumiges Aroma aus. Sie sind auch als Aperitif geeignet, etwa jüngere Abfüllungen von Auchentoshan *(S. 30)* und Glenkinchie *(S. 99)*.
• Blumenladen • duftende Blüten (Rose, Lavendel, Heidekraut) • Gras (frisch gemähter Rasen, Heu, Blumenstängel) • künstliche Duftstoffe (Luftauffrischer, Veilchenaroma)

RAUCHIG

Das Darren der gemälzten Gerste über Torffeuer bringt rauchige Whiskys hervor; etwa Islay Malts wie Lagavulin *(S. 128)*, aber auch Talisker *(S. 167)* oder Longrow *(S. 137)*.
• Räucherfleisch, -fisch, -käse • verkohltes Holz • Kaminfeuer • Torfrauch • Tabak • Ruß, Kohle • Teer • Holzschutzmittel

MEDIZINISCH

Der medizinische Geschmack gefällt nicht jedermann, aber wer ihn mag, wird Islay Malts zu schätzen wissen, wie Laphroaig *(S. 130)*, Benriach Curiositas *(S. 44)* und Ardbegs 10-Jährigen *(S. 24)*.
• Pflaster, Gips • Krankenhaus • Mundwasser • Steinkohlenteer-Seife • Jod (Meersalz) • Antiseptika

HOLZIG

Das Fass wirkt in unterschiedlicher Weise auf den Geschmack. Es überträgt zunächst holzige Noten wie in Balvenie *(S. 36)* und Glenrothes *(S. 106)*.
• Frisches Holz (Saft, Kiefer, Rinde, frische Eiche) • duftende Hölzer (Sandelholz, Zeder, Zigarrenschachteln) • Bleistiftspäne • Sägemehl

HOLZEXTRAKTE

Aus dem Holz nimmt der Whisky außerdem Vanillin und Tannine auf. Vanillin ist besonders stark in amerikanischer Eiche enthalten, und alle Bourbons zeigen diese Noten. Europäische Eiche ist reicher an Tanninen, mit würzigen und weinigen Anklängen. Tamdhu *(S. 170)* zeigt ersteres, Glenfiddich Solera *(S. 90)* letzteres.
• Vanille (Vanilleschote und -essenz, Eiskrem, Vanillesoße, Gebäck) • Kokosnuss (Kokosraspel, Stechginster, Sonnenöl) • Karamell (Toffee, Karamellbonbon, Zuckerwatte) • Honig • Gewürze (Muskatnuss, Gewürznelke, Zimt, Ingwer) • Wein (Sherry, Portwein, Rum)

ÖLIG

Die schwereren Spirituosen haben einen eher öligen Charakter, etwa Dalmore *(S. 73)* oder Jura *(S. 122)*. Er zeichnet auch reinen irischen Pot Still Whiskey wie Redbreast *(S. 213)* aus, der ungemälzte wie gemälzte Gerste enthält.
• Butter • Sahne • Crème brulée • Schmierfett • Bratfett • duftfreie Seife • Käse • Leder-, Möbelpolitur

SCHWEFELIG

Leichte Schwefelnoten können in großen Whiskys wie Aberlour a'bunadh *(S. 21)* und Macallan *(S. 138)* auftreten.
• Gummi • Streichhölzer • Hefe • gekochtes Gemüse

Einige der deutlichsten Aromen im Whisky – von süßem Vanillin bis zu Gewürzen wie Zimt, Nelke und Muskatnuss – stammen von dem Fass, in dem die Spirituose reifte.

WHISKYS FÜR GENIESSER

GROSSE WHISKY-NATIONEN

SCHOTTLAND · IRLAND · USA · KANADA · JAPAN

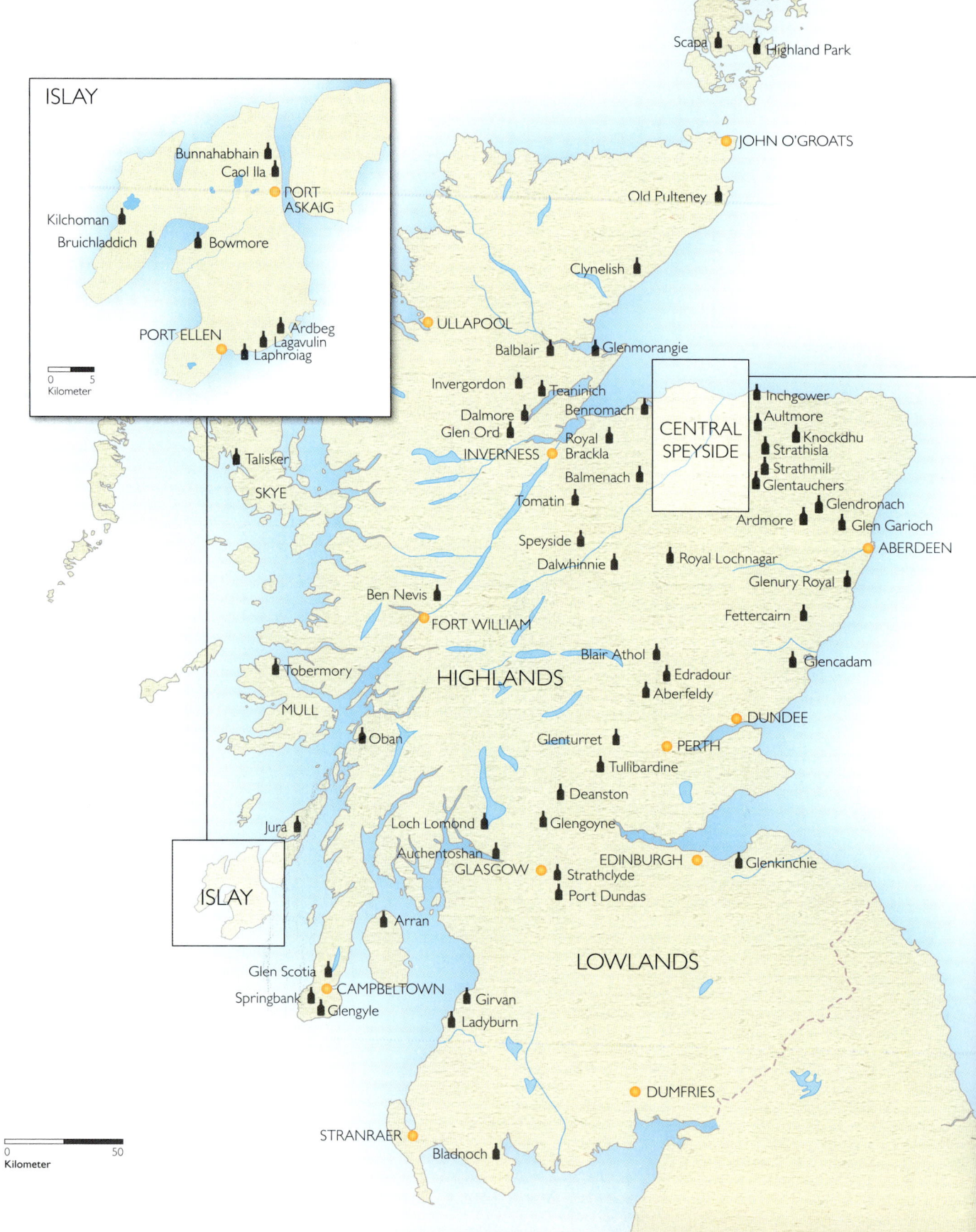

ISLAY

Bunnahabhain
Caol Ila
PORT ASKAIG
Kilchoman
Bruichladdich
Bowmore
PORT ELLEN
Ardbeg
Lagavulin
Laphroaig

0   5
Kilometer

Scapa
Highland Park

JOHN O'GROATS

Old Pulteney

Clynelish

ULLAPOOL

Balblair
Glenmorangie

Invergordon
Teaninich
Benromach
Dalmore
Glen Ord
Royal Brackla
INVERNESS
Balmenach
Tomatin

CENTRAL SPEYSIDE

Inchgower
Aultmore
Knockdhu
Strathisla
Strathmill
Glentauchers
Ardmore
Glendronach
Glen Garioch
ABERDEEN

Speyside
Dalwhinnie
Royal Lochnagar
Glenury Royal
Fettercairn

Taliskar
SKYE

Ben Nevis
FORT WILLIAM

HIGHLANDS

Blair Athol
Edradour
Aberfeldy
Glencadam

DUNDEE

Tobermory
MULL

Oban

Glenturret
PERTH
Tullibardine
Deanston
Glengoyne

Jura

Loch Lomond

Auchentoshan
GLASGOW
Strathclyde
Port Dundas

EDINBURGH
Glenkinchie

ISLAY

LOWLANDS

Arran

Glen Scotia
CAMPBELTOWN
Springbank
Glengyle

Girvan
Ladyburn

DUMFRIES

STRANRAER
Bladnoch

0   50
Kilometer

CENTRAL SPEYSIDE

LOSSIEMOUTH

Glenburgie
Glen
Moray — Linkwood
Miltonduff — Benriach
— Longmorn
Glenlossie — Glen Elgin — Glen Keith
Glen Grant — Auchroisk
Glenrothes — Speyburn
Macallan — Glen Spey
Cardhu — Craigellachie
Tamdhu — Balvenie
Knockando — Aberlour — Kininvie
Dailuaine — Glenfiddich
Glenallachie — Glendullan
Benrinnes — Mortlach
Glenfarclas — Dufftown
Cragganmore
Tormore — Allt-a'-Bhainne

Glenlivet

Tomintoul
Braeval

0   5
Kilometer

N
W   O
S

Die Karte verzeichnet die aktiven Brennereien Schottlands, die ihren Whisky zumeist unter demselben Namen abfüllen. Nicht berücksichtigt sind Blends sowie unabhängige Abfüllungen, da sie sich der geografischen Festlegung entziehen. In der Region Speyside gibt es etwa 50 Whiskybrennereien – sie kann sich damit der weltweit höchsten Dichte rühmen. Eine weitere wichtige Whiskyregion in Schottland sind die Highlands – ein großes Gebiet, das sich etwa von Loch Lomond bis zur Nordküste des schottischen Festlands erstreckt. Ganz im Süden liegen die Lowlands, wo die Brennereien weniger zahlreich sind. Auch auf den Inseln der Westküste wird Whisky produziert. Hier bildet Islay eine eigene Whiskyregion mit einer Gruppe von Brennereien, die ausgiebig vom Torf der Insel Gebrauch machen. Etwas weiter südöstlich liegt Campbeltown. Die Stadt besaß im 19. Jahrhundert eine blühende Whiskyindustrie, doch nur drei Brennereien haben überdauert.

SCHOTTLAND

BRUICHLADDICH – ISLAY

GLENKINCHIE – LOWLANDS

FETTERCAIRN – HIGHLANDS

TALISKER – ISLANDS

GLENLIVET – SPEYSIDE

ABERFELDY 12-YEAR-OLD

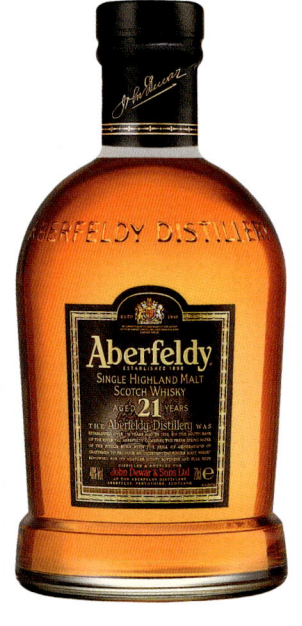

ABERFELDY 21-YEAR-OLD

ABERLOUR 12-YEAR-OLD SHERRY MATURED

100 PIPERS

Besitzer: Chivas Brothers

100 Pipers, 1965 von Seagram entwickelt und nach einem alten schottischen Volkslied benannt, war ursprünglich für den Luxussektor des schottischen Whiskymarktes bestimmt und von Anfang an ein Erfolg. Der Blend enthält Allt-a-Bhainne und Braeval, vermutlich auch etwas Glenlivet und Longmorn. Seagram betrieb die Vermarktung sehr erfolgreich, und die Marke wächst auch unter den neuen Besitzern Chivas Brothers (die selbst zu Pernod Ricard gehören) weiter. 100 Pipers ist einer der meistverkauften Whiskys auf dem dynamischen thailändischen Markt und entwickelt sich auch in vielen anderen Ländern sehr gut.

100 PIPERS

BLEND 40 VOL.-%

Helle Farbe. Ein leichter Whisky mit weichem, doch dezent rauchigem Geschmack; gut zum Mixen geeignet.

ABERFELDY

Aberfeldy, Perthshire
www.dewarswow.com

Viele Malt-Brennereien sind stolz darauf, als geistige Heimat eines bestimmten Blends zu gelten, und weisen darauf mit einer Plakette an der Wand oder einem großen Zeichen am Eingang hin. Aberfeldy, wo schon immer Malt für Dewar's White Label hergestellt wurde, geht geht noch einen Schritt weiter: Mit dem im Jahr 2000 eröffneten Besucherzentrum wurde die Brennerei gewissermaßen zu »Dewar's World of Whisky«. Obwohl sich die Besucher hier natürlich auch über die Grundlagen des Malt-Brennens informieren können, liegt der Schwerpunkt auf der Kunst des Verschneidens und der Rolle von Tommy Dewar (1864 – 1930), einem der großen Whiskybarone.

Die Brennerei wurde 1898 von John Dewar & Sons gebaut, um Malt Whisky für die Blends des

Unternehmens zu liefern. Die Lage wählte man aufgrund ihres guten, beständigen Wasservorrats und der Eisenbahnverbindung nach Perth, dem Sitz des Unternehmens. Sie war zudem ein Tribut an John Dewar, der ganz in der Nähe geboren wurde.

Nachdem Aberfeldy den größten Teil des 20. Jahrhunderts zu DCL (jetzt Diageo) gehört hatte, wurde das Unternehmen im Zuge eines Milliarden-Deals, der fünf Malt-Brennereien sowie die Ginmarke Bombay Sapphire umfasste, von Bacardi übernommen.

ABERFELDY 12-YEAR-OLD

SINGLE MALT: HIGHLANDS 40 VOL.-%
Reiner Apfelduft, im Mund fruchtig, mittelschwer.

ABERFELDY 21-YEAR-OLD

SINGLE MALT: HIGHLANDS 40 VOL.-%
Seit 2005 auf dem Markt. Er besitzt mehr Tiefe und Fülle als der 12-Jährige, mit süßem Heidekrautaroma und leicht würzigem Akzent im Nachklang.

ABERLOUR

Aberlour, Banffshire
www.aberlour.com

In seiner Heimat weniger bekannt, ist Aberlour in Frankreich außerordentlich beliebt und zählt zu den zehn meistverkauften Malts weltweit. Als Unternehmen der Campbell Distillers gehört er seit 1975 zur französischen Pernod-Ricard-Gruppe. Malt aus Aberlour wird in vielen Blends verwendet, vor allem in Clan Campbell, aber bis zur Hälfte der Produktion kommt in einer Palette von Altersstufen und Varianten als Single Malt auf den Markt.

Das Dorf Aberlour liegt unweit des Flusses Spey. Es war gerade erst gegründet worden, als James Gordon und Peter Weir 1826 eine Brennerei an der Hauptstraße errichteten. 50 Jahre später fiel sie einem Feuer zum Opfer. James Fleming, der Eigentümer von Dailuaine *(s. S. 71)*, baute 1879 eine neue Produktionsstätte für

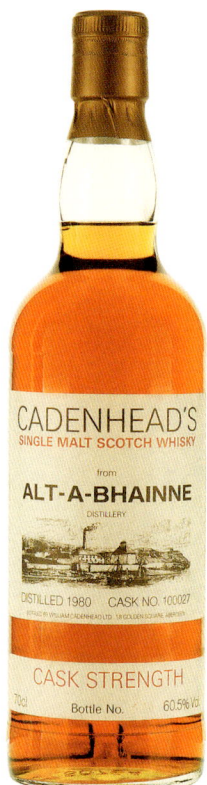

Aberlour einige Kilometer flussaufwärts. Heute stehen hier Gebäude aus spätviktorianischer Zeit, von Charles Doig nach einem weiteren Brand 1898 entworfen.

ABERLOUR 12-YEAR-OLD SHERRY MATURED

SINGLE MALT: SPEYSIDE 40 VOL.-%
Tiefe, rötliche Farbe von neuen Sherryfässern, nussiger Geschmack nach Weihnachtskuchen mit Trockenfrüchten, cremig-buttrige Struktur.

ABERLOUR A'BUNADH

SINGLE MALT: SPEYSIDE 60 VOL.-%
A'bunadh ist Gälisch und heißt »das Original«; ohne Kaltfiltration in Fassstärke abgefüllt, in Oloroso-Sherryfässern gereift. Üppiger Geschmack nach Trockenfrüchten und Gewürzen.

ABERLOUR 10-YEAR-OLD

SINGLE MALT: SPEYSIDE 40 VOL.-%
Vorwiegend in Bourbonfässern gereift, hat er die karamellige Süße des Holzes aufgenommen; leicht nussiger, würziger Geschmack.

ALLT-A-BHAINNE

Glenrinnes, Dufftown, Banffshire

Allt-a-Bhainne, eine Gründung von 1975, spiegelt den Nachkriegserfolg von Chivas Regal. Nachdem er die USA erobert hatte, begann Seagrams Vorzeigescotch, Asien und Lateinamerika zu begeistern. Als der Verkauf boomte, stieg die Nachfrage an Malt Whisky für den Verschnitt. Die Brennerei war stets in erster Linie auf dieses Geschäft ausgerichtet, und daran wird sich wohl auch unter dem jetzigen Besitzer Pernod Ricard nichts ändern. Bisher gibt es nur wenige eigenständige Abfüllungen des Malt Whiskys.

ALT-A-BHAINNE CADENHEAD 1980

SINGLE MALT: SPEYSIDE 60,5 VOL.-%
Kurioserweise wird auf dem Etikett dieser Abfüllung der Name mit nur einem »l« geschrieben. Mit Wasser entfalten sich die süßeren, malzigeren Aromen dieser Fassstärke.

ANCNOC 1991

ANCNOC 12-YEAR-OLD

ANCNOC 1975

ANCNOC

Knockdhu Distillery, Knock,
Huntly, Aberdeenshire
www.ancnoc.com

AnCnoc, benannt nach dem nahen »Schwarzen Berg«, dessen Quellen das Wasser liefern, ist das wichtigste Produkt der Knockdhu Distillery. Mit nur einem Paar Stills und einer Kapazität von 900 000 Litern im Jahr gehört sie nicht zu den großen Erzeugern. Doch ist aus dieser kleinen, 1893 gepflanzten Eichel die mächtige Eiche Diageo hervorgegangen. Knockdhu war die erste – und über Jahre einzige – Brennerei der Distillers Company (DCL), die zunächst nur durch Ankäufe wuchs. Erst 1967 baute die Firma ihre zweite Produktionsstätte, Clynelish.

Knockdhu wurde 1983 stillgelegt und sechs Jahre später von Inver House zu neuem Leben erweckt. Es wurde alles getan, um den Charakter der Brennerei zu bewahren; so nutzt man hier immer noch die hölzernen Washbacks und die alten Lagerhäuser. Auch die traditionellen Worm Tubs zur Kondensierung der Spirituose sind wieder in Betrieb. Ihnen verdankt AnCnoc seinen leicht schwefligen, saftigen Charakter.

ANCNOC 1991

SINGLE MALT: SPEYSIDE 46 VOL.-%
Vanille, Sahnekaramell und Holz in der Nase. Fruchtig und körperreich, mit einem Hauch Torf.

ANCNOC 12-YEAR-OLD

SINGLE MALT: SPEYSIDE 40 VOL.-%
Ein relativ vollmundiger Speyside Malt mit Noten von Zitronenschale und Heidekrauthonig in der Nase; angenehm üppig im Mund; recht langer Nachklang.

ANCNOC 1975

SINGLE MALT: SPEYSIDE 50 VOL.-%
Ohne Kaltfiltration in Fassstärke abgefüllt; ein großer, starker Speyside, der reiche Sherrynoten mit dem süßeren Aroma der Bourbonfässer verbindet.

THE DUNDEE

OLD DUNDEE 12-YEAR-OLD

THE ANTIQUARY 12-YEAR-OLD

THE ANTIQUARY 21-YEAR-OLD

ANGUS DUNDEE

www.angusdundee.co.uk

Mit über 50 Jahren Erfahrung im Herstellen, Verschneiden, Abfüllen und Vertreiben von Spitzenscotch und anderen Spirituosen ist Angus Dundee einer der wenigen wirklich unabhängigen Familienbetriebe in der schottischen Whiskybranche. Das Unternehmen betreibt zwei Malt-Brennereien – Tomintoul und Glencadam –, ist aber bekannter für seine Blends.

Zu den Erzeugnissen des Hauses gehören ein Standardverschnitt, ein 12-jähriger De-luxe-Blend und an der Spitze ein 30-jähriger Blend in einer Kristallkaraffe – der Vorzeigewhisky der Firma, intensiv fruchtig, mit Eichenwürze und dunkler Schokolade am Gaumen und einem langen, sanften Nachklang.

Angus Dundee pflegt große Vorräte an Malt und Grain Whiskys, die entweder in Schottland auf Flaschen gefüllt (*bottled in Scot-land*) oder als Fassware in alle Welt verschickt werden. Weitere Blends der Firma sind Parkers und Scottish Royal, beide als Standard- und 12-jährige De-luxe-Variante erhältlich, sowie die Big Ben Special Reserve. Allen Produken des Hauses ist eine ausgeprägte Familientypik eigen, und die kürzlich erworbene Glencadam-Brennerei dürfte zunehmend in den Vordergrund des Verschnittprofils rücken.

THE DUNDEE

BLEND 40 VOL.-%

Ein Hauch Orangenschale in der Nase, malzig, mittelschwer; Spuren von Rauch und leichte Süße; weich am Gaumen.

OLD DUNDEE 12-YEAR-OLD

BLEND 43 VOL.-%

Üppiger als sein jüngeres Pendant, mit längerem Nachklang. Die Orangennoten entwickeln sich in Richtung kandierter Schale. Weich im Mund, elegant am Gaumen. Anklänge an Zuckerrübensirup, doch nicht zu süß.

THE ANTIQUARY

Besitzer: Tomatin Distillery
www.antiquary.co.uk

Der 1857 von John und William Hardie eingeführte Blended Whisky wurde nach einem Roman von Sir Walter Scott benannt. Lange im Besitz von William Sanderson (berühmt durch Vat 69), wurde The Antiquary 1996 verkauft. Heute gehört die Marke zur Tomatin Distillery Company, einer Tochterfirma von Takara Shuzo and Okura Ltd. (Japan).

Der in einer karaffenähnlichen Flasche abgefüllte Whisky wurde in seiner Blütezeit als Luxusblend geschätzt, doch sinkender Absatz führte schließlich zum Verkauf von Namen und Rezeptur. Die derzeitigen Besitzer bieten 12- und 21-jährige Abfüllungen an und scheinen sich um eine Neupositionierung der Marke zu bemühen. Eine neue Verpackung – ähnlich der alten Flasche – wurde eingeführt, und Tomatin bewirbt The Antiquary intensiv. Entsprechend seinem De-luxe-Status hat er einen sehr hohen Malt-Gehalt, darunter einige der besten Malts aus Speyside- und Highland-Brennereien, sowie mehr als einen Schuss Tomatin. Islay scheint stärker als früher vertreten zu sein.

THE ANTIQUARY 12-YEAR-OLD

BLEND 40 VOL.-%

Subtile Fruchtigkeit mit einen Hauch Apfel im Hintergrund. Außergewöhnlich weicher, tiefer Geschmack und langer Nachgeschmack. Jüngere Abfüllungen können etwas variieren. Manche Verkoster konstatieren neuerdings einen starken Torfeinfluss.

THE ANTIQUARY 21-YEAR-OLD

BLEND 43 VOL.-%

Leichte Malzigkeit mit verhaltenen Torfnoten lassen Heidekraut, Löwenzahn und Schwarze Johannisbeere hervortreten. Ein Schuss Islay Malt erzeugt einen wirklich außergewöhnlichen Schluck – ausgewogen, üppig und weich. Ein herausragender Blend.

ARDBEG 10-YEAR-OLD
SINGLE MALT· ISLAY 46 VOL.-%
Ohne Kaltfiltration abgefüllt,
entwickelt dieser Malt Noten von
Holzschutzmittel, Teer und Räucherfisch in der Nase. Im Mund
löst sich jegliche Süße schnell im
rauchigen Nachklang auf.

ARDBEG BLASDA
SINGLE MALT· ISLAY 40 VOL.-%
Der gälische Name bedeutet
»süß und köstlich« – ein Hinweis auf den ungewöhnlich
milden Stil, erzeugt aus Malz,
das mit nur 8 mg/l getorft
wurde. Das entspricht einem
Drittel des bei Ardbeg sonst
üblichen Wertes.

ARDBEG UIGEADAIL

ARDBEG AIRIGH NAM BEIST

ARDBEG ALMOST THERE

ARDBEG RENAISSANCE

ARDBEG

Port Ellen, Islay
www.ardbeg.com

Die Insel Islay ist die Heimat der starken, torfgeräucherten Whiskys, und Ardbeg gehört fraglos zu den Aushängeschildern.

Die Brennerei wurde 1815 in der Gemeinde Kildalton lizenziert, an der Südküste Islays, nicht weit von Lagavulin und Laphroaig entfernt. »Ihre Isolation verstärkt noch die Romantik der Lage«, stellte der Whiskyexperte Alfred Barnard um 1880 fest. Doch schon damals war Ardbeg gut etabliert und lieferte über Buchanan's in Glasgow »reinen Islay Malt« an die Verschneider. Das Vertrauen auf den Verschnittmarkt brachte

das Unternehmen jedoch in eine schwierige Position, und als der »Whiskysee« um 1980 randvoll war, folgte die Stilllegung. Die Besitzer Allied Distillers hatten beschlossen, sich auf Laphroaig zu konzentrieren. Die gesamte Belegschaft von Ardbeg, 60 Beschäftigte, wurde entlassen. Dass die Brennerei am Ende des Jahrzehnts zu neuem Leben erwachen würde, erschien unvorstellbar.

1997 kam es zur Übernahme durch Glenmorangie. Der Kaufpreis betrug angeblich 7 Mio. Pfund, und weitere 1,4 Mio. flossen in die Verbesserung der Anlagen. Nach den Jahren der Unproduktivität war der Neubeginn schwierig, doch allmählich füllten sich die Lager, und schließlich

konnte man den ersten 10-Jährigen herausbringen. Seitdem hat es eine Reihe von Neuabfüllungen gegeben, die bei Freunden der rauchigen Islay Malts zum Kultstatus von Ardbeg beigetragen haben.

ARDBEG UIGEADAIL

SINGLE MALT: ISLAY 54,2 VOL.-%
Benannt nach Loch Uigeadail, aus dem Ardbeg sein Wasser bezieht. Tiefgoldene Farbe und sirupartige Süße in der Nase; würzige, rauchige Noten auf der Zunge.

ARDBEG AIRIGH NAM BEIST

SINGLE MALT: ISLAY 46 VOL.-%
Üppiger, würziger Malt mit süßen Vanillenoten, dank 16 Jahren Reifezeit in Bourbonfässern. Der gälische Name bedeutet »Zuflucht des Tieres«.

ARDBEG ALMOST THERE

SINGLE MALT: ISLAY 54,1 VOL.-%
Torfig, salzig und zitrusartig in der Nase; Pfeffer, Rauch und Zitronenschale im Mund. Der Nachklang ist lang, grollend, torfig und wärmend.

ARDBEG RENAISSANCE

SINGLE MALT: ISLAY 55,9 VOL.-%
1998 gebrannt (dem Jahr, nachdem Glenmorangie die Brennerei kaufte) und 2008 abgefüllt. Ein schwergewichtiger, torfreicher Whisky, der früheren Limited Editions wie Still Young und Almost There ähnelt.

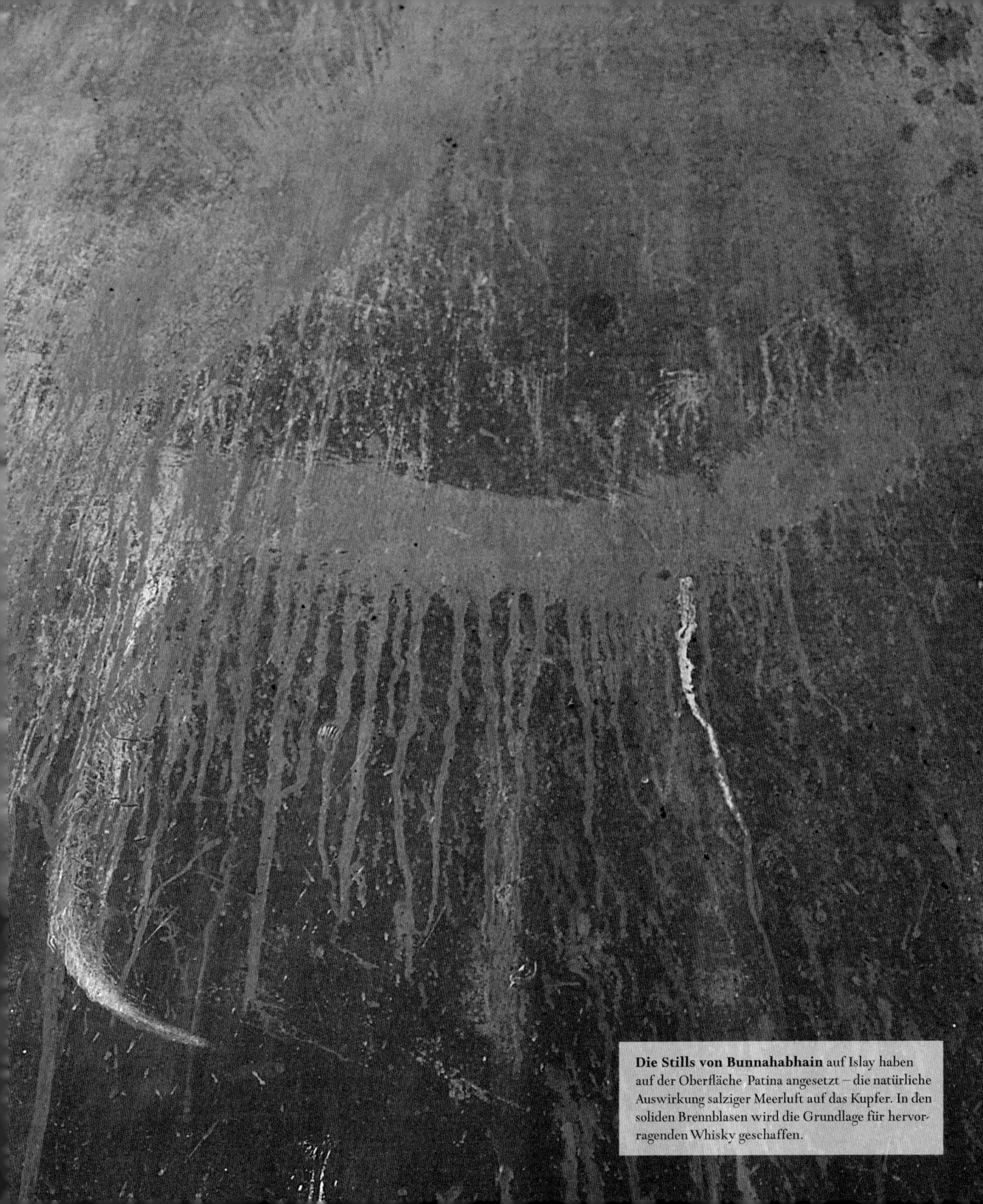

Die Stills von Bunnahabhain auf Islay haben auf der Oberfläche Patina angesetzt – die natürliche Auswirkung salziger Meerluft auf das Kupfer. In den soliden Brennblasen wird die Grundlage für hervorragenden Whisky geschaffen.

Malt

Der ursprüngliche schottische Whisky — auf Gälisch *uisge beatha* (»Wasser des Lebens«) – aus dem 15. Jahrhundert oder früher war vermutlich ein Single Malt, also ein Brand aus Gerste von nur einer Brennerei (wahrscheinlich eine Pot Still auf einem Bauernhof) und kein Blend von Whiskys verschiedener Art oder Herkunft. Mit dem heutigen Malt hatte er aber wohl nicht viel gemeinsam — man trank ihn sozusagen frisch aus der Brennblase, und an die Lagerung im Eichenfass dachte damals noch niemand.

Die Erfindung der kontinuierlichen Destillation im 19. Jahrhundert erschütterte die Whiskybranche. Sie führte zur Entwicklung des Blended Whisky *(s. S. 79)*, und während die Blends international reüssierten, geriet der Single Malt in Vergessenheit. Die Renaissance der Single Malts wurde in den 1960er-Jahren von Glenfiddich in Gang gebracht, doch der wahre Boom ist wesentlich jünger. Heute produzieren Hersteller überall auf der Welt Single Malt, allen voran natürlich die etwa 90 aktiven Brennereien in Schottland. Es gibt zudem Abfüllungen sogenannter »stiller Brennereien«. Darunter versteht man Betriebe, die stillgelegt wurden und eines Tages vielleicht wieder produzieren, aber auch solche, die definitiv aufgegeben wurden (die Vorräte halten sich Jahrzehnte). Auch wenn eine Brennerei ihren Malt nicht selbst abfüllt, ist der Whisky üblicherweise irgendwo erhältlich – dank unabhängiger Abfüller *(s. S. 88–89)*, die ausgewählte Fässer von den Brennereien kaufen und meist als Einzelfassabfüllungen auf den Markt bringen.

Laut Gesetz darf ein Single Malt nur aus einer Brennerei stammen, und um das Produkt zu schützen, hat die schottische Whiskybranche den Gebrauch irreführender Bezeichnungen wie *pure malt* verboten. Heute muss jede Abfüllung von Malts verschiedener Brennereien als *blended malt* gekennzeichnet *(s. S. 174)* werden.

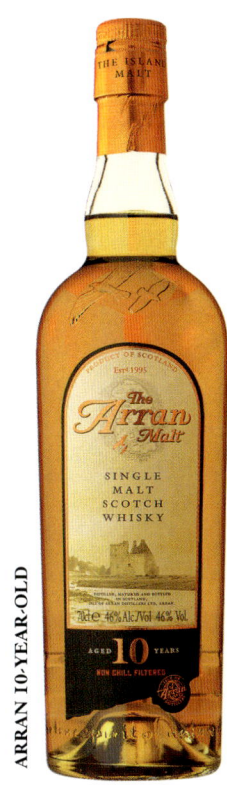

ARRAN 10-YEAR-OLD

ARRAN 12-YEAR-OLD

ARRAN FINO SHERRY WINE CASK

ARDMORE

Kennethmont, Aberdeenshire
www.ardmorewhisky.com

Ardmore verdankt seine Existenz einem Blend namens Teacher's Highland Cream. Er war gut eingeführt in Schottland, vor allem in Glasgow, wo man ihn in Teacher's Dram Shops verkaufte. Um der Nachfrage zu begegnen, plante Adam Teacher 1898 eine neue Brennerei und fand die ideale Lage dafür nahe Kennethmont, an der Eisenbahnlinie zwischen Aberdeen und Inverness. Ardmore, bekannt als rauchigster Malt von Speyside, brachte 1999 zum hundertjährigen Jubiläum einen 12-Jährigen heraus. Seit 2005 gehört die Brennerei zu Fortune Brands.

ARDMORE TRADITIONAL CASK

SINGLE MALT: SPEYSIDE 46 VOL.-%
Ein weicher, recht vollmundiger Malt; süße Aromen von amerikanischer Eiche werden durch den trockenen, erdigen Effekt der Torfnoten ausgeglichen.

ARRAN

Lochranza, Isle of Arran
www.arranwhisky.com

Die Insel Arran liegt gegenüber von Alloway, dem Geburtsort des Dichters Robert Burns. Diese Verbindung zu Schottlands Nationalbarden wird durch die Isle of Arran Distillery aufrechterhalten, die eine Reihe von Blends zu seinen Ehren produziert hat *(s. S. 154)*. Sie wurde 1993 von Harold Currie gegründet, in einer Zeit, als viele Brennereien geschlossen wurden. Arran hat jedoch überlebt und brachte 2006 die erste offizielle Abfüllung eines 10-Jährigen auf den Markt. Seitdem gab es mehrere Limited Editions und Wood Finishings, und 2008 wurde der erste 12-Jährige verkauft.

Mit der Eröffnung der Produktionsstätte 1993 war nach 156 Jahren die Kunst des Whiskybrennens auf die Insel zurückgekehrt – zumindest nach offizieller Lesart. Tatsächlich sollen im 19. Jahrhundert bis zu 50 Brenner ihrem Geschäft illegal nachgegangen sein. Die Einweihungsfeierlichkeiten wurden durch eine Luftparade zweier Steinadler begleitet, und ein Paar dieser Vögel kann man auch heute oft über der Brennerei kreisen sehen.

Arrans Produktionsressourcen sind eher bescheiden – vier Washbacks aus Kiefernholz und nur ein Paar Stills –, doch Erweiterungspläne gibt es bereits. Ein zusätzliches Regallagerhaus ist kürzlich fertiggestellt worden, und neuerdings gibt es auch eine Mühle, sodass die Brennerei ihren eigenen Grist produzieren kann (vorher wurde das Malz bereits gemahlen eingekauft).

Das Wasser bezieht die Brennerei aus Loch na Davie in den Hügeln oberhalb von Lochranza an der Nordküste der Insel. Die Insel selbst liegt direkt im Golfstrom. Das warme Wasser und Klima sollen angeblich die Reifung des Whiskys beschleunigen.

ARRAN 10-YEAR-OLD

SINGLE MALT: ISLANDS 46 VOL.-%
Ohne Kaltfiltration abgefüllt; er duftet nach frischem Brot und Vanille, mit Zitrusnoten, die auf der Zunge durchkommen.

ARRAN 12-YEAR-OLD

SINGLE MALT: ISLANDS 46 VOL.-%
Orangenschale, schokoladige Süße und eine üppige, cremige Struktur dank der Reifung in Sherryfässern.

ARRAN FINO SHERRY WINE CASK

SINGLE MALT: ISLANDS 50 VOL.-%
Vanille, Mandeln und Gewürze. Zunächst süß am Gaumen, dann trockener und eichig durch den Sherryeinfluss. Nussiger Nachklang. Manche Verkoster bemerken Meersalznoten.

**AUCHENTOSHAN
CLASSIC**

SINGLE MALT: LOWLANDS 40 VOL..-%

Der Einstieg in die Auchen-
toshan-Palette bleibt ohne
Altersangabe. Viel Vanillesüße
und Zitrusfrucht.

**AUCHENTOSHAN
12-YEAR-OLD**

SINGLE MALT: LOWLANDS 40 VOL..-%

Diese Abfüllung ersetzt die
alte 10-jährige und entfaltet
dank der Reifung in Sherryfässern einen intensiv-würzigen
Charakter.

AUCHENTOSHAN 18-YEAR-OLD

AUCHENTOSHAN 21-YEAR-OLD

AUCHENTOSHAN SELECT

AUCHENTOSHAN THREE WOOD

AUCHENTOSHAN

Dalmuir, Clydebank, Glasgow
www.auchentoshan.co.uk

Während Glenkinchie in den Gerstenfeldern von East Lothian südlich von Edinburgh liegt, befindet sich die andere große Brennerei der schottischen Lowlands westlich von Glasgow am Fluss Clyde.

Auchentoshan steht auf dem Gelände eines Klosters, das 1560 aufgelöst wurde. Es ist nicht bekannt, ob schon die Mönche von der Klostertradition des Bierbrauens zur Destillation übergingen – in diesem Fall wäre die Tradition von Auchentoshan sehr alt.

Belegt ist indessen die Existenz einer erstmals im Jahr 1800 erwähnten Brennerei namens Duntocher. Daraus mag sich Auchentoshan entwickelt haben. Die

Lizenz wurde 1823 dem damaligen Besitzer, einem Mr. Throne, erteilt. Mit nur einem Paar Stills produzierte die Brennerei bescheidene 225 000 Liter pro Jahr, bis eine dritte Brennblase hinzukam. Seitdem ist Auchentoshan mit seinem dreifach gebrannten Malt fast konkurrenzlos in Schottland. Da dies der Standardstil irischen Whiskeys ist, fand er bei der wachsenden irischen Gemeinde von Glasgow Anklang, deren Mitglieder zur Arbeitssuche und aufgrund der Hungersnot in der Heimat nach Schottland kamen.

Ursprünglich außerhalb der Stadt gelegen, wurde die Brennerei mit der Zeit von einem Vorort von Clydebank verschlungen. Diese Gegend war ein Ziel der deutschen Luftwaffe im Zweiten Weltkrieg; am 13. und 14. März

1941 fielen bis zu 200 000 Bomben auf das Gebiet und beschädigten auch die Produktionsanlagen von Auchentoshan. Seitdem entnimmt das Unternehmen sein Kühlwasser aus einem Teich in einem gigantischen Bombenkrater. Das übrige Wasser wird aus Loch Katrine in den Highlands herangleitet.

Auchentoshan hat sich 1984 mit der Islay-Brennerei Bowmore zu Morrison Bowmore verbunden (heute im Besitz der japanischen Suntory-Gruppe). Im letzten Jahrzehnt ist die Palette an Single Malts stark erweitert worden.

AUCHENTOSHAN 18-YEAR-OLD

SINGLE MALT: LOWLANDS 43 VOL.-%
Ein klassischer, nussig-würziger Malt, am Gaumen dem Alter entsprechend komplex, einige fruchtige Sherrynoten in der Nase.

AUCHENTOSHAN 21-YEAR-OLD

SINGLE MALT: LOWLANDS 43 VOL.-%
Trotz ihres Alters erscheint die am längsten gereifte Standardabfüllung von Auchentoshan überraschend spritzig und erfrischend, mit nussigem, malzigem Geschmack und Honigtönen.

AUCHENTOSHAN SELECT

SINGLE MALT: LOWLANDS 40 VOL.-%
Frischer, ansprechender Stil mit Zitrusaromen und malziger Süße im Mund.

AUCHENTOSHAN THREE WOOD

SINGLE MALT: LOWLANDS 43 VOL.-%
Er reift in drei verschiedenen Fasstypen, und Sherry hat eindeutig großen Einfluss auf die Farbe und die süßen Aromen, die an kandierte Früchte erinnern.

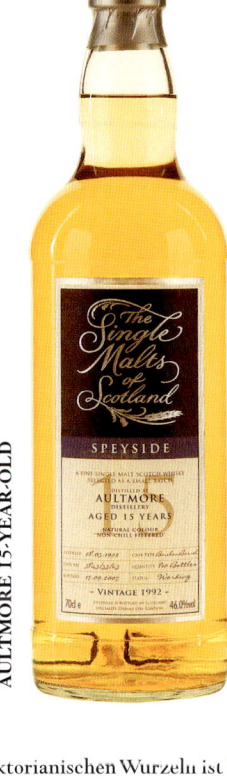

AUCHROISK

Mulben, Banffshire
www.malts.com

Diese moderne Brennerei liegt zwischen Craigellachie und Keith. Das Gelände wurde 1970 von IDV für 5 Mio. Pfund gekauft, und Auchroisk (Gälisch für »Furt des roten Baches«) war vier Jahre später in Betrieb. Die Brennerei produzierte zunächst fast ausschließlich Malt für den Blend J&B. Erst nach zehn Jahren entschloss man sich, auch einen Single Malt abzufüllen, den Singleton of Auchroisk. Der Name wurde jedoch bald wieder aufgegeben. Heute gibt es einen 10-Jährigen in der Reihe Flora & Fauna sowie gelegentlich Abfüllungen von Rare Malt.

AUCHROISK FLORA & FAUNA 10-YEAR-OLD

SINGLE MALT: SPEYSIDE 43 VOL.-%
Ein aromatischer Speyside mit einem Hauch Rauch und Zitrusnoten. Malzige Aromen im Nachklang.

AULTMORE

Keith, Banffshire

Alexander Edward hatte bereits an der Seite seines Vaters in der Benrinnes Distillery einige Berufserfahrung gesammelt, als er gemeinsam mit Peter Mackie, dem Whiskybaron und Gründer des White-Horse-Blends, die Craigellachie-Brennerei gründete. 1895, auf dem Gipfel des spätviktorianischen Whiskybooms, baute er eine dritte Brennerei in der Ebene zwischen Keith und dem Meer. Obwohl sie nicht in den Glens lag, nannte er sie in guter Speyside-Tradition Aultmore-Glenlivet und verdoppelte rasch die Kapazität. Er erwarb auch Oban und war damit in der Lage, den großen Verschneidern eine Auswahl von Speyside- und Westküsten-Malts anzubieten.

1923 wurde Aultmore an John Dewar & Sons verkauft und drei Jahre später gehörte es zur mächtigen DCL *(s. S. 342)*. Von den viktorianischen Wurzeln ist heute nichts mehr zu sehen – seit den 1970er-Jahren, als die Brennerei renoviert wurde, präsentiert sich Aultmore wie eine Industrieanlage in einer Betonverkleidung.

1991 kam eine 12-jährige Abfüllung in der Reihe Flora & Fauna heraus; eine 21-jährige folgte 1996. Zwei Jahre später wurde die Brennerei an Bacardi verkauft.

AULTMORE FLORA & FAUNA 12-YEAR-OLD

SINGLE MALT: SPEYSIDE 40 VOL.-%
Das wichtigste Produkt des Hauses; ein spritziger Malt mit Kräutertönen, leichter, duftiger Nase, malzigem Geschmack und trockenem Nachklang.

AULTMORE SINGLE MALTS OF SCOTLAND 15-YEAR-OLD

SINGLE MALT: SPEYSIDE 46 VOL.-%
Diese ältere Abfüllung hat ein blumiges, nussig-würziges Aroma mit einer Spur Schokolade. Mittelschwer bis körperreich; recht üppige Struktur.

BAILIE NICOL JARVIE

Besitzer: Glenmorangie

Bailie Nicol Jarvie – in Schottland meist BNJ genannt und von Glenmorangie produziert – soll ein gutes Maß der Single Malts Glenmorangie und Glen Moray enthalten. Er weist in der Tat einen der höchsten Malt-Anteile unter den Blended Whiskys auf. BNJ bietet ein gutes Preis-Leistungs-Verhältnis und gilt als Kultprodukt für Eingeweihte – vielleicht weil so gut wie keine Werbung für diesen Whisky gemacht wird. Das Etikett spielt mit dem Charme vergangener Zeiten.

BAILIE NICOL JARVIE

BLEND 40 VOL.-%
Weich, subtil und voller Charakter mit delikater Balance aus süßem Speyside-, aromatischem Highland- und rauchigem Islay Whisky, verschnitten nur mit bestem Grain.

BALBLAIR 75

BALBLAIR 89

BALBLAIR 97

BALBLAIR

Edderton, Tain, Rossshire
www.balblair.com

Von den vielen legalen und illegalen Brennereien, die es Ende des 18. Jahrhunderts in Schottland gab, ist Balblair eine der wenigen, die überlebt haben. Sie wurde 1790 von John Ross am Dornoch Firth nördlich von Inverness gegründet und bezieht ihr Wasser bis heute aus dem Bach Ault Dearg. Der erste verzeichnete Verkauf war eine Gallone Whisky am 25. Januar 1800.

Balblair blieb über 100 Jahre in Familienbesitz und wurde dann von Alexander Cowan aus Balnagowan übernommen, der die Brennerei 1911 schließen musste. Sie eröffnete erst wieder nach dem Zweiten Weltkrieg, als Robert Cumming sie erwarb, der das Unternehmen 1970 an den kanadischen Brenner Hiram Walker verkaufte. Seit 1996 ist die Brennerei im Besitz von Inver House

Distillers, die mit einem Kernsortiment namens Elements begannen. Später kam eine Reihe von Jahrgangs-Malts hinzu, im Stil den Glenrothes-Abfüllungen ähnlich.

BALBLAIR 75

SINGLE MALT: HIGHLANDS 46 VOL.-%
Die in Sherryfässern gereifte Jahrgangsabfüllung hat einen ausgeprägten Rum-Rosinen-Charakter mit Noten von Butterkaramell und hintergründigen Fruchtaromen, die in einen langen Nachklang münden.

BALBLAIR 89

SINGLE MALTS: HIGHLANDS 43 VOL.-%
Vorwiegend in alten Bourbonfässern gereift. In der Nase etwas süßer als Balblair 75, mit Noten von Bratapfel, exotischen Früchten und Vanilleeis.

BALBLAIR 97

SINGLE MALT: HIGHLANDS 43 VOL.-%
Nach zehn Jahren in neuen Bourbonfässern im Jahr 2007 auf Flaschen gefüllt. Er zeigt viel reine Vanillearomen und eine weiche, füllige Struktur.

**BALLANTINE'S
21-YEAR-OLD**

BLEND 43 VOL.-%

Die begehrten älteren Abfüllungen von Ballantine's sind dunkel in der Farbe, die Nase erkennt Spuren von Heidekraut, Rauch, Lakritz und Gewürzen. Der 21-Jährige hat einen ausgewogenen Geschmack mit Sherry-, Honig- und Blütennoten.

**BALLANTINE'S
30-YEAR-OLD**

BLEND 43 VOL.-%

Das Aushängeschild für die Marke und einer der gediegensten Blends der Welt. Die lange Reife verleiht ihm große Tiefe und Komplexität, mit vielfältigen Nuancen von Vanille und Honig.

BALLANTINE'S FINEST

BALLANTINE'S 12-YEAR-OLD

BALLANTINE'S 17-YEAR-OLD

BALLANTINE'S

www.ballantines.com

Ballantine's gehört zu Chivas Brothers, der schottischen Whiskyabteilung von Pernod Ricard. Dabei handelt es sich um die zweitgrößte Wein- und Spirituosengruppe nach Diageo. Die Ballantine's-Produktpalette ist die weltweit breiteste und umfasst neben Ballantine's Finest (der Standardabfüllung) 12-, 17-, 21- und 30-jährige Whiskys.

Ballantine's war ein Pionier bei gereiften Blends. Das Paradestück, der 30-Jährige, wurde erstmals in den späten 1920er-Jahren aus speziellen Vorräten von Malt und Grain Scotch kreiert, die schon viele Jahre zuvor für ein Spitzen-produkt reserviert worden waren. Dank dieses bemerkenswerten Weitblicks eroberte sich die Destillerie eine Spitzenstellung auf dem Markt, die sie trotz mehrerer Besitzerwechsel behauptete.

Ballantine's Finest, auf dem britischen Markt schwer zu finden, ist im übrigen Europa seit Langem beliebt. Die älteren Premiumprodukte haben großen Erfolg in China, Japan, Südkorea. Von der gesamten Palette werden um die 6,5 Mio. Kisten (à 12 Flaschen) pro Jahr verkauft, was Ballantine's zur zweitgrößten Whiskymarke und zum meistverkauften Premiumblend in Asien macht.

Der Blend aus über 40 verschiedenen Malts und Grains ist bekannt für seine Komplexität.

Die Grundlage bilden die beiden Speyside Single Malts Glenburgie und Miltonduff, Malts aus allen Teilen Schottlands kommen hinzu. Für die Reifung bevorzugt man gebrauchte Bourbonfässer — wegen der Vanilleeinflüsse und süßen, cremigen Noten, die sie dem Blend typischerweise verleihen.

Die Glenburgie-Brennerei wurde vollständig umgestaltet und modernisiert und ist heute die geistige Heimat von Ballantine's. In letzter Zeit hat man sich bemüht, mit den verschiedenen Erzeugnissen des Hauses an internationalen Wettbewerben teilzunehmen. Eine Reihe wichtiger Preise zeigt, dass es gelungen ist, das Vertrauen in die Qualität dieser traditionsreichen Marke zu stärken.

BALLANTINE'S FINEST
BLEND 40 VOL.-%

Ein süßer, weicher Blend, dem Speyside Malts Schokoladen-, Vanille- und Apfelnoten verleihen.

BALLANTINE'S 12-YEAR-OLD
BLEND 40 VOL.-%

Goldgetönt, mit Honigsüße in der Nase und eichiger Vanille. Cremige Struktur, ausgewogen am Gaumen, dazu Blumen-, Honig- und Vanillenoten vom Eichenholz. Ein Hauch Salz.

BALLANTINE'S 17-YEAR-OLD
BLEND 43 VOL.-%

Tief, ausgewogen und elegant, mit einer Spur Holz und Vanille. Der Körper ist voll und cremig, mit lebhafter Honigsüße und einem Hauch Eiche und Torfrauch am Gaumen.

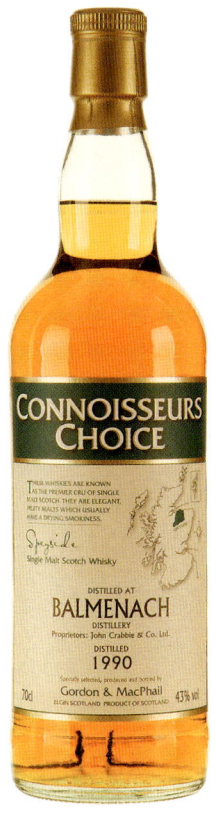

BALMENACH

*Cromdale, Grantown-on-Spey,
Morayshire*
www.inverhouse.com

1824 entschloss sich James
McGregor, eine Lizenz für die
Brennerei zu erwerben, die er
auf seinem Hof nahe Grantown-
on-Spey betrieb. Sie blieb bis zum
Verkauf an DCL fast 100 Jahre
später in Familienbesitz. Abgesehen von einer Pause während des
Zweiten Weltkriegs produzierte
der Betrieb bis ins Jahr 1993 –
dann wurde er stillgelegt. Nach
der Übernahme durch Inver House
1997 ging er im Folgejahr wieder
in Betrieb. Mangels vorhandener
Vorräte musste man allerdings auf
eine Hausabfüllung lange warten.

BALMENACH
GORDON & MACPHAIL 1990
SINGLE MALT: SPEYSIDE 43 VOL.-%
Zitrusfrucht, Gras und Malz in der
Nase, leicht rauchig am Gaumen. Öff-
net sich mit etwas Wasser.

BALVENIE

Dufftown, Keith, Banffshire
www.thebalvenie.com

Nachdem William Grant 16 Jahre
als Buchhalter der Mortlach Distillery in Dufftown gearbeitet hatte,
wagte er 1886 den Sprung in die
Selbständigkeit und gründete
Glenfiddich. Sechs Jahre später
begann er, auch das nahe gelegene
Balvenie Castle (ein verlassenes
georgianisches Gebäude) in eine
Brennerei umzuwandeln. Dabei
kamen gebrauchte Brennblasen
von Lagavulin und Glen Albyn
zum Einsatz. Seine Entscheidung
zu expandieren hing mit der Nachfrage eines Aberdeener Verschneiders zusammen, der dringend
1800 Liter Whisky im Glenlivet-
Stil pro Woche benötigte. Glenlivet
selbst war nach einem Brand 1891
zu dieser Zeit geschlossen. Man
beglückwünschte Grant zu der
romantischen Idee, ein sogenann-
tes Schloss in eine Brennerei umzuwandeln, doch ein Kunde in Liver-

pool warnte, dass er nur zur
Überproduktion in der Whiskybranche beitrage – eine Warnung,
die sich als weitsichtig erweisen
sollte, da eine Krise die Branche
Anfang des 20. Jahrhunderts traf.

Balvenie steht zwar im Schatten
von Glenfiddich, ist aber ein ernst-
zunehmender Erzeuger mit einer
Produktion von 6,4 Mio. Litern
jährlich und einer beeindruckenden Palette von Single Malts, dessen erster 1973 offiziell herauskam. Eine frühe Abfüllung steckte
in einem schwarzen Lederetui mit
Goldschrift. Jüngere Verpackungen
sind unauffälliger und entsprechen
Balvenies Image als handwerkliche
Brennerei, die im Gegensatz zu
Glenfiddich noch einen Teil ihrer
Gerste selbst anbaut. Auch die
Mälzböden blieben erhalten, und
man beschäftigt einen Schmied
und Böttcher, die die gebrauchten
Fässer reparieren, in denen die
Balvenie-Spezialitäten lagern. Was
die Sorgfalt bei der Reifung und
die Holzfinishs angeht, kann es die

Brennerei sogar mit Glenmorangie
aufnehmen.

THE BALVENIE
VINTAGE CASK 1976
SINGLE MALT: SPEYSIDE 53,8 VOL.-%
Feuchtes Herbstlaub und Holzaromen.
Schwere Tannine am Gaumen, aus-
balanciert durch Frucht; leicht süß im
Nachklang.

THE BALVENIE SIGNATURE
12-YEAR-OLD
SINGLE MALT: SPEYSIDE 40 VOL.-%
Jeweils ein Teil ist in Sherryfässern,
neuen und gebrauchten Bourbonfässern
gereift. Erinnert an kandierte Früchte
und Vanille, mit Anklängen von Honig,
Gewürzen und etwas Eichenholz.

THE BALVENIE DOUBLEWOOD
12-YEAR-OLD
SINGLE MALT: SPEYSIDE 40 VOL.-%
Nach einem Jahrzehnt in amerikanischer Eiche reift Doublewood zwei
weitere Jahre in Sherryfässern, was
ihm einen weichen, konfektartigen,
leicht nussigen Charakter verleiht.

**THE BALVENIE SINGLE
BARREL 15-YEAR-OLD**

SINGLE MALT: SPEYSIDE 47,8 VOL.-%

Nach 15 Jahren Reifezeit wird
der Inhalt bestimmter Fässer
ungemischt abgefüllt, sodass
sich die Abfüllungen leicht
unterscheiden. Sie teilen aber
den süßen Holzcharakter
und ein nussiges Aroma.

**THE BALVENIE
RUM CASK 17-YEAR-OLD**

SINGLE MALT: SPEYSIDE 43 VOL.-%

Üppige, berauschende Nase
mit Noten von Sirup und
Demerarazucker; Aromen von
reifen Bananen und Sahne, die
im Nachklang austrocknen.

Macallan nutzt noch 16 traditionelle Dunnage-Lagerhäuser mit Lehmboden und dicken Steinmauern. Hier ist es das ganze Jahr über kühl und feucht, und die Luft ist erfüllt von Whisky- und Eichenholzaromen.

Alles über …
Malz

Jedes Getreide kann gemälzt werden, doch bei der Whiskyproduktion bedeutet Malz immer gemälzte Gerste. Für Malt Whisky verwendet man ausschließlich Gerste, und ein Anteil Gerstenmalz wird auch zur Herstellung von Grain Whisky, Rye und Bourbon benötigt. Gerstenkörner enthalten viel Stärke. Damit Alkohol entstehen kann, muss die Stärke zunächst in Zucker umgewandelt und mit Hefe vergoren werden. Das Mälzen ist der erste Schritt auf diesem Weg: Die Zellwände und die Proteine, die die Stärkezellen binden, werden aufgebrochen und die Enzyme aktiviert, die beim Maischen (s. S. 8) die Stärke in Zucker umwandeln.

Von der Gerste zum Malz
Der Mälzprozess beginnt mit rohen Gerstenkörnern (1). Man lässt sie keimen und erhält das sogenannte Grünmalz (2). Die gekeimten Körner werden gedarrt, um die Keimung bei höchstem Stärkegehalt zu stoppen. Die Stärke im resultierenden Malz (3) wird beim Maischen und Vergären zunächst in Zucker und dann in Alkohol umgewandelt.

Mälzböden
Die Gerste keimt, nachdem sie zwei Tage in Wasser eingeweicht wurde. Traditionell verteilt man das feuchte Getreide auf einem Zementboden etwa 60 cm hoch. Die keimenden Körner erzeugen Wärme und müssen daher regelmäßig mit hölzernen Schaufeln gewendet werden.

Trommelmälzer Heute beziehen die meisten Brennereien Malz aus industrieller Verarbeitung. Hier kommt das feuchte Getreide in große Keimtrommeln (oben) anstatt auf einen Boden. Kühle, feuchte Luft wird hindurchgeblasen, um die Temperatur konstant zu halten, und die Trommeln werden immer wieder von Motoren in Bewegung versetzt.

Darren Sind die Keime lang genug, muss das Wachstum gestoppt werden. Dazu verteilt man das Grünmalz auf einem perforierten Metallboden über einer Darre und bläst heiße Luft hindurch. Die Luft darf nicht zu heiß sein, sonst nehmen wichtige Enzyme Schaden. Die Feuchtigkeit reduziert sich durch das Darren, das etwa 30 Stunden dauert, auf 4,5 %.

1 GERSTE Die meistverwendete Art für schottischen Malt ist zweizeilige Gerste.

2 GRÜNMALZ Das Einweichen in Wasser bringt das Getreide zum Keimen.

3 MALZ Nach dem Darren sind die Körner knusprig und stärkereich.

TORFGERUCH Für einen torfigen, rauchigen Whiskygeschmack werden in den ersten Stunden des Darrens Torfsoden verbrannt. Der Torfrauch haftet an den Schalen des noch feuchten Grünmalzes. Das gelingt am besten, wenn man die Flammen niedrig hält *(s. auch S. 46–47)*.

VOM FELD INS GLAS

Die gemälzte Gerste ist leicht geschrumpft; die Körner sind spröde und trocken geworden, ihr Feuchtigkeitsgehalt ist von 12 auf 4 % gesunken. Beißt man in ein gemälztes Gerstenkorn, schmeckt es süß. Das Malzaroma ist oftmals kaum spürbar in Malt Whiskys, aber in einigen, etwa Knockando und Glenturret, kann man es leichter herausschmecken.

BELL'S ORIGINAL

BELL'S SPECIAL RESERVE

BELL'S DECANTER

BELL'S

www.bellswhisky.co.za

»Ein Blend aus mehreren guten Whiskys wird mehr Leuten gefallen als ein unverschnittener Whisky«, schrieb der erste Arthur Bell, und im Vertrauen auf seine Produkte stellte er bereits 1863 in London einen Vertreter ein.

Bell's kaufte 1933 die Brennereien Blair Athol und Dufftown, drei Jahre später auch Inchgower. Heute gehört die Firma zur Diageo-Gruppe, die einiges unternommen hat, um die Position von Bell's zu konsolidieren. Besuchereinrichtungen in der Blair-Athol-Brennerei (der Quelle des Single Malt, der im Zentrum des Verschnitts steht) wurden ausgebaut und der Blend selbst weiterentwickelt. Nachdem er 14 Jahre lang als 8-Jähriger vermarktet wurde, bleibt er seit 2008 ohne Altersangabe. Doch dem Geist Arthur Bells entsprechend, legt man viel Wert auf die Kunst des Verschneidens, und das Unter-

nehmen behauptet, erfahrene Konsumenten bevorzugten in Blindverkostungen die neue Abfüllung.

Die berühmten Bell-Karaffen in limitierter Auflage sind beliebte Sammelobjekte. Sie wurden zuerst in den 1930er-Jahren produziert, und eine Karaffe mit Festmotiven *(siehe oben)* erscheint seit 1988 zu Weihnachten. Karaffen kommen auch zu besonderen Anlässen heraus, etwa zur Heirat von Prinz Charles und Lady Diana 1981.

BELL'S ORIGINAL
BLEND 40 VOL.-%

Neben Blair Athol, Dufftown und Inchgower gehören Glenkinchie und Caol Ila zu den Komponenten. Mittelschwerer Blend mit nussigem Aroma und leicht würzigem Geschmack.

BELL'S SPECIAL RESERVE
BLEND 40 VOL.-%

Die Special Reserve hat rauchige Noten von den Islay Malts, gemildert durch warmen Pfeffer und üppige, vielschichtige Honigtöne.

BEN NEVIS 10-YEAR-OLD *(vertical, left margin)*

BEN NEVIS SIGNATORY 15-YEAR-OLD *(vertical, left margin)*

BEN NEVIS SHERRY CASK *(vertical, left margin)*

BEN NEVIS

Lochy Bridge, Fort William
www.bennevisdistillery.com

Schwer zu glauben, dass Schottlands nördlichste Brennerei an der Westküste 230 Personen beschäftigte, als sie im 19. Jahrhundert im Besitz der Familie Macdonald war. Nicht alle Angestellten waren mit der Whiskyproduktion betraut, da es auch Werkstätten und eine Sägemühle gab, außerdem einen Bauernhof mit 200 Rindern, die sich vom Trester der Brennerei ernährten. Ben Nevis liegt bei Loch Linnhe am Rand von Fort William und verfügte ehemals sogar über eine eigene kleine Dampferflotte, um den Whisky zu transportieren.

Gegründet wurde die Brennerei von »Long John« Macdonald, nach dem auch ein einst populärer Blend des Unternehmens benannt wurde. In den 1980er-Jahren kurzfristig im Besitz der Brauereifirma Whitbread, gehört Ben Nevis heute zur japanischen Nikka-Gruppe. Trotz Lücken im Lagerbestand aufgrund wiederholter Schließungen in den 1970er- und 1980er-Jahren gelang es, neben den verschiedenen Blends unter dem Namen Dew of Ben Nevis auch eine Reihe älterer Single Malts abzufüllen. Seit Mitte der 1990er-Jahre ist der wichtigste Single Malt der 10-Jährige. Dies ist die einzige Brennereiabfüllung, die regelmäßig erhältlich ist; gelegentlich auch Single Casks und Wood Finishings wie Sherry Cask 2007 (14 bis 15 Jahre gereift). Verschiedene unabhängige Abfüllungen von Duncan Taylor, Douglas Laing und Signatory. Letzterer hat etwa eine 15-jährige, 1992 gebrannte und in neuen Sherryfässern gereifte Fassstärke auf den Markt gebracht.

BEN NEVIS 10-YEAR-OLD

SINGLE MALT: HIGHLANDS 46 VOL.-%
Ein großer, vollmundiger West Highland Malt mit einer süßen Spur Eichenholz. Ölige Struktur; im Nachklang trocken.

**BENRIACH CURIOSITAS
10-YEAR-OLD**

SINGLE MALT: SPEYSIDE 40 VOL.-%

Ein bittersüßer Whisky mit
dichtem Torfgeschmack. Neben
dem Rauch gibt es Aromen
von Vollkornkeksen, Getreide
sowie leichte Zitrusnoten.

**BENRIACH
12-YEAR-OLD**

SINGLE MALT: SPEYSIDE 40 VOL.-%

Ein typischerer Speyside als
der 10-Jährige. In der Nase
Heidekraut, sahniges Vanilleeis
und eine Spur Honig.

BENRIACH 16-YEAR-OLD

BENRIACH 20-YEAR-OLD

BENRIACH AUTHENTICUS 21-YEAR-OLD

BENRIACH 30-YEAR-OLD

BENRIACH

Longmorn, Elgin, Morayshire
www.benriachdistillery.co.uk

Von allen Speyside-Brennereien, die in der großen Spekulationswelle Ende des 19. Jahrhunderts gegründet wurden, stürzten nur wenige so tief wie BenRiach. Auf die Eröffnung 1897 folgte nur zwei Jahre später die Übernahme durch die Bank und der Verkauf an die Longmorn Distilleries Company. BenRiach produzierte bis 1903 und war danach für den Großteil des 20. Jahrhunderts stillgelegt, wenngleich das nah gelegene Longmorn noch die Mälzböden und Lagerhäuser nutzte. Nach umfassender Renovierung

wurden die Stills 1965 vom neuen Besitzer, Glenlivet, wieder in Betrieb genommen. Später gehörte BenRiach zu Seagram. Da die Firmengruppe keine Brennerei auf Islay besaß, beschloss Seagram 1983, in BenRiach einen starken, torfgeräucherten Malt herzustellen. Es gab noch einige Bestände dieser Spezialität, als die Brennerei 2004 in neue Hände kam. Dies führte zu den Curiositas- und Authenticus-Abfüllungen – den einzigen Speyside Single Malts aus getorftem Malz im Handel.

Neuer Eigentümer ist ein südafrikanisches Konsortium, geführt von Billy Walker, dem ehemaligen Vorstand von Burn Stewart Distillers. Es zahlte angeblich 5,4 Mio.

Pfund. Zum Deal gehörte der Lagerbestand von 5000 Fässern, die bis 1970 zurückreichten. Es gab keine Lücken im Bestand, und viele Fässer mit unterschiedlich stark getorftem Whisky luden zum Experimentieren ein. So konnte man die Palette der BenRiach Malts erheblich vergrößern – obwohl es noch eine Strecke zurückzulegen gilt, um Bruichladdich mit seinen über 200 Varianten zu übertreffen.

BENRIACH 16-YEAR-OLD

SINGLE MALT: SPEYSIDE 40 VOL.-%
Ein nussiger, würziger Speyside mit honigartiger Struktur im Mund und eventuell einer Idee Rauch.

BENRIACH 20-YEAR-OLD

SINGLE MALT: SPEYSIDE 40 VOL.-%
Den langen Jahren im Eichenfass verdankt er ein trockenes, holziges Aroma mit scharfen Zitrusnoten und reinem Nachklang.

BENRIACH AUTHENTICUS 21-YEAR-OLD

SINGLE MALT: SPEYSIDE 46 VOL.-%
Der ältere Bruder des 10-jährigen Curiositas. Ein Akkord aus Torf, Eichenholz, Rosinen, Honig und Gewürzen.

BENRIACH 30-YEAR-OLD

SINGLE MALT: SPEYSIDE 50 VOL.-%
Ein üppiger, vollmundiger Malt. Am Gaumen Rosinen, kandierte Früchte, dunkle Schokolade und Gewürze, die im Nachklang anhalten.

Alles über …

Torf

Torf besteht aus pflanzlichen Substanzen, die unter Luftabschluss und hohem Druck teilweise über Jahrtausende durch chemische Prozesse umgewandelt wurden. Die Zusammensetzung variiert von Ort zu Ort, enthält aber gewöhnlich Moose, Seggen, Heidekraut und Binsen. Zur Entstehung von Torf müssen das Klima kühl und feucht, die Entwässerung schwach und der Boden schlecht belüftet sein. Beim Zerfall wird die Vegetation vollgesogen und sinkt ab, verdichtet sich, wird komprimiert und karbonisiert. Die Oberfläche ist in der Regel mit Gras bewachsen, das vor dem Torfstechen entfernt wird.

TORFWASSER Das Wasser auf Islay (und vielerorts in den Highlands) fließt durch den Torf und nimmt dabei die Farbe von Tee an.

DIE TRADITION DES TORFSTECHENS

Nach der Kleinen Eiszeit, die um 1300 begann, gab es wenige Bäume in Schottland, aber große Gebiete mit Torfmooren. Torf war der Brennstoff in den Highlands – zum Heizen ebenso wie zum Trocknen von Malz und zur Befeuerung der Brennblasen.

GERÄTE Zum Torfstechen wird ein Torfspaten (zum Abheben der Grasnarbe) benötigt, ein Stieker oder Torfschneider (in Schottland *fal* genannt), um die Soden selbst zu lösen, und eine Forke, um die Stücke auf die Böschung zu heben. Eine kleine Menge Torf wird heute noch mit der Hand gestochen, der größte Teil maschinell.

TORFMOOR Torfmoore können bis zu 10 000 Jahre alt sein. Die Torfschicht erreicht eine Stärke von bis zu 9 m. Große Teile der Insel Islay sind von Torfmooren überzogen.

TORFFEUER
Beim Darren der Gerste wird oft Torf verbrannt. Am besten erfolgt dies bereits frühzeitig beim Trocknen des Grünmalzes *(s. S. 41)*, solange es noch feucht und klebrig ist.

AROMATISCHER RAUCH Der Torfrauch zieht durch die Getreidekörner, die auf einem perforierten Boden in der Darre liegen. Er haftet nur, während das Malz noch feucht ist, weshalb das Torffeuer niedrig und schwelend gehalten werden muss.

RAUCHIGE AROMEN
Die Substanzen, die dem Malz und dem daraus erzeugten Whisky rauchige oder medizinische Aromen verleihen, heißen Phenole. Stark getorfte Whiskys wie Lagavulin und Laphroaig enthalten 35 mg/l Phenole, Ardbeg um 50 mg. Mit bemerkenswerten 167 mg/l ist die limitierte Abfüllung des Octomore von Bruichladdich der derzeit am stärksten getorfte Whisky.

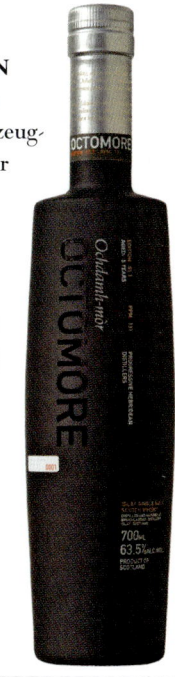

BENROMACH TRADITIONAL

BENROMACH CASK STRENGTH 1981

BENROMACH 25-YEAR-OLD

BENROMACH

Forres, Morayshire
www.benromach.com

Mit nur einem Paar Stills und einer Höchstproduktion von 500 000 Litern reinen Alkohols pro Jahr war Benromach immer eine kleine Brennerei. 1898 gegründet, wechselte sie innerhalb von 100 Jahren sechsmal den Eigentümer. Unter anderem war sie im Besitz von National Distillers of America, neben Bourbonmarken wie Old Crow und Old Grand-Dad. Wie viele nicht mehr in Privatbesitz befindliche Brennereien kam sie schließlich zu DCL, später UDV (United Distillers & Vintners), und wurde 1983 neben vielen anderen

stillgelegt. Diesmal wurden die Brennblasen abgebaut und die Lagerhäuser eingerissen, und es schien, als würde Benromach nie wieder Whisky produzieren.

Glücklicherweise befand sich damals nicht nur die Whisky-branche in der Krise, sonst hätte ein geschäftstüchtiger Immobilienentwickler das Firmengelände zweifellos rasch zu Geld gemacht. Benromachs Rettung nahte in Gestalt von Gordon & MacPhail aus Elgin, einem unabhängigen Abfüller, der 1993 die Brennerei kaufte. Nach dem Einbau von zwei neuen Stills floss 1999 wieder der erste Alkohol – anlässlich der offiziellen Neueröffnung durch Prinz Charles.

BENROMACH ORIGINS

BENROMACH ORGANIC

BENROMACH MADEIRA CASK

BENROMACH TRADITIONAL

SINGLE MALT: SPEYSIDE 40 VOL.-%
Reiner, leichter, blumiger Charakter
mit Andeutungen von Phenol und einer
Spur Karamell.

BENROMACH CASK
STRENGTH 1981

SINGLE MALT: SPEYSIDE 54,2 VOL.-%
In der Nase zuerst verschlossen, öffnet
sich aber mit Wasser und offenbart
reife Fruchtaromen und Noten von
Zimt und Sherry-Trifle.

BENROMACH 25-YEAR-OLD

SINGLE MALT: SPEYSIDE 43 VOL.-%
Im Bourbonfass gereifte Jahrgangsabfüllung. Reif, weich im Mund, mit
fruchtigem Zitruscharakter.

BENROMACH ORIGINS

SINGLE MALT: SPEYSIDE 50 VOL.-%
Origins ist eine neue Reihe. Für den
Namen Batch I Golden Promise stand
die verwendete Gerste Pate. Die Rei-
fung erfolgte in neuen und gebrauchten
Sherryfässern.

BENROMACH ORGANIC

SINGLE MALT: SPEYSIDE 43 VOL.-%
Der erste Single Malt mit Biozertifikat
der britischen Soil Association zeigt
süße amerikanische Eiche mit Noten
von Sahnekaramell und Orangenschale.

BENROMACH MADEIRA CASK

SINGLE MALT: SPEYSIDE 45 VOL.-%
Ein Experiment mit Holzfinish. In den
verwendeten Süßweinfässern reifte
Tokaier, Madeira oder Marsala.

BLACK BOTTLE

BLACK BOTTLE 10-YEAR-OLD

BENRINNES

Aberlour, Banffshire
www.malts.com

Die heutige Brennerei geht zurück
auf eine Gründung von 1826 auf
dem Gelände der Whitehouse Farm
durch Peter McKenzie. Nur drei
Jahre später fiel sie einer Überschwemmung zum Opfer. 1834
entstand einige Kilometer entfernt
die Destillerie Lyne of Ruthrie, die
einen Bankrott und einen schweren Brand 1896 überstand. Heute
steht hier eine moderne Brennerei,
die Mitte der 1950er-Jahre neu
errichtet wurde. Sie verfügt über
sechs Stills, die teils dreifach brennen — je eine Wash Still mit zwei
Spirit Stills.

BENRINNES FLORA & FAUNA
15-YEAR-OLD

SINGLE MALT: SPEYSIDE 43 VOL.-%
Die einzige offizielle Hausabfüllung
ist recht üppig, mit etwas Rauch, würzigen Aromen und cremigem Körper.

BLACK BOTTLE

Besitzer: Burn Stewart Distillers

Black Bottle wurde 1879 von
den Teeverschneidern C. D. & G.
Grahams gegründet. Nach diver-
sen Höhen und Tiefen über 90
Jahre hinweg ging die Firma 1964
in den Besitz von Long John International über. Allied Lyons erwarb
die Marke 1990 und investierte
zunächst, um sie nach wenigen
Jahren an Highland Distillers zu
verkaufen. 2003 kam es erneut
zum Besitzerwechsel: Burn Stewart Distillers (selbst im Besitz
der Gruppe CL World Brands
Limited) übernahm die Marke
Black Bottle in einem Paket, zu
dem auch die Bunnahabhain Distillery gehörte. Burn Stewart hat
seitdem viel in die äußere Erscheinung und vor allem die Qualität
des Blends investiert, und viele
Verkoster meinen, dass sein Profil jetzt dem des ursprünglichen
Blends aus dem 19. Jahrhundert
sehr nahe kommt. Zurzeit plant

man, den ausgezeichneten 10-Jäh-
rigen aufzugeben — eine Folge der
steigenden Nachfrage nach billigeren Blended Whiskys. Er wird
die nächsten ein, zwei Jahre noch
erhältlich sein — ein Qualitäts-
Blend, den man verkosten sollte,
bevor die Vorräte zur Neige gehen.

BLACK BOTTLE

BLEND 40 VOL.-%
Black Bottle enthält Malt aus sieben
Islay-Brennereien sowie einen Anteil
Deanston Malt der Burn Stewart Dis-
tilleries. In der Nase ist er frisch und
fruchtig, mit einem Hauch Torf, am
Gaumen voll mit leicht honigartiger
Süße und ausgeprägt rauchigem Aroma.
Der Nachklang ist lang und warm, mit
rauchigem Islay-Charakter.

BLACK BOTTLE 10-YEAR-OLD

BLEND 40 VOL.-%
Wie der ursprüngliche Blend enthält
der 10-Jährige Malts aus sieben Islay-
Brennereien, ist aber voller und runder.

BLACK DOG

Besitzer: Whyte & Mackay

Walter Millard, ein Schotte, der
Handelsgeschäfte in Kalkutta
betrieb, suchte nach einem Blend
für den indischen Markt. Nach
einigen Nachforschungen beauf-
tragte er 1883 Charles Mackinlay & Co., den Whisky herzustellen. Als leidenschaftlicher Angler
benannte er ihn nach einem beliebten Köder zum Fliegenfischen, der
für Lachse verwendet wird. Black
Dog wurde 2006 erneut in Indien
eingeführt. Im Folgejahr übernahm
United Spirits, der größte Brenner des Subkontinents, die Firma
Whyte & Mackay, zu der Black
Dog gehört.

BLACK DOG CENTENARY

BLEND 40 VOL.-%
Süßes Malz, leichter Butterkaramell
und Sahne, mit zarten Kräuternoten
in der Nase. Fester Körper, mit Malz,
Eichenholz, dunkler Schokolade und
Karamell im Mund.

BLACK & WHITE

Besitzer: Diageo

Black Black & White, eine angesehene Marke aus dem Hause Buchanan, trug ursprünglich den Namen Buchanan's Special. Es heißt, dass James Buchanan um 1890 seinen Whisky in einer sehr dunklen Flasche mit weißem Etikett an das House of Commons lieferte. Die Parlamentarier, die sich den Namen nicht merken konnten, verlangten einfach nach »Black and White«. Buchanan übernahm den Namen und schmückte das Etikett mit zwei Hunden – einem schwarzen einem weißen Terrier. Heute wird Black & White von Diageo in Frankreich, Brasilien und Venzuela vertrieben, wo er so populär ist wie in seiner Heimat schon lange nicht mehr.

BLACK & WHITE

BLEND 40 VOL.-%

Ein Spitzenblend im traditionellen Stil. Spuren von Torf, Rauch und Eiche.

BLADNOCH

Bladnoch, Wigtown, Wigtonshire
www.bladnoch.co.uk

Bladnoch, die südlichste Brennerei Schottlands, hat eine Kapazität von lediglich 100 000 Litern im Jahr – eine Beschränkung, die auf den ehemaligen Besitzer UDV zurückgeht. Die klassische Puppenstuben-Brennerei wurde 1817 von Thomas und John McClelland am Ufer des Flusses Bladnoch gegründet und blieb bis 1911, als eine irische Firma sie übernahm, in Familienbesitz. 1937 ging sie in Konkurs, wurde in den Folgejahren sechsmal ge- und verkauft, und war währenddessen lange stillgelegt. Schließlich wurde sie 1987 von Guinness UDV (heute Diageo) übernommen. Bei der nächsten Whiskyflaute 1993 erkalteten ihre Stills erneut. Doch nur ein Jahr später ging sie in den Besitz von Raymond Armstrong aus Nordirland über. Dem Kaufvertrag nach sollte Bladnoch nie wieder

Whisky produzieren, doch 2000 lenkte Diageo ein, und die Brennerei darf heute 250 000 Flaschen pro Jahr erzeugen. Wer etwas mehr investieren möchte, kann den Whisky hier auch fassweise kaufen. Nach Verzögerungen beim Neustart kamen 2009 die ersten neuen Abfüllungen auf den Markt. Bis dahin gab es gelegentlich ältere Jahrgänge, geringe Mengen Bladnoch wurden auch unter dem Label Flora & Fauna vermarktet.

BLADNOCH 15-YEAR-OLD

SINGLE MALT: LOWLANDS 55 VOL.-%
Ein leichter, spritziger Aperitif-Whisky mit einem Hauch von grünem Apfel.

BLADNOCH 18-YEAR-OLD

SINGLE MALT: LOWLANDS 55 VOL.-%
Dieser weiche Lowland Malt wird ohne Kaltfiltration in Fassstärke abgefüllt und ist ausgeprochen rar.

BLAIR ATHOL

Pitlochry, Perthshire
www.malts.com

1798 erwarben John Stewart und Robert Robertson eine Lizenz für ihre Aldour Distillery am Rande von Pitlochry. In einer Gegend voller illegaler Brennereien hatten Steuern zahlende Unternehmen schwer zu kämpfen, und Aldour musste bald schließen. 1826 wurde die Brennerei durch Alexander Connacher wieder eröffnet, der sie Blair Athol nannte. Mehr als 30 Jahre belieferte man den Verschneider Arthur Bell & Sons, der den Betrieb 1933 übernahm. Mit Ausnahme eines 12-Jährigen und gelegentlicher Rare-Malt-Abfüllungen geht jeder Tropfen in Blends.

BLAIR ATHOL FLORA & FAUNA 12-YEAR-OLD

SINGLE MALT: HIGHLANDS 43 VOL.-%
Weiche, runde Aromen mit Gewürzen und kandierten Früchten; eine Spur Rauch im Nachklang.

BOWMORE LEGEND

SINGLE MALT: ISLAY 40 VOL.-%

Trocken und erfrischend, mit schwachem Zitrusaroma, das in einen rauchigen Nachklang mündet.

BOWMORE 12-YEAR-OLD

SINGLE MALT: ISLAY 40 VOL.-%

Feinaromatisch, mit einer Mischung aus Zitrusfrucht und Rauch in der Nase, die sich auf der Zunge fortsetzt, dazu etwas dunkle Schokolade.

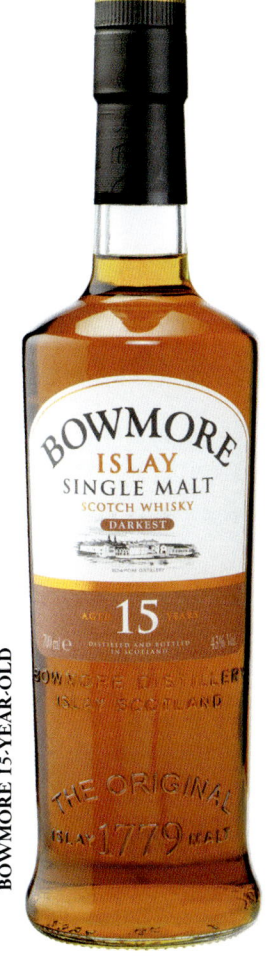

BOWMORE 15-YEAR-OLD

BOWMORE 17-YEAR-OLD

BOWMORE 18-YEAR-OLD

BOWMORE 25-YEAR-OLD

BOWMORE

Bowmore, Isle of Islay
www.bowmore.co.uk

Die älteste noch bestehende Brennerei auf Islay wurde 1779 von John Simpson gegründet, der als Bauer, Brenner, Baumeister, Steinbruchbesitzer und Teilzeitpostmeister sehr vielseitig war. Wie viel Zeit er Bowmore widmete, ist ungewiss, aber die Brennerei blieb jahrelang klein. Als die Glasgower Firma W. & J. Mutter sie 1837 kaufte, produzierte sie 3640 Liter pro Jahr. Innerhalb von 50 Jahren stieg die Produktion auf 900 000 Liter, die man in Fässer füllte und nach Glasgow verschiffte, wo die Firma unterhalb

der Central Station ein Lagerhaus unterhielt. Nach mehreren Besitzerwechseln – so gehörte Bowmore auch 20 Jahre lang zu DCL – übernahm Stanley P. Morrison, ebenfalls in Glasgow, das Unternehmen. Seitdem ist es die Vorzeigebrennerei von Morrison Bowmore (im Besitz der japanischen Suntory-Gruppe).

Bowmore steht am Ufer von Loch Indaal. Die salzige Meerluft weht ungehindert in die Lagerhäuser und durchdringt die Fässer. Wie bei den meisten Islay-Brennereien wird der Großteil der Spirituose zur Reifung auf das Festland verfrachtet. Die Brennerei verfügt über zwei Paar Stills, sechs Washbacks aus Oregon-Kiefer

und unterhält eigene Mälzböden, die 40 % des Bedarfs decken. Ob die Verwendung des eigenen, mit 25 mg/l getorften Malzes großen Einfluss auf das Aroma von Bowmore hat, ist schwer zu entscheiden, aber den gesamten Prozess zu sehen – von der frisch eingeweichten Gerste zur torfbefeuerten Darre mit dichtem blauem Rauch –, macht den Besuch dieser Brennerei zu einem besonderen Erlebnis.

BOWMORE 15-YEAR-OLD

SINGLE MALT: ISLAY 43 VOL.-%
Die tiefe Mahagonifarbe stammt von zwei Jahren Reifezeit im Oloroso-Sherryfass, das Bowmores typischer Rauchnote eine rosinenartige Süße mitteilt.

BOWMORE 17-YEAR-OLD

SINGLE MALT: ISLAY 43 VOL.-%
Üppiger Karamell in der Nase, im Hintergrund Torf. Cremige Struktur mit Malz, Torf und Frucht am Gaumen; langer, warmer Nachklang.

BOWMORE 18-YEAR-OLD

SINGLE MALT: ISLAY 43 VOL.-%
Eine weiche, eher herbstliche Note, mit wachsigem Orangenschalenaroma, gemischt mit Rauch und gebranntem Zucker.

BOWMORE 25-YEAR-OLD

SINGLE MALT: ISLAY 43 VOL.-%
Aromen von Fruchtkompott und Rübensirup binden die trockenen, rauchigen Bowmore-Elemente dank eines kräftigeren Sherryeinflusses gut ein.

Alles über …
Pot Stills

Um einen guten Whisky herzustellen, braucht man eine kupferne Brennblase, da Kupfer die Spirituose reinigt. Es fungiert als Katalysator beim Entfernen übelriechender schwefliger Komponenten und schwerer Fuselöle und trägt zur Entwicklung der erwünschten duftig-fruchtigen Aromen bei. Je mehr Kontakt die Alkoholdämpfe daher mit dem Kupfer haben, desto reiner und leichter wird die Spirituose. Wenn bei der Destillation Dampf aufsteigt, kondensiert ein großer Teil davon, läuft zurück und wird erneut erhitzt. Dieser sogenannte Rückfluss führt zu größerer Reinheit. Die Menge des Rückflusses hängt von mehreren Faktoren ab. Größe und Form der Brennblase sind entscheidend, doch auch, wie hoch sie gefüllt wird. Gewöhnlich übersteigt die Befüllung nicht mehr als zwei Drittel des Fassungsvermögens. Eine größere Füllmenge vermindert den Rückfluss. Auch die Temperatur des Destillats ist wichtig – je wärmer die Spirituose, desto mehr Kupferaufnahme in den Kondensatoren. Schließlich ist auch die Neigung der *lyne arms*, die Pot Still und Kühler verbinden, von Bedeutung; verschiedene Winkel wirken sich auf die Reinheit der Spirituose aus.

SQUAT STILLS Sie arbeiten wie ein umgekehrter Boil-ball und erzeugen trotz geringerem Kupferkontakt eine ähnlich komplexe Spirituose wie Plain Stills.

ONION ODER PLAIN STILL
Große, hohe, zwiebelförmige Brennblasen bieten die größte Kupferoberfläche und produzieren die wohl reinste Spirituose. Dies ist die für das Brennen von Malt in Schottland traditionelle Form.

BOIL-BALL STILL Da die Dämpfe in der kugelförmigen Ausbuchtung kondensieren, brauchen diese Stills meist länger für die Destillation. Der Rückfluss ist nicht sehr stark und so entstehen eher schwere, komplexe Spirituosen.

LAMP GLASS STILL Der eingeschnürte Hals verlangsamt das Aufsteigen der Alkoholdämpfe. Er fungiert wie ein umgekehrter Boil-ball und erzeugt ebenso komplexe Spirituosen wie eine Plain Still, bei weniger Kupferkontakt.

AUFSTEIGENDER LYNE ARM Je stärker der Winkel des Lyne Arms nach oben weist, desto mehr Rückfluss entsteht, was das Destillat leichter macht. Die Lyne Arms hier steigen von den Stills auf zu einer Reihe Shell-and-Tube-Kühlern. Sie sind heute die verbreitetste Form von Kondensatoren und gestatten mehr Kontakt zwischen Spirituose und Kupfer als die traditionellen spiralförmigen Worm Tubs.

LANGER HALS Hohe, schlanke Brennblasen erzeugen stärkeren Rückfluss, wobei ein Teil des Dampfes kondensiert und zur Redestillation zurückfließt. Die Flüssigkeit hat daher mehr Kupferkontakt, was zu größerer Reinheit und Feinheit führt, aber auch zu weniger »Charakter« als bei den gedrungenen Formen.

ABSTEIGENDER LYNE ARM Ein absteigender Lyne Arm fördert den schnellen Durchlauf des Dampfes durch den Kühler und reduziert den Rückfluss. Bei Wash Stills erhöht er die Gefahr des *carry over*, wobei Flüssigkeit in den Kondensator gelangt und die Spirituose verdirbt.

BRUICHLADDICH WAVES

BRUICHLADDICH PEAT

BRUICHLADDICH ROCKS

BRUICHLADDICH

Bruichladdich, Isle of Islay
www.bruichladdich.com

Bruichladdich befindet sich auf Islay, am Ufer von Loch Indaal, gegenüber von Bowmore. Die Brennerei wurde 1881 von den Brüdern Robert William und John Gourlay Harvey erbaut, den Eigentümern von Dundashill in Glasgow – damals die größte Malt-Destillerie Schottlands. Anders als ältere Brennereien auf der Insel erhielt Bruichladdich eine Ausstattung nach dem letzten Stand der Technik mit modernen Hohlmauern und eigenem Dampfgenerator.

Nach vielversprechendem Start (man produzierte Blends auf der Basis von starkem Islay Malt) war die Brennerei von 1929 bis 1937 außer Betrieb – wie noch einige Male später. Nach mehreren Verkäufen ging sie um 1970 an die Besitzer von Whyte & Mackay, die sie 1994, wie es schien, endgültig schlossen. Die Rettung nahte Ende 2000 in Gestalt eines Privatkonsortiums unter Leitung von Murray McDavid. Das alte viktorianische Dekor blieb erhalten, und die neuen Besitzer rühmen sich, bei der Produktion auf Computersteuerung zu verzichten. Man verwendet Gerste von der Insel, und der Whisky wird jetzt auch vor Ort abgefüllt.

Der Brennmeister war von Anfang an Jim McEwan. Er gab für das neue Unternehmen seine Karriere bei Bowmore auf. Seit einigen Jahren ergänzt ein stark getorfter Whisky namens Port Charlotte (nach einem benachbarten Ort) die Kernpalette, hinzu kam der intensiv rauchige Octomore, benannt nach einer 1852 geschlossenen Islay-Brennerei.

Seit 2003 füllt Bruichladdich als erste Brennerei Islays ihren Whisky auf der Insel ab. Vom sherrybetonten Blacker Still und dem rosatönigen Flirtation bis zu 3D, Infinity und The Yellow Submarine – die Palette ist erstaunlich. Bis jetzt kamen über 200 Abfüllungen, viele in sehr begrenzten Mengen, heraus. Was die Fangemeinde mitunter frustrieren mag, verhilft dieser einzigartigen Brennerei zu großer Reputation.

BRUICHLADDICH WAVES
SINGLE MALT: ISLAY 46 VOL.-%
Ein moderat getorfter Malt, der in Bourbon- und in Madeirafässern reift.

BRUICHLADDICH PEAT
SINGLE MALT: ISLAY 46 VOL.-%
Ein kräftiger, phenolischer Whisky mit dem Duft von Lagerfeuer, Seetang und süßem Räucherspeck.

BRUICHLADDICH ROCKS
SINGLE MALT: ISLAY 46 VOL.-%
Nach der Reifung in Fässern aus amerikanischer Eiche erhält dieser frische, fruchtige Malt sein Finish in Rotweinfässern.

BRUICHLADDICH
18-YEAR-OLD

SINGLE MALT: ISLAY 46 VOL.-%

Es gab zwei Versionen
dieser Limited Edition:
Die erste erhielt ihr Finish
in Süßweinfässern aus
Deutschland, die zweite in
Süßweinfässern aus dem
französischen Jurançon.

BRUICHLADDICH
21-YEAR-OLD

SINGLE MALT: ISLAY 46 VOL.-%

Gereift in Oloroso-Sherryfässern und entsprechend
intensiv gefärbt. Ein stren-
ger Malt mit schwefligen
Noten, für denjenigen, der
einen Whisky mit deutli-
chen Sherrytönen schätzt.

BRAEVAL

*Chapeltown of Glenlivet,
Ballindalloch, Banffshire*

Als der Verkauf von Blended
Scotch in den frühen 1970er-Jahren boomte, wurde Braeval gebaut,
um den Bedarf an Malt zu decken.
Edgar Bronfman, Erbe des Seagram-Imperiums, legte 1972 den
Grundstein. Ein Jahrhundert
zuvor wäre um eine solche Brennerei eine ganze Gemeinde entstanden, mit Häusern, Läden und vielleicht einer Schule. Da Braeval voll
computerisiert ist, reicht ein
Beschäftigter aus. Der Single Malt
wird nur von unabhängigen Abfüllern vertrieben, etwa von Gordon
& MacPhail unter dem Namen
Braes of Glenlivet.

BRAES OF GLENLIVET
GORDON & MACPHAIL 1975

SINGLE MALT: SPEYSIDE 43 VOL.-%
Blüten- und Vanillearomen verbinden
sich zu großer Wirkung. Im Nachklang
trocken und leicht.

BUCHANAN'S

Besitzer: Diageo

James Buchanan war ein berühmter Whiskybaron – einer jener viktorianischen Unternehmer, die
Scotch in der Welt bekannt und
dabei ein Vermögen gemacht
haben. Er begann als Vertreter
1879, stieg jedoch bald selbst in
den Handel ein, und schnell wurde
sein Whisky vom House of Commons angenommen. Unter dem
aktuellen Besitzer Diageo gedeiht
die Marke heute erneut. Als
Premiumblend wird Buchanan's in
Venezuela, Mexiko, Kolumbien
und den USA geschätzt. Es gibt
zwei Varianten: einen 12-Jährigen
und die 18-jährige Special Reserve.

BUCHANAN'S 12-YEAR-OLD

BLEND 40 VOL.-%
Üppig in der Nase, mit Sherry und
Gewürzen. Dünner am Gaumen,
mit bitteren Noten von getrockneter
Zitrone. Weinig, mit einem Hauch
trockenen Holzes.

BUNNAHABHAIN

Port Askaig, Islay
www.bunnahabhain.com

Bevor die Brennereien von Islay
für den ausgeprägt rauchigen Charakter ihrer Single Malts bekannt
wurden, waren ihre Abnehmer
nicht die Whiskytrinker, sondern
die Verschneider. Viele nutzten
Islay Malt, um ihren Blends rauchige Intensität zu verleihen. Sie
setzten jedoch nur geringe Mengen
ein, da die Mischung sonst unausgewogen schmeckte. So verwendete
Bunnahabhain, die nördlichste
Brennerei der Insel, ungetorftes
oder nur leicht getorftes Malz.

Die Brennerei wurde 1881
an einem Kiesstrand nahe Port
Askaig errichtet. Zuvor hatte
man eine Straße angelegt, einen
Pier, Häuschen für die Arbeiter
und eine Schule für ihre Kinder
gebaut. Die Investitionen beliefen
sich auf insgesamt 30 000 Pfund,
doch das Geschäft warf bereits im
zweiten Jahr einen Gewinn von

10 000 Pfund ab. Die Brennerei
gehörte lange zur Edrington-
Gruppe. Damals standen die Malts
von Bunnahabhain im Schatten von
Macallan und Highland Park. Seit
2003 jedoch ist sie im Besitz von
Burn Stewart und profitiert vom
Engagement für Single Malt.

Die Kernpalette besteht aus
einem 12-, 18- und 25-Jährigen.
Letzterer wird in Erlenholzkästchen verpackt und trägt ein Etikett
aus Pergament, um seinen raren
Status zu verdeutlichen. Bunnahabhain produziert auch spezielle
limitierte Auflagen für Feis Ile, das
alljährliche Malt- und Musikfestival auf Islay. 2008 war dies ein
21-jähriger Verschnitt aus zwei
spanischen Sherryfässern des Jahrgangs 1986.

BUNNAHABHAIN 25-YEAR-OLD

SINGLE MALT: ISLAY 43 VOL.-%
Ein relativ üppiger Malt mit Aromen
von Leder und Crème Caramel. Am
Gaumen reife europäische Eiche. Die
Struktur ist füllig und cremig.

BUNNAHABHAIN
12-YEAR-OLD

SINGLE MALT: ISLAY 40 VOL.-%

Ein reiner, erfrischender
Whisky mit dem Duft
von Ozon und Meeres-
gischt, der sich im Mund
in nussige, malzige Süße
verwandelt.

BUNNAHABHAIN
18-YEAR-OLD

SINGLE MALT: ISLAY 43 VOL.-%

Hier ist der Sherryeinfluss
stärker und der malzige
Charakter, der Bunnahab-
hain generell eigen ist, tritt
zurück. Breitere Struktur
und Holzaromen.

CAMERON BRIG

Cameronbridge Distillery,
Winygates, Leven, Fife

Missverstanden, kaum unver-
schnitten getrunken und falsch
präsentiert – Grain Whiskys sind
die armen Verwandten des Scotch.
Sie bilden jedoch die wesentliche
Komponente aller Blends und
können als Single-Grain-Abfüllung
viel Charme entfalten. Cameron
Brig entsteht in der Cameronbridge
Distillery in Fife. Mag allein die
schiere Menge der Grain-Whisky-
Produktion manchem ein Dorn im
Auge sein, so kann ein qualitätvoller
Grain doch großen Genuss berei-
ten. Cameron Brig, Diageos einziges
Produkt in dieser Kategorie, ent-
täuscht die Erwartungen nicht.

CAMERON BRIG 12-YEAR-OLD

SINGLE GRAIN 40 VOL.-%
In der Nase sauber und grasig, mit
etwas Honig. Am Gaumen weich; nussig und fest, mit einem bitteren Kaffee-
hauch im Nachklang.

CAOL ILA DISTILLERS EDITION 1995

CAOL ILA

Port Askaig, Islay
www.malts.com

So wie Ardbeg neben Laphroig die
zweite Geige bei Allied Domecq
spielte, erging es Caol Ila neben
Lagavulin bei Diageo. Jahrelang
hatte die größte Brennerei auf Islay
mit einer Kapazität von 3,6 Mio.
Litern pro Jahr ein sehr schwaches
Profil. Dies ändert sich gerade,
weil die Besitzer Caol Ila jetzt als
Spitzen-Single-Malt vermarkten.

Die Brennerei wurde 1846 von
Hector Henderson gebaut, der
sie sechs Jahre später an Norman
Buchanan verkaufen musste, den
Besitzer der Jura Distillery. Nach
fünf Jahren veräußerte dieser den
Betrieb an den großen Glasgower
Verschneider Bulloch Lade, der
Caol Ila 1879 neu und größer
errichten ließ.

1972 wurde die Brennerei
erneut abgerissen und zwei Jahre
später neu eröffnet. Das einzige
originale Gebäude ist seitdem das

Lagerhaus. Seit die Nachfrage nach Lagavulin das Angebot übersteigt, erhalten die Malts von Caol Ila endlich die Aufmerksamkeit, die ihnen gebührt.

CAOL ILA DISTILLERS EDITION 1995

SINGLE MALT: ISLAY 43 VOL.-%
Süß, rauchig und malzig, mit aromatischen Gewürzen (Zimt), vor allem im Nachklang. Die am besten abgerundete Variante der Kernpalette.

CAOL ILA 12-YEAR-OLD

SINGLE MALT: ISLAY 43 VOL.-%
Der Duft von Teer und Torf wird durch malzige Süße und Zitrusaromen ausbalanciert. Ölige Struktur mit Noten von Sirup und Rauch.

CAOL ILA CASK STRENGTH

SINGLE MALT: ISLAY 55 VOL.-%
Heller als andere Varianten von Caol Ila. Die Fassstärke-Abfüllung hat einen festen, energischen Charakter, der weich und süß einsetzt und in einen rauchigen Nachklang übergeht.

CAPERDONICH

Rothes, Morayshire
....

Caperdonich wurde von James Grant, dem Besitzer der benachbarten Brennerei Glen Grant, 1897 errichtet. Sein neues Unternehmen, Glen Grant No. 2, sollte die Malt-Produktion erhöhen und war mit Glen Grant durch eine oberirdische Leitung verbunden, durch die der *new make* gepumpt werden konnte. Nach nur fünf Jahren schloss das Unternehmen und lebte erst 1965 als Caperdonich wieder auf. Später wurde es von Seagram und dann von Chivas (Pernod Ricard) übernommen.

Abgesehen von einer 16-jährigen Fassstärke aus dem Jahr 2005 gibt es derzeit keine Abfüllungen von diesem Speyside Malt, da fast die gesamte Produktion in Blends für Chivas fließt. Unabhängige Abfüllungen von meist sehr alten Fässern sind aber bisweilen mit viel Glück erhältlich, etwa ein 1968er von Murray McDavid.

CARDHU

Knockando, Aberlour, Morayshire
www.malts.com
....

Nachdem er ein Jahrzehnt lang nebenbei Whisky gebrannt hatte, beantragte John Cumming 1824 eine Lizenz für seine Cardhu Distillery – eine kleine Hofbrennerei, bis seine Schwiegertochter Elizabeth um 1880 den Umbau in Angriff nahm. Bald darauf wurde das Unternehmen an Johnnie Walker verkauft und avancierte zur geistigen Heimat dieses Blends. In den 1990er-Jahren versuchte der neue Eigentümer Diageo, spanischen Whiskytrinkern Johnnie Walker Black Label als Alternative zu Chivas Regal zu verkaufen, doch diese, schien es, wollten eine Flasche mit der Aufschrift »Malt« auf dem Etikett. Der Verkauf von 12-jährigem Cardhu in Spanien stieg zwischen 1997 und 2002 auf 100 000 Kisten, doch der Nachschub wurde knapp. Anstatt die Nachfrage durch Preiserhöhung zu

dämpfen, fasste Diageo den Entschluss, den Whisky als Cardhu Pure Malt neu zu taufen, was die Zugabe anderer Malts ermöglichte. Ob spanische Konsumenten verärgert waren, ist ungewiss, aber die Branche war es sicherlich. Nach viel Empörung und sogar Nachfragen im Parlament musste Diageo die Marke 2003 zurücknehmen und Cardhu wieder als echten 12-jährigen Single Malt verkaufen.

CARDHU 12-YEAR-OLD

SINGLE MALT: SPEYSIDE 40 VOL.-%
Ein leichter Speyside mit Anklängen an Heidekraut und Birnenbonbons. Leichter bis mittlerer Körper und malziges, leicht nussiges Aroma, das recht kurz endet.

CARDHU SPECIAL CASK RESERVE

SINGLE MALT: SPEYSIDE 40 VOL.-%
Diese letzte Abfüllung hat mehr Tiefe und Körper als der 12-Jährige, entwickelt Pfirsicharoma und eine süßere, cremigere Struktur auf der Zunge.

In der Four Ale Bar im Canny Man's Pub in Edinburgh findet man Hunderte von Malt Whiskys und ebenso viele Objekte, die im Lauf von fast 140 Jahren gesammelt wurden.

CATTO'S

Besitzer: Inver House Distillers

....

James Catto, ein Verschneider aus
Aberdeen, eröffnete sein Geschäft
1861. Seine Whiskys wurden auf
den Schiffslinien White Star und
P&O ausgeschenkt. Nach dem Tod
seines Sohnes im Ersten Weltkrieg
ging die Firma an die Brenner
Gilbey's. Später wurde sie von
Inver House Distillers erworben.
Catto's ist ein luxuriöser, aus-
gereifter, vielschichtiger Blend.
Zwei Varianten sind erhältlich:
eine Standardabfüllung ohne Jahresangabe und ein 12-Jähriger von
goldgelber, strohfarbener Anmutung, die über seine Komplexität
und seinen warmen Nachklang
hinwegtäuscht.

CATTO'S

BLEND 40 VOL.-%

Der Standardblend ist aromatisch und
im Charakter gut abgerundet, mit weichem, sanftem Nachklang.

CHIVAS REGAL 25-YEAR-OLD

CHIVAS REGAL 12-YEAR-OLD

CHIVAS REGAL

Besitzer: Chivas Brothers

....

Chivas Regal gehört zu den fünf
meistverkauften Blends der Welt
und den wenigen wirklich globa-
len Marken. Gegründet zu Beginn
des 19. Jahrhunderts hatte Chivas
Brothers schnell Erfolg – nicht
zuletzt Dank guter Beziehungen
zum königlichen Hof. Das Unternehmen gehört heute zum französischen Konzern Pernod Ricard.

Das Herz der Chivas Regal
Blends bilden Speyside Single
Malts, vor allem der üppige, volle
Malt der Brennerei Strathisla.
Um den Nachschub dieser ent-
scheidenden Zutat zu sichern,
kaufte Chivas Brothers die Bren-
nerei 1950. Sie bietet attraktive
Besuchereinrichtungen.

Der Premiumblend Chivas Regal
18 kam 1997 heraus. Zu seinem
unvergesslichen, warmen Nachklang trägt Strathisla 18-Year-Old
bei. Chivas Regal 25 bedeutet
einen weiteren Schritt ins obere

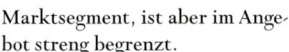
CHIVAS REGAL 18-YEAR-OLD

Marktsegment, ist aber im Angebot streng begrenzt.

CHIVAS REGAL 25-YEAR-OLD

BLEND 40 VOL.-%

Das Paradestück ist nobel und üppig; wer es probiert, wird nicht nur nippen wollen. Ausgewogen und stilvoll.

CHIVAS REGAL 12-YEAR-OLD

BLEND 40 VOL.-%

Eine aromatische Mischung aus Wildkräutern, Heidekraut, Honig und Früchten. Rund und cremig am Gaumen, mit üppigem Geschmack nach Honig und reifen Äpfeln sowie Noten von Vanille, Haselnuss und Butterkaramell. Üppig und anhaltend.

CHIVAS REGAL 18-YEAR-OLD

BLEND 40 VOL.-%

Intensiv-dunkle Bernsteinfarbe; vielschichtige Aromen von Trockenobst, Gewürz und Butterkaramell. Außergewöhnlich üppig und weich, samtig-schokoladig am Gaumen, mit eleganten floralen Noten und einem Hauch reifer Rauchigkeit.

CLAN CAMPBELL

Besitzer: Chivas Brothers

Clan Campbell – eine Marke, die zu Chivas Brothers gehört und damit zu Pernod Ricard – wurde erst 1984 gegründet, ist auf dem Markt aber bereits bestens etabliert. In Großbritannien nicht erhältlich, hat sie eine starke Position auf dem wichtigen französischen Markt und ist auch in Italien, Spanien und Asien populär. Obwohl als Marke noch jung, kann Clan Campbell auf uralte schottische Wurzeln verweisen, dank einer Verbindung zum Duke of Argyll, dem Haupt des Clans. Das älteste Relikt der Whiskybrennerei in Schottland – eine Kühlvorrichtung – wurde auf dem Land der Campbells gefunden.

CLAN CAMPBELL

BLEND 40 VOL.-%

Enthält Malts aus Speyside (vor allem Aberlour und Glenallachie). Weich und leicht, mit fruchtigem Nachklang.

CLAN MACGREGOR

Besitzer: William Grant & Sons

Diese preiswerte Zweitmarke wird vor allem in Nordamerika und von Venezuela über den Nahen Osten bis nach Thailand verkauft, doch kaum in ihrer schottischen Heimat. Der Absatz erreicht 1,5 Mio. Kisten pro Jahr. Clan MacGregor, im Besitz von William Grant & Sons, ist eine der am schnellsten wachsenden Whiskymarken Schottlands. Der Blend enthält vorrangig Grants eigene Malts (Glenfiddich, Balvenie und Kininvie) sowie Grain Whisky aus Girvan. Das Etikett zeigt Abzeichen, Motto und persönliches Emblem des 24. Clan-Chefs, Sir Malcolm MacGregor of MacGregor.

CLAN MACGREGOR

BLEND 40 VOL.-%

Ein Blend aus Grain Whisky und Speyside Malt. Leicht im Stil, duftig, mit nur einem Hauch Frucht.

THE CLAYMORE

Besitzer: Whyte & Mackay

In den Highlands bezeichnet *claymore* ein Breitschwert. Der Name schien DCL (Vorgänger des Getränkeriesen Diageo) angemessen, als man 1977 versuchte, Marktanteile zurückzugewinnen, die verloren gegangen waren, als man Johnnie Walker Red Label vom britischen Markt nahm. The Claymore mit seinem wettbewerbsfähigen Preis war ein sofortiger Erfolg. 1985 wurde die Marke an Whyte & Mackay veräußert. Sie verkaufte sich noch eine Zeit lang gut, hat in den letzten Jahren jedoch nachgelassen und gilt heute als preiswerte Zweitmarke. Es wird vermutet, dass Dalmore der wichtigste Malt in diesem Blend ist.

THE CLAYMORE

BLEND 40 VOL.-%

In der Nase schwer und voll, mit seidig-reifen Tönen. Ausgewogen und vollmundig am Gaumen. Glatter Abgang.

CLUNY

Besitzer: Whyte & Mackay

Produziert von Whyte & Mackay, wird Cluny im Fass an Heaven Hill Distilleries geliefert, die den Whisky seit 1988 in den USA abfüllen. Heute gehört er dort zu den meistverkauften Blended Scotch Whiskys. Er enthält über 30 Malts aus allen Regionen Schottlands (darunter Isle of Jura, Dalmore und Fettercairn Single Malts), daneben Grain Whisky, der wahrscheinlich aus Whyte & Mackays Invergordon Distillery stammt. Cluny wird vorwiegend im preisgünstigen Segment angeboten. Unter dem neuen indischen Inhaber von Whyte & Mackay mag er ein Kandidat für weitere internationale Entwicklung sein.

CLUNY
BLEND 40 VOL.-%
Zart süß-saure Nase mit einem leicht metallischen, bitteren Zug auf der Zunge.

CLYNELISH

Brora, Sutherland
www.malts.com

Die Brennerei in ihrem großen Flachbau von 1967 verfügt über sechs Stills und eine Kapazität von 3,4 Mio. Litern. Auf dem Gelände befindet sich noch eine viel ältere Anlage, die bis 1983 in Betrieb war – Brora, 1819 vom Marquis of Stafford gegründet. Brora, auch als Old Clynelish bekannt, erzeugte in den 1970er-Jahren stark getorften Malt im Islay-Stil, der für Verschnitte wie Johnnie Walker Black Label benötigt wurde. 1983 schloss Brora für immer, Clynelish blieb bestehen. Es gab verschiedene Rare Malts und unabhängige Abfüllungen, unter anderem von Douglas Laing und Cadenhead.

CLYNELISH 14-YEAR-OLD
SINGLE MALT: HIGHLANDS 46 VOL.-%
Vollmundig, recht fruchtig und von cremiger Struktur; ein Hauch Rauch und im Nachklang fest und trocken.

COMPASS BOX

www.compassboxwhisky.com

Der geistige Vater von Compass Box ist John Glaser, ehemals Marketingleiter bei Diageo. Das Unternehmen wurde 2000 gegründet und nennt sich selbst *artisanal whisky maker*, was irritierend klingen mag, da es sich nicht um eine Brennerei, sondern um einen Verschneider handelt – wenn auch um einen sehr innovativen und experimentierfreudigen. Immer wieder kommt es daher zum Konflikt mit der Branche. So musste etwa das Verfahren, bei der Produktion von Spice Tree zusätzliche Eichendauben in das Fass einzulegen, auf Druck der Scotch Whisky Association wieder aufgegeben werden. Dennoch ist die Firma sehr einflussreich und hat in ihrem kurzen Leben bereits mehr als 60 Preise und Auszeichnungen gewonnen.

Es gibt zwei Hauptpaletten: Signature und Limited Release.

Erstere ist regulär erhältlich und umfasst die drei beliebtesten Produkte: Oak Cross, The Peat Monster und Asyla. Letztere ist in der Tat sehr begrenzt: Optimism etwa war auf nur 163 Flaschen limitiert.

COMPASS BOX OAK CROSS
BLENDED MALT 43 VOL.-%
Noten von Gewürznelke und Vanille am Gaumen betonen süße Malzigkeit und subtilen Fruchtcharakter.

COMPASS BOX THE PEAT MONSTER
BLENDED MALT: ISLAY/SPEYSIDE 46 VOL.-%
Üppig und vollaromatisch: rauchig wie Speckfett, voller Torf, ein Hauch von Frucht und Gewürzen. Langer Abgang, der Torf und Rauch einige Minuten nachklingen lässt.

COMPASS BOX ASYLA
BLEND 40 VOL.-%
Mehrfach ausgezeichnet. Süß, delikat und sehr weich am Gaumen, mit Aromen von Vanillecreme, Getreide und einem leicht apfelartigen Charakter.

COMPASS BOX ASYLA

CRAGGANMORE 12-YEAR-OLD

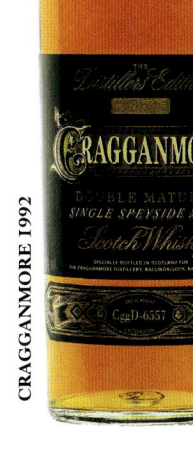

CRAGGANMORE 1992

CRAGGANMORE

Ballindalloch, Morayshire
www.malts.com

Als Diageo seine Reihe Classic Malts herausgab, um die großen Malt-Regionen Schottlands zu präsentieren, muss die Auswahl schwierig gewesen sein, besonders für die Region Speyside, wo es so viele Brennereien gibt. Die Entscheidung für Cragganmore hat aber allgemein Anklang gefunden.

1869 von John Smith erbaut, einem sehr erfahrenen Brenner, der für Glenfarclas, Macallan und Glenlivet gearbeitet hatte, verfügte das Unternehmen über optimale Ausgangsbedingungen: der Bach Craggan war eine zuverlässige Wasserquelle, und er ließ sich gleichzeitig auch für die Energiegewinnung nutzen. Torf und Gerste gab es in der Nähe, und auch der Bahnhof von Ballindalloch war nicht weit. Cragganmore war die erste Brennerei Schottlands mit eigenem Eisenbahngleis,

auf dem Nachschub angeliefert und die frisch gefüllten Fässer abtransportiert wurden. Dieses Modell wurde vielfach kopiert in Speyside, wo die Brennereien an den Bahnstrecken aus dem Boden schossen wie Gehöfte im amerikanischen Mittelwesten.

Die viel gepriesene Komplexität des Single Malts von Cragganmore mag von den ungewöhnlich flachen Stills und der Verwendung von Worm Tubs herrühren.

CRAGGANMORE 12-YEAR-OLD

SINGLE MALT: SPEYSIDE 40 VOL.-%
Der blumige Heidekrautduft ist typisch für Speyside; er wird ergänzt von festen, vielschichtigen Holznoten; am Gaumen eine Spur Rauch.

CRAGGANMORE DISTILLERS EDITION 1992

SINGLE MALT: SPEYSIDE 43 VOL.-%
Zweimal gereift, zuletzt in einem Portweinfass. Dies führt zu sherry- und orangenartiger Süße, die in einen leicht rauchigen Nachklang mündet.

Alles über …
Fässer

»Das Holz macht den Whisky«, lautet ein altes schottisches Sprichwort, doch erst in den letzten 25 Jahren haben Wissenschaftler herausgefunden, warum das Fass so wichtig ist. Eiche ist das beste Holz (und in den gesetzlichen Bestimmungen für viele Whiskys vorgeschrieben). Am häufigsten wird *Quercus alba* (amerikanische Weißeiche) verwendet, manchmal *Quercus robur* (europäische Eiche; Stieleiche) und selten *Quercus mongolica* (japanische Eiche). Jedes Holz lässt den Whisky etwas anders reifen. Das Eichenfass erfüllt drei Hauptfunktionen: Es entfernt Strenge und unerwünschte Aromen, es fügt bestimmte Noten hinzu (Vanille und Kokosnuss bei amerikanischer Eiche, Säure und Trockenfruchtnoten bei europäischer Eiche), und da es porös ist, lässt es die Spirituose »atmen« und mit der umgebenden Luft interagieren und oxidieren.

DER EINFLUSS DES HOLZES Den Großteil seines Charakters entwickelt ein Whisky während der langen Lagerung in den Eichenfässern. Deshalb kommt der Wahl des Fasses große Bedeutung zu.

DER BAU EINES FASSES

Aus dem Baumstamm werden Dauben geschnitten, und zwar quer zur Maserung, um dem Fass größere Dichtigkeit zu verleihen. Der Böttcher formt die Dauben und fügt sie zusammen. Fassreifen halten die Form, während das Holz erhitzt wird, damit das Fass die perfekte Wölbung annimmt.

FÄSSER AUS AMERIKA

Bourbon Whiskey oder Rye muss nach den gesetzlichen Vorschriften in neuen Weißeichenfässern lagern, die 200 Liter fassen. Die Reifung dauert wenigstens zwei Jahre. Danach werden die Fässer nach Schottland und anderen Ländern exportiert, wo sie ein zweites Leben erwartet. Der meiste Scotch reift in ehemaligen Bourbonfässern.

SHERRYFÄSSER
Sherryfässer fassen
500 Liter und bestehen
in der Regel aus europä-
ischer Eiche. Sie wer-
den ein bis zwei Jahre
mit Sherry »gewürzt«,
bevor man sie mit
Whisky füllt.

OXHOFTFÄSSER Die Mehrzahl der von den Whiskyherstellern
Schottlands, Japans und Irlands verwendeten Fässer stammen aus Amerika. Nach der Reifung des amerikanischen Whiskeys werden sie aus-
einandergenommen, in Bündeln transportiert und zu Oxhoftfässern
verarbeitet, die um die 250 Liter enthalten. Ein Oxhoftfass kann dann
mehrfach wiederverwendet verwendet.

RÖSTEN UND AUSKOHLEN Das Ausbrennen der
Fassinnenseite löst wichtige chemische Prozesse an der
Holzfläche aus, ohne die die Spirituose nicht reift.
Europäische Eichenfässer werden meist leicht angerös-
tet, amerikanische Fässer werden stärker ausgekohlt,
sodass die Oberfläche ein Brandmuster erhält.

DAS FINISHING Beim *cask
finishing* reift der Whisky in einem
Fass und wird dann für ein bis
zwei weitere Jahre zur Aromatisie-
rung in ein anderes umgefüllt. Das
Finishing-Fass ist oft ein Wein-,
Sherry- oder — wie beim Glenmorangie Quinta Ruban Single Malt
(rechts) — Portweinfass.

CRAIGELLACHIE

Craigellachie, Banffshire

Zwar steht der Name von John Dewar & Sons groß über der modernen Brennerei an der Hauptstraße von Craigellachie, doch ursprünglich war das Unternehmen mit White Horse verbunden. Peter Mackie, der Mann hinter dem berühmten Blend, gründete Craigellachie 1891 zusammen mit Alexander Edward. Von allen viktorianischen Whiskybaronen zeigte sich Mackie am stärksten dem Malt verbunden. Schließlich hatte er seine Lehrjahre bei Lagavulin verbracht – auch dieser Malt war Bestandteil von White Horse. Seit 1998 gehört Craigellachie zu Bacardi.

CRAIGELLACHIE 14-YEAR-OLD

SINGLE MALT: SPEYSIDE 40 VOL.-%
Üppig und aromatisch, mit dem Duft von Früchtekuchen und einer Idee Rauch. Delikater auf der Zunge; Holznoten im Nachklang.

CRAWFORD'S

Besitzer: Whyte & Mackay/Diageo

Crawford's 3 Star wurde von der Firma A. & A. Crawford in Leith entwickelt. Als das Unternehmen 1944 der Distillers Company (DCL) beitrat, war der Blend in Schottland schon sehr beliebt und das sollte auch so bleiben. Da die Marke aber für die Besitzer nicht von strategischer Bedeutung war, ging sie 1986 an Whyte & Mackay. Der Käufer gehört heute der indischen UB Group, sodass die Zukunft der ehrwürdigen Marke auf dem Subkontinent liegt. Diageo, Nachfolger von DCL, behält das Recht auf den Namen Crawford's 3 Star Special Reserve außerhalb Großbritanniens.

CRAWFORD'S 3 STAR

BLEND 40 VOL.-%
Ein spritziger, fruchtiger, frischer Blend mit einem Schuss Zitrusfrucht, süßem Kern und trockenem, leicht rußigem Nachklang.

CUTTY SARK ORIGINAL

CUTTY SARK 12-YEAR-OLD

CUTTY SARK 18-YEAR-OLD

CUTTY SARK

Besitzer: Berry Brothers & Rudd

Cutty Sark wird in Glasgow von der Edrington Group (Besitzer von The Famous Grouse) verschnitten und abgefüllt, die viel Whisky für den Blend liefern. Als erster sehr heller Whisky der Welt wurde Cutty Sark 1923 für Berry Bros. & Rudd kreiert, einen Londoner Wein- und Spirituosenhändler, der noch heute die Markenrechte besitzt. Die Firma wollte etwas Neues auf den Markt bringen, und das Ergebnis war ein natürlich heller Blend von Qualität und Charakter. Man taufte ihn auf den Namen des berühmtesten aller schottischen Klipper.

Als einer der besten Blends der Welt enthält Cutty Sark etwa 20 Single Malt Whiskys, viele von Speyside-Brennereien wie Glenrothes und Macallan. Reifung und Verschnitt tragen zu den besonderen Qualitäten des Blends bei. Das Holz für die Eichenfässer

wird sorgfältig ausgewählt, um das charakteristische Aroma eines jeden Whiskys hervorzubringen und während der langen Reifung etwas Farbe beizusteuern. Es gibt eine Variante ohne Jahresangabe und eine De-luxe-Palette mit 12, 15, 18 und 25 Jahren.

CUTTY SARK ORIGINAL

BLEND 40 VOL.-%

Leichtes, duftiges Aroma mit einem Hauch Vanille und Eichenholz. Geschmack süß und cremig, mit einer Vanillenote und spritzigem Nachklang.

CUTTY SARK 12-YEAR-OLD

BLEND 43 VOL.-%

Elegant und fruchtig, mit subtiler Vanillesüße. Die verwendeten Malts sind zwölf bis 15 Jahre alt.

CUTTY SARK 18-YEAR-OLD

BLEND 43 VOL.-%

Ausgewogene Vanillesüße und bittere, würzige Noten – Zitronenschale, Holz und Kohlenrauch. Trockener Holzton im Nachklang.

DAILUAINE

Carron, Banffshire
www.malts.com

Im Schatten von Benrinnes baute ein örtlicher Farmer namens William Mackenzie 1854 Dailuaine. Sein Sohn Thomas ging eine Partnerschaft mit James Fleming ein und gründete Dailuaine-Talisker Distilleries Ltd. 1889 wurde Dailuaine zu einer der größten Brennereien Schottlands ausgebaut. Der Architekt Charles Doig errichtete hier sein erstes Pagodendach, um den Rauch der Darre durch das Malz zu ziehen. Andere Brennereien übernahmen diese Idee. Da nur 2 % der Produktion auf Flaschen gezogen werden, sind Single-Malt-Abfüllungen rar.

DAILUAINE GORDON & MACPHAIL 1993

SINGLE MALT: SPEYSIDE 43 VOL.-%

Süß und malzig, mit würzigen Noten von Lakritz und Anis. Anklänge von Eichenholz und geröstetes Brot.

DALLAS DHU

Forres, Morayshire

Dieses spätviktorianische, 1898 von Meisterbrenner Alexander Edward gegründete Unternehmen gehörte zu den vielen der Distillers Company (DCL), die 1983 geschlossen und ihrem Schicksal überlassen wurden. Mit nur zwei Stills und einem Wasserrad, das bis 1971 die Energie lieferte, gehörte Dallas Dhu nie richtig ins 20. Jahrhundert. Auch wenn die Brennblasen stillgelegt sind, lebt die Brennerei als Whiskymuseum weiter. Tausende von Besuchern haben es inzwischen besichtigt und einen Tropfen des Malts in einem Verschnitt namens Roderick Dhu gekostet.

DALLAS DHU RARE MALTS 21-YEAR-OLD

SINGLE MALT: SPEYSIDE 61,9 VOL.-%

Vollmundig, fast Highland-Charakter in der Nase, mit einer Spur Rauch und robustem, malzigem Aroma.

**THE DALMORE
12-YEAR-OLD**

SINGLE MALT: HIGHLANDS
40 VOL.-%

Der gut eingeführte 12-Jährige steuert in Verpackung und Preis das obere Marktsegment an. Er hat ein sanftes Aroma von Zitronat und Vanille-Toffee.

**THE DALMORE
15-YEAR-OLD**

SINGLE MALT: HIGHLANDS
40 VOL.-%

Dieser Whisky zeigt den typischen üppig-fruchtigen Sherryeinfluss, doch mit etwas mehr Gewürzaromen – Nelken, Ingwer und Zimt.

THE DALMORE GRAN RESERVA

THE DALMORE 40-YEAR-OLD

THE DALMORE 1974

THE DALMORE 1263 KING ALEXANDER III

DALMORE

Alness, Rossshire
www.thedalmore.com

Während der Blend von Whyte & Mackay traditionell mit Glasgow verbunden ist, kommt seine wichtigste Grundlage aus den Highlands: Dalmore am Cromarty Firth. Die Brennerei gehört seit 1960 zu Whyte & Mackay und produziert heute den Vorzeige-Single-Malt des Unternehmens.

Der Name Dalmore bedeutet »das große Weideland«. Die 1839 von Alexander Matheson gegründete Brennerei blickt auf die Halbinsel Black Isle, eines der besten Anbaugebiete für Gerste in Schottland. Mit hochwertigem Getreide, ergiebigen Torfvorkommen und Wasser aus dem Fluss Alness war die Lage gut gewählt. Matheson ließ die Brennerei bald von anderen betreiben, darunter die Brüder Mackenzie, die Dalmore 1891 schließlich kauften. Die Familie war über ein Jahrhundert aktiv beteiligt, und heute gilt ihr Motto »Ich werde leuchten, nicht brennen« auch für die Marke. Der Legende nach rettete der Mackenzie-Clan König Alexander III. 1263 davor, von einem Hirsch aufgespießt zu werden. Aus Dankbarkeit verlieh dieser den Mackenzies das Recht, den Kopf eines Hirsches in ihrem Wappen zu tragen.

Über Jahre war die einzige Abfüllung der Brennerei ein 12-jähriger Single Malt, doch mit der Zeit kamen ein 21- und ein 30-Jähriger dazu, neben der Gran Reserva 2002 (bekannt als Cigar Malt). In diesem Jahr wurde auf einer Auktion auch ein 62-Jähriger für rekordverdächtige 25 877 Pfund verkauft. Seitdem hat sich die Kernpalette um limitierte Abfüllungen erweitert – viele davon mit einem Finish in unterschiedlichen Fässern – ein Thema, das Richard Paterson, den Verschnittmeister bei Whyte & Mackay, offenbar fasziniert.

THE DALMORE GRAN RESERVA

BLENDED MALT: HIGHLANDS 40 VOL.-%
Subtil rauchig mit Spuren von gebranntem Zucker.

THE DALMORE 40-YEAR-OLD

SINGLE MALT: HIGHLANDS 40 VOL.-%
Nach Jahren in amerikanischen Eichenfässern kam dieser Dalmore in zweitgefüllte Matusalem-Oloroso-Fässer und dann in Amoroso-Sherryholz.

THE DALMORE 1974

SINGLE MALT: HIGHLANDS 45 VOL.-%
Weich und vollmundig, mit Sherrynoten, Banane, dunkler Schokolade, Orange, Kaffee, Walnüssen; langer Nachklang.

THE DALMORE 1263 KING ALEXANDER III

SINGLE MALT: HIGHLANDS 40 VOL.-%
Die Dalmore Malts für dieses Vatting reiften in französischen Weinfässern, Portwein- und Bourbonfässern.

Alles über …

Reifung

Der Whiskyexperte Jim Swan hat den Wandel einer Spirituose bei der Reifung mit der Verwandlung eines Bulldozers in einen Schmetterling verglichen: Der *new make* ist der Bulldozer, der reife Whisky der Schmetterling und das Fass die Puppenhülle. Der Prozess der Reifung in Eichenholz rundet die rauen Komponenten des frisch gebrannten Destillats ab, macht es voll rund – und entwickelt viele zusätzliche Aromen. Fortgeschrittenes Alter ist jedoch nicht unbedingt von Vorteil: Nach langer Reifung in einem überaktiven Fass können die Holzaromen dominieren. Andererseits reift ein Whisky in einem erschöpften Fass nicht erfolgreich, da dessen Holz unfähig ist, unerwünschte Eigenschaften der Spirituose umzuwandeln.

NEW MAKE Er darf nicht Whisky genannt werden, bevor er nicht drei Jahre gelagert hat. Das Destillat ist kristallklar, feurig und enthält organische Verbindungen (Ester). Bisweilen fruchtig und trinkbar, wird es zum Teil sogar abgefüllt, gibt aber nur eine Andeutung, wie der reife Whisky schmecken könnte.

OXHOFTFÄSSER Amerikanischer Whiskey reift meist in neuem Eichenholz, schottischer immer in gebrauchten Fässern. Das meistverwendete Fass zur Reifung von Scotch ist ein gebrauchtes Bourbonfass, aus dem ein Oxhoftfass oder *hoggie* entsteht *(s. S. 69)*.

SHERRYFÄSSER werden traditionell ebenfalls zur Whiskyreifung eingesetzt. Sie bestehen üblicherweise aus europäischer Eiche – obgleich auch amerikanische verwendet wird – und haben zuvor Sherry enthalten *(s. S. 69)*.

DUNNAGE-LAGERHÄUSER Kühl, feucht und mit Lehmboden – *dunnage warehouses*, in denen die Fässer dreistöckig lagern, sind die traditionellen schottischen Lagerhäuser. Bei der Reifung reduziert sich der Alkoholgehalt der Spirituose.

ZEIT IM FASS Die Dauer der Reifung ist der entscheidende Faktor für den Geschmack des Whiskys. Es gibt keine pauschal zu benennende optimale Zeit; sie hängt vom Alter des Fasses ab (s. S. 68–69). Jedes ist einzigartig, und Whiskys desselben Jahrgangs und derselben Brennerei sind deshalb von Fass zu Fass spürbar verschieden.

REGALLAGERHAUS Regallagerhäuser, allgegenwärtig in Nordamerika, aber auch anderenorts geläufig (auch in Schottland), erlauben die Fasslagerung bis zu 80 Stück hoch. In den USA kann das Klima unter dem Dach warm – sogar heiß – sein, und trocken. Bei diesen Bedingungen vermindert sich die Flüssigkeitsmenge im Fass, aber die Stärke bleibt gleich.

PROBEN ENTNEHMEN Proben werden mit einem einfachen röhrenförmigen Instrument namens *valinch* entnommen. Manche Brennereien ziehen in regelmäßigen Abständen Proben, um den Reifungsprozess zu überwachen.

DER FARBTON
Der Whisky bezieht Farbe aus dem Holz: Je tanninhaltiger das Holz, desto intensiver der Farbton. Europäische, tanninhaltigere Eiche ergibt einen Mahagoniton, während amerikanische, weniger tanninhaltige die Flüssigkeit golden färbt. Je häufiger ein Fass gefüllt wird, desto weniger Farbe gibt es ab und desto weniger Einfluss hat es insgesamt auf die Spirituose.

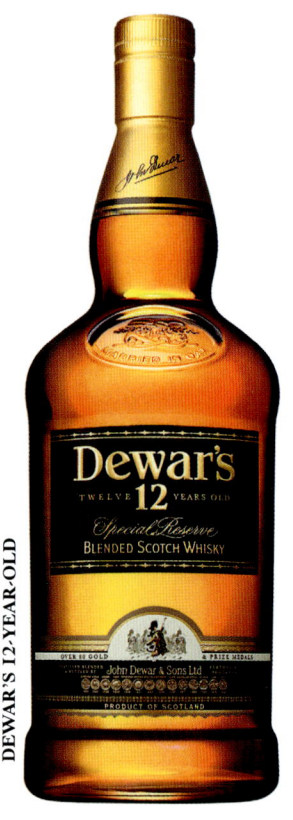

DALWHINNIE

Dalwhinnie, Invernessshire
www.malts.com

Die 1897 gegründete Brennerei rühmte sich stets, die mit 327 m über dem Meeresspiegel am höchsten gelegene Schottlands zu sein, wurde aber inzwischen von Braeval übertroffen. Einen anderen Rekord konnte man jedoch halten: Dalwhinnie verzeichnet mit 6 °C die niedrigste Jahresdurchschnittstemperatur. 1905 wurde das Unternehmen von der New Yorker Firma Cook & Bernheimer erworben und ging damit als erste schottische Brennerei in amerikanischen Besitz über. Seit 1926 gehört sie zu DCL (heute Diageo) und beliefert Blends wie Black & White.

DALWHINNIE 15-YEAR-OLD

SINGLE MALT: HIGHLANDS 43 VOL.-%
Süß, aromatisch, mit dezenter Rauchnote; ein komplexer Malt, der schwer auf der Zunge liegt.

DEANSTON

Deanston, Perthshire
www.burnstewartdistillers.com

Viele Brennereien sind aus illegalen Stills auf Bauernhöfen entstanden, andere aus Brauereien und Malzmühlen, doch nur Deanston ist eine ehemalige Baumwollmühle. Richard Arkwright, einer der großen Pioniere der industriellen Revolution, gründete sie 1785. Der Übergang zur Whiskyherstellung erfolgte 1965 in einem Joint Venture mit Brodie Hepburn, der bereits Tullibardine besaß. Deanston produzierte bald Single Malt – Old Bannockburn kam 1971 heraus. Nach einer Stilllegung in den 1980er-Jahren gehört die Brennerei heute zu Burn Stewart (im Besitz von CL Financial aus Trinidad).

DEANSTON 12-YEAR-OLD

SINGLE MALT: HIGHLANDS 40 VOL.-%
Ein relativ leichter Highland Malt mit nussigem Aroma und einem kleinen Hauch Sherry.

DEWAR'S

www.dewars.com

Dewar's wurde nach der Übernahme durch Bacardi 1988 neu belebt. Die Marke wurde grundlegend modernisiert, verbunden mit beträchtlichen Investitionen im ganzen Unternehmen, vom Brennen bis zum Lagern und Abfüllen. In Ergänzung zum Standard White Label – einem der meistverkauften schottischen Blends in den USA – wurden neue Produkte entwickelt. Das erste war ein 12-jähriger Special Reserve gefolgt vom 18-jährigen Founders Reserve und schließlich einem Premiumblend ohne Altersangabe namens Signature.

Der hauptsächlich verwendete Single Malt in den Blends von Dewar's ist Aberfeldy (das Besucherzentrum dieser Brennerei informiert über die Geschichte der Firma), doch werden auch andere Single Malts der Gruppe einbezogen – Aultmore, Craigellachie, Royal Brackla und, in geringerem

Maße, MacDuff. Dewar's ist in Großbritannien nur begrenzt verfügbar, aber in den USA sehr gut vertreten und auf dem europäischen Markt von Bedeutung. Auch in Asien wächst die Anhängerschaft. Bacardi hat den weltweiten Vertrieb von Dewar's vorangetrieben und durch Werbung und Marketing das Profil geschärft. Die Produktionsstandards sind hoch, und offenbar ist die Qualität der Blends gestiegen, vor allem bei den neuen Produkten.

DEWAR'S 12-YEAR-OLD

BLEND 40 VOL.-%
Süßlich und blumig. Ein voller, üppiger Blend mit Honig und Karamell sowie Lakritznoten im langen Nachklang.

DEWAR'S 18-YEAR-OLD

BLEND 43 VOL.-%
In der Nase zarter parfümiert, mit Anklängen an Birne und Zitronenschale. Weich am Gaumen, doch trocken, mit einem leicht würzigen Nachklang.

DEWAR'S WHITE LABEL
BLEND 40 VOL.-%
Süß in der Nase, Heidekrautduft. Mittlerer Körper, frisch, malzig und schwach würzig, mit reinem, leicht trockenem Nachklang.

DEWAR'S SIGNATURE
BLEND 43 VOL.-%
Eine limitierte Abfüllung mit großem Anteil von altem Aberfeldy Malt. Seidige Struktur, weich und reif, mit üppiger Frucht und dunklem Honig im Vordergund.

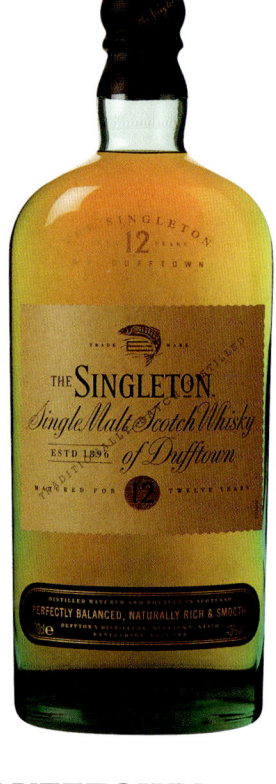

DIMPLE

Besitzer: Diageo

Die 1890 von Haig eingeführte Marke Dimple gehört heute zu Diageo. Trotz ihrer langen und ruhmreichen Tradition ist sie in Großbritannien kaum vertreten und hat ihren Markt vor allem in Korea, Griechenland, Deutschland, den USA und Mexiko.

John Haig soll 1627 mit dem Brennen auf dem väterlichen Hof in Stirlingshire begonnen haben. Die Familie verband sich durch Heirat mit den mächtigen Steins, selbst angesehene Brenner, und gründete schließlich eine große Grain-Brennerei in Cameronbridge, die bis heute in Betrieb ist.

Dimple war immer ein De-luxe-Blend und bekannt für seine spezielle, von G. O. Haig in den 1890er-Jahren eingeführte Verpackung. Besonderes Kennzeichen ist das Drahtnetz über der Flasche, das ursprünglich von Hand gefertigt war und verhindern sollte, dass der

Korken sich in warmem Klima oder beim Seetransport löste. Diese Flasche war die erste, die 1958 in den USA als eingetragenes Warenzeichen registriert wurde.

Nach dem Ersten Weltkrieg kehrte der britische Feldmarschall Douglas Haig in die Heimat zurück, um den Familienbetrieb zu übernehmen. Über Jahre beherrschte man den britischen Markt dank eingängiger Werbeslogans (»Don't be vague, ask for Haig«). Heute gibt es drei Varianten mit 12, 15 und 18 Jahren.

DIMPLE 12-YEAR-OLD

BLEND 40 VOL.-%

Aromen von Sahnekaramell mit einem Hauch Holz. Eine Spur Minze, anfangs üppig am Gaumen, mit Apfel und Karamell; auch Gewürze und Trockenobst.

DIMPLE 15-YEAR-OLD

BLEND 43 VOL.-%

Spuren von Rauch, Schokolade und Kakao; langer, üppiger Nachklang.

DUFFTOWN

Dufftown, Keith, Banffshire
www.malts.com

Dufftown, das Zentrum der Whiskyproduktion in Speyside, musste einfach eine nach dem Ort benannte Brennerei haben. Dazu kam es aber erst 1896, als bereits fünf Betriebe existierten. Innerhalb eines Jahres war die Dufftown Distillery im alleinigen Besitz von Peter Mackenzie, dem auch Blair Athol gehörte. Er verkaufte Whisky an die Verschneider Arthur Bell & Sons, die Dufftown 1933 übernahmen. Dufftown liefert weiterhin Malt an Bell's und hat kürzlich damit begonnen, auch eigenen Single Malt abzufüllen.

SINGLETON OF DUFFTOWN

SINGLE MALT: SPEYSIDE 40 VOL.-%

Ein süßer, überaus trinkbarer Malt. Wenn dieser neu eingeführte 12-Jährige Erfolg hat, sollte der Nachschub kein Problem sein – er kommt aus einer der größten Brennereien von Diageo.

EDRADOUR

Pitlochry, Perthshire
www.edradour.co.uk

Mit einer Produktion von gerade 90 000 Litern reinen Alkohols pro Jahr dürfte diese pittoreske Destillerie bei ihrer Gründung 1825 eine von vielen Farm-Brennereien in den Hügeln von Perthshire gewesen sein. Heute ist sie unter den vielen Großbrennereien in Speyside etwas ganz Besonderes. 1975 von Pernod Ricard übernommen, erschien das winzige Edradour zunehmend wie ein Klotz am Bein, als die französische Gruppe zum Global Player in der Whiskybranche expandierte. 2002 wurde es schließlich an Andrew Symington verkauft, den Besitzer der Abfüllfirma Signatory.

EDRADOUR 10-YEAR-OLD

SINGLE MALT: HIGHLANDS 40 VOL.-%

Reiner Pfefferminzduft mit einer Spur Rauch. Üppigere, nussige Aromen und eine seidige Struktur auf der Zunge.

Blends

Ein *blended whisky* (üblicherweise als »Blend« bezeichnet) ist eine Mischung aus Single Malt und Grain Whisky. Die Einführung des Verschnitts Mitte des 19. Jahrhunderts erwies sich als Vorteil für die schottische Whiskybranche. Die Konsumenten bevorzugten bald die leichteren, billigeren und schmackhafteren Blends vor den kräftigen »Single Whiskys« und dem irischen Whiskey.

Heute sind über 90 % des schottischen Whiskys Blends, mit Marken wie Johnnie Walker, Chivas Regal, Dewar's, Ballantine's und Cutty Sark als Marktführer. In Großbritannien wetteifern The Famous Grouse und Bell's um den Spitzenplatz. Der Verschnitt wurde möglich durch die Erfindung der kontinuierlichen Destillation durch Aeneas Coffey sowie gesetzliche Änderungen, die das Verschneiden unter Zollverschluss ermöglichten (das heißt vor Zahlung der Alkoholsteuer). Die Popularität des Blended Whisky wurde zudem durch den Zusammenbruch der französischen Branntweinproduktion gefördert, nachdem die Reblaus um 1880 die Weinpflanzungen verwüstet hatte. So musste der Whisky zunehmend den Weinbrand ersetzen.

Die ersten Blends wurden um 1853 von Andrew Usher, einem Whiskyhändler aus Edinburgh, produziert. Sein Old Vatted Glenlivet wird oft als erster Blend genannt. Zu den frühen Pionieren zählen außerdem Charles Mackinlay und W. P. Lowrie sowie viele bekannte Whiskyhäuser, die heute noch tätig sind, etwa Johnnie Walker, Dewar's und Buchanan's.

Die Verschnittmeister sind Schlüsselfiguren im Brennereigeschäft. Sie verantworten die Auswahl der Whiskys für einen Blend – eine Aufgabe, von der Richard Peterson bei Whyte & Mackay sagt, man brauche dafür »90 Prozent Instinkt und einen Wohlfühl-Faktor«.

THE FAMOUS GROUSE

Besitzer: Edrington Group
www.thefamousgrouse.com

Der meistverkaufte Blend Schottlands wurde 1896 von Matthew Gloag eingeführt. Zuerst nur als The Grouse Blend bekannt, entwickelte sich daraus The Famous Grouse. Das Unternehmen blieb über Generationen in Familienbesitz, bis 1970 Erbschaftssteuern den Verkauf an Highland Distillers (heute im Besitz der Edrington Group) erzwangen. Die Verkaufszahlen entwickelten sich über die folgenden 20 Jahre sehr erfolgreich, und The Famous Grouse vergrößerte seinen Marktanteil beständig. Mit nahezu 3 Mio. verkaufter Kisten pro Jahr gehört die Marke zu den Top Ten weltweit.

Die Edrington Group besitzt auch einige der besten Malt-Brennereien Schottlands – unter anderen Highland Park, Macallan und Glenrothes. So versteht es sich von selbst, dass der Famous Grouse Blend diese edlen Whiskys enthält.

Seit 2007 verfolgt man eine Reihe interessanter Initiativen: The Black Grouse wurde in Schweden getestet, ist jetzt aber auch andernorts erhältlich. Er enthält mehr stark aromatischen Islay Malt. Snow Grouse ist ein Grain Whisky, der anfangs im Duty-free-Bereich verkauft wurde. Die Firma empfiehlt, ihn wie Wodka kalt aus dem Gefrierfach zu trinken; ein cremiger, vollmundiger Effekt stellt sich ein. Neben den Blends produziert The Famous Grouse auch eine Palette Blended Malts im Alter von zehn bis 30 Jahren.

THE FAMOUS GROUSE BLENDED MALT RANGE

BLENDED MALTS 43 VOL.-%
Die 10-, 12-, 15-, 18- und 30-jährigen Abfüllungen sind Blends von Malt Whiskys aus den Brennereien der Edrington-Gruppe – allesamt fruchtig und würzig, mit Vanille und tanninhaltigerem Sherryeinfluss, der mit dem Alter zunimmt. Ab dem 18-Jährigen ist die Frucht trocken und üppig und der Geschmack voll, mit Macallan und Highland Park im Vordergrund.

THE FAMOUS GROUSE FINEST

BLEND 40 VOL.-%
Eiche und Sherry in der Nase, gut ausgewogen mit Zitrusnote. Eingängig und voll üppiger Speyside-Frucht. Reiner, halbtrockener Nachklang.

THE BLACK GROUSE

BLEND 40 VOL.-%
Tee mit Sahne, Pfirsich, Apfel, Marmelade. Weiche Torf- und Rauchnoten am Gaumen (stärker mit Wasser); Vanille, Pfeffer, Gewürze. Sanfter Nachklang.

GOLD RESERVE 12-YEAR-OLD

BLEND 40 VOL.-%
Blumig und eichig, fruchtig am Gaumen und würzig im Geschmack. Abgerundet von einem langen, halbtrockenen Nachklang.

THE FAMOUS GROUSE FINEST

THE BLACK GROUSE

THE FAMOUS GROUSE GOLD RESERVE 12-YEAR-OLD

FETTERCAIRN

Fettercairn, Laurencekirk, Kincardineshire

Während sich auf der nordöstlichen Flanke der Grampian Mountains Brennereien bis hinab nach Speyside ziehen, blieb an den Südhängen Fettercairn als einzige erhalten. Das Unternehmen wurde 1824 als Hofbrennerei auf dem Fasque Estate gegründet und bald von Sir John Gladstone, dem Vater von Premierminister William Gladstone, erworben. Die Brennerei blieb bis 1939 im Eigentum der Familie und erlebte danach mehrere Besitzerwechsel und Stilllegungen. Heute gehört Fettercairn zu Whyte & Mackay, produziert aber hauptsächlich für Dalmore und Jura.

FETTERCAIRN 12-YEAR-OLD

SINGLE MALT: HIGHLANDS 40 VOL.-%
In der Nase eher verschlossen, mündet er im Mund in nussiges Toffee-Aroma, mit trockenem Nachklang.

FINDLATER'S

Besitzer: Whyte & Mackay

Die Single-Malt-Brennerei Mortlach in Speyside wurde 1823 von Alexander Findlater gegründet. In den 60er-Jahren des 20. Jahrhunderts hatte Findlater Mackie Todd & Co. eine Reihe von Besitzern: Zuerst wurde das Unternehmen an Bulmers verkauft, dann von Beechams übernommen, gefolgt von einem Management-Buy-out, und schließlich ging es an den Einzelhändler John Lewis. Die Firma betreibt heute die Versandabteilung von Waitrose's Wine Department. Die Rechte an der Whiskymarke wurden an Invergordon Distillers (heute Whyte & Mackay) verkauft, wo sie noch immer liegen.

FINDLATER'S FINEST

BLEND 40 VOL.-%
Weich, reif und von cremiger Struktur, mit viel Fülle von den Speyside Malts im Zentrum des Blends.

GIRVAN

Grangestone Industrial Estate, Girvan, Ayrshire

Weil man einen Mangel an Grain Whisky befürchtete, gründete William Grant & Sons 1964 die Brennerei in Girvan. Heute entsteht dort außerdem auch Gin, und die kürzlich eröffnete Brennerei Ailsa Bay produziert Single Malt. Girvan kommt selten als Single Grain auf den Markt, doch begrenzte Auflagen von unabhängigen Abfüllern sieht man gelegentlich. In älteren Abfüllungen dominiert meist die Maiskomponente. Sie werden mit der Zeit sehr weich und ergeben einen delikaten, kultivierten Whisky mit einiger Subtilität und sind wunderbar komplex.

GIRVAN 1964

SINGLE GRAIN 43 VOL.-%
Süße Vanillenase und wunderbar cremige Struktur im Mund. Bittersüßer Karamell am Gaumen, mit einem Anklang an reife Bananen.

GLENALLACHIE

Aberlour, Banffshire

Diese moderne Gravity-Flow-Brennerei wurde 1967 von einer Tochtergesellschaft des Konzerns Scottish & Newcastle Breweries gegründet. Ihr Architekt war William Delmé-Evans, der zuvor Tullibardine und Jura entworfen und mitbesessen hatte. Bei einer Kapazität von 2,8 Mio. Litern Alkohol pro Jahr sollte eigentlich ausreichend Single Malt für eine Hausabfüllung vorhanden sein. Trotzdem gab es bisher nur einige unabhängige Abfüllungen sowie eine 16-jährige Fassstärke von den derzeitigen Besitzern Chivas Brothers (Pernod Ricard).

GLENALLACHIE 16-YEAR-OLD 1990

SINGLE MALT: SPEYSIDE 56,9 VOL.-%
Ein dunkler Whisky mit intensiven Sherrytönen, in erstgefüllten Oloroso-fässern gereift; schwer zu finden.

GLENBURGIE

Glenburgie, Forres, Morayshire

Glenburgie wurde 1829 unter dem Namen Kilnflat gegründet und 1878 umbenannt. Nach mehreren Besitzerwechseln übernahm um 1930 Hiram Walker (Kanada) die Brennerei. Von da an lieferte sie hauptsächlich Whisky für Ballantine's Finest. Doch bereits 1958, lange bevor andere in Speyside an Single Malt dachten, produzierte Glenburgie eine eigene Abfüllung unter dem Namen Glencraig. 2004 demonstrierten die Besitzer Allied Distillers ihr Vertrauen in Glenburgie durch eine Investition von 4,3 Mio. Pfund. Die Brennerei wurde völlig neu errichtet, nur Brennblasen und Mahlausrüstung behielt man.

GLENBURGIE 15-YEAR-OLD

SINGLE MALT: SPEYSIDE 46 VOL.-%
Auf der fruchtigeren Seite von Speyside, mit ziemlich saftiger Struktur und Anklängen an Pflaumenkompott.

GLENCADAM

Brechin, Angus
www.glencadamdistillery.co.uk

Nach der Schließung von Lochside 2005 war Glencadam die einzige verbliebene Brennerei in Angus. 1825 von John Cooper gegründet, blieb sie trotz diverser Besitzerwechsel bis 1954, als sie von Hiram Walker und dann von Allied Distillers übernommen wurde, in Privatbesitz. Während sich die Lage in Speyside stabilisierte, kam Glencadam aus dem Tritt. Als das Unternehmen 2000 schloss – ein Opfer der Überproduktion in der Branche –, sah die Zukunft düster aus. Doch der Neuanfang gelang nach der Übernahme durch Angus Dundee 2003.

GLENCADAM 10-YEAR-OLD

SINGLE MALT: HIGHLANDS 46 VOL.-%
In der Nase frisch und grasig, Zitrusnoten und eine Spur Eiche. Rund am Gaumen, zitrusartig und spritzig. Ausgewogen, langer Nachklang.

GLEN DEVERON

Macduff Distillery, Banff, Aberdeenshire

Der Single Malt Glen Deveron entsteht in der MacDuff Distillery. Sie wurde 1962 von einem Konsortium unter Führung der Familie Duff gegründet. Der Malt floss zum größten Teil in Blends, vor allem in William Lawson, dessen Inhaber die Brennerei 1972 kauften. Seitdem hat sie zweimal den Besitzer gewechselt, die Anzahl der Stills auf fünf erhöht und gehört jetzt zu Bacardi. Es werden Single Malts verschiedener Altersstufen abgefüllt, und verwirrenderweise gibt es bisweilen auch unabhängige Abfüllungen unter dem Namen MacDuff.

GLEN DEVERON 10-YEAR-OLD

SINGLE MALT: HIGHLANDS 40 VOL.-%
Obwohl auf dem Etikett »Pure Highland Single Malt« steht, ist sein Stil der eines klassischen, reinen, milden Speyside Whiskys.

GLENDRONACH

Forgue, Huntly, Aberdeenshire

Diese Brennerei ist eng mit Ardmore verbunden und produziert ebenfalls für den Teacher's Blend. Als William Teacher & Sons Glendronach 1960 kauften, hatte die Firma bereits jahrelang Malts von Glendronach bezogen. Nachdem Teacher's von Allied Distillers geschluckt worden war, wählte man 1991 Glendronach als einen der »Caledonian Malts« – die verspätete Antwort auf die »Classic Malts« von UDV. Ein Jahrzehnt später, nach fünfjähriger Stilllegung, öffnete die Brennerei wieder. Seitdem sind die Malt Whiskys weniger torfig und reifen in amerikanischen Bourbon- anstelle von Sherryfässern.

GLENDRONACH 12-YEAR-OLD

SINGLE MALT: SPEYSIDE 40 VOL.-%
Dieser dichte Malt mit starken Sherrytönen ersetzt den 15-Jährigen und eignet sich vorzüglich als Digestiv.

Die Insel Islay ist flach und sumpfig, mit ausgedehnten Torfmooren und vielen Bächen. An der Küste gestochener Torf hat gewöhnlich eine leicht sandige Konsistenz, und die Mischung von Torfmoos und Sumpfmyrte verleiht ihm süße, zitrusartige und maritime Aromen.

GLENFARCLAS 10-YEAR-OLD

GLENFARCLAS 105

GLENFARCLAS 12-YEAR-OLD

GLENFARCLAS

Ballindalloch, Banffshire
www.glenfarclas.co.uk

Die älteste schottische Brennerei in Familienbesitz gehört seit 1865 der Familie Grant. Damals übernahmen John Grant und sein Sohn die Rechlarich Farm nahe Ballindalloch. Die kleine Destillerie auf dem Gelände wurde zunächst an John Smith von Glenlivet verpachtet. Nach fünf Jahren, als er das Unternehmen verließ, um Cragganmore zu gründen, betrieben es die Grants weiter. Später gehörte es zur Glenfarclas-Glenlivet Distillery Company in Partnerschaft mit den Pattison Brothers aus Leith, deren Bankrott Ende des 19. Jahrhunderts die Brennerei fast mitgerissen hätte.

Umgeben von zehn großen Dunnage-Lagerhäusern ist Glenfarclas kein kleiner Betrieb. Die Brennerei hat eine moderne Mühle und sechs Brennblasen. Sie rühmt sich, als erste Malt-Brennerei eine Fassstärke-Abfüllung angeboten zu haben – Glenfarclas 105 kam 1968 heraus. Damals bezweifelte die Branche, dass es für Single Malt oder überhaupt ein Produkt mit 60 % Alkohol einen Markt gibt.

Kürzlich hat Glenfarclas zehn Jahrgangswhiskys von 1952 bis 1989 in den Handel gebracht. Der Stil des Hauses ist solider Speyside mit ausgeprägterem Hang zu Sherry- als zu Bourbonfässern.

GLENFARCLAS 10-YEAR-OLD

SINGLE MALT: SPEYSIDE 40 VOL.-%
Üppiger und malziger Whisky mit rauchig-aromatischer Nase.

GLENFARCLAS 105

SINGLE MALT: SPEYSIDE 60 VOL.-%
Eine 10-jährige Fassstärke. Wasser dämpft ihren feurigen Zug und weckt den nussig-würzigen Charakter.

GLENFARCLAS 12-YEAR-OLD

SINGLE MALT: SPEYSIDE 43 VOL.-%
Ausgeprägte Sherrynase mit würzigen Aromen von Zimt und Fruchtkompott.

GLENFARCLAS 15-YEAR-OLD

SINGLE MALT: SPEYSIDE 46 VOL.-%
Voll fruchtigem Überschwang. Intensiv duftend und stark, mit Sherrytönen.

GLENFARCLAS 21-YEAR-OLD

SINGLE MALT: SPEYSIDE 43 VOL.-%
Reife, trüfflige Nase. Viel Sherryeinfluss in diesem erdigen, lederigen Malt.

GLENFARCLAS 25-YEAR-OLD

SINGLE MALT: SPEYSIDE 43 VOL.-%
Ein fruchtiger Whisky mit dem Duft von Sahnekaramell. Weicher, würziger Charakter und Geschmack nach Ingwer und gebranntem Zucker.

GLENFARCLAS 30-YEAR-OLD

SINGLE MALT: SPEYSIDE 43 VOL.-%
Das Holz ist hier deutlicher wahrnehmbar: eichig, würzig und nussig. Leichte Torfigkeit im langen Nachklang.

Alles über...
Unabhängige Abfüller

Whisky wird entweder vom Hersteller und Markeninhaber abgefüllt (Hausabfüllung) oder von anderen Firmen oder Personen – den unabhängigen Abfüllern. Erstere unterliegen einer rigorosen Qualitätskontrolle; letztere verfügen über mehr Freiheiten, obgleich die Produkte der hier Genannten alle einen hervorragenden Ruf haben. Brennereien haben große Vorräte zur Verfügung, während Abfüller einzelne Fässer von den Herstellern oder Händlern auswählen und kaufen. Manchmal lassen sie auch eigene Fässer in einer Brennerei füllen.

GORDON & MACPHAIL Die 1895 in Elgin gegründete Firma füllt bereits länger als jede andere Single Malt ab. Das Geschäft wird auch heute noch von der Familie geführt und operiert von den ursprünglichen Geschäftsräumen aus (s. S. 95). Die Connoisseur's-Choice-Palette kam 1956 heraus, und insgesamt hat die Firma derzeit etwa 300 Abfüllungen im Programm.

SIGNATORY Das Unternehmen hat seinen Sitz in Leith, dem Hafen von Edinburgh. 1998 von Andrew und Brian Symington gegründet, führt Signatory heute rund 50 Single Malts von arbeitenden, ruhenden und geschlossenen Brennereien, die in Fassstärke oder mit 43 Vol.-% abgefüllt werden. Andrew Symington hat 2002 die Edradour Distillery in Pitlochry übernommen.

ADELPHI Die Adelphi Distillery in Glasgow existierte bis 1902. 90 Jahre später wurde der Firmenname durch den Urenkel des letzten Besitzers wiederbelebt. Adelphi füllt heute jedes Jahr etwa 50 Single Cask Whiskys der Spitzenklasse ab.

CADENHEAD Cadenhead, 1842 in Aberdeen gegründet, ist Schottlands ältester unabhängiger Abfüller. 1972 übernahm J. & A. Mitchell, Besitzer der Springbank Distillery, das Geschäft, und Cadenhead sitzt jetzt in Campbeltown, mit Verkaufsstellen in Edinburgh und London.

NUMBER ONE DRINKS COMPANY Eine Gründung von 2006, die es sich zum Ziel gesetzt hat, besondere japanische Single Malts abzufüllen und über ausgewählte Einzelhändler und Bars in Europa zu vertreiben.

MURRAY MCDAVID Mark Reynier, seit 2000 Besitzer der Bremerei Bruichladdich und ehemals Weinhändler in London, gründete Murray McDavid 1995. Die Firma pflegt eine kleine, erlesene Palette mit nur etwa 25 verfügbaren Abfüllungen.

DUNCAN TAYLOR Die Firma füllt ihre eigenen Fässer und lagert Whisky seit den 1960er-Jahren. Als Euan Shand die Firma und ihre Vorräte 2001 kaufte, erwarb er eine der größten privaten Sammlungen seltener Scotchfässer.

GLENFIDDICH 12-YEAR-OLD

GLENFIDDICH

Dufftown, Keith, Banffshire
www.glenfiddich.com

Es war keine unüberlegte Entscheidung, als William Grant 1886 bei der Brennerei Mortlach kündigte, um sich selbstständig zu machen. Er hatte dort 16 Jahre lang gearbeitet, doch mit einer Frau und neun Kindern und nur 100 Pfund Gehalt im Jahr (plus sieben Pfund, die er als Kantor der Free Church of Dufftown erhielt) musste er lange sparen, um das Startkapital für die Gründung von Glenfiddich zusammenzubekommen. Mit Steinen aus dem Bett des River Fiddich und gebrauchten Brennblasen des benachbarten Cardhu konnte er seine erste Spirituose am Weihnachtstag 1887 produzieren. Aus diesen bescheidenen Anfängen wuchs Glenfiddich zum größten Malt-Erzeuger der Welt heran.

1899 brach die Brennerei fast zusammen, als ihr größter Kunde, Pattison Brothers aus Leith, bankrottging. Die Tatsache, dass sie überlebte, erfüllte William Grant & Sons mit Tatkraft und Zuversicht. Als der Firmengründer 1923 starb, produzierte das Unternehmen bereits eigene Blends, die man bis nach Australien und Kanada verkaufte. Im selben Geist war die Firma um 1960 Pionier auf dem heutigen Markt für Single Malts. Solche Whiskys existierten, aber es gab keine große Marke vor Glenfiddich.

Aufgrund der Nachfrage kam es 1974 zu einer bemerkenswerten Expansion: 16 neue Brennblasen wurden hinzugefügt. Heute gibt es

nicht weniger als 29 Stills mit einer Kapazität von 10 Mio. Litern reinen Alkohols pro Jahr. Die einzige Brennerei, die in absehbarer Zeit gleichziehen könnte, ist die Roseisle Distillery (Diageo), die aber wohl hauptsächlich Malt für Blends wie Johnnie Walker produziert. So scheint Glenfiddichs Stellung als beliebtester Malt Whisky der Welt im Augenblick gesichert.

Die Palette der Abfüllungen ist umfangreich, von einem weichen 12-Jährigen bis zu einem üppigen, cremigen 30-Jährigen mit einer Spur Ingwer.

GLENFIDDICH 12-YEAR-OLD

SINGLE MALT: SPEYSIDE 40 VOL.-%
Ein sanfter Aperitif-Malt mit malzigem, grasigem Aroma und ein wenig Vanillesüße. Recht weich.

GLENFIDDICH 15-YEAR-OLD SOLERA RESERVE

SINGLE MALT: SPEYSIDE 40 VOL.-%
Nach 15 Jahren in amerikanischer Eiche erhält er ein Finish in spanischen Fässern, die ihm Anklänge von frischen Früchten und Gewürzen verleihen.

GLENFIDDICH 18-YEAR-OLD SOLERA RESERVE

SINGLE MALT: SPEYSIDE 40 VOL.-%
Eine ganz andere Kategorie als der 12-Jährige, mit reifen, tropischen Fruchtaromen, angenehmer Eichensüße und einer Spur Sherry.

GLENFIDDICH 21-YEAR-OLD CARIBBEAN RUM CASK

SINGLE MALT: SPEYSIDE 40 VOL.-%
Üppiges Malz mit Toffeenoten und Aromen von Banane, Karamell, Gewürzen sowie Orangenschokolade.

GLENFIDDICH 15-YEAR-OLD SOLERA RESERVE

GLENFIDDICH 18-YEAR-OLD SOLERA RESERVE

GLENFIDDICH 21-YEAR-OLD CARIBBEAN RUM CASK

GLENDULLAN

Dufftown, Keith, Banffshire
www.malts.com

Es gab bereits sechs Brennereien in Dufftown, als die Verschneider William Williams & Sons aus Aberdeen beschlossen, eine siebte zu bauen. Glendullan ging 1897 in Betrieb und stieg innerhalb von fünf Jahren zum königlichen Hoflieferanten auf. Seitdem produzierte man kontinuierlich Blends, und über Jahre war Glendullan Bestandteil des Old Parr Blends. In den 1960er-Jahren wurde neben der alten Brennerei eine neue errichtet, und über die nächsten 20 Jahre arbeiteten die beiden Niederlassungen von Glendullan gemeinsam. Heute ist nur noch die moderne Anlage in Betrieb.

GLENDULLAN FLORA & FAUNA 12-YEAR-OLD

SINGLE MALT: SPEYSIDE 43 VOL.-%
Ein spritziger Aperitif-Malt, überraschend süß am Gaumen.

GLEN ELGIN

Longmorn, Morayshire
www.malts.com

Obwohl die Stellung von Cragganmore als Vertreter Speysides unter den »Classic Malts« verdient ist, muss auch Glen Elgin ein starker Bewerber gewesen sein. Von Verschneidern stets als Spitzen-Malt beurteilt, war er lange eine Hauptzutat in White Horse.

Die Brennerei wurde 1898 von James Carle und William Simpson, einem ehemaligen Manager von Glenfarclas, gegründet, als die Nachfrage nach Speyside Malt am höchsten war. Dies sollte für 60 Jahre die letzte Brennerei sein, die in Speyside neu entstand, denn innerhalb von zwei Jahren verwandelte sich der spekulative Boom in eine Flaute, und die Branche versank in tiefe Depression.

Während der ersten drei Jahrzehnte lief die Produktion in Glen Elgin nur zeitweise, da die Brennerei immer wieder den Besitzer wechselte. Seit 1930 gehört das Unternehmen zu DCL, heute Diageo. In den 1960er-Jahren wurde die Anzahl der Stills auf sechs erhöht. Die alten Worm Tubs, die dem Whisky Gewicht und Körper verleihen, wurden beibehalten. 1977 kam eine erste Hausabfüllung des Single Malt heraus. Nach Stilllegungen 1992 und 1995 heute wieder in Betrieb.

GLEN ELGIN 12-YEAR-OLD

SINGLE MALT: SPEYSIDE 43 VOL.-%
Einer der blumigsten und duftigsten Speyside Malts, mit nussigem Blütenhonigaroma und ausgewogenem Geschmack, der sich von süß zu trocken entwickelt.

GLEN ELGIN 16-YEAR-OLD

SINGLE MALT: SPEYSIDE 58,5 VOL.-%
Limitierte 16-jährige Fassstärke-Abfüllung ohne Kaltfiltration. Sie ist tief mahagonifarben, der Geschmack erinnert an üppigen Früchtekuchen — dank der langen Lagerung in Fässern aus europäischer Eiche.

GLEN GARIOCH

Oldmeldrum, Inverurie, Aberdeenshire
www.glengarioch.com

Über 200 Jahre alt und noch immer voll in Betrieb — eine bemerkenswerte Leistung für diese kleine Brennerei in Aberdeenshire an der Straße zwischen Banff und Aberdeen. Sie wurde 1798 von Thomas Simpson gegründet, doch die erste Hausabfüllung eines Single Malt von Glen Garioch erfolgte erst 1972. Die Brennerei verdankt ihr Überleben in erster Linie der Popularität ihrer Produkte bei den Verschneidern.

Einer war William Sanderson aus Aberdeen, der auf Glen Garioch stieß, als das Unternehmen noch einem Blend-Produzenten aus Leith gehörte. 1886 erwarb Sanderson die Hälfte der Anteile, und 1921 erlangte sein Sohn, zusammen mit anderen Investoren, die volle Kontrolle über das Geschäft. Nach mehreren Besitzerwechseln und langen Zeiten der Stilllegung gehört Glen

GLEN GARIOCH 15-YEAR-OLD

GLEN GARIOCH 21-YEAR-OLD

Garioch heute zu Morrison Bowmore. Der Großteil der geringen Produktion dieser Brennerei wird als Single Malt von acht bis 21 Jahren abgefüllt.

GLEN GARIOCH
HIGHLAND TRADITION

SINGLE MALT: HIGHLANDS 40 VOL.-%
Diese Abfüllung für den Duty-Free-Handel ist leicht und grasig. Sanftes Prickeln in der Nase, mittlerer Körper und trockener Nachklang.

GLEN GARIOCH 15-YEAR-OLD

SINGLE MALT: HIGHLANDS 43 VOL.-%
Blumiges Aroma mit Heidekraut und Noten von Lapsang-Tee. Am Gaumen ein malziger Geschmack, der in würzigen Nachklang übergeht.

GLEN GARIOCH 21-YEAR-OLD

SINGLE MALT: HIGHLANDS 43 VOL.-%
Ein weicher, runder Malt mit köstlicher Sirupstruktur und weichem, reifem Fruchtcharakter, der Einfluss von Sherryfässern zeigt.

GLENGLASSAUGH

Portsoy, Banffshire
www.glenglassaugh.com

Um 1870 investierte James Moir aus Aberdeenshire 10 000 Pfund in die Gründung von Glenglassaugh. Trotz einer Erweiterung lag der Verkaufspreis 20 Jahre später nur 5000 Pfund höher – Käufer waren die Verschneider Robertson & Baxter, aus denen die Edrington Group hervorgegangen ist. Glenglassaugh war zeitweise sehr produktiv, lag aber auch lange Zeit still. Als die Brennblasen vor der Jahrtausendwende erkalteten, fürchteten viele, dass es mit der Brennerei nun für immer vorbei sei. Sie wurde jedoch von einem Privatkonsortium gerettet und im November 2008 wiedereröffnet. Der 12-Jährige ist zunehmend rar, doch seit der Wiederbelebung füllt die Brennerei auch einen 21-Jährigen ab – einen Malt mit üppigen Sherrytönen, einem Hauch Vanille in der Nase und einer Mentholnote am Gaumen.

Whisky-Tour: Speyside

Speyside rühmt sich der größten Dichte an Brennereien weltweit und ist daher ein Muss für alle Whiskyliebhaber. Die Idee der Brennereitour wurde hier erfunden, als William Grant & Sons 1969 erstmals Glenfiddich der Öffentlichkeit zugänglich machten. Die Konkurrenten lachten ihn aus, eröffneten jedoch bald ihre eigenen Besucherzentren. Heute gibt es in Speyside zwei Whiskyfestivals pro Jahr, im Mai und im September, mit besonderen Veranstaltungen und Verkostungen. In dieser Zeit wird ein subventionierter Bus- und Taxibetrieb angeboten. Zwei von Whiskyliebhabern bevorzugte Unterkünfte sind das Highlander Inn in Craigellachie und The Mash Tun in Aberlour.

SCHOTTLAND

TOUR-INFO

Tage: 3	Länge: 145 km		Brennereien: 5
Reise: Auto oder Bus und Taxi		Region: Banffshire und Moray, Schottland	

TAG 1: GLENFIDDICH, THE BALVENIE

1 Startpunkt ist **Glenfiddich** in Dufftown, das unumstrittene Zentrum des Whiskytourismus. Die Hersteller des berühmtesten Single Malt der Welt bieten eine kostenfreie Besichtigung oder – wie zahlreiche Konkurrenten – eine Tour mit ausgedehnter Verkostung gegen Gebühr an. Letztere muss im Voraus gebucht werden und dauert 2 ½ Stunden. (*www.glenfiddich.com*)

BRENNBLASEN BEI GLENFIDDICH

THE BALVENIE

2 Nach dem Mittagessen im Café von Glenfiddich kann man den Hügel hinab zur Schwesterbrennerei **The Balvenie** gehen (*www.thebalvenie.com*). Die dreistündige Führung hier, die ebenfalls im Voraus gebucht werden muss, schließt die Mälzböden und Verkostungen besonderer Jahrgänge ein. Man kann hier seinen Whisky auch direkt vom Fass abfüllen. Wenn es Ihre Zeit erlaubt, sollten Sie nach der Tour unbedingt noch einen Blick in den gut bestückten Whisky Shop in Dufftown werfen.

TAG 2: BÖTTCHEREI, ABERLOUR, THE MACALLAN, CARDHU

3 Beginnen Sie den Tag in der **Speyside Cooperage**. Hier informiert ein Film über Fassherstellung und man kann den Böttchern bei der Arbeit zuschauen. *(www.speysidecooperage.co.uk)*

4 Die Brennerei **Aberlour** ist der nächste Halt. Auch hier empfiehlt es sich, im Voraus zu buchen. Die Besichtigung endet mit einer Verkostung und der Möglichkeit, selbst abzufüllen. *(www.aberlour.com/spiritofaberlour)*

FÄSSER BEI ABERLOUR

5 Überqueren Sie den Fluss Spey; dann auf der B9102 zur Brennerei **The Macallan**. Die dortige »Precious Tour« – eine begleitete Verkostung einer Reihe von Macallan-Whiskys – muss im Voraus gebucht werden. *(www.themacallan.com)*

6 Die Brennerei **Cardhu** liegt ebenfalls an der B 9102 und ist ohne Voranmeldung zu besichtigen. Der Malt von hier fließt in Johnnie Walker Blends. *(www.discovering-distilleries.com/cardhu)*

TAG 3: GRANTOWN-ON-SPEY, THE WHISKY CASTLE, THE GLENLIVET, GORDON & MACPHAIL

7 **Grantown-on-Spey** ist das Tor zum Cairngorms-Nationalpark – ein guter Ort, um Vorräte einzukaufen. An der Hauptstraße gibt es einen gut sortierten kleinen Whiskyladen namens Wee Spey Dram.

8 Von Grantown in östlicher Richtung gelangt man nach Tomintoul, wo **The Whisky Castle** eine ausgezeichnete Auswahl an schottischen Malts feilbietet. *(www.whiskycastle.com)*

9 Registrieren Sie sich auf der Website von **The Glenlivet** als »Guardian«, um bei der Besichtigung Zugang zu einem Geheimraum zu bekommen, wo man ungewöhnliche Tropfen genießt. Die Gratistour bietet einen guten Überblick über die älteste legale Brennerei in Speyside – besser noch ist die dreitägige Whiskyschule. *(www.theglenlivet.com)*

10 Der Endpunkt dieser Tour ist ein Pilgerort für ambitionierte Whiskyfans: der Laden von **Gordon & MacPhail** in Elgin. Hier finden Sie alle Ihre Lieblinge, seltene Flaschen und Spezialabfüllungen aus dem riesigen Vorrat an Whiskys, die viele Jahre bei G&M lagern. *(www.gordonandmacphail.com)*

LADENSCHILD

GORDON & MACPHAIL

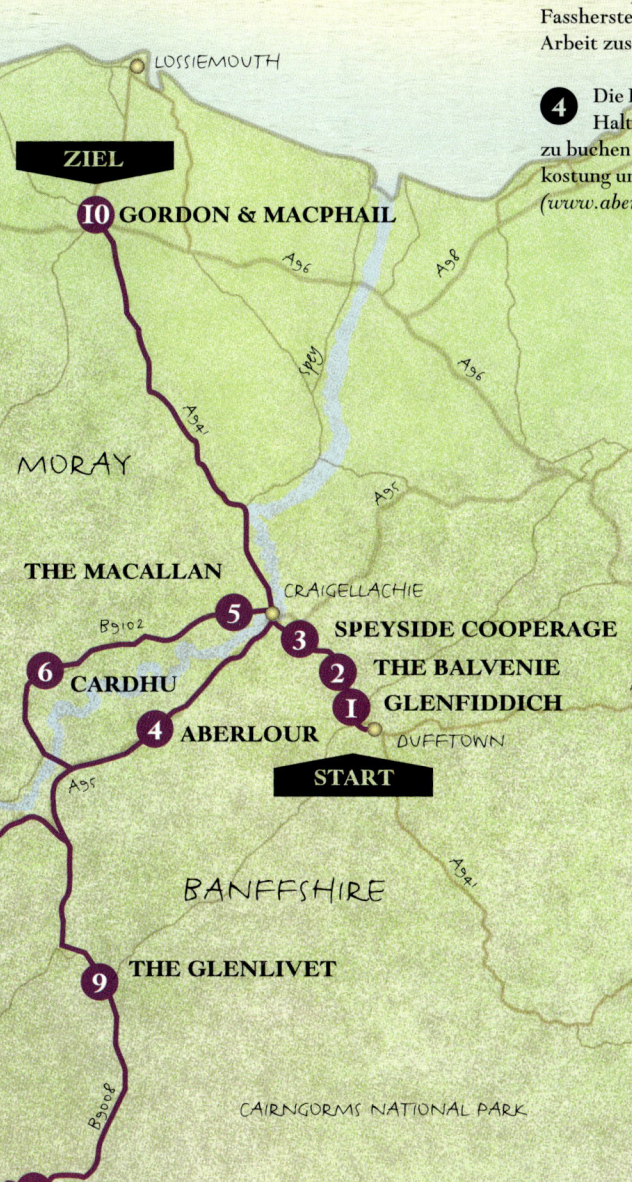

LOSSIEMOUTH

ZIEL

10 GORDON & MACPHAIL

A96

A98

A96

Spey

A941

MORAY

THE MACALLAN

B9102

5

CRAIGELLACHIE

3 SPEYSIDE COOPERAGE

2 THE BALVENIE

6 CARDHU

1 GLENFIDDICH

4 ABERLOUR

A95

DUFFTOWN

START

A920

THE WHISKY CASTLE

BANFFSHIRE

A941

9 THE GLENLIVET

B9008

CAIRNGORMS NATIONAL PARK

8 THE WHISKY CASTLE

A939

0 Kilometer 5

GLENGOYNE 12-YEAR-OLD CASK STRENGTH

GLENGOYNE 10-YEAR-OLD

GLENGOYNE 17-YEAR-OLD

GLENGOYNE 21-YEAR-OLD

GLENGOYNE

Dumgoyne, Stirlingshire
www.glengoyne.com
....

Die Campsie Fells waren einst ein Zentrum des Whiskyschmuggels. Vor dem *Excise Act* von 1823 gab es in dieser Ecke von Stirlingshire nicht weniger als 18 illegale Brenner, darunter vermutlich George Connell. 1833 erwarb er eine Lizenz für seine Burnfoot-Brennerei. Daraus wurde Glenguin und 1905 schließlich Glengoyne. Zu dieser Zeit war die Firma im Besitz von Lang Brothers, bis sie 1960 von Robertson & Baxter (heute Edrington Group) aufgekauft wurde.

2001 kam eine neue Abfüllung von Glengoyne auf den Markt, erstmals unter Verwendung schottischer Eichenfässer. Zwei Jahre später ging die Brennerei in den Besitz von Ian MacLeod & Co. über. Die Anzahl der Single Malts ist stark gestiegen und umfasst heute neben der Kernpalette auch diverse Einzelfassabfüllungen.

GLENGOYNE 12-YEAR-OLD CASK STRENGTH

SINGLE MALT: HIGHLANDS 57,2 VOL.-%
Eine charakteristische Abfüllung ist die 12-jährige Fassstärke ohne Kaltfiltration. Leicht süße Nase mit Noten von Heidekraut, Birnenbonbons und Marzipan. Malzig-getreidiger Gaumen, gewürzt mit schwarzem Pfeffer.

GLENGOYNE 10-YEAR-OLD

SINGLE MALT: HIGHLANDS 40 VOL.-%
Dieser ungetorfte Whisky hat ein reines, grasiges Aroma. Im Mund kommt nussige Süße durch.

GLENGOYNE 17-YEAR-OLD

SINGLE MALT: HIGHLANDS 43 VOL.-%
Üppiger Sherryduft mit Noten von Früchtekuchen; Butterkaramell- und Sirupgeschmack, ein Hauch Zitrus.

GLENGOYNE 21-YEAR-OLD

SINGLE MALT: HIGHLANDS 43 VOL.-%
Vollständig in erstgefüllten Sherryfässern gereift; ein üppiger Digestif-Malt mit Noten von Cognac, Butter, Zimt und süßen Gewürzen.

Der Fluss Spey verleiht Schottlands bekanntester und produktivster Whiskyregion ihren Namen. Gebrannt wird hier traditionell im Winter.

GLEN GRANT SINGLE MALT

GLEN GRANT 10-YEAR-OLD

GLEN GRANT 1965

GLEN GRANT

Rothes, Morayshire
www.glengrant.com

Die Glen Grant Distillery in Speyside war die erste von fünf Brennereien in Rothes. 1840 aus rotem Sandstein mit zwei Türmchen errichtet, wirkt sie noch heute wehrhaft und trutzig.

Gegründet wurde sie von James Grant, einem Rechtsanwalt aus Elgin, und seinem Bruder John, einem Getreidehändler, der das Whiskymachen von all den illegalen Brennern in der Gegend, die er belieferte, gelernt haben soll.

Es war eine gute Lage für eine Brennerei: Der Bach Glen Grant lieferte Wasser für die Maische und den Antrieb der Maschinen, und es gab reichlich Gerste von den Feldern des nahen Moray. Ab 1858, als der erste Zug bis Rothes fuhr, konnten mit der Eisenbahn zudem die vollen Fässer abtransportiert und leere herangeschafft werden.

1872 übernahm der Sohn von James Grant das Geschäft. Der perfekte viktorianische Gentleman, allen als »Major« bekannt, kleidete sich stets in Tweed und trug einen beeindruckenden Schnurrbart. Nach dem Essen pflegte er seine Gäste in eine enge Schlucht im Park zu führen, wo er einen im Fels verborgenen Safe öffnete und ein Tablett mit Gläsern und eine Flasche Glen Grant zum Vorschein brachte. Wer Wasser wollte, brauchte sein Glas nur in den schnell fließenden nahen Bach zu tauchen.

Die Brennerei blieb bis 1977 in Familienbesitz, dann wurde sie von Seagram übernommen. Kurz darauf überzeugte ein italienischer Besucher die Besitzer, ihm einige Kisten des 5-jährigen Glen Grant zu überlassen, der schließlich Italiens meistverkaufter Scotch werden sollte. Nach einigen Jahren bei Pernod Ricard (2001–2006) gehört die Firma jetzt zur italienischen Campari-Gruppe. Obwohl

Glen Grant in seiner schottischen Heimat wenig Aufmerksamkeit findet, gehört er weltweit zu den fünf meistverkauften Malts.

GLEN GRANT SINGLE MALT

SINGLE MALT: SPEYSIDE 40 VOL.-%
Leicht, spritig und blumig in der Nase. Zuerst trocken am Gaumen, dann folgen weichere Nussaromen. Ein kräutriger Nachklang rundet diesen Whisky ab.

GLEN GRANT 10-YEAR-OLD

SINGLE MALT: SPEYSIDE 40 VOL.-%
Relativ trockene Nase mit dem Duft von Stein- und Kernobst. Leicht bis mittelschwer, mit getreidigem, nussigem Aroma.

GLEN GRANT 1965

SINGLE MALT: SPEYSIDE 40 VOL.-%
Diese Abfüllung von Gordon & MacPhail ist nur noch sehr schwer zu finden. Intensive Noten von Sherryholz, dazu Feige und Butterkaramell. Üppiger Geschmack nach Früchtekuchen und Ingwer.

GLEN KEITH

Keith, Banffshire

Der Seagram-Konzern, der 1950 Strathisla in Keith gekauft hatte, gründete sieben Jahre später im selben Ort Glen Keith auf dem Gelände einer alten Maismühle. Beide gehörten zu Chivas Brothers (heute Pernod Ricard) und beide produzierten Whisky für die meistverkauften Marken des Konzerns. Glen Keith begann mit dreifacher Destillation und war später Pionier im Computereinsatz – zu einer Zeit, als andere Brennereien gerade erst an das nationale Stromnetz angeschlossen worden waren.

Glen Keith wurde 2000 stillgelegt, doch unabhängige Abfüllungen sind erhältlich. Der 10-Jährige ist immer schwerer zu finden.

GLEN KEITH 10-YEAR-OLD

SINGLE MALT: SPEYSIDE 43 VOL.-%
Diese relativ rare Hausabfüllung bietet grasige Speyside-Aromen und die Süße von Sahnekaramell auf der Zunge.

GLENKINCHIE

Pencaitland, Tranent, East Lothian
www.malts.com

Robert Burns beschrieb das hügelige Gebiet südlich von Edinburgh als »das herrlichste Getreideland, das ich je sah« – dort, in dem Ort Pencaitland, gründeten John und George Rate 1825 die Brennerei, die ursprünglich Milton Distillery hieß. In der ersten Zeit hatte sie zu kämpfen; einen Großteil der zweiten Hälfte des 19. Jahrhunderts wurde sie als Sägemühle genutzt. 1881 von einem Brauer aus Edinburgh und einigen Weinhändlern gerettet, entstand daraus ein hocheffizientes Unternehmen mit neuester Ausstattung, vom mechanischen Rechen im Maischebottich bis zum eigenen Rangiergleis. Das Getreide kam von den Feldern der Umgebung, und der Trester wurde vor Ort an Aberdeen-Angus-Rinder verfüttert.

In neuerer Zeit gehört zu den wichtigsten Daten das Jahr 1988, als Glenkinchie 10-Year-Old zu einem der »Classic Malts« von Diageo gewählt wurde. Neue Abfüllungen sind dazugekommen, und der 10-Jährige wurde durch einen 12-Jährigen ersetzt.

GLENKINCHIE 12-YEAR-OLD
SINGLE MALT: LOWLANDS 43 VOL.-%
In der Nase süß und grasig mit einem Hauch Rauch. Im Mund fest und getreidig; ein Hauch Gewürz am Ende.

GLENKINCHIE 20-YEAR-OLD
SINGLE MALT: LOWLANDS 58,4 VOL.-%
In Bourbonfässern gereift und dann in Branntweinfässer umgefüllt. Köstliche, mundfüllende Struktur mit vielfältigen Gewürz- und Kompottaromen.

**GLENKINCHIE
DISTILLERS EDITION 1991**
SINGLE MALT: LOWLANDS 43 VOL.-%
Der malzige Geschmack von Vollkornkeksen wird durch die trockeneren, eichigen Aromen des Holzes ausbalanciert. Diese klingen in einem langen, langsamen Abgang nach.

THE GLENLIVET XXV

SINGLE MALT: SPEYSIDE 43 VOL.-%

Dieser 25-Jährige ist ein
üppiger Digestiv-Malt von
enormer Komplexität, mit
Aromen von kandierter Orangenschale und Rosinen und
intensiv nussigem Charakter.

**THE GLENLIVET
12-YEAR-OLD**

SINGLE MALT: SPEYSIDE 40 VOL.-%

In der Nase Zitrustöne und
Noten von Heidekraut, auch
frisches Holz und weiche
Frucht. Leichter bis mittlerer
Körper und trockener, reiner
Nachklang.

THE GLENLIVET 15-YEAR-OLD

THE GLENLIVET 18-YEAR-OLD

THE GLENLIVET 21-YEAR-OLD

GLENLIVET

Ballindalloch, Banffshire
www.theglenlivet.com

Im frühen 19. Jahrhundert, bevor der *Excise Act* so viele Brenner zum Erwerb einer Lizenz verlockte, war Glen Livet (das Tal des Flusses Livet) eine Hochburg des Schwarzbrennens. Es soll in diesem kleinen Landstrich nicht weniger als 200 illegale Brennblasen gegeben haben. Eine davon gehörte George Smith, der auf seinem Hof Upper Drummin Whisky herstellte. 1824 etablierte er schließlich Glenlivet als lizenzierte Brennerei. Der Bruch mit der schmuggelnden Brüderschaft bedeutete jedoch, dass Smith zu

seinem Schutz einen Revolver bei sich tragen musste.

Smith belieferte Andrew Usher in Edinburgh, der 1853 mit Old Vatted Glenlivet einen vielfach nachgeahmten Blend kreierte. Als Blended Scotch Ende des 19. Jahrhunderts in Mode kam, stieg auch die Nachfrage nach Malt im Stil von Glenlivet. Dies ermutigte Brenner überall in Speyside, dem Namen ihrer Brennerei das magische »Glenlivet« hinzuzufügen, in der Hoffnung, dass Verschneider den Weg zu ihrer Tür fänden.

Glenlivets derzeitiger Besitzer – der französische Konzern Pernod Ricard, der die Brennerei 2001 zusammen mit Chivas Regal und einer Reihe anderer Brennereien

von Seagram kaufte – ist entschlossen, ihren guten Namen wiederherzustellen: Während Glenlivet in den USA immer stark vertreten war, hat man ihn auf anderen Märkten etwas vernachlässigt.

Die Kernpalette der Malts wurde entstaubt, erweitert und neu verpackt, neue Produkte wie Nadurra Cask Strength Glenlivet für den Duty-free-Handel abgefüllt. 2008 gab man Planungen für einen weiteren Maischebottich, sechs Brennblasen und acht Washbacks bekannt. Dies erhöht die Kapazität auf 10 Mio. Liter, wie bei Glenfiddich. Nach diesen Anstrengungen zu urteilen, scheint das Unternehmen bei den meistverkauften Malts die Spitzenstellung anzustreben.

THE GLENLIVET FRENCH OAK RESERVE 15-YEAR-OLD

SINGLE MALT: SPEYSIDE 40 VOL.-%
Weicher und reicher als der 12-Jährige, malziger Geschmack, Erdbeeren mit Schlagsahne und eine Idee Gewürz.

THE GLENLIVET 18-YEAR-OLD

SINGLE MALT: SPEYSIDE 43 VOL.-%
Große Tiefe und Charakter. Honigtönig, duftend, löst sich in einem langen, nussigen Nachklang auf.

THE GLENLIVET ARCHIVE 21-YEAR-OLD

SINGLE MALT: SPEYSIDE 43 VOL.-%
Ausgeprägt weich und mit üppiger Frucht. Malzige Röstaromen, Mandelsüße und ein Hauch frischer Orange. Langer, leicht rauchiger Nachklang.

GLENLOSSIE

Elgin, Morayshire
www.malts.com

Glenlossie wurde 1876 von John Duff errichtet, dem ehemaligen Leiter von Glendronach. Ein Jahrhundert lang eigenständig und seit 1919 Teil von DCL, lieferte die Brennerei hauptsächlich Malts für Verschnitte. In der Branche galt die Qualität von Glenlossie stets als Spitzenklasse. Heute teilt man das Firmengelände mit der Mannochmore Distillery, einer Gründung von 1971.

Glenlossie produziert seit 1990 einen 10-Jährigen, daneben gibt es eine Reihe unabhängiger Abfüllungen von Gordon & MacPhail und anderen.

GLENLOSSIE FLORA & FAUNA 10-YEAR-OLD

SINGLE MALT: SPEYSIDE 43 VOL..-%
Grasig, mit Heidekrauttönen und weicher, mundfüllender Struktur sowie langem, würzigem Nachklang.

GLENMORANGIE

Tain, Rossshire
www.glenmorangie.com

Im »Tal der Ruhe« geht es sehr geschäftig zu, seit der französische Luxuswarenkonzern LVMH Glenmorangie 2004 für 300 Mio. Pfund übernommen hat. Als Hofbrennerei gegründet, wurde der Betrieb 1843 von William Matheson, der bereits an Balblair beteiligt war, übernommen und lizenziert. Über Jahre blieb die Destillerie ein ländliches Unternehmen. Der Whisky-Reisende Alfred Barnard beschrieb in den 1880er-Jahren die Brennerei als »älteste und primitivste, die wir sahen«, und als »fast in Ruinen«.

Neue Investoren fanden sich gerade noch rechtzeitig. Im 20. Jahrhundert produzierte Glenmorangie hauptsächlich Malt für Blends. In den 1970er-Jahren jedoch begann man, Fässer für einen 10-jährigen Single Malt zu reservieren. Eine gute Entschei-

dung, denn daraus sollte später der meistverkaufte Single Malt Schottlands werden. Glenmorangies Brennblasen sind hoch und schmal und produzieren eine leichte, sehr reine Spirituose. Die wahre Kunst besteht darin, diese elegante Spirituose mit dem richtigen Fass zu kombinieren – Glenmorangie war ein Pionier der Holzfinishs.

GLENMORANGIE ORIGINAL

SINGLE MALT: HIGHLANDS 40 VOL.-%
Dies ist der populäre 10-Jährige in neuer Verpackung. Honigtöne mit einem Hauch Mandel.

GLENMORANGIE 18-YEAR-OLD

SINGLE MALT: HIGHLANDS 43 VOL.-%
Ein üppiger, runder Whisky mit Dörrobstnoten und ausgeprägter Nussigkeit vom Finish in Sherryfässern.

GLENMORANGIE 25-YEAR-OLD

SINGLE MALT: HIGHLANDS 43 VOL.-%
Vollaromatisch mit Trockenfrüchten, Beeren, Schokolade und Gewürz. Ein intensiver, komplexer Whisky.

GLENMORANGIE NECTAR D'OR

SINGLE MALT: HIGHLANDS 46 VOL.-%
Der blumige Charakter von Glenmorangie mit seinen Honigtönen erhält hier einen Schuss Gewürz und Zitrone von Sauternesfässern.

GLENMORANGIE QUINTA RUBAN

SINGLE MALT: HIGHLANDS 46 VOL.-%
Die leicht rötliche Bernsteinfarbe und der portugiesische Name sind ein Hinweis: Dieser Malt hat ein Finish in Portweinfässern erhalten, denen er seinen fruchtigen Charakter und Noten von Minzschokolade verdankt.

GLENMORANGIE LASANTA

SINGLE MALT: HIGHLANDS 46 VOL.-%
Die neue Gestaltung und der gälische Name waren nicht die einzigen Änderungen, die Glenmorangie bei diesem fein ausgewogenen Sherryfinish vorgenommen hat: Er wird jetzt ohne Kaltfiltration abgefüllt. Lasanta bedeutet »Wärme und Leidenschaft«.

GLENMORANGIE NECTAR D'OR

GLENMORANGIE QUINTA RUBAN

GLENMORANGIE LASANTA

GLEN MORAY 12-YEAR-OLD

GLEN MORAY CLASSIC

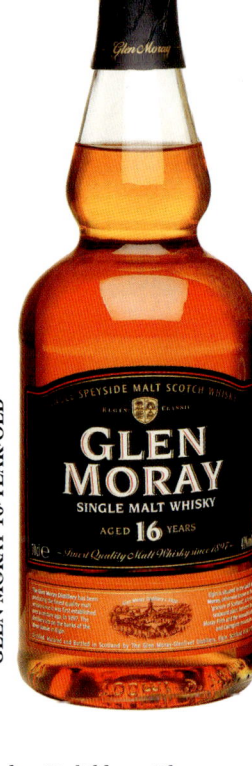

GLEN MORAY 16-YEAR-OLD

GLEN MORAY

Bruceland Road, Elgin
www.glenmoray.com

Wenn man der kleine Bruder zweier berühmterer Brüder ist, läuft man Gefahr, sich zeitweise ungeliebt zu fühlen. Zur selben Familie wie Ardbeg und Glenmorangie zu gehören, muss für die kleine Brennerei Glen Moray bisweilen hart gewesen sein. Selbst ihre Führungsrolle im Blend Bailie Nicol Jarvie blieb unbeachtet. So war niemand überrascht, als die Muttergesellschaft LVMH schließlich den Verkauf von Glen Moray an die französische Gruppe La Martiniquaise bekannt gab.

Ursprünglich als Brauerei gegründet, wurde Glen Moray erst 1897 in eine Destillerie umgewandelt. Nach schwierigem Start von den Verschneidern Macdonald & Muir übernommen, die bis 2004 die Eigentümer blieben, kam das Unternehmen schließlich zu LVMH. Seither wurde die Palette an speziellen Weinfinishs nach

dem Vorbild von Glenmorangie – darunter Chenin Blanc und Chardonnay – aufgegeben und durch drei bis vier Hauptabfüllungen und eine Reihe von Limited Editions ersetzt.

GLEN MORAY 12-YEAR-OLD

SINGLE MALT: SPEYSIDE 40 VOL.-%
Ein klassischer, leichter Speyside Malt mit Zuckerwatte-Aroma und Noten von Heidekrauthonig. Ein leichter Geschmack nach Dörrobst und Orangenschale auf der Zunge.

GLEN MORAY CLASSIC

SINGLE MALT: SPEYSIDE 40 VOL.-%
Die Brennerei produziert diesen Einsteiger-Malt ohne Altersangabe. Er ist hell-strohfarben mit leicht grasigen Noten.

GLEN MORAY 16-YEAR-OLD

SINGLE MALT: SPEYSIDE 40 VOL.-%
Die längere Reifung verleiht dem Malt einen üppigen Akzent von Gerstenzucker mit Aromen von Trockenfrüchten, Leder und Leinsamenöl.

In der Böttcherei greift man auf traditionelle Methoden zurück, und Stroh bleibt das beste Material, um die Deckel der Fässer abzudichten.

THE GLENROTHES 1975

THE GLENROTHES 1978

THE GLENROTHES 1994

GLENROTHES

Rothes, Morayshire
www.glenrotheswhisky.com

Nach Dufftown ist Rothes die geschäftigste Whiskystadt in Speyside, was man jedoch kaum bemerkt, wenn man durch den kleinen Ort fährt: Die Brennereien sind diskret verborgen, darunter ruhig in einer Senke am Bach Rothes gelegen Glenrothes.

Die Brennerei wurde 1878 als Joint Venture zwischen James Stuart von Macallan und zwei örtlichen Bankiers, Robert Dick und Willie Grant, gegründet. Vor der Inbetriebnahme zog sich Stuart zurück, und eine Finanzkrise hätte das Projekt fast vereitelt.

Nach diesem wackligen Start machte sich Glenrothes bald einen Namen bei den Verschneidern. Der qualitätvolle Malt avancierte zum wichtigen Bestandteil von Cutty Sark, für kurze Zeit der meistverkaufte Scotch in den USA. Man belieferte auch andere Blends, und anscheinend blieb nie etwas übrig für eine Hausabfüllung – bis 1987 der erste Single Malt, ein 12-Jähriger, auf den Markt kam.

Der Erfolg ließ zunächst auf sich warten – man hatte die Entscheidung zu lange hinausgezögert und die Konkurrenz war groß. Die Situation änderte sich erst mit dem hochgelobten Glenrothes Vintage Malt von 1994. Die Inhaber, die Weinhändler Berry Brothers & Rudd, erkannten, dass nicht nur Weinfreunde Jahrgangsabfüllungen schätzen – dasselbe gilt auch für Whiskyliebhaber. 2004 kam Glenrothes Select Reserve heraus, um die Kontinuität bei den Jahrgängen zu gewährleisten.

Bis heute ist der älteste Jahrgang der 1972er, allerdings sind der 1975er und der 1978er die einzig

THE GLENROTHES 1987

THE GLENROTHES 1991

THE GLENROTHES SELECT RESERVE

erhältlichen aus diesem Jahrzehnt. Es gab zudem verschiedene Einzelfassabfüllungen sowie einen 30-Jährigen.

THE GLENROTHES 1994

SINGLE MALT: SPEYSIDE 43 VOL.-%
Ein komplexer Malt, der große Befriedigung bietet, mit fruchtigem, toffeeduftendem Bukett, das in einen weichen Zitrusgeschmack und einen langen, milden Nachklang mündet.

THE GLENROTHES 1975

SINGLE MALT: SPEYSIDE 43 VOL.-%
Dieser immer schwieriger erhältliche Jahrgang bietet große, üppige Aromen – Fruchtkompott, Sahnekaramell, Bitterschokolade und Orangenschale. Halbtrockener, schöner Nachklang.

THE GLENROTHES 1978

SINGLE MALT: SPEYSIDE 43 VOL.-%
Eine sehr seltene, 2008 erschienene Abfüllung. Aromen von Plumpudding und Zuckerrübensirup; seidige Struktur mit Honigtönen; langer Nachklang.

THE GLENROTHES 1987

SINGLE MALT: SPEYSIDE 43 VOL.-%
Frucht, Vanille und Blütennoten in der Nase. Am Gaumen saftig; Orangenwürze gleicht die Süße aus; langer, süßer Nachklang.

THE GLENROTHES 1991

SINGLE MALT: SPEYSIDE 43 VOL.-%
In der Nase reife Beeren und Vanille, mit etwas Butterkaramell- und Kokosaromen, die sich lange am Gaumen halten.

THE GLENROTHES SELECT RESERVE

SINGLE MALT: SPEYSIDE 43 VOL.-%
Wie Champagner ohne Jahresangabe ist dies die Melange verschiedener Jahrgänge in einem komplexen Whisky mit Noten von Gerstenzucker, reifer Frucht, Vanille und Gewürz. In der Nase süßer als im Mund.

GLEN ORD

Muir of Ord, Rossshire
www.malts.com

Glen Ord liegt in der fruchtbaren Ebene von Black Isle nördlich von Inverness. Die Brennerei wurde 1838 eröffnet, vermutlich nahe der ehemaligen Ferintosh Distillery, einer Gründung von 1670. John Dewar & Sons übernahmen Glen Ord 1923.

Sechs Brennblasen produzieren 3,4 Mio. Liter im Jahr, sodass genügend Single Malt für Hausabfüllungen zur Verfügung steht. Verwirrenderweise hießen diese zeitweise Ord, Glenordie oder Muir of Ord. Jüngere Abfüllungen zielen als The Singleton of Ord vorwiegend auf den US-Markt.

GLEN ORD 12-YEAR-OLD
SINGLE MALT: HIGHLANDS 43 VOL.-%
Zitrustöne und Duft nach Orangenschale in der Nase. Ein dezentes Apfelkuchenaroma sowie würzige Ingwernoten im Nachklang.

GLEN SCOTIA

Campbeltown, Argyll
www.lochlomonddistillery.com

Der Aufstieg und Fall von Campbeltown – am äußersten Ende des Mull of Kintyre gelegen – als »Whiskyopolis« ist gut dokumentiert. So etwa das Schicksal der Springbank Distillery, die alle Schwierigkeiten meisterte und heute Kultstatus genießt. Aber sie war nicht die einzige, auch die unbekanntere Glen Scotia konnte sich retten. Mit nur einem Paar Stills um 1830 von der Familie Galbraith gegründet, blieb die Brennerei für den Rest des Jahrhunderts in deren Eigentum. Nach wechselnden Besitzverhältnissen kam sie 1994 zu Glen Catrine (Loch Lomond Distillers).

GLEN SCOTIA 12-YEAR-OLD
SINGLE MALT: CAMPBELTOWN 40 VOL.-%
Diese Brennereiabfüllung ersetzte den 8-Jährigen. Würziger Duft mit süßeren, üppigeren Noten am Gaumen.

GLEN SPEY

Rothes, Aberlour, Banffshire
www.malts.com

James Stuart arbeite als Brenner bei Macallan und beteiligte sich 1878 am Bau der Glenrothes Distillery. Er zog sich bald aus dem Unternehmen zurück. Einige Jahre später wandelte er eine Hafermühle in seinem Besitz in eine Brennerei um. Glen Spey liegt am Ufer des Rothes, gegenüber von Glenrothes, und so war der Streit um Wasserrechte vorprogrammiert. 1887 wurde Glen Spey an den Ginbrenner Gilbey's verkauft, der später mit Justerini & Brooks verschmolz. Ihr J&B Blend enthält seitdem Glen Spey. Der derzeitige Besitzer Diageo führt nur eine Malt-Abfüllung in der Reihe Flora & Fauna.

GLEN SPEY FLORA & FAUNA 12-YEAR-OLD
SINGLE MALT: SPEYSIDE 43 VOL.-%
Leichte, grasige Nase, frisches Nussaroma. Sehr trocken, kurzer Nachklang.

GLENTAUCHERS

Mulben, Keith, Banffshire

Im Unterschied zu vielen Brennereien, die in spätviktorianischer Zeit aus spekulativen Überlegungen entstanden, wurde Glentauchers 1897 gegründet, um Buchanan's Blend zu beliefern, der später als Black & White zum Bestseller wurde. Die Brennerei war ein Joint Venture zwischen James Buchanan und dem Glasgower Verschneider W. P. Lowrie. Sie lag ideal an einer Hauptverkehrsstraße, die zur Eisenbahnlinie Aberdeen – Inverness führte. Glentauchers, inzwischen im Besitz von Pernod Ricard, fällt noch dieselbe Aufgabe zu wie früher: Malt für Blends zu liefern.

GLENTAUCHERS GORDON & MACPHAIL 1991
SINGLE MALT: SPEYSIDE 43 VOL.-%
Diese 16-Jährige Abfüllung verbindet süßen Sherrycharakter mit einem subtil rauchigen Aroma.

GLENTURRET 10-YEAR-OLD

GLENTURRET 14-YEAR-OLD SINGLE CASK

GRAND MACNISH ORIGINAL

GRAND MACNISH 12-YEAR-OLD

GLENTURRET

Crieff, Perthshire
www.thefamousgrouse.com

Diese kleine, 1775 lizenzierte Destillerie beansprucht, die älteste noch arbeitende in Schottland zu sein. Sicher gehörte sie zu den ersten legalen Hofbrennereien, was ihre Existenz anfangs erschwerte, da der Großteil der Wettbewerber keine Steuern zahlte.

Heute ist Glenturret bekannt als die Heimat von The Famous Grouse *(s. S. 80)* – eine Tatsache, die der Besucher kaum ignorieren kann: Schon bevor man das Ziel erreicht, weist ein Moorhuhn-Schild bei Crieff den Weg, während neben der Brennerei selbst eine 5 m hohe Skulptur des Vogels den Parkplatz schmückt.

Dass der Malt von Glenturret ein wesentlicher Bestandteil des Grouse-Blend ist, dürfte den meisten Besuchern zuvor verborgen geblieben sein. Das einzige Tier, von dem sie hörten, war Towser,

jene fleißige Katze, die sich mit 30 000 zwischen 1963 und 1984 auf dem Brennereigelände erlegten Mäusen einen Platz im *Guinness Buch der Rekorde* gesichert hat.

Alles änderte sich, als die Besitzer, die Edrington Group, ein neues Besucherzentrum einrichteten: The Famous Grouse Experience. Kürzlich ist die Famous Grouse Whisky School hinzugekommen. Sie bietet Tagesseminare über Malt Whisky einschließlich einer ausführlichen Besichtigung von Brennerei und Lagerhaus, wo der Famous Grouse Blended Malt heranreift.

GLENTURRET 10-YEAR-OLD

SINGLE MALT: HIGHLANDS 40 VOL.-%
Anstelle des 12-jährigen ist dieser blumige, vanilleduftende Malt heute das wichtigste Produkt von Glenturret.

GLENTURRET 14-YEAR-OLD

SINGLE MALT: HIGHLANDS 59,7 VOL.-%
Eine limitierte Abfüllung in Fassstärke mit sirupartiger Süße und Noten von Lakritz.

GRAND MACNISH

Besitzer: Macduff International

Die lange Geschichte dieser Marke reicht zurück bis in das Glasgow von 1863, als Robert McNish (das »a« wurde dem Markennamen etwas später hinzugefügt), ein Lebensmittelhändler und Kaufmann, Whisky zu verschneiden begann. Seine Pionierarbeit wurde von zwei Söhnen fortgeführt, die das Geschäft erweiterten und den Whiskyboom um 1890 geschickt zu nutzen verstanden.

Nach dem Ersten Weltkrieg gingen die Geschäfte schlecht, und die Familie verkaufte schließlich 1927 an Canadian Industrial Alcohol (später Corby Distilleries). Nach weiteren Besitzerwechseln ist Grand Macnish nach Glasgow zurückgekehrt. Unter der Obhut von MacDuff International entwickelt die Marke mit ihrer typischen, mit Grübchen versehenen

Retroflasche zunehmend internationales Profil.

Zwei Blends sind erhältlich: Grand Macnish Original, der noch wie bei Robert MacNish bis zu 40 Whiskys vereint, sowie ein 12-Jähriger, den der Hersteller als »reifer, fruchtiger und malziger« beschreibt. Die typische Flasche verleiht Grand Macnish eine hübsche Regalpräsenz, und das Etikett ist verziert vom Motto des McNish-Clans *forti nihil difficile* (»Für den Starken ist nichts schwierig«).

GRAND MACNISH ORIGINAL

BLEND 40 VOL.-%
Altes Leder und reife Früchte, die einem Weinbrandaroma weichen. Bemerkenswert süß am Gaumen mit starkem Vanille-(Holz-)Einfluss. Langer Nachklang mit leichtem Rauch.

GRAND MACNISH 12-YEAR-OLD

BLEND 40 VOL.-%
Das Alter zeigt sich hier in vollerem, runderem Aroma von größerer Intensität und lang anhaltendem Nachklang.

GRANT'S ALE CASK RESERVE

BLEND 40 VOL.-%

Grant's hat mit großem Erfolg spezielle Holzfinishs entwickelt. Dies ist der einzige Whisky, der in ehemaligen Bierfässern nachreift, und sie verleihen ihm einen einzigartig cremigen, malzigen Geschmack mit Honigtönen.

GRANT'S SHERRY CASK RESERVE

BLEND 40 VOL.-%

Auf dieselbe Weise wie die bahnbrechende Ale-Fass-Version hergestellt. Hier jedoch erhält der Whisky ein Finish in Oloroso-Sherryfässern, was ihm einen ausgeprägt warmen, üppigen, fruchtigen Geschmack verleiht.

GRANT'S FAMILY RESERVE

GRANT'S 12-YEAR-OLD

GRANT'S 18-YEAR-OLD

GRANT'S

Besitzer: William Grant & Sons

Dieses standhaft unabhängige Unternehmen floriert in Speyside seit 1887. Damals eröffneten William Grant und seine Familie die Brennerei Glenfiddich. Grant hatte eine lange Lehrzeit bei Konkurrenzunternehmen absolviert und setzte sein Wissen klug ein, als er sein eigenes Geschäft gründete.

William Grant & Sons – noch immer in Privatbesitz – rühmt sich einer großen Leidenschaft für Whisky, die man mit großem Engagement über Generationen bewahrt hat. Heute ist das Unternehmen bekannt für die Single Malts Glenfiddich und Balvenie, produziert aber auch einen dritten Malt, Kininvie, der zum Verschnitt bestimmt ist. Zusätzlich baute man 1963 eine Grain-Brennerei in Girvan, wo die amerikanischen Maisimporte am einfachsten verarbeitet werden können. Die Anlage

hat stark expandiert, und eine neue Single-Malt-Brennerei, Ailsa Bay, öffnete dort vor Kurzem. Sie produziert ausschließlich für den Verschnitt, und das aus gutem Grund: Grant's Family Reserve Blend überschritt die Grenze von 1 Mio. Kisten bereits 1979 und musste seitdem kräftig zulegen, um die weltweite Nachfrage zu decken. Grant's verkauft heute um die 4 Mio. Kisten Whisky pro Jahr und gehört damit zu den fünf größten schottischen Whiskymarken weltweit, präsent in über 180 Ländern. Da die Firma in Privatbesitz ist und nicht dem Druck von Aktionären unterliegt, hat Grant's Verschneider die Möglichkeit, mit einem bemerkenswerten Vorrat reifer Malts zu arbeiten – zum Teil 40 Jahre oder älter.

Die Palette der Blends entwickelt sich weiter, man bleibt aber der typischen dreieckigen Flasche treu, die die Produkte dieser angesehenen Firma kennzeichnet.

GRANT'S FAMILY RESERVE
BLEND 40 VOL.-%

Eine unverkennbare Speyside-Nase mit malzigen Noten. Fest im Mund, mit der Süße von Bananen und Vanille, die schärfere malzige Noten ausbalanciert. Rein, aber sehr komplex, mit langem, weichem Nachklang.

GRANT'S 12-YEAR-OLD
BLEND 40 VOL.-%

Ein Blend der besten Single Malt und Grain Whiskys, der wenigstens zwölf Jahre in Eichenholz reift, bevor er sein Finish in ehemaligen Bourbonfässern erhält. Ein warmer, vollmundiger Scotch von großer Fülle ist das Ergebnis.

GRANT'S 18-YEAR-OLD
BLEND 40 VOL.-%

Perfekt ausgewogen mit beeindruckender Geschmackstiefe. Üppig und vollmundig, mit fruchtigen Noten vom Finish in Portweinfässern.

HAIG

Besitzer: Diageo

Die Whiskytradition dieser Firma lässt sich bis ins 17. Jahrhundert zurückverfolgen, als man auf dem Hof der Familie Haig zu brennen begann. Sie expandierte mit Grain Whisky und war ein früher Pionier des Verschnitts. 1919 von DCL übernommen, blieb das Unternehmen weiterhin stark. Mit Dimple (s. S. 78) hatte man einen erfolgreicher De-luxe-Blend, und Haig selbst war zeitweise der meistverkaufte Whisky Großbritanniens. Doch die Ruhmestage sind lange vorbei. Unter der Führung von Diageo reussiert Haig heute vor allem in Griechenland und auf den Kanarischen Inseln.

HAIG
BLEND 40 VOL.-%

Etwas Süße in der Nase, zarte Rauchnoten. Leicht und delikat, mit weichen Tönen von Holz und Gewürz im Nachklang, ein Hauch Rauch kehrt wieder.

Alles über …
Whisky-Cocktails

Wenn es um Whisky geht, können Cocktails ein heikles Thema sein, da Traditionalisten sie gern als »Verunreinigung« des besten aller Getränke verdammen. Doch ihnen entgeht etwas: Das Zusammenspiel zwischen den Aromen des Whiskys und den übrigen Zutaten kann wunderbar sein. Zudem hat ein guter Whisky genügend Stärke und Charakter, um auch in der Mischung seine Identität zu bewahren, und so entstehen neue Aromaschichten. Barkeeper experimentieren heute mit großen, charaktervollen Malts – selbst torfige Islays haben ihren Platz. Die Ausgewogenheit der Aromen ist entscheidend, doch die Resultate können erstaunlich sein. Hier finden Sie sieben Rezepte mit Whiskys aus aller Welt.

MINT JULEP 12–15 Minzeblätter grob zerreißen und in ein Julep-Glas geben. Etwas zerstoßenes Eis, 25 ml Buffalo Trace Bourbon und 12,5 ml Zuckersirup zugeben und gut verrühren. Weitere fünf zerzupfte Minzeblätter und 25 ml Bourbon zugeben und gut verrühren. Nochmals fünf zerzupfte Minzeblätter zugeben, das Glas mit zerstoßenem Eis füllen und gut durchrühren. Mit mehr zerstoßenem Eis auffüllen, mit einem Stängel Minze garnieren und mit zwei kurzen Strohhalmen servieren.

PEAT COLLINS Ein Longdrinkglas mit Eiswürfeln kühlen. 50 ml Laphroig 10-year-old in den Mixbecher geben. 20 ml frisch gepressten Limettensaft, 12,5 ml Zuckersirup sowie einen Schuss Orangenbitter zugeben und gut schütteln. Den Peat Collins in das gekühlte Glas seihen, etwas Sodawasser hinzufügen und gut verrühren. Mit zerstoßenem Eis und einem Streifen Orangenschale servieren.

RYE MANHATTAN Ein Martiniglas mit zerstoßenem Eis kühlen. Einen Mixbecher zur Hälfte mit Eis füllen, einen Spritzer Angostura, 50 ml Sazerac Rye Whisky und 25 ml Antica Formula Wermut zugeben. Mit weiteren Eiswürfeln auffüllen und 20 Sekunden rühren. Das zerstoßene Eis aus dem Martiniglas entfernen und den Rye Manhattan durch ein Sieb hineingießen. Mit einer Maraschinokirsche garnieren.

BLACK SOUR Drei Kardamomsamen im Mixbecher gründlich zerstoßen. Eine halbe entkernte Williamsbirne zugeben und zu einem Brei zerdrücken. 37,5 ml Bushmills Black Bush, 12,5 ml Crème de Pêche, zwei gute Spritzer Angostura, 25 ml frisch gepressten Zitronensaft, 12,5 ml Zuckersirup und einen Schuss Eiweiß zugeben und gut verrühren. In ein gekühltes Becherglas seihen, mit zerstoßenem Eis auffüllen und mit einem Fächer aus Williamsbirne garnieren.

YAMAZAKI MARTINI Ein kleines Martiniglas mit zerstoßenem Eis kühlen. Den Mixbecher mit Eiswürfeln füllen, 50 ml Yamazaki 12-year-old, einen Schuss Angostura, 20 ml Mandelmilch-Sirup, 5 ml Zuckersirup, 12,5 ml frisch gepressten Limettensaft und einen Schuss Eiweiß zugeben und gut schütteln. Das Eis aus dem Martiniglas entfernen und den Yamazaki Martini hineinseihen.

ROB ILA Ein Kelchglas mit zerstoßenem Eis kühlen. Den Mixbecher mit Eiswürfeln füllen, 50 ml Caol Ila Distillers Edition, 12,5 ml Muscat de Beaumes de Venise, einen Spritzer Orangenbitter sowie 10 ml Drambuie zugeben und 30 Sekunden gut verrühren. Das Eis entfernen und den Rob Ila in das Glas abseihen. Den Rand mit Zitronenschale abreiben und das Glas mit einer Spirale aus Zitronenschale dekoriert servieren.

ALBANNACH RENAISSANCE Den Mixbecher mit Eiswürfeln füllen und 37,5 ml Ardbeg Renaissance, 12,5 ml Aperol, 20 ml Limettensaft, 12,5 ml Zuckersirup, Spritzer von Orangenbitter, Grapefruitsaft und Eiweiß zugeben. Abdecken und schaumig schütteln. In ein gekühltes Glas seihen, ein kleines Stück Orangenschale darüber auspressen und mit einer Spirale aus Orangenschale garnieren.

**HIGHLAND PARK
12-YEAR-OLD**

SINGLE MALT: ISLANDS 40 VOL.-%

Dieser Whisky wird für seine vielfältigen Qualitäten gepriesen. Er zeigt weiche Aromen von Heidekrauthonig, einige üppigere Gewürznoten, umhüllt von einer Fahne aus Torfrauch, die den Nachklang recht trocken macht.

**HIGHLAND PARK
15-YEAR-OLD**

SINGLE MALT: ISLANDS 40 VOL.-%

Süß-aromatisch, mit reifen Früchten und Mandelnoten. Die Frucht erscheint am Gaumen stärker karamellisiert und vergeht in einem trockenen, rauchigen Nachklang.

HIGHLAND PARK 16-YEAR-OLD

HIGHLAND PARK 18-YEAR-OLD

HIGHLAND PARK 25-YEAR-OLD

HIGHLAND PARK 30-YEAR-OLD

HIGHLAND PARK

Kirkwall, Orkney
www.highlandpark.co.uk

Wenn nicht noch eine Brennerei auf Shetland gebaut wird, bleibt Highland Park der nördlichste Whiskyproduzent Schottlands. Heute ist die einsame Insellage ein Vorteil für die Vermarktung des Produkts, doch lange stellte die Entfernung von den Abnehmern – den großen Blend-Produzenten auf dem Festland – eine Herausforderung dar. Die Brennerei überlebte jedoch und stellt heute einen hoch angesehenen Highland Malt her. Nach Investitionen in Höhe von 18 Mio. Pfund hoffen die Besitzer, zu den Top Ten aufzusteigen.

Die Brennerei liegt nahe der Inselhauptstadt Kirkwall, wo einst Magnus Eunson, ein Schmuggler, illegal Whisky herstellte. Eunson wurde von John Robertson, einem Steuerbeamten, festgenommen, der die Brennerei übernahm und 1826 eine Lizenz erhielt. 1895 kaufte James Grant von Glenlivet das Unternehmen und erhöhte die Anzahl der Brennblasen auf vier. Seit 1937 gehört das Unternehmen zu Highland Distillers (heute Edrington Group), die seit Ende der 1970er-Jahre verstärkt in die Single Malts von Highland Park investieren. Bis heute wird ein Teil der Gerste auf den ursprünglichen Mälzböden der Brennerei verarbeitet. Das Malz wird mit örtlichem

Torf, der ein etwas süßeres Aroma als der von Islay hat, gedarrt.

Die Palette beginnt mit dem 12-Jährigen und reicht bis zu einem 40-Jährigen. Seit 2005 gab es zudem eine Reihe von Ambassador-Cask-Abfüllungen.

HIGHLAND PARK 16-YEAR-OLD

SINGLE MALT: ISLANDS 40 VOL.-%
Sherry, Torf und Gewürze in der Nase. Malzige Aromen zeigen sich am Gaumen; trocken und keksartig, mit Honigsüße und Rauchigkeit. Langer, trockener Nachklang.

HIGHLAND PARK 18-YEAR-OLD

SINGLE MALT: ISLANDS 43 VOL.-%
Einen Hauch süßer als der 12-Jährige, mit Noten von Heidekraut, Sahne

karamell und poliertem Leder. Das Torfraucharoma kommt im Nachklang stärker durch als am Gaumen.

HIGHLAND PARK 25-YEAR-OLD

SINGLE MALT: ISLANDS 48,1 VOL.-%
Wie die Bernsteinfarbe zeigt, hatte dieser Whisky viel Kontakt mit europäischer Eiche: er reifte zur Hälfte in erstgefüllten Sherryfässern. Üppiges, nussiges Aroma mit Noten von getrockneten Früchten und duftendem Rauch.

HIGHLAND PARK 30-YEAR-OLD

SINGLE MALT: ISLANDS 48,1 VOL.-%
Das Flaggschiff der Palette. Karamellsüße, aromatische Gewürze; dunkle Schokolade und Orangennoten. Ein langer, trocknender, rauchiger, salzhaltiger Nachklang.

HANKEY BANNISTER

Besitzer: Inver House Distillers

Die Herren Hankey und Bannister, Lieferanten edler Weine und besten Whiskys, begründeten ihre Partnerschaft 1757. Heute gehört die Firma zu Inver House Distillers, was ihr Zugang zu den Single Malts einiger guter, aber weniger bekannter schottischer Brennereien verschafft, etwa Balblair, Balmenach und Knockdhu. Inver House wird von Schottland aus geführt, ist jedoch im Besitz der Gruppe Thai Beverage. Wichtige Märkte für Hankey Bannister sind Australien, Lateinamerika und Südamerika; er wird in 47 Länder weltweit exportiert.

Der 12-Jährige erhielt eine Silbermedaille bei der International Wine and Spirit Competition 2007, während der 40-Jährige im Juni 2008 die begehrte Anerkennung des weltbesten Scotch Blended Whisky

bei den World Whisky Awards erwarb. Dieser seltene Blend enthält unter anderem Glen Flagler, Garneath und Killyloch, deren Brennereien nicht mehr existieren.

Die Palette von Hankey Bannister umfasst neben dem Original Blend einen 12-jährigen, einen 21-jährigen, einen 40-jährigen sowie Blended Malt.

HANKEY BANNISTER 21-YEAR-OLD

BLEND 43 VOL.-%

Eine frische, recht jugendliche Nase. Weich und mild, sahniges Toffee, mit dem typischen Vanille-Hausstil. Mehr Tiefe am Gaumen, mit malzigen Obertönen und warmem Nachklang.

HANKEY BANNISTER 40-YEAR-OLD

BLEND 43,3 VOL.-%

Warme, duftige Aromen von Rosinen, Schokolade und Zitrus kombiniert mit würzigen Noten, die in einen außergewöhnlich langen, weichen, vollmundigen Nachklang übergehen.

HAZELBURN

Well Close, Campbeltown
www.springbankdistillers.com

Die Brennerei Springbank ist die glückliche Überlebende in Campbeltown, wo es zu Zeiten des Whiskybooms im 19. Jahrhundert 34 Brennereien gab. Heute ist Springbank eine kleine, eigenständige Malt-Whisky-Fabrik mit drei Produkten unter einem Dach: Springbank selbst, der durchdringend rauchige Longrow und der leichte, ansprechende Hazelburn. Hazelburn — benannt nach einer verlassenen Brennerei in Campbeltown — bleibt ungetorft und wird dreifach gebrannt. Der erste Malt wurde 1997 gebrannt und 2005 als 8-Jähriger abgefüllt. Die 6000 produzierten Flaschen waren binnen weniger Wochen ausverkauft.

HAZELBURN 8-YEAR-OLD

SINGLE MALT: CAMPBELTOWN 46 VOL.-%
Lowland-Stil, rein und erfrischend, mit leicht malzigem Aroma.

IMPERIAL

Carron, Morayshire

Im Jahr 1897 feierte Königin Victoria ihr diamantenes Thronjubiläum. Zu diesem Anlass gründete Thomas Mackenzie, der bereits Talisker und Dailuaine besaß, die Brennerei Imperial. Was als dauerhafte Reverenz an die Monarchin gedacht war, produzierte indessen nur zwei Jahre lang. Dann wurde die Brennerei durch den Kollaps der Pattison Brothers mitgerissen, bekannte Verschneider und Abfüller aus Leith, die seinerzeit viel dazu beitrugen, den Ruf des schottischen Whiskys zu beschädigen.

Unter einer Reihe von Besitzern, darunter DCL, Allied Domecq und jetzt Chivas Brothers, hat es seitdem keine kontinuierliche Produktion gegeben — mehr als die Hälfte der letzten 100 Jahre hat die Brennerei stillgelegen. Ihre längste Produktionszeit lag zwischen Mitte der 1950er-Jahre und 1985, und ihre letzte aktive Phase war von

IMPERIAL GORDON & MACPHAIL 1991

1991 bis 1998. Imperial sollte man dennoch nicht abschreiben, denn es wäre nicht die erste Brennerei, die nach zehn oder gar 20 Jahren zu neuem Leben erwacht. Die Brennausrüstung ist immer noch intakt. Zwei Paar Brennblasen, die 1,6 Mio. Liter erzeugen können, und eine noch immer hohe Nachfrage nach schottischem Malt lassen manches möglich erscheinen.

Erhältlich sind eine 15-jährige Hausabfüllung sowie mehrere unabhängige Abfüllungen aus den 1990er-Jahren.

IMPERIAL 15-YEAR-OLD
SINGLE MALT: SPEYSIDE 46 VOL.-%
Limonig, leicht mehlig, mit gebäckartiger Süße. Trockener, leicht rauchiger Nachklang.

IMPERIAL GORDON & MACPHAIL 1991
SINGLE MALT: SPEYSIDE 43 VOL.-%
Honig und Gewürze mit grünen Äpfeln, erdigen Noten und leichter Rauchigkeit.

INCHGOWER
Buckie, Banffshire
www.malts.com

Die Brennerei Inchgower liegt am Rand von Speyside, nahe der Mündung des Flusses und des Fischerhafens Buckie. Sie wurde 1871 von Alexander Wilson gegründet. Er verwendete Inventar der stillgelegten Tochieneal Distillery, die sein Vater, John Wilson, 1824 etwas weiter östlich in Cullen errichtet hatte. Inchgower blieb bis 1930 in Familienbesitz, dann erkalteten die Brennblasen. Nach sechs Jahren übernahm die Stadtverwaltung den Betrieb für nur 1000 Pfund, seit 1938 gehört er zu Arthur Bell & Sons. Der produzierte Malt fließt größtenteils in deren Blends.

INCHGOWER FLORA & FAUNA 14-YEAR-OLD
SINGLE MALT: SPEYSIDE 43 VOL.-%
Lebhaft und frisch mit blumiger Nase, süß-saurem Aroma und recht kurzem Nachklang.

INVER HOUSE GREEN PLAID
Besitzer: Inver House Distillers

Inver House, heute von Thai Beverage kontrolliert, ist einer der kleineren, aber dynamischen schottischen Whiskyhersteller und wurde 2008 vom *Whisky Magazine* zum »International Distiller of the Year« gekürt. Die Marke Green Plaid, 1956 für den amerikanischen Markt entwickelt, zählt dort heute noch zu den zehn meistverkauften Whiskys. Mehr als 20 Malts und Grain Whiskys werden für den Blend verwendet, der ohne Altersangabe sowie als 12- und 21-Jähriger erhältlich ist. Single Malts wie Speyburn, anCnoc, Balblair, Old Pulteney und Balmenach sind darin vertreten.

INVER HOUSE GREEN PLAID
BLEND 40 VOL.-%
Ein leichter, eingängiger Schluck mit Karamell- und Vanillenoten.

INVERGORDON
Cottage Brae, Invergordon, Rossshire
www.whyteandmackay.com

Die Invergordon Grain Distillery am Ufer des Moray Firth gehört zu Whyte & Mackay. Sie wurde 1961 gegründet und expandierte 1963 und 1978. Im Jahr 1991 brachte die Brennerei ihre innovative Abfüllung von Invergordon Single Grain als 10-Jährigen auf den Markt, später verschwand das Produkt indessen wieder. Nur unabhängige Abfüllungen, zum Teil hoch gelobt, sind derzeit noch zu finden.

INVERGORDON CLAN DENNY 1966
SINGLE GRAIN 49,8 VOL.-%
Die unabhängigen Abfüllungen von Invergordon sind sämtlich alt (üblicherweise 38–42 Jahre) und zeichnen sich durch eine süße Nase und cremige Struktur aus. Erwarten Sie Noten von Vanille und Holz, daneben Gewürze wie Zimt und Muskatnuss.

ISLAY MIST

Besitzer: MacDuff International

Islay Mist, 1922 kreiert, als der Sohn des Laird of Islay House volljährig wurde, ist ein hervorragender Blend aus Single Malts von den Hebriden. Vorherrschend ist der stark aromatische Laphroaig, gemäßigt durch Speyside- und Highland Malts. Bei Liebhabern torfaromatisierter Whiskys begehrt, bietet er eine ausgezeichnete Alternative zu weniger charaktervollen Blends. Er wird produziert von MacDuff International und ist in Standard-, De-luxe-, 8-jährigen und 17-jährigen Varianten erhältlich. Letztere verwenden dieselbe Rezeptur, den Unterschied macht das Alter.

ISLAY MIST DELUXE

BLEND 40 VOL.-%

Ein großer, rauchiger Gesellschaftswhisky, vielleicht leichter zu trinken als ein echter Islay Malt. Unter reichlich Torf süß und vielschichtig.

JAMES MARTIN'S

Besitzer: Glenmorangie

Diese Marke hat ein Janusgesicht: Martin's VVO (die Abkürzung steht für »very, very old«) bleibt ein preiswerter Bewerber in den USA, wo er einst stark verkauft wurde. In Portugal dagegen genießen die älteren Abfüllungen hohes Ansehen im Premiumbereich.

Der Name geht auf eine Firma namens MacDonald Martin Distillers in Leith zurück (heute Glenmorangie und daher Teil der französischen Luxusgütergruppe LVMH), die James Martin 1878 eröffnete. Angesichts des Einflusses von LVMH auf Glenmorangie und des Bestrebens, sich auf Luxusprodukte zu konzentrieren, ist die Zukunft des VVO-Segments ungewiss. Es ist Jahre her, dass es nennenswertes Marketing erlebte, und es verkauft sich vor allem über den Preis. Die älteren Abfüllungen in ihren schicken Art-Déco-Flaschen dürften für die neue Strategie besser geeignet sein. Der Inhalt genoss jedenfalls immer hohes Ansehen, da eine ordentliche Portion Glenmorangie Single Malt sowie einige üppigere Komponenten enthalten sind.

Derzeit gibt es eine 12- und eine 20-jährige Version von James Martin's. Die 30-jährige scheint vom Markt verschwunden zu sein – vermutlich aufgrund eines Mangels an Vorräten –, doch bei spezialisierten Händlern dürfte es noch Flaschen geben.

JAMES MARTIN'S 20-YEAR-OLD

BLEND 40 VOL.-%

Anfangs Zitrus in der Nase, dann Honig, Vanille und üppiger Met. Mit Wasser zeigt sich ein Hauch Kokosnuss und Vanille. Anfangs sehr weich am Gaumen mit Getreide im Vordergrund. Komplex, lebhafte Gewürztöne, dann weiche, süße getreidige Noten. Ausgewogen, weicher Nachklang.

J&B

Besitzer: Diageo

J&B, eine in Spanien, Portugal, der Türkei, Südafrika und den USA erfolgreiche Diageo-Tochter, gehört zu den meistverkauften Blends der Welt: im Schnitt in jeder Sekunde zwei Flaschen.

Die Ursprungsfirma wurde 1749 geründet und 1831 von Alfred Brooks übernommen, der sie in Justerini and Brooks umbenannte. In den 1880er-Jahren wandte man sich dem Verschneiden zu. Als mit dem Ende der Prohibition in den USA die Nachfrage nach hellerem, delikaterem Whisky stieg, kam in den 1930ern J&B Rare auf den Markt, der sofort Anklang fand. Er erreichte in den 1970er-Jahren einen Absatz von 3 Mio. Kisten pro Jahr.

J&B war immer beliebt bei Filmstars und Schriftstellern – von Truman Capote über Graham Greene bis Bret Easton Ellis. Abgefüllt wird er als J&B Rare, Jet

J&B ULTIMA

J&B RARE

(Marktführer in Südkorea), einer nur in Spanien und Portugal verkauften 15-jährige Reserve sowie NOX, Blended Malt zum Mixen.

J&B JET
BLEND 40 VOL.-%
Ein sehr reifer, weicher Whisky mit Speyside Malt im Zentrum.

J&B ULTIMA
BLEND 43 VOL.-%
Mit einem Verschnitt von nicht weniger als 128 Malt- und Grain-Destillaten ist dieser Blend so üppig und komplex wie nur vorstellbar. Doch er ist selten zu finden, da J&B die Abfüllung eingestellt hat.

J&B RARE
BLEND 40 VOL.-%
Single Malts der Spitzenklasse wie Auchroisk, Knockando und Glen Spey stehen hier im Zentrum. Feine Rauchigkeit suggeriert einen Speyside-Einfluss. Apfel- und Birnensüße, Vanillenoten und Honigtöne vor verhaltenem Torf. Ein unverwechselbarer Blend.

JOHN BARR
Besitzer: Whyte & Mackay

John Barr wurde von DCL in Großbritannien eingeführt, als Johnnie Walker dort zeitweise vom Markt genommen werden musste (die Folge eines Verstoßes gegen Wettbewerbsregeln der EU). Die neue Marke sollte verlorenen Umsatz wettmachen. In Aufmachung und Angebotspalette eine ziemlich platte Kopie von Johnnie Walker, gehört die Marke heute zu Whyte & Mackay und ist vor allem in den USA im preiswerten Segment verbreitet. Die Single Malts Jura, Tamnavulin und Fettercairn von Whyte & Mackay spielen eine große Rolle im Blend, neben einem guten Teil Invergordon Grain.

JOHN BARR
BLEND 40 VOL.-%
Die Nase ist fest, mit strahlenden, cremig-runden Tönen. Entschieden und vollaromatisch, mit fast würziger Fülle.

JOHNNIE WALKER BLACK LABEL

JOHNNIE WALKER GREEN LABEL

JOHNNIE WALKER GOLD LABEL

JOHNNIE WALKER BLUE LABEL

JOHNNIE WALKER

Besitzer: Diageo

Obwohl das Unternehmen auf ein 1820 erworbenes Lebensmittelgeschäft in Kilmarnock zurückgeht, begann Walker das Whiskygeschäft erst in den 1860er-Jahren ernsthaft zu betreiben. Als das Verschneiden legalisiert wurde, entwickelten John Walkers Sohn und Enkel nach und nach ihre Palette an Whiskys. Diese basierten auf dem ursprünglichen Walker's Old Highland Blend, der 1865 herauskam und der Vorfahre des heutigen Black Label ist. 1925 trat die Firma DCL bei, und 1945 war Johnnie Walker die

meistverkaufte schottische Whiskymarke weltweit.

Der Gesamtabsatz der Whiskys von Johnnie Walker liegt bei rund 12 Mio. Kisten pro Jahr, und Red Label ist der erfolgreichste Scotch überhaupt. Johnnie Walker konnte beträchtlichen Zuwachs auf den Märkten in China, Asien und Russland verzeichnen, wo die Marke als Symbol für westlichen Lebensstil und Erfolg gilt.

Die Palette umfasst Johnnie Walker Red, Black, Gold, Blue, Blue Label King George V und Green Label. Von Zeit zu Zeit gibt die Firma einmalige, begrenzte oder regionale Abfüllungen heraus, darunter Excelsior, Honour, Old Harmony, Quest, Swing und 1805. In

den letzten Jahren war ein Trend zu Luxusversionen unverkennbar. Als Blue Label 1992 herauskam, setzte er neue Preisrekorde für Blends. Die King George V Edition kostete bereits dreimal so viel, und der ultra-exklusive 1805 schlägt mit 1000 Pfund pro Glas zu Buche.

JOHNNIE WALKER
BLACK LABEL

BLEND 40 VOL.-%

Das Aushängeschild des Unternehmens, erkennbar am rauchigen Einschlag durch Talisker und die Islay Malts Caol Ila und Lagavulin von Diageo. Glendullan und Mortlach tragen etwas Speyside Malt bei; die Grain-Komponente stammt von Cameron Brig.

JOHNNIE WALKER
GREEN LABEL

BLENDED MALT 43 VOL.-%

Komplex, üppig und stark. Pfeffer und Eichenholz, Fruchtaromen, malzige Süße und etwas Rauch.

JOHNNIE WALKER
GOLD LABEL

BLEND 40 VOL.-%

Honig, frische Frucht, Sahnekaramell, Rauch im Hintergrund. Der Hersteller empfiehlt, ihn gekühlt zu servieren.

JOHNNIE WALKER
BLUE LABEL

BLEND 40 VOL.-%

Weich und reif mit Spuren von Gewürzen, Honig und dem typischen Hauch Rauch.

JOHNNIE WALKER PREMIER

BLEND 43 VOL.-%

Ein komplexer Blend aus 28 verschiedenen Single Malts und Grain Whiskys. Üppig mit subtilem Eichen-Nachklang. Süß und dunkel, mit Trockenobst, Karamellsirup und Schokolade.

JOHNNIE WALKER SWING

BLEND 43 VOL.-%

Noten von Sherryholz und Vanille, mit fast duftiger Süße. Frisch, leicht, weich und intensiv fruchtig, mit Spuren von Eiche und einem Hauch Rauch.

JURA SUPERSTITION

JURA 10-YEAR-OLD

JURA 16-YEAR-OLD

JURA

Isle of Jura, Argyllshire
www.isleofjura.com

Als der indische Magnat Vijay Mallya im Mai 2007 Whyte & Mackay übernahm, hatte das nicht zuletzt sentimentale Gründe: Zum Gesamtpaket gehörte auch Jura, eine Brennerei auf einer Insel östlich von Islay, die sein Vater unwiderstehlich fand. »Ich erinnere mich, den Namen vor 40 Jahren gehört zu haben«, erzählte Mallya Journalisten. »Es war sein Lieblingswhisky und er ist jetzt Teil von Whyte & Mackay. Ich hoffe, er wäre stolz.«

Die ursprüngliche Brennerei wurde 1831 lizenziert und später an James Ferguson verpachtet, der sie 1875 umbaute. Die Pachtkonditionen waren jedoch so hart, dass seine Familie den Betrieb 1901 aufgab und die Ausrüstung herausriss. Die folgenden 20 Jahre verfolgte sie der Vermieter – der Gutsbesitzer Archibald Camp-

bell – gerichtlich, während er das Dach vom Brennereigebäude entfernte, um keine Steuern zahlen zu müssen. In den späten 1950er-Jahren hauchten zwei Gutsbesitzer auf der Insel der Brennerei in einem Joint Venture mit Scottish & Newcastle Breweries neues Leben ein. Sie heuerten den führenden Brennerei-Architekten seiner Zeit, William Delmé-Evans, an, und sein in den frühen 1960er-Jahren vollendeter Entwurf steht bis heute.

Auch das Profil des Whiskys änderte sich mit der Wiederbelebung. Mit dem starken, phenolischen Malt der Vergangenheit war es vorbei, und es wurde eine Art Highland-Stil entwickelt, mit weniger Torf und subtilerem Touch. Mit großen Stills (fast so hoch wie die von Glenmorangie) für eine reine Spirituose produziert Jura einen weicheren Malt, der sich von seinen torfigen Nachbarn auf Islay unterscheidet.

Angesichts dessen hat Jura in den letzten Jahren eine interes-

sante Reihe an Abfüllungen in begrenzter Auflage erzeugt, darunter einige mit Sherryfinish. Andere sind recht stark getorft, darunter ein Whisky namens Earth (aus der Elements-Reihe).

Die Kernpalette besteht aus Superstition sowie 10-, 16-, 18- und 21-jährigen Abfüllungen.

JURA SUPERSTITION
SINGLE MALT: ISLANDS 43 VOL.-%
Eine Mischung aus stark getorftem, jungem Jura mit älterem Whisky erzeugt einen intensiv rauchigen Malt mit weicher Struktur.

JURA 10-YEAR-OLD
SINGLE MALT: ISLANDS 40 VOL.-%
Ein leicht getorfter Insel-Malt, der in den letzten Jahren immer besser geworden ist.

JURA 16-YEAR-OLD
SINGLE MALT: ISLANDS 40 VOL.-%
Leicht würziger Getreideduft mit nussigem Aroma, das im Nachklang austrocknet.

KILCHOMAN

Rockside Farm, Bruichladdich, Islay
www.kilchomandistillery.com

Die Whiskyproduktion begann in dieser Hofbrennerei im Jahr 2005. Die Gerste wird auf der Rockside Farm angebaut, und auch Mälzen, Vergären, Brennen und Reifung finden vor Ort statt. Ein Stauweiher auf dem Hof versorgt die Brennerei mit Wasser. Als dieses Buch entstand, füllte Kilchoman noch keinen Whisky ab, verkaufte jedoch New Spirit. Dieser reift fünf Monate in Bourbonfässern und ist streng genommen kein New Make, aber auch noch kein Whisky. Er bietet jedoch einen Hinweis auf die Art von Whisky, die eines Tages aus dem Kilchoman-Lagerhaus kommen wird.

KILCHOMAN NEW SPIRIT
NEW MAKE SPIRIT 63,5 VOL.-%
Eine leichte Welle Torf in der Nase, dabei fruchtig und frisch. Süße wie von sahnigen Karamellbonbons.

KNOCKANDO 18-YEAR-OLD

KNOCKANDO 21-YEAR-OLD

KNOCKANDO 12-YEAR-OLD

KNOCKANDO

Knockando, Morayshire
www.malts.com

Knockando kam in den späten 1970er-Jahren als Single Malt auf den Markt und hatte vor allem in Spanien Erfolg, obwohl der Großteil der Produktion in die Blends von J&B floss. Der Name ist eine anglisierte Fassung von Cnoc-an-Dhu, die gälische Bezeichnung für den nahen »schwarzen Hügel« an einer Biegung des River Spy.

Die Brennerei wurde 1898 von John Thomson nahe Cardhu an der alten Strathspey-Eisenbahnlinie errichtet und hatte eine eigene Station. Obwohl sie zu den ersten mit elektrischem Licht zählte, wurde sie nur saisonal betrieben und bald Opfer des spekulativen Zusammenbruchs, der die Branche zu Beginn des 20. Jahrhunderts traf. Nach der Übernahme durch den Londoner Ginbrenner Gilbey's und einer Reihe weiterer Verkäufe gehört Konckando heute zu Diageo.

Ursprünglich wurde Knockando als Single Malt nicht mit Altersangabe vertrieben, sondern auf allen Märkten außer den USA nach Jahrgängen. Er hat seine Fangemeinde vor allem in Spanien und Frankreich.

KNOCKANDO 12-YEAR-OLD

SINGLE MALT: SPEYSIDE 43 VOL.-%
Ein sehr milder, grasiger Malt mit getreidigem Charakter und leichter, cremiger Struktur.

KNOCKANDO 18-YEAR-OLD

SINGLE MALT: SPEYSIDE 43 VOL.-%
Mehr Überschwang steckt in dieser Version des milden Speyside Malt; die Struktur ist weich und reif.

KNOCKANDO 21-YEAR-OLD

SINGLE MALT: SPEYSIDE 43 VOL.-%
Süß in der Nase, mit Eichenholz und Nüssen (Mandeln) am Gaumen, dazu Beeren. Im Nachklang rauchige Akzente und Eichenholz.

Whisky·Tour: Islay

»Torf·Fans« lieben den typischen Islay·Geschmack, und der Tourismus boomt auf der Hebrideninsel – vor allem während des jährlichen Feis Ile (dem Islay Festival of Malt and Music) Ende Mai. Am einfachsten erreicht man Islay mit dem Flugzeug von Glasgow aus, man sollte jedoch einen Wagen mieten, um herumzufahren. Mit dem eigenen Auto kann man die Caledonian·MacBrayne·Fähre von Kennacraig aus nehmen, die etwa vier Stunden braucht. Als Unterkunft bieten sich umgebaute Brennerei·Cottages an, die man bei Bowmore und Bunnahabhain mieten kann, außerdem Hotels in Bowmore und Port Charlotte. Auch Bed & Breakfast ist möglich. In vier Tagen kann man alle acht Brennereien besuchen.

TOUR·INFO

TAGE: 4	LÄNGE: 96 km		BRENNEREIEN: 8
REISE: Auto und Wandern		REGION: Islay, Schottland	

TAG I: CAOL ILA, BUNNAHABHAIN

1 Nach der Ankunft mit der Fähre in Port Askaig empfiehlt sich als Unterkunft das angenehme familiäre Port Askaig Hotel *(www.portaskaig.co.uk)*. Von dort kann man zur Brennerei **Caol Ila** wandern. Sie gehört zu Diageo und ist die produktivste der Insel. *(www.discoveringdistilleries.com/caolila)*

2 Mit dem Auto oder Fahrrad auf der Küstenstraße von Port Askaig nach **Bunnahabhain**. Dort entsteht der am leichtesten getorfte Whisky der Insel. Tipp: Mieten Sie eines der Cottages und genießen Sie die Ruhe von Bunnahabhain Bay mit ihrem bezaubernden Blick auf Jura. *(www.bunnahabhain.com)*

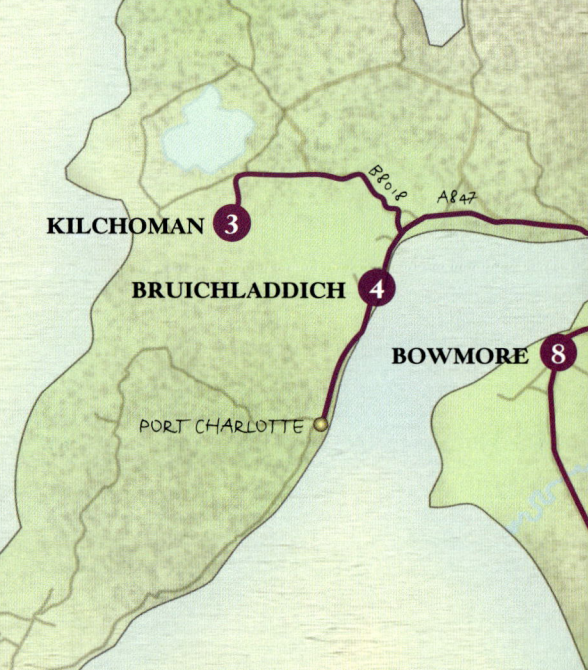

SCHOTTLAND

KILCHOMAN **3**

BRUICHLADDICH **4**

BOWMORE **8**

PORT CHARLOTTE

DIE BRENNBLASEN VON CAOL ILA

BUNNAHABHAIN DISTILLERY

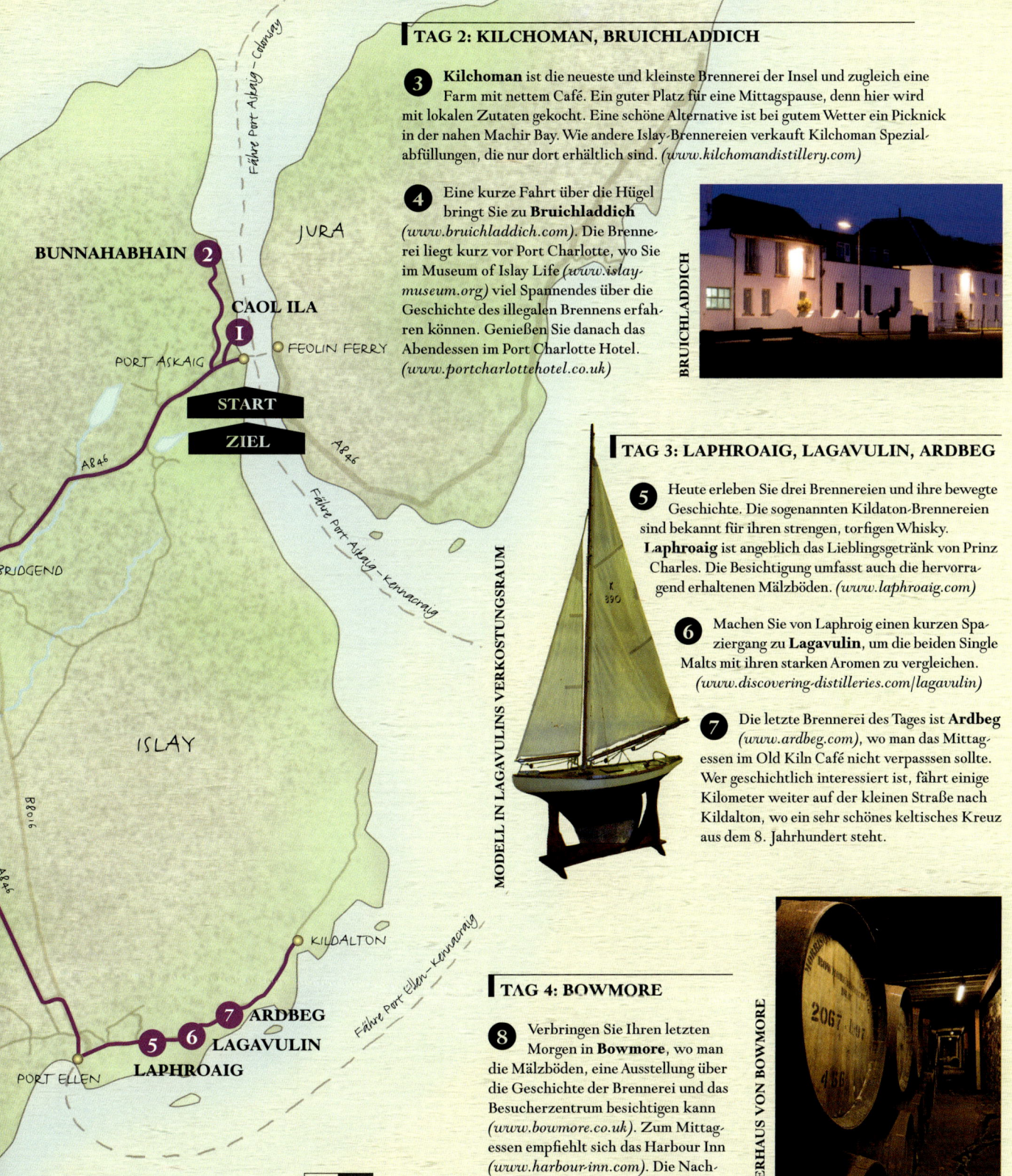

TAG 2: KILCHOMAN, BRUICHLADDICH

3 **Kilchoman** ist die neueste und kleinste Brennerei der Insel und zugleich eine Farm mit nettem Café. Ein guter Platz für eine Mittagspause, denn hier wird mit lokalen Zutaten gekocht. Eine schöne Alternative ist bei gutem Wetter ein Picknick in der nahen Machir Bay. Wie andere Islay-Brennereien verkauft Kilchoman Spezialabfüllungen, die nur dort erhältlich sind. *(www.kilchomandistillery.com)*

4 Eine kurze Fahrt über die Hügel bringt Sie zu **Bruichladdich** *(www.bruichladdich.com)*. Die Brennerei liegt kurz vor Port Charlotte, wo Sie im Museum of Islay Life *(www.islaymuseum.org)* viel Spannendes über die Geschichte des illegalen Brennens erfahren können. Genießen Sie danach das Abendessen im Port Charlotte Hotel. *(www.portcharlottehotel.co.uk)*

BRUICHLADDICH

TAG 3: LAPHROAIG, LAGAVULIN, ARDBEG

5 Heute erleben Sie drei Brennereien und ihre bewegte Geschichte. Die sogenannten Kildaton-Brennereien sind bekannt für ihren strengen, torfigen Whisky. **Laphroaig** ist angeblich das Lieblingsgetränk von Prinz Charles. Die Besichtigung umfasst auch die hervorragend erhaltenen Mälzböden. *(www.laphroaig.com)*

6 Machen Sie von Laphroig einen kurzen Spaziergang zu **Lagavulin**, um die beiden Single Malts mit ihren starken Aromen zu vergleichen. *(www.discovering-distilleries.com/lagavulin)*

7 Die letzte Brennerei des Tages ist **Ardbeg** *(www.ardbeg.com)*, wo man das Mittagessen im Old Kiln Café nicht verpasssen sollte. Wer geschichtlich interessiert ist, fährt einige Kilometer weiter auf der kleinen Straße nach Kildalton, wo ein sehr schönes keltisches Kreuz aus dem 8. Jahrhundert steht.

MODELL IN LAGAVULINS VERKOSTUNGSRAUM

TAG 4: BOWMORE

8 Verbringen Sie Ihren letzten Morgen in **Bowmore**, wo man die Mälzböden, eine Ausstellung über die Geschichte der Brennerei und das Besucherzentrum besichtigen kann *(www.bowmore.co.uk)*. Zum Mittagessen empfiehlt sich das Harbour Inn *(www.harbour-inn.com)*. Die Nachmittagsfähre von Port Askaig bringt Sie zurück aufs Festland.

LAGERHAUS VON BOWMORE

Map labels:

Fähre Port Askaig – Colonsay

JURA

BUNNAHABHAIN **2**

CAOL ILA **1**

FEOLIN FERRY

PORT ASKAIG

START

ZIEL

A846

A846

Fähre Port Askaig – Kennacraig

BRIDGEND

ISLAY

B8016

A846

KILDALTON

Fähre Port Ellen – Kennacraig

7 ARDBEG
5 **6** LAGAVULIN
LAPHROAIG

PORT ELLEN

0   2
Kilometer

LABEL 5

Besitzer: La Martiniquaise

Die Marke Label 5 gehört zu La Martiniquaise, einer französischen Firma, die über Brennereien und Blending-Anlagen in Schottland sowie Beteiligungen in der Rum- und Spirituosenproduktion verfügt. Die 1934 als Verschneider gegründete Firma besitzt Glen Moray Single Malt und baut neue Brennereien für Grain Whisky und Single Malt in Schottland.

Label 5 ist mit mehr als 1 Mio. Kisten jährlich die wichtigste Marke der Unternehmensgruppe. Hauptabsatzmarkt ist Frankreich, obwohl Label 5 in über 50 Ländern weltweit erhältlich ist. Auch eine 12-jährige De-luxe-Version gibt es.

LABEL 5 CLASSIC BLACK

BLEND 40 VOL.-%
Filigran, malzig und rauchig, mit einem Hauch Blüten und Frucht. Am Gaumen weich, stabil und ausgewogen, mit zarten Eichennoten.

LADYBURN

Besitzer: William Grant & Sons

Die stillgelegte Ladyburn Distillery produzierte auf dem Gelände einer großen Grain-Brennerei in Girvan. Ihre Besitzer, William Grant & Sons, waren 1964 in die Produktion von Grain Whisky eingestiegen, als DCL damit drohte, nicht mehr für Blends zu liefern. Zwei Jahre später ging Ladyburn in Betrieb, doch bereits 1975 folgte die Umwandlung in eine Wodkadestillerie. Ladyburn Single Malt ist infolgedessen rar. Dennoch gibt es immer wieder hauseigene und unabhängige Abfüllungen aus verbliebenden Vorräten. Gerüchte besagen, die Besitzer hätten 30 Fässer beiseitegelegt, um sie nach Bedarf zu vermarkten.

LADYBURN 1973

SINGLE MALT: LOWLANDS 50,4 VOL.-%
Eine Einzelfass-Abfüllung mit reifem, eichigem Charakter und köstlicher Vanillesüße.

LANGS

Besitzer: Ian MacLeod
www.ianmacleod.com

Im Zentrum dieses wohletablierten Blends steht der Single Malt von Glengoyn. Alexander und Gavin Lang, zwei Kaufleute aus Glasgow, hatten die Brennerei 1876 erworben. 1965 gingen Brennerei und Markenrechte an Robertson & Baxter über, die in die Produktion investierten und die Marke Langs erfolgreich weiterentwickelten. Der Absatz stieg stetig, und 1984 avancierte man sogar zum königlichen Hoflieferanten.

Doch 2003 entschieden Robertson & Baxter, Langs nicht weiter zu behalten. Der Verkauf an Ian MacLeod markiert einen wichtigen Wendepunkt in der Unternehmenspolitik – von der Blend-Produktion und Abfüllung zum Brennen.

Ian MacLeods Investitionen in die Glengoyne Distillery zeigen sich vor allem in einer Reihe ausgefeilter Konzepte für Besichtigungen

sowie in der neuen Aufmachung für den Blend. Heute sind die Hauptprodukte des Unternehmens Langs 12-Year-Old und Langs Supreme – beide mit relativ hohem Malt-Gehalt. Langs Select errang eine Goldmedaille im Merchants' Challenge des Magazins *Scottish Field* und schlug dabei einige angesehene Mitbewerber aus dem Feld.

LANGS SUPREME

BLEND 40 VOL.-%
Üppiges Malzaroma in der Nase, gut gereift, mit einem Hauch Sherry. Ein vollaromatischer, mittelsüßer Blend mit unverkennbarem Glengoyne-Einschlag.

LANGS SELECT 12-YEAR-OLD

BLEND 40 VOL.-%
Duft von Rhabarber und Kochäpfeln mit einem guten Schuss Vanille. Süß, weich und delikat. Üppiger am Gaumen, mit vielen Fruchtnoten und einer Süße wie von Zitronenkuchen, die in einen würzigen Nachklang mit einem Hauch Torfrauch münden.

Laphroaig *(s. S. 130)* unterhält noch eigene Mälzböden, um einen Teil seines Malzbedarfs zu decken. Das feuchte Getreide wird ausgebreitet und regelmäßig gewendet, bis die Keimung weit genug vorangeschritten ist.

LAGAVULIN 16-YEAR-OLD

LAGAVULIN 12-YEAR-OLD

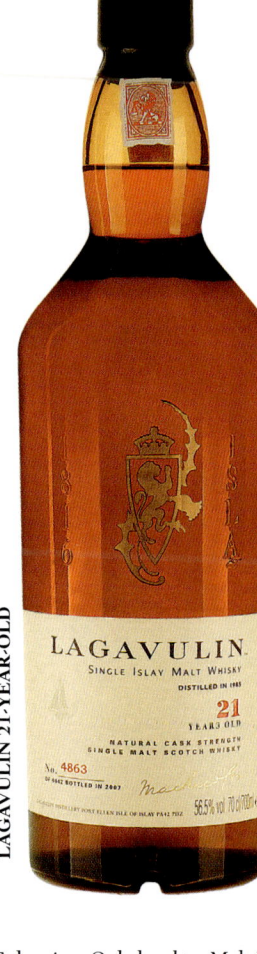

LAGAVULIN 21-YEAR-OLD

LAGAVULIN

Port Ellen, Isle of Islay
www.malts.com
....

Die Lagavulin Distillery soll 1817
aus illegalen Schmugglernestern
hervorgegangen sein. 1836 übernahm Alexander Graham die Pacht,
der den Inselwhisky über seinen
Laden in Glasgow vertrieb. Peter
Mackie, der Neffe von Grahams
Geschäftspartner, arbeitete für
die Firma und entwickelte später
den berühmten, auf Islay Malt
basierenden White Horse Blend.
Als das benachbarte Laphroaig
ihm die Zulieferung verweigerte,
entschloss er sich, auf dem Gelände
von Lagavulin die Malt Mill Distillery zu bauen, die er nach dem

Tode seines Onkels erbte. Malt Mill
wurde in den 1960er-Jahren abgerissen, doch Lagavulin ritt weiter
auf dem Rücken von White Horse,
bis der 16-jährige Lagavulin 1988
ein Gründungsmitglied der »Classic
Malts« wurde.

Während der Scotch-Flaute in
den 1980er-Jahren fuhr man die
Produktion auf eine Zwei- bis Drei-
Tage-Woche zurück. 16 Jahre später
galt es, die geringen Vorräte einem
boomenden Markt anzupassen. Aufgrund der niedrigen Lagerbestände
fiel der ehedem meistverkaufte
Islay Malt nun auf den dritten Platz
hinter Laphroaig und Bowmore
zurück. Wegen der starken Nachfrage wurde die Produktion auf eine
Sieben-Tage-Woche ausgeweitet,

und immer weniger floss in Blends. Es heißt, dass über 85 % heute als Single Malt abgefüllt werden. Neben der Kernpalette gab es in den letzten Jahren zwei limitierte Abfüllungen älterer Malts, einen 25-Jährigen und einen 30-Jährigen (die älteste Lagavulin-Abfüllung überhaupt). Beide sind äußerst schwer erhältlich, und insbesondere der 30-Jährige dürfte nur noch in Sammlerhänden zu finden sein.

LAGAVULIN 16-YEAR-OLD

SINGLE MALT: ISLAY 43 VOL.-%

Das langjährige Mitglied der »Classic Malts« hat eine intensiv rauchige Nase mit Aromen von Seetang und Jod. Im Mund zeigt sich Süße, die im torfigen Nachklang verblasst.

LAGAVULIN 12-YEAR-OLD

SINGLE MALT: ISLAY 56,4 VOL.-%

Anfängliche Süße weicht aromatischem Rauch und einem malzigen, fruchtigen Aroma, es folgt ein trockener und torfiger Nachklang.

LAGAVULIN 21-YEAR-OLD

SINGLE MALT: ISLAY 56,5 VOL.-%

Einerseits durchdringend und rauchig, andererseits warme Töne von Sherry und Zuckersirup. Beide Seiten harmonieren gut miteinander.

LAGAVULIN DISTILLERS EDITION

SINGLE MALT: ISLAY 43 VOL.-%

Üppiger und noch aromatischer als der 16-Jährige, doch mit viel dichtem Rauch und Seetang.

LAPHROAIG

Port Ellen, Isle of Islay
www.laphroaig.com

Im Juni 2008 kam Prinz Charles nach langer Pause wieder einmal in die Heimat seines Lieblings-Malts. Diesmal – in Begleitung seiner Frau Camilla – vollzog er keine Bruchlandung auf der kleinen Landebahn von Islay (wegen starkem Rückenwind war das Flugzeug bei seinem letzten Besuch mit der Nase nach unten in einem Torfmoor zum Stehen gekommen).

Laphroaig hat immer einen rauen, torfgeräucherten Whisky gepflegt – mit Anklängen an Hanf, Karbolseife und Lagerfeuer. Seine unverkennbar medizinische Aus-

strahlung soll der Grund gewesen sein, warum er auch während der Prohibition in Amerika erhältlich war – er galt als »medizinische Spirituose« und konnte nach Verordnung durch einen Arzt bezogen werden.

Gegründet 1810 von Alexander und Donald Johnston, begann die Produktion von Laphroaig offiziell erst fünf Jahre später. Die Lage neben dem gleichermaßen berühmten Lagavulin war nicht immer Grund zur Freude – so gab es den üblichen Streit um Wasserrechte. Heute respektiert man einander.

Laphroaig ist eine der ganz wenigen Brennereien, die ihre Mälzböden erhalten haben, die etwa ein Fünftel des Bedarfs

decken. Auch wenn das vielleicht in erster Linie mit Marketinggründen zu tun hat, macht es den Brennereibesuch doch interessant.

Obwohl die Haltung des Besitzers Allied Distillers zu Scotch bisweilen schwer einzuschätzen war, gab es nie Zweifel an der stolzen Vorzeigebrennerei. Kurz vor der Übernahme Laphroaigs durch Fortune Brands 2005 erschien die erste Quarter-Cask-Abfüllung: In diesen kleineren Fässern verläuft der Reifungsprozess in den letzten sieben Monaten vor der Abfüllung beschleunigt.

Als dieses Buch entstand, war Laphroaig im Begriff, den hoch geschätzten 15-Jährigen durch einen 18-Jährigen zu ersetzen.

LAPHROAIG 10-YEAR-OLD CASK STRENGTH

SINGLE MALT: ISLAY 57,3 VOL.-%
Teer, Seetang und Salz, etwas süßes Holz. Jod und heißer Torf grollen durch einen langen, dramatischen Nachklang.

LAPHROAIG 25-YEAR-OLD

SINGLE MALT: ISLAY 50,9 VOL.-%
Würziger, blumiger Charakter, mit Rauch und Meeresdunst, die erst im Nachklang durchkommen. Auch in Fassstärke erhältlich.

LAPHROAIG 30-YEAR-OLD

SINGLE MALT: ISLAY 43 VOL.-%
Nicht mehr im Handel. Jackson beschreibt ihn als »voll und cremig« und »schön ausgewogen für ein so hohes Alter«.

**LAPHROAIG
QUARTER CASK**

SINGLE MALT: ISLAY 48 VOL.-%

Quarter Cask steht im
Mittelpunk der Palette von
Laphroaig. Kleine Fässer
beschleunigen die Reifung
und erzeugen einen süßen,
holzigen Geschmack, der in
einem triumphalen Auflodern
von Torfrauch untergeht.

**LAPHROAIG
10-YEAR-OLD**

SINGLE MALT: ISLAY 40 VOL.-%

Auch der 10-Jährige ist
sehr populär. Unter dich-
tem Torfrauch und salzi-
gem Seenebel steckt ein
erfrischender, jugendlicher
Malt mit süßem Kern.

Die Geheimnisse von … Laphroaig

Der Malt aus dieser berühmten Islay-Brennerei begeistert durch seine raue, kompromisslose Art. Er wurde lange beworben als ein Whisky, den man entweder liebt oder hasst.

Laphroaig ist einer der rauchigsten, intensivsten Malt Whiskys, daher erwartet man beinahe, dass die Brennerei auf einer Klippe steht, umtost von den Wellen des Ozeans. Tatsächlich liegt sie zwar an der Küste, aber doch eher beschaulich in einer stillen Bucht an der Südseite der Insel. Der typische Charakter von Laphroaig manifestiert sich, noch bevor man die Destillerie betreten hat. Sie zählt zu den wenigen, die noch eigene Mälzböden betreiben, und so kann man aus dem Pagodendach über der Darre Wolken von Torfrauch aufsteigen sehen — und riechen. Die Malzböden decken nur einen Teil des Malzbedarfs, machen den Besuch dieser Brennerei jedoch besonders interessant.

Andere Faktoren, die Laphroaig seinen Charakter verleihen, sind die langen Jahre im Holz und die einzigartigen Pot Stills. Die dominierende Note ist heute dieselbe wie im 19. Jahrhundert. Als der Whiskyautor Alfred Barnard damals nach dem Einfluss der Meeresluft fragte, wurde ihm gesagt, sie habe keine Auswirkung — es liege nur am Torf.

▲ DIE LAGE AM MEER
Man ist versucht, den maritimen Charakter von Laphroaig mit der einzigartigen Lage der Brennerei in Verbindung zu bringen. Das ist schwer zu beweisen — obwohl der Whisky einen ausgeprägten Geschmack nach Seetang aufweist.

▼ WEICHES, TORFIGES WASSER
Eine gute Wasserversorgung braucht jede Brennerei, doch oft hört man, der Charakter des Wassers habe kaum Einfluss auf das Aroma des Whiskys. Bei Laphroaig dagegen ist man überzeugt, dass das weiche, torfige Wasser aus Loch Kilbride ein wichtiger Faktor ist.

▲ WENDEN DER GERSTE
Die eingeweichte Gerste wird etwa 15 cm hoch auf einem Steinboden verteilt. Sie wird regelmäßig mit hölzernen *shiels* (breiten Schaufeln) gewendet, damit sich die Triebe nicht verflechten, während die Gerste keimt. Nach sechs Tagen ist das Grünmalz reif für die Darre.

▼ EINZIGARTIGE BRENNBLASEN

Laphroaig betreibt drei Wash Stills und vier Spirit Stills in zwei Größen, was sehr ungewöhnlich ist. Ein anderes besonderes Merkmal der Stills ist, dass die Lyne Arms aufwärts weisen anstatt abwärts. Dies verstärkt den Rückfluss während der langsamen Destillation.

▼ TORFRAUCH

Das grüne Malz wird auf einem Drahtnetz 5 m hoch über der mit Torf befeuerten Darre verteilt. Nach dem Anheizen steigt sofort dichter Rauch auf, der die Getreidekörner imprägniert. Erst nach dieser Behandlung wird das Malz getrocknet. Dies soll dem Whisky eine breitere Palette an Raucharomen verleihen.

◄ FASSSTÄRKE

Der Mittellauf aus den Spirit Stills hat 68 Vol.-%, die vor dem Abfüllen in Fässer auf 63,5 Vol.-% reduziert werden. Dies gilt als ideale Stärke für den Reifungsprozess.

REIFUNG ►

Die bei Laphroaig eingesetzten Fässer stammen fast alle von Maker's Mark *(s. S. 246–247)*, der Schwesterfirma in den USA. Seit Kurzem verwendet die Brennerei auch kleinere Quarter Casks, um das Verhältnis von Holz und Whisky zu verbessern und den Reifungsprozess zu beschleunigen.

THE LAST DROP

www.lastdropdistillers.com

Dieser außergewöhnliche Premiumblend ist das geistige Kind dreier Branchenveteranen – Tom Jago, James Espey und Peter Fleck. Es soll sich dabei um eine Zufallsentdeckung handeln: sehr alte Whiskys, die mit zwölf Jahren vorverschnitten wurden und dann noch weitere 36 Jahre in Sherryfässern reiften. Der Blend enthält Whiskys von längst geschlossenen Brennereien; der jüngste soll 1960 aus der Brennblase geflossen sein. Die Aura des Unwiederholbaren hat ihren Preis: nur 1347 Flaschen wurden gefüllt, zum Preis von 1000 Pfund sind sie in den Handel gekommen.

THE LAST DROP

BLEND 54,5 VOL.-%
Außergewöhnlich komplexe Nase mit Feigen, Schokolade und Vanille. Ungewöhnliche Kombination frisch gemähten Heus mit Trockenfrüchten, Kräutern und buttrigen Keksen.

LAUDER'S

Besitzer: MacDuff International

Zwischen 1886 und 1893 errang Lauder's Royal Northern Cream nicht weniger als sechs Goldmedaillen bei internationalen Wettbewerben – eine Würdigung der Anstrengungen, die der Gründer Archibald Lauder, ein Glasgower Wirt, dafür unternommen hatte. Die Entwicklung des Blends soll ihn zwei Jahre gekostet haben. An ihn erinnert heute noch Lauder's Bar in der Sauchiehall Street. Auch heute wird Lauder's in Glasgow verschnitten, von MacDuff International. Der Blend hat in seiner Heimat an Zuspruch verloren, wird jedoch von Barton Brands of Chicago in die USA exportiert, wo er sich bei preisbewussten Konsumenten größerer Beliebtheit erfreut.

LAUDER'S

BLEND 40 VOL.-%
Ein leichter, fruchtiger Blend; unkompliziert und gut zum Mixen.

LEDAIG

Tobermory Distillery,
Tobermory, Isle of Mull

Tobermory, der Hauptort von Mull und wichtigster Hafen der Insel, hieß ursprünglich Ledaig. Diesen Namen wählte John Sinclair, als er dort 1798 zu brennen begann. Wann genau die Brennerei Ledaig zur Tobermory Distillery wurde, ist schwer zu sagen, da sie immer wieder für lange Zeit stillgelegt war. In den letzten Jahren verfolgte man einen ähnlichen Ansatz wie Springbank und produzierte einen stark getorften, robusten Westküsten-Malt namens Ledaig sowie einen leicht getorften namens Tobermory. Heute gibt es einen 10-jährigen Ledaig (seit 2008), ferner einen 10- und einen 15-jährigen Tobermory *(s. S. 172)*.

LEDAIG 10-YEAR-OLD

SINGLE MALT: ISLANDS 43 VOL.-%
Leicht medizinisch, doch voll trockenen, dezent staubigen Torfrauchs.

LINKWOOD

Elgin, Morayshire
www.malts.com

Von Anfang an war Linkwood eine gut geplante, nahezu autarke Brennerei. Benannt nach Linkwood House auf dem Seafield Estate, wo der Gutsverwalter Peter Brown 1821 beschlossen hatte, eine Brennerei zu bauen, lag sie inmitten von Gerstenfeldern, die das Getreide lieferten. Der Trester ernährte eine Rinderherde. Was man heute sieht, geht auf die 1870er-Jahre zurück, als Browns Sohn William die Originalbrennerei abriss und auf dem Gelände eine neue errichtete. Sie blieb in Privatbesitz bis 1933, als sie von DCL übernommen wurde. Linkwood war als Lieferant eines Top-Dressings für viele Blends hoch angesehen, und DCL zahlte für die Übernahme 80 000 Pfund – in heutiger Währung etwa 4,3 Mio.

1960 wurde die Anzahl der Pot Stills auf sechs verdreifacht (die neuen Stills stehen in einem separa-

LINKWOOD 26-YEAR-OLD

LOCH FYNE PREMIUM SCOTCH

LOCH FYNE LIVING CASK

ten Gebäude). Beide Still-Räume arbeiten noch im Tandem, wobei die jeweils produzierten Spirituosen vor der Abfüllung verschnitten werden. Der Whisky gehörte zu The Ascot Malt Cellar, einer Modellpalette von Malts der Firmengruppe. Als UDV (heute Diageo) später seine »Classic Malts« auswählte, ersetzte man Linkwood durch Cragganmore.

LINKWOOD FLORA & FAUNA 12-YEAR-OLD

SINGLE MALT: SPEYSIDE 43 VOL.-%
Die Standardabfüllung im leichteren Speyside-Stil; frischer, grasiger Duft, grüne Äpfel und leichte Gewürznoten. Im Mund ein delikates, süß-saures Aroma; langsamer Nachklang.

LINKWOOD RARE MALTS 26-YEAR-OLD

SINGLE MALT: SPEYSIDE 56,1 VOL.-%
Recht heiter und luftig für einen 26-Jährigen. Leicht rauchig mit karamellisierten Zuckernoten. Würziger, warmer Nachklang.

LOCH FYNE

Besitzer: Richard Joynson
www.lfw.co.uk

Loch Fyne wurde von Ronnie Martin, ehemals Produktionsleiter bei United Distillers (heute Diageo), kreiert und ist der exklusive und namensgebende Blend von Loch Fyne Whiskys of Inveraray. Er wird unter Lizenz für diesen berühmten schottischen Whiskyspezialisten verschnitten und abgefüllt. Das Etikett zeigt die seit Langem stillgelegte Brennerei Glendarroch.

Loch Fyne, dezent süß und rauchig, ist ein leicht zu trinkender, ausgewogener Blend, und die Hersteller empfehlen, ihn »zu trinken und zu genießen, statt sich darüber Gedanken zu machen«.

Ebenfalls erhältlich ist ein 12-jähriger Brand in voller Stärke in einer 70-cl-Karaffe. Kreiert für Whiskyliebhaber auf der Suche nach einer kultivierten und komplexen Alternative, kann er pur

getrunken werden, eignet sich aber vor allem zum Mixen.

Außerdem verfolgt Loch Fyne ein Projekt namens »Living Cask«. Es erinnert daran, wie Whisky aufbewahrt wurde, bevor Flaschen allgemein in Gebrauch kamen: Für Living Cask wird ein Fass mit einem Verschnitt von Malt gefüllt und nach einiger Zeit angezapft, um Flaschen zu füllen. Wenn etwa die Hälfte des Inhalts verbraucht ist, wird das Fass erneut aufgefüllt und so entsteht ein sich stetig verändernder Blended Malt, der in Fassstärke in 20-cl-Probefläschchen verkauft wird.

LOCH FYNE PREMIUM SCOTCH

BLEND: 40 VOL.-%
Ausgebackene Apfelküchlein in der Nase, belebt durch Noten von Orangen und Tangerinen. Vielschichtig mit nussigen, öligen Aromen und Spuren von Rauch. Am Gaumen weich und ausgewogen: säuerlich, salzig, süß und trocken. Der Nachklang ist überraschend warm.

LOCH LOMOND

Alexandria, Dumbartonshire
www.lochlomonddistillery.com

Während in der Loch Lomond Distillery am südlichen Ende von Loch Lomond heute alle Arten von Scotch produziert werden, war es ursprünglich nur Malt. Die Brennerei wurde 1965 als Joint Venture zwischen Barton Brands of America und Duncan Thomas gegründet. 20 Jahre später ging sie in den Besitz von Alexander Bulloch und seiner Firma Glen Catrine Bonded Warehouses Ltd. über. Die Pot Stills der Brennerei verfügen über Rektifikationskolonnen, die je nach Bedarf auf eine leichtere oder stärkere Spirituose eingestellt werden können.

LOCH LOMOND

SINGLE MALT: HIGHLANDS 40 VOL.-%
Ein vermutlich sehr junger Malt – ohne Altersangabe und recht preiswert. Er hat ein leichtes, frisches Aroma ohne starken Holzeinfluss.

LOCHRANZA

Arran Distillers, Lochranza,
Isle of Arran
www.arranwhisky.com

Dieser Blend ist nach dem pittoresken Dorf benannt, in dem die Brennerei Isle of Arran steht. Sie wurde erst 1995 von dem Branchenveteranen Harold Currie gegründet, hat aber inzwischen den Besitzer gewechselt. Lochranza ist ein angenehmer, gut trinkbarer Standardblend. Er mag sich in den nächsten Jahren weiterentwickeln, da zunehmend eigene Vorräte an Single Malt zur Verfügung stehen. Aus dem Hause Arran Distillers kommt auch der Robert Burns Blend *(s. S. 154)*.

LOCHRANZA

BLEND 40 VOL.-%
Anfänglich Anklänge an Sahnekaramell, gefolgt von Birne, Eichenholz und einem Hauch Limette. Weich und süß, mit Sherrytönen und Eiche, mittlerer Nachklang. Ein Spritzer Wasser bringt die Aromen zum Vorschein.

LONG JOHN

Besitzer: Chivas Brothers

Trotz recht guter Verkäufe in Frankreich, Skandinavien und einigen Spanisch sprechenden Ländern scheint Long John der arme Verwandte im Sortiment von Chivas Brothers zu sein, das von Chivas Regal und Ballantine's dominiert wird. Die Marke hatte eine Reihe von Besitzern, seit sie im frühen 19. Jahrhundert von Long John MacDonald gegründet wurde. Das Scottish Whisky Association's Directory of Member's Brands führt eine Abfüllung ohne Altersangabe sowie einen 12- und einen 15-Jährigen an.

LONG JOHN 12-YEAR-OLD

BLEND 40 VOL.-%
Dieser Blend soll 48 verschiedene Malts enthalten, darunter Laphroaig und Highland Park. Als De-luxe-Blend ist Long John 12-Year-Old ein dunkler, traditioneller Whisky, der für seinen besonderen Charakter geschätzt wird.

LONGMORN

Elgin, Morayshire

John Duff war 52 Jahre alt, als er 1894 eine Partnerschaft mit George Thomson und Charles Shirres einging. Gemeinsam gründeten sie die Longmorn Distillery in dem gleichnamigen Ort südlich von Elgin. Sie liegt auf dem Gelände einer alten Kapelle (das Gälische *longmorn* bedeutet »Ort des heiligen Mannes«). Die Anlage wurde mit vier Brennblasen konzipiert und kostete rund 20 000 Pfund (in heutiger Währung etwa 2 Mio.). Doch schon nach fünf Jahren hatte Duff seine Partner ausgezahlt und baute eine weitere Brennerei nebenan – Benriach. Während Benriach oft zu kämpfen hatte, produzierte Longmorn von Anfang an fast ohne Unterbrechung. Es scheint, dass dieser klassische, blumige Speyside Malt genau das war, was die Verschneider suchten.

1970 bildete Longmorn mit Glenlivet und Glen Grant eine kleine Gruppe, die Ende des Jahrzehnts Teil von Seagram wurde. Neben unabhängigen Abfüllungen erschien 1994 eine Hausabfüllung in Seagram's Heritage Selection of Malts.

Seit 2000 ist Longmorn im Besitz von Chivas Brothers, die den 15-Jährigen durch einen ein Jahr älteren ersetzt haben und unverkennbar auf die Premiumkategorie von Malt zielen.

LONGMORN 16-YEAR-OLD

SINGLE MALT: SPEYSIDE 48 VOL.-%
Sein getreidiges Aroma wird durch Kokosnuss von der Reifung in Bourbonfässern versüßt. Im Mund ist er weich und seidig und trocknet auf der Zunge zu einem spritzigen, leicht strengen Nachklang.

LONGMORN CASK STRENGTH 17-YEAR-OLD 1991

SINGLE MALT: SPEYSIDE 49,4 VOL.-%
Üppig-blumig in Duft und Geschmack. Vanille und reife Birnen verbinden sich mit verführerischen Eichennoten.

LONGROW 10-YEAR-OLD

LONGROW 14-YEAR-OLD

LONGROW 7-YEAR-OLD GAJA BAROLO

LONGROW

Springbank Distillery,
Well Close, Campbeltown, Argyll
www.springbankdistillers.com

Campbeltown war einst Schottlands blühende Whiskymetropole. Als die Blendproduzenten schließlich begannen, Malt aus Speyside zu beziehen, wandte man sich dem amerikanischen Markt zu, der jedoch 1919 mit der Prohibition zusammenbrach. Von ehemals über einem Dutzend Brennereien waren 1935 nur noch Springbank und Glen Scotia übrig.

1973 beschloss Springbank, neben dem Standard-Malt einen strengen, stark rauchigen Whisky ins Programm zu nehmen. Das neue Produkt wurde Longrow getauft, nach der Brennerei, die einst nebenan gestanden hatte. Er wurde probeweise 1985 erstmals abgefüllt und 1992 schließlich fester Bestandteil des Angebots. Heute gehört zur Kernpalette der 10-Jährige, seine Fassstärke – der

10-Year-Old 100 Proof – sowie ein 14-Jähriger. Verschiedene limitierte Abfüllungen wurden hinzugefügt, darunter eine mit Finish in alten Barolofässern. Je nach Vorrat gibt es seit 2008 eine kleine Menge Longrow 18-Year-Old.

LONGROW 10-YEAR-OLD

SINGLE MALT: CAMPBELTOWN 46 VOL.-%
Dieser dichte, phenolische Whisky hat viele komplexe Rauchnoten, daneben etwas Süße durch die Reifung in ehemaligen Bourbon- und Sherryfässern.

LONGROW 14-YEAR-OLD

SINGLE MALT: CAMPBELTOWN 46 VOL.-%
Kohlenrauch in der Nase und Kohlenstaub am Gaumen – für Phenolliebhaber ist dies Manna. Industrielle Noten von heißem Teer, Sole und Koks.

LONGROW 7-YEAR-OLD GAJA BAROLO

SINGLE MALT: CAMPBELTOWN 55,8 VOL.-%
Dieser Whisky verbringt 18 Monate in alten Weinfässern, was den Aromen von Torfrauch einen süß-sauren Ton verleiht.

MACALLAN

Easter Elchies, Craigellachie, Morayshire
www.themacallan.com

The Macallan steht am Westufer des River Spey, gegenüber von Craigellachie und weit entfernt von der Geschäftigkeit Dufftowns und des Speyside Whisky Trails. Der Wegweiser zur Brennerei ist diskret, und Besucher kommen eher privat nach Voranmeldung.

Die Brennerei wurde erstmals 1824 als Elchies Distillery von Alexander Reid lizenziert, einem Pächter auf der Easter Elchies Farm. Die Destille lief als kleiner Nebenerwerb auf dem Bauernhof. Zu bestimmten Jahreszeiten jedoch kam ein Zug von Viehtreibern auf dem Weg zu den großen Märkten im Süden vorbei. Der nahe der Furt gelegene Hof erwies sich für sie als guter Rastplatz, wo man ausruhen, Geschichten erzählen und nicht zuletzt Whisky kaufen konnte.

Die Jahresproduktion von Macallan betrug nur 180 000 Liter, als das Unternehmen 1892 an Roderick Kemp verkauft wurde. Der neue Eigentümer erweiterte die Brennerei, die bis 1996 in Familienbesitz blieb, als sie für 180 Mio. Pfund von Highland Distillers (heute Edrington Group) übernommen wurde. Es entbehrt nicht der Ironie, dass Highland bereits 1898 ein nicht angefordertes Gebot für Macallan gemacht hatte. Die gebotene Summe belief sich auf bescheidene 80 000 Pfund, und das Geschäft kam nicht zustande.

In den 1950er-Jahren war die Brennerei renoviert und die Zahl der Stills auf 21 erhöht worden. Wichtiger noch: The Macallan

19-Year-Old, 1978 erschienen, hatte sich als einer der führenden Single Malts von Speyside etabliert. Die Brennerei hat immer viel Wert auf die Reifung in Sherryfässern gelegt, die sorgfältig ausgewählt und aus Spanien importiert wurden. Dunkle Bernsteinfarbe und das Aroma von Früchtekuchen charakterisierten das Ergebnis. Das Erscheinen der Fine-Oaks-Serie 2004, die Bourbon- neben Sherryfässern verwendet, markierte einen entscheidenden Neubeginn, hat aber den Reiz von The Macallan verstärkt. Die Palette beginnt mit einem 8-Jährigen und setzt sich über viele Altersstufen bis zum 30-Jährigen fort.

THE MACALLAN FINE OAK 10-YEAR-OLD

SINGLE MALT: SPEYSIDE 40 VOL.-%
Weniger Sherry-Einfluss als beim gewöhnlichen 10-Jährigen. So kommt mehr vom frischen, lebhaften, malzigen Macallan-Charakter durch.

THE MACALLAN 10-YEAR-OLD

SINGLE MALT: SPEYSIDE 40 VOL.-%
Der typische Macallan, gereift in Sherryfässern. Dieser beliebte Whisky duftet nach Trockenobst und Sahnekaramell. Wohlgerundeter Geschmack.

THE MACALLAN 25-YEAR-OLD

SINGLE MALT: SPEYSIDE 43 VOL.-%
Würzige Zitrusnoten; den Sherryfässern verdankt er einen Geschmack nach getrockneten Früchten. Eine Winzigkeit Holzrauch auf der Zunge.

THE MACALLAN 30-YEAR-OLD

SINGLE MALT: SPEYSIDE 43 VOL.-%
Ein großer Digestiv-Malt mit süßer Sherrynase und würzigen Aromen von Orangenschale, Gewürznelken und Datteln, die im Nachklang anhalten.

THE MACALLAN 10-YEAR-OLD

THE MACALLAN 25-YEAR-OLD

THE MACALLAN 30-YEAR-OLD

Die Geheimnisse von ... **Macallan**

Von allen Elementen der Malt-Whisky-Herstellung hat das Holz den größten Einfluss, und dies verstand und nutzte Macallan lange vor vielen seiner Konkurrenten.

Diese Brennerei hat die Reifung immer sehr ernst genommen, und seit Langem beharrt man auf teureren Sherryfässern anstelle preiswerterer Bourbonfässer. Das üppige, nussige Aroma der Sherryfässer ist das typische Merkmal von The Macallan, obwohl die 2004 herausgekommene Fine Oak Range eine teilweise in Bourbonfässern gereifte Alternative bietet.

Auch wenn die Reifung einen starken Einfluss auf den Whisky hat, können die Fässer ihre Magie nur auf das ausüben, was die Brennerei an New Make liefert. Der einzigartige Charakter der Spirituose wird durch eine Vielzahl von Faktoren beeinflusst – von der Auswahl der Gerste bis zur Form der Pot Stills und dem Tempo der Destillation.

Zu den wichtigsten Faktoren zählt die Bestimmung des *final cut* – das ist der Teil des Brandes zwischen den *foreshots* und *feints*. Bei Macallan ist man stolz darauf, auch in diesem Punkt höchste Qualitätsmaßstäbe anzulegen: Nur 16 % der Produktion fließen hier aus den Spirit Stills in die Fässer.

▲ EINE HOFBRENNEREI
Lange vor Gründung der Brennerei 1824 brannten die Bauern in der Umgebung Whisky aus der Gerste, die auf den Feldern gedieh. Sie verkauften ihn Viehtreibern auf ihrem Weg zum Markt.

▲ HÖLZERNE WASHBACKS
Macallan hat lange Jahre Edelstahl-Washbacks verwendet, aber mit der kürzlichen Expansion wurde ein neuer Satz Washbacks aus Douglastanne installiert, sodass die Vergärung jetzt in Holz und Metall stattfindet.

SQUAT STILLS ▶
Die fünf Wash Stills der Brennerei arbeiten parallel mit zehn Spirit Stills, den kleinsten in Speyside. Ihre gedrungene Form maximiert den Kontakt zwischen Flüssigkeit und Kupfer. Auf diese Weise werden die schwereren Schwefelkomponenten entfernt, sodass der New Make rein und fruchtig ist.

◄ DER LANGE SCHLAF

Nach der Verdünnung auf 69,8 Vol.-% mit Wasser aus der eigenen Quelle wird die Spirituose auf Fässer gezogen und reift. Ein Viertel der 140 000 Fässer lagert in Macallans traditionellen Dunnage-Lagerhäusern, die kühl und feucht sind, mit Lehmboden und Steinmauern. Der Rest der Fässer ruht in fünf modernen Regallagerhäusern, die kürzlich errichtet wurden.

▲ SHERRY UND BOURBON

Obwohl in den meisten Fässern hier ehemals Sherry reifte, findet man auch Puncheon- und Barrel-Fässer sowie ehemalige Bourbon-Oxhoftfässer aus Kentucky. Die Sherryfässer bestehen aus europäischer und amerikanischer Eiche.

▲ DAS GESCHMACKSPROFIL

Ein interaktives Display im Besucherzentrum hilft beim Schmecken und Riechen. Traditionell ist Macallan eine blumige, recht fruchtige Speyside-Spirituose, überlagert von einem üppigen und würzigen Sherryaroma. Die relativ neue Fine-Oak-Reihe hat ein frischeres, feineres Aroma, in dem der Eigencharakter des Whiskys stärker zum Vorschein kommt.

MANNOCHMORE FLORA & FAUNA 12-YEAR-OLD

MANNOCHMORE RARE MALTS 22-YEAR-OLD

MACARTHUR'S

Besitzer: Inver House Distillers

Der Clan MacArthur aus Argyll-shire kämpfte tapfer neben König Robert the Bruce für die schottische Unabhängigkeit und verlieh später diesem Blend seinen Namen. Wie viele andere in spätviktorianischer Zeit entstanden, als das Verschnei-den in Mode kam, kann er seine Wurzeln bis in die 1870er-Jahre zurückverfolgen. Heute ist er im Besitz von Inver House Distillers, die ihn für sein »leichtes, weiches Aroma mit Toffee und Vanille durch Fassreifung« loben. MacArthur's ist nicht mit unabhängig abgefüllten Malts der Marke James MacArthur zu verwechseln.

MACARTHUR'S
BLEND 40 VOL.-%
Duftige Gerstenmalznase mit süßen Zitrustönen. Ein mittelschwerer, unkomplizierter Whisky, weich-aroma-tisch, am Gaumen sanft und reif, mit frischem, anhaltendem Nachklang.

MAC NAMARA

Besitzer: The Gaelic Whisky Co.
www.gaelicwhisky.com

Der Name ist Gälisch und bedeutet »Sohn des Meeres«. Mac NaMara wurde 1992 von der Firma Pràban na Linne (auch bekannt als Gaelic Whisky Co.) auf der Isle of Skye eingeführt. Als leichter Blended Whisky mit Westküstencharakter hat er vor allem in Frankreich viele Freunde gefunden.

Von Zeit zu Zeit wird eine Rum-Finish-Variante angeboten. Ungewöhnlich für einen Blend: Er wird nicht kalt filtriert und reift weitere zwölf Monate in guaya-nischen Rumfässern, die ihm ein süßes Finish verleihen.

MAC NAMARA
BLEND 40 VOL.-%
Ein leichter und eingängiger Blended Whisky mit keksartiger Nase, Zitrus-würze und cremigem Abgang.

MANNOCHMORE

Elgin, Morayshire
www.malts.com

Die moderne Brennerei gehörte ehemals zum Haig-Imperium – ein eigener Geschäftsbereich der Dis-tillers Company Ltd. 1971 als eine von mehreren Brennereien zwi-schen Elgin und Rothes gebaut, liegt sie in unmittelbarer Nähe von Longmorn und Benriach. Mit Glenlossie in unmittelbarer Nach-barschaft teilt man sich die Beleg-schaft und die Lagerhäuser.

Mannochmore sollte ursprüng-lich nur Malt für Haig liefern, den damals meistverkauften Blend in Großbritannien. 14 Jahre später fiel die Brennerei der chronischen Überproduktion in der Branche zum Opfer: Sie wurde stillgelegt, als die großen Brenner versuchten, den Whiskysee auszutrocknen. 1989 begann die Produktion wie-der, und drei Jahre später kam der erste offizielle Malt in der Reihe Flora & Fauna heraus.

Mannochmore ist bekannt für den Whisky Loch Dhu, der ab 1996 für vier Jahre produziert wurde. Seine unverwechselbare dunkle Farbe verleiht ihm Kultsta-tus, vor allem in Dänemark. Es gab gelegentlich unabhängige Abfüllun-gen, darunter eine von Signatory 1977 herausgegebene Fassstärke, sowie eine jugendliche Abfüllung 1996 von Duncan Taylor.

MANNOCHMORE FLORA & FAUNA 12-YEAR-OLD
SINGLE MALT: SPEYSIDE 43 VOL.-%
Ein richtiger Aperitif-Malt mit leich-ter, blumiger Nase. Im Mund dagegen ein üppiger, würziger Charakter mit Lakritz- und Vanillenoten.

MANNOCHMORE RARE MALTS 22-YEAR-OLD
SINGLE MALT: SPEYSIDE 60,1 VOL.-%
Diese 1974 gebrannte limitierte Auflage verströmt duftige, blumige Aromen. Im Mund krautig und pfeffrig, mit einem Hauch Torf.

MCCLELLAND'S

Besitzer: Morrison Bowmore

Die Palette der Single Malts von McClelland's ermöglicht es Ihnen, Schottlands vier große Whiskyregionen zu erkunden. Sie kam 1986 mit einer Highland-, Lowland- und Islay-Version auf den Markt. Dieses Sortiment war so erfolgreich, dass man 1999 eine Speyside-Version hinzufügte. Wie das Unternehmen betont, ist jeder Whisky mit Sorgfalt kreiert, um Wesen und Charakter der Herstellungsregion zu spiegeln.

Die Marke soll derzeit die Nummer Vier auf dem US-Markt sein, wo sie mit Glenlivet, Glenfiddich und The Macallan konkurriert. Sie wird auch weltweit vertrieben, darunter in Österreich, Südafrika, Taiwan, Japan, Kanada, Frankreich, Russland und den Niederlanden. Ein 12-jähriger Speyside kam im November 2008 heraus; hinzu kommen 12-jährige Highland-, Lowland- und Islay-Abfüllungen.

MCCLELLAND'S LOWLAND
SINGLE MALT: LOWLANDS 40 VOL.-%
Eine üppig-blumige Nase mit Muskatnuss-, Ingwer- und Zitrustönen. Sehr rein und delikat am Gaumen, mit blumigen Noten.

MCCLELLAND'S HIGHLAND
SINGLE MALT: HIGHLANDS 40 VOL.-%
Delikate Holznoten in der Nase, mit süßer Buttercreme und frischer Vanille. Anfangs etwas Süße, dann frische Frucht und Limettennoten.

MCCLELLAND'S SPEYSIDE
SINGLE MALT: SPEYSIDE 40 VOL.-%
Frische Minze, Kiefernholz, ein Hauch dunkle Schokolade und süßes Malz in der Nase. Im Mund anfangs süß, dann entwickeln sich nussige Aromen und blumige Noten.

MCCLELLAND'S ISLAY
SINGLE MALT: ISLAY 40 VOL.-%
Die Nase ist typisch für Islay: Holzrauch und Asche, Teer, Vanille und Zitrustöne. Kräftiges Meersalz, Holzfeuer und Torfrauch über Vanilletönen am Gaumen.

MILTONDUFF 15-YEAR-OLD

MILTONDUFF 1968

MILLBURN

Inverness, Invernessshire

Die Millburn Distillery lag am Stadtrand von Inverness an der Straße nach Elgin. Als die Whisky-branche in den 1980er-Jahren eine ihrer periodischen Flauten erlebte, erwies sich das als Nachteil: Die Brennerei war nicht abgelegen genug, um sie einfach vorüberge-hend zu schließen und auf bessere Zeiten zu warten. So war die Still-legung 1985 definitiv, und in das Gebäude zog ein Steakhaus ein. Heute gibt es hier ein Hotel-Restau-rant namens The Auld Distillery.

Diageo ist im Besitz der verblie-benen Vorräte und füllt immer wie-der einmal eine Limited Edition ab.

MILLBURN RARE MALTS 25-YEAR-OLD

SINGLE MALT: SPEYSIDE 61,9 VOL.-%
Ein großer, saftiger Whisky – trocken im Mund, mit viel Biss. Dazu Anklänge von feuchtem Holz, Rauch und Oran-genschale.

MILTONDUFF

Miltonduff, Elgin, Morayshire

Schwarzbrennerei war in Spey-side weitverbreitet, nicht nur in entlegenen Tälern wie Glenlivet. Es gab angeblich über 50 illegale Destillerien um Elgin, darunter Miltonduff. Seit 1824 lizenziert, ging das Unternehmen nach meh-reren Besitzerwechseln 1936 an George Ballantine & Son, ein Tochterunternehmen von Hiram Walker. 1964 erhielt Miltonduff ein Paar Lomond-Stills, um unter-schiedliche Whiskys produzieren zu können, darunter den Single Malt Mosstowie, von dem es noch einige unabhängige Abfüllungen gibt. Diese werden zunehmend rar, da die Lomond-Stills 1981 durch traditionelle Pot Stills ersetzt wurden.

Ein Jahrzehnt später wurde Mil-tonduff in die Serie der »Caledonian Malts« des damaligen Besitzers Allied Distillers aufgenommen. Sie war eine verspätete Antwort auf

die »Classic Malts« von Diageo. Seit 2005 ist Miltonduff im Besitz der französischen Gruppe Pernod Ricard, die weiterhin viel von der 5,5-Mio.-Liter-Produktion für ihren Spitzen-Blend Ballantine's Finest verwendet. Eine 15-jährige Hausabfüllung ist jetzt erhältlich, ferner eine breitere Auswahl bei Abfüllern wie Gordon & Mac-Phail.

MILTONDUFF 15-YEAR-OLD

SINGLE MALT: SPEYSIDE 46 VOL.-%
Die Hausabfüllung ohne Kaltfiltration ist schwer zu finden. Sie hat einen sanften Speyside-Charakter mit dem Duft von Honig und Leder und einem nussigem Geschmack voller Kräuter-töne.

MILTONDUFF GORDON & MAC-PHAIL 1968

SINGLE MALT: SPEYSIDE 40 VOL.-%
Eine rare Abfüllung von Gordon & MacPhail. Sie zeigt üppige Sherrynoten mit Anklängen von Lakritz, Menthol und kandiertem Ingwer.

MONKEY SHOULDER

Besitzer: William Grant & Sons

Der Name dieses Blended Malt von William Grant & Sons mag seltsam klingen, bezieht sich jedoch auf ein verbreitetes Leiden bei den Arbeitern in der Mälzerei: Die ein-seitige Belastung beim Wenden des feuchten Getreides verursachte häufig schmerzhafte Zerrungen.

Drei Affen aus Metall schmü-cken die Schulter der Flasche und nur drei Single Malts fließen in den Blend – Glenfiddich, Balvenie und Kininvie. Bei seiner Einfüh-rung wurde er intensiv als Whisky zum Mixen beworben.

MONKEY SHOULDER

BLEND 40 VOL.-%
Banane, Honig, Birne und Piment in der Nase. Vanille, Muskatnuss, Zitrus-töne und Früchte am Gaumen. Ein trockener Nachklang, dann ein kurzes Auflodern von Menthol.

MORTLACH FLORA & FAUNA 16-YEAR-OLD

MORTLACH 21-YEAR-OLD

OBAN 14-YEAR-OLD

OBAN DISTILLERS EDITION 1992

MORTLACH

Dufftown, Keith, Banffshire
www.malts.com

Schon lange vor dem Whiskyboom in Speyside war James Findlater 1823 in Dufftown der erste Brenner mit Lizenz. Am Ende des Jahrhunderts zählte die Stadt nicht weniger als sechs Destillerien. Mortlach wechselte mehrfach den Besitzer, war kurz eine Brauerei und beherbergte vorübergehend sogar die Free Church of Scotland. 1897 verdoppelte man die Zahl der Stills auf sechs, sodass Mortlach eine der größten Brennereien der Highlands wurde. 1925 ging sie an DCL (heute Diageo). Ihre Malts flossen in Blends, insbesondere Johnnie Walker. Die erste Hausabfüllung eines Single Malt erfolgte erst 1995, als ein 22-jähriger Rare Malt herauskam.

Die sechs Stills sind so konfiguriert, dass ein Fünftel der Spirituose durch eine zwischengeschaltete Still namens »Wee Witchie«

dreifach gebrannt wird. Dieser Prozess sorgt für Üppigkeit und Tiefe. Danach kondensiert sie in traditionellen Worm Tubs.

Mortlach ist bei Verschneidern beliebt, weshalb die herausgegebene Menge an Single Malt sich auf den 16-Jährigen beschränkt sowie gelegentlich Rare Malt oder unabhängige Abfüllungen.

MORTLACH FLORA & FAUNA 16-YEAR-OLD

SINGLE MALT: SPEYSIDE 43 VOL.-%
Wie die tiefe Bernsteinfarbe verrät, gibt es einen starken Einfluss von Sherryfässern, doch nicht genug, um diesen betörenden, komplexen Malt mit Noten von dunkler Minzschokolade in der Nase aus dem Gleichgewicht zu bringen.

MORTLACH 21-YEAR-OLD

SINGLE MALT: SPEYSIDE 43 VOL.-%
Karamell und milde Früchte in der Nase. Im Geschmack trockener; das Sherryholz bringt harzige, eichige Aromen zum Vorschein.

OBAN

Oban, Argyll
www.malts.com

Die Gründung geht auf das Jahr 1793 zurück, als Oban noch ein kleines Fischerdorf an der Westküste war. Seitdem hat sich die Stadt, die als »Tor zu den Inseln« gilt, rings um das Firmengelände ausgebreitet und damit eine Erweiterung unmöglich gemacht.

Mit einer Kapazität von lediglich 700 000 Litern war Oban auch während der Zeit der Überproduktion niemals ernsthaft von der Schließung bedroht. Abgesehen von kurzen Zeitspannen in den 1930er- und den 1960er-Jahren, als das Stillhouse renoviert wurde, war die Destillerie kontinuierlich in Betrieb.

Seit 1988 gehört Oban zu den »Classic Malts« von Diageo, allerdings ist die Brennerei die kleinste in der Serie. Angesichts des Erfolgs der »Classic Malts« mögen die Besitzer sich fragen, ob

sie nicht eine größere Brennerei hätten wählen sollen. Heute wird Oban nur ausgewählten Händlern zugeteilt. Neben dem 14-jährigen Single Malt gibt es von Zeit zu Zeit ältere Malts in der Distillers Edition.

OBAN 14-YEAR-OLD

SINGLE MALT: HIGHLANDS 43 VOL.-%
Der frische, maritime Charakter, der Oban auszeichnet, ist durch die Jahre in Holz gereift. Das Sherryfass fügt üppige Trockenfruchtnoten hinzu.

OBAN DISTILLERS EDITION 1992

SINGLE MALT: HIGHLANDS 43 VOL.-%
Ein 15-jähriger Malt, der in unterschiedlichen Fässern gereift ist. Würzige und eichige Aromen unterstreichen den starken Einfluss von Sherryholz – das Ergebnis des Finishs in Fässern, in denen zuvor Montilla Fino reifte.

Alles über ...
Flaschen

Erst seit den 1880er-Jahren, als man in der Lage war, Glas preiswert und in großen Mengen zu produzieren, wurde Whisky in Glasflaschen abgefüllt. Davor kam er in kleinen Fässern oder in Tonkrügen in den Handel. Bis 1913 wurden die Flaschen ausschließlich durch Korken verschlossen. Ein fester Verschluss hatte den Vorteil, dass er das Panschen erschwerte. Flaschen, die vor den 1880er-Jahren für Whisky benützt wurden, waren in der Regel wiederverwendete Weinflaschen aus dunklem Glas – Klarglas wurde zu dieser Zeit elfmal höher besteuert.

STANDARDFLASCHE FÜR SPIRITUOSEN Diese Form setzte sich in den 1890er-Jahren als Standardflasche für schottischen Whisky durch. Ältere Flaschen waren gewöhnlich schwerer und die Farbe dunkler.

PETARDE Die Flasche von Glenrothes ähnelt mit ihrer Form und der Verwendung eines kleinen, von Hand beschrifteten Etiketts einer Laborflasche. Der Inhalt ist sichtbar, und das Design verkörpert Redlichkeit. Die 1994 eingeführte Flasche wurde als »Petarde« oder »Granate« bekannt.

GEPRÄGT
Stark geprägte Flaschen wirken luxuriös und sind besonders in Asien beliebt. Crown Royal wurde anlässlich des Staatsbesuchs von König George VI. in Kanada 1939 eingeführt. Für zusätzlichen Glamour sorgt ein purpurroter Samtbeutel.

PINCH George Ogilvy Haig führte diese ungewöhnliche Form 1893 für seine Marke Dimple ein. In den USA wurde sie als Pinch verkauft und die Flaschenform 1958 als erste in den USA patentiert.

SWING Sir Alexander Walker, der Enkel von John Walker, kreierte den De-luxe-Blend Swing speziell für die großen Linienschiffe der Transatlantikroute. Die Flasche hat einen abgerundeten Boden, sodass sie mit der Bewegung des Schiffs schwingt und nicht umfällt.

DREISEITIG William Grant & Sons führten diese äußerst ergonomische Form für ihre Marke Standfast Mitte der 1950er-Jahre ein und übernahmen sie 1964 für Glenfiddich. Die innovative Form wurde von dem bekannten Designer Hans Schleger entworfen.

KERAMIK Diese Gefäße gehen auf die irdenen Krüge des späten 19. Jahrhunderts zurück. Die Firma Arthur Bell & Sons gibt seit 1988 alljährlich zu Weihnachten eine glockenförmige Karaffe heraus. Manche dieser begehrten Sammelobjekte sind inzwischen sogar recht wertvoll.

MAKER'S MARK MIT SIEGELWACHS Im späten 19. Jahrhundert tauchten manche Verschneider den Hals der Flasche nach dem Hineintreiben des Korkens in Siegelwachs. Dies war bei Portwein üblich und dichtete die Flasche ab. Marge Samuels, die Frau des Besitzers, führte dieses Verfahren in den 1950er-Jahren bei Maker's Mark ein.

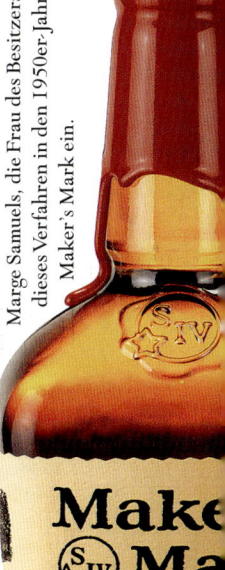

GRAND OLD PARR 12-YEAR-OLD

OLD PARR SPRING

OLD PARR SUMMER

OLD PARR WINTER

OLD PARR

Besitzer: Diageo

»Halte deinen Kopf kühl durch Mäßigung und deine Füße warm durch Bewegung. Steh früh auf, geh früh zu Bett, und wenn du wohlhabend werden möchtest, halte deine Augen offen und deinen Mund geschlossen.« So sprach der echte »Old Parr«, ein gewisser Thomas Parr, der von 1483 bis 1635 lebte und mit 152 Jahren starb. Wer daran zweifelt, der kann die Inschrift auf seinem Grabstein in der Poets' Corner von Westminster Abbey inspizieren.

1871 kamen zwei bekannte Verschneider, die Brüder Greenlees, auf die Idee, den Namen Old Parr für ihren De-luxe-Blend zu verwenden. Heute im Besitz von Diageo, hat die Marke Erfolg in Japan, Venezuela, Mexiko und Kolumbien. Die quadratische braune Flasche ist über die Jahre unverändert geblieben, und Old Parr verfügt über treue Anhänger, die seinen altmodischen Stil schätzen. Old Parr 18-Year-Old errang 2007 eine Auszeichnung als »World Whisky of the Year«. Traditionell ist Cragganmore die Stütze des Blends.

Vor einigen Jahren hat Old Parr eine Limited Edition namens Four Seasons herausgegeben. Vier verschiedene Blends aus sorgfältig ausgewählten Fässern verkörpern vier Whiskystile mit ganz eigenem Charakter. Die Reihe steht bei Sammlern hoch im Kurs, die Herbst-Variante ist inzwischen besonders rar.

GRAND OLD PARR 12-YEAR-OLD

BLEND 43 VOL.-%

Ausgeprägte Malz-, Rosinen- und Orangennoten in der Nase, leicht überlagert von Apfel- und Dörrobsttönen sowie einer winzigen Spur Torf. Kraftvoll am Gaumen, mit Aromen von Malz, Rosinen, gebranntem Karamell und braunem Zucker.

OLD PULTENEY 12-YEAR-OLD

OLD PULTENEY 17-YEAR-OLD

OLD PULTENEY 21-YEAR-OLD

OLD PULTENEY

Pulteney Distillery, Wick, Caithness
www.oldpulteney.com
....

Wick liegt im nordöstlichsten Zipfel Schottlands. Es war ein kleines Dorf, als William Johnstone Pulteney Anfang des 19. Jahrhunderts beschloss, hier einen Fischereihafen einzurichten. 1826, mitten im Heringsboom, gründete James Henderson die Pulteney Distillery.

Die Arbeit mit dem Hering – fischen, ausnehmen, in Fässer verpacken – machte durstig, weshalb die einzige Brennerei der Stadt florierte. Alles schien perfekt, doch nahm der Heringsfang nach und nach ab, und 1922, auf dem Höhepunkt der Enthaltsamkeitsbewegung, beschloss die Stadt, »trocken« zu werden. Die Brennerei musste 1930 schließen und wurde erst 1951 wieder in Betrieb genommen. Die einzige Wash Still hat eine riesige Kugel, um den Rückfluss zu erhöhen, und einen stumpfen Kopf, der vermutlich gestutzt wurde,

damit er in den Brennraum passte. Der Single Malt von Pulteney wird heute als »Old Pulteney« verkauft.

OLD PULTENEY 12-YEAR-OLD

SINGLE MALT: HIGHLANDS 40 VOL..%
Dieser Malt wurde 1997 auf den Markt gebracht, zwei Jahre nach dem Kauf der Brennerei durch Inver House. Frisch, salzig, maritim, mit holziger Süße von der Reifung in Bourbonfässern.

OLD PULTENEY 17-YEAR-OLD

SINGLE MALT: HIGHLANDS 46 VOL..%
Der große Bruder des 12-Jährigen wird ohne Kaltfiltration abgefüllt. Er reift teilweise in Sherryfässern, was fruchtige Butterkaramell-Noten erzeugt. Anhaltend, mittelschwerer Körper.

OLD PULTENEY 21-YEAR-OLD

SINGLE MALT: HIGHLANDS 46 VOL..%
Die Sherrynoten stammen von der amerikanischen Eiche der Fässer. Das Ergebnis ist ein üppiger, cremiger, Malt mit Honigtönen und trockenem Nachklang.

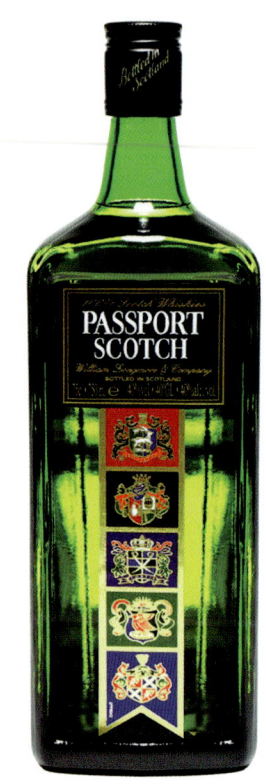

OLD SMUGGLER

Besitzer: Gruppo Campari

Old Smuggler soll – passenderweise – gerade während der Prohibition in Amerika ein Renner gewesen sein. 1835 von James und George Stodart eingeführt, ist die Marke heute etwas ins Abseits geraten. Es war angeblich der erste Blend, der in Sherryfässern »vermählt« wurde. Die Marke ist heute im Besitz der Campari-Gruppe, die sie zusammen mit dem Blend Braemar sowie Glen Grant 2006 von Pernod Ricard erworben hat. Old Smuggler verkauft sich vor allem in den USA und Argentinien gut, wo er an zweiter Stelle steht, und erbringt offenbar auch in Osteuropa starke Umsätze.

OLD SMUGGLER

BLEND 40 VOL.-%
Ein anständiger Scotch ohne offensive Obertöne und mit einem Hauch Rauch. Ein preiswerter Blend, der sich gut zum Mixen eignet.

PASSPORT

Besitzer: Chivas Brothers

Passport wurde von Seagram entwickelt und 2002 von Pernod Ricard übernommen. Wie viele Marken, die in Großbritannien vergleichsweise unbekannt sind, genießt sie andernorts bemerkenswerten Erfolg: Die Hochburgen dieses Blends sind die USA, Südkorea, Spanien und Brasilien. Verpackt in einer rechteckigen grünen Retro-Flasche, ist Passport »ein einzigartiger Scotch, inspiriert von den Swinging Sixties, mit junger, pulsierender Persönlichkeit.« Der Blend enthält ausgesuchte und berühmte Malts wie Glenlivet.

PASSPORT

BLEND 40 VOL.-%
Fruchtiger Geschmack und köstlich cremiger Nachklang. Er wird gewöhnlich auf Eis serviert, kann aber auch pur getrunken werden. Mittelschwer, mit weichem, reifem Nachklang.

PIG'S NOSE

Besitzer: Spencerfield Spirits
www.spencerfieldspirit.com

Wenn Sie einen der vielen britischen Landmärkte besuchen, finden Sie diesen Whisky vielleicht im Ausschank in einem alten Pferdeanhänger. Gehen Sie nicht vorbei: Pig's Nose wurde neu verschnitten von Richard Paterson, dem berühmten Verschnittmeister der Firma Whyte & Mackay, und in neuer Aufmachung auf den Markt gebracht. Der Bruder des besser bekannten Blended Malt Sheep Dip *(s. S. 160)* ist ein vollaromatischer, gut zu trinkender Blend, der dem Slogan »unser Scotch ist weich und sanft wie eine Schweinenase« mehr als gerecht wird.

PIG'S NOSE

BLEND 40 VOL.-%
Die Nase ist dezent und fein, mit weichen und blumigen Noten, gestützt von komplexen Fruchtaromen. Am Gaumen kräftig malzig.

PINWINNIE ROYALE

Besitzer: Inver House Distillers

Pinwinnie Royale hebt sich von der Masse ab. Sein Label spielt auf eine alte Handschrift und königliche Privilegien an, obwohl es keine Anhaltspunkte für derartige Assoziationen gibt. Da die Marke zu Inver House gehört, darf man vermuten, dass der Blend Single Malts wie Old Pulteney, Speyburn, anCnoc und Balblair enthält, insbesondere die weniger bekannten. Neben dem Standardblend gibt es einen 12-Jährigen, der leichte Speyside-Fruchtigkeit mit trockeneren Holznoten und einer buttrigen Struktur verbindet.

PINWINNIE ROYALE

BLEND 40 VOL.-%
Junge, spritzige Fruchtigkeit in der Nase; weiche Struktur, doch würzig im Mund, mit verbrannten, rußigen Noten im Nachklang.

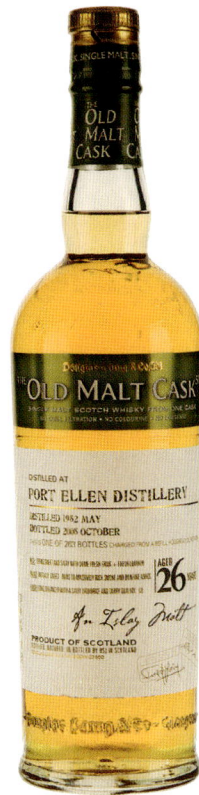

POIT DHUBH

Besitzer: The Gaelic Whisky Co.
www.gaelicwhisky.com

Pràban na Linne (bekannt als The Gaelic Whisky Co.) wurde von Sir Iain Noble 1976 gegründet, um im Süden der Insel Skye Arbeitsplätze zu schaffen. Seitdem wächst das Geschäft beständig. Poit Dhubh ist ein Blended Malt, der ohne Kaltfiltration als 8-, 12- und 21-Jähriger abgefüllt wird. Ein 30-Jähriger erschien als Limited Edition zum 30. Geburtstag des Unternehmens. Poit Dhubh spielt auf das Image von Whisky als Schmuggelware an: »Wir wollen weder bestätigen noch leugnen, dass Poit Dhubh aus einer illegalen Still stammt.« Das ist natürlich reine Fantasie.

POIT DHUBH 8-YEAR-OLD

BLENDED MALT 43 VOL.-%
Getrocknete Früchte und leichte Würze erzeugen einen bittersüßen Charakter mit trockenen, holzigen Noten und einer Spur Torf.

PORT ELLEN

Port Ellen, Isle of Islay

Von allen Islay Malts genießt Port Ellen wohl am meisten Kultstatus, denn seit der Schließung des Unternehmens 1983 wird er immer seltener. Die Brennerei wurde 1825 von Alexander Kerr Mackay gegründet und blieb bis in die 1920er-Jahre, als sie an DCL (Distillers Company Ltd.) überging, in Familienbesitz. Ihr Pech war es, zur selben Firmengruppe wie Caol Ila und Lagavulin zu gehören: Als der Abschwung kam, war Port Ellen das schwächste Glied in der Kette. Heute ist noch die Mälzerei in Betrieb, die Islays Brennereien mit Malz versorgt.

PORT ELLEN DOUGLAS LAING 26-YEAR-OLD

SINGLE MALT: ISLAY 50 VOL.-%
Diese in Bourbonfässern gereifte Abfüllung hat eine süße, fruchtige Nase mit etwas neuem Leder. Süße im Mund, überdeckt von Torfrauch. Langer, teeriger Nachklang mit einer Prise Salz.

PRIME BLUE

Besitzer: Morrison Bowmore

Prime Blue ist ein Blend, der vor allem in Taiwan erhältlich ist, wo sich der Markt im letzten Jahrzehnt sensationell entwickelt hat. Die Farbe Blau steht für Adel und Königtum, und der Markenname spielt angeblich auf den feinen Geschmack an. In den besten Zeiten überstieg der Verkauf 1 Mio. Kisten pro Jahr. Inzwischen ist der Markt für diesen Stil auch im Fernen Osten etwas geschrumpft und der Wettbewerb in Taiwan und andernorts hat zugenommen. Es sind Standard-, 12-, 17- und 21-jährige Abfüllungen erhältlich.

PRIME BLUE

BLENDED MALT 40 VOL.-%
Aromen von Vanille und gemälzter Gerste, gefolgt von leichtem Kakao sowie blumigen Noten und Heidekraut. Anfangs fruchtig am Gaumen, anschließend malzige Süße und ein langer Nachklang.

QUEEN ANNE

Besitzer: Chivas Brothers

Das Paradebeispiel für eine kleine Marke, die ihren Weg in das Portfolio einer größeren Firma gefunden hat, ohne eine klare Rolle zu entwickeln. Queen Anne war einst ein bekannter Name aus dem Haus der angesehenen Blend-Produzenten Hill, Thomson & Co. in Edinburgh. Der Blend wurde erstmals 1884 produziert. Heute gehört die Marke zu Chivas Brothers. Wie so viele einst berühmte Blends ist auch Queen Anne dem Fusionswahn der schottischen Whiskybranche zum Opfer gefallen. Er hält sich noch tapfer in einigen Regionen, wo er einst beliebt war.

QUEEN ANNE

BLEND 40 VOL.-%
Nicht besonders charaktervoll, da die Aromen so dicht integriert sind, dass es schwierig ist, einzelne auszumachen. Ein Standardblend zum Mixen.

Oxhoftfässer werden aus den Dauben von zerlegten Bourbonfässern gemacht und sind etwa 20 % größer als diese. Nach dem Zusammensetzen erhitzt man sie im Dampf, damit die Fugen dicht werden.

ROBERT BURNS

Besitzer: Isle of Arran Distillers
www.arranwhisky.com

Angesichts der Traditionsverbundenheit der schottischen Whiskyhersteller ist es überraschend, dass niemand zuvor auf die Idee gekommen ist, eine Marke nach dem schottischen Nationalbarden zu benennen. Die kleine Brennerei Isle of Arran Distillers hat sich mit der World Burns Federation zusammengetan, um diese Lücke zu schließen, und produziert jetzt eine offiziell gebilligte Burns Collection von Blended Whiskys und Malts.

Es versteht sich von selbst, dass die Produkte aus dieser Kooperation einen beträchtlichen Anteil an Arran Single Malt enthalten. Nach Aussage des Herstellers sollen sie »den Charakter unserer schönen Insel mit klarem Bergwasser und milder Seeluft« einfangen. Leider scheint es, dass der Poet die Insel nie besucht hat, obwohl er sie

vermutlich von seinem Haus in Ayrshire aus sehen konnte.

Isle of Arran Distillers (s. S. 29), eine der wenigen unabhängigen Brennereien Schottlands, wurde 1995 von Harold Currie gegründet, ehemals Geschäftsführer bei Chivas Brothers. Neben eigenen Malts und dem Robert Burns Blend produziert die Destillerie auch den Standardblend Lochranza (s. S. 136).

ROBERT BURNS BLEND
BLEND 40 VOL.-%
Eichenduft in der Nase weicht Sherry, Mandeln, Sahnekaramell und reifen Früchten. Viel Toffee, Kuchen und Dörrobst am Gaumen, leichter bis mittlerer, würziger Nachklang.

ROBERT BURNS SINGLE MALT
SINGLE MALT 40 VOL.-%
In der Nase grüne Äpfel, die Säure durch Vanille gemildert. Apfel- und Zitrusnoten am Gaumen, wiederum durch Vanille ausbalanciert. Ein Aperitif-Whisky, leicht in Stil und Nachklang.

ROSEBANK

Camelon, Falkirk

Wenige Brennereien haben es geschafft, kontinuierlich zu produzieren. Viele schlossen in den 1980er- und 1990er-Jahren, als die Branche an Überproduktion litt. Ob eine Brennerei eine zweite Chance bekam, hing oft vom Standort ab. Rosebank nahe Falkirk wurde 1993 stillgelegt und die Gebäude in Büros und Wohnungen umgewandelt. Die Brennerei, 1840 gegründet, war seit 1982 Teil des Ascot Malt Cellar. Als daraus die Reihe »Classic Malts« entstand, wählte man leider Glenkinchie anstelle von Rosebank, um die Lowlands zu repräsentieren.

ROSEBANK DOUGLAS LAING 16-YEAR-OLD
SINGLE MALT: LOWLANDS 50 VOL.-%
Eine unabhängige Abfüllung von Douglas Laing aus seiner Old Malt Cask Collektion. Trotz ihrer Stärke und ihres Alters voller Frische und Zitrusaromen.

ROYAL BRACKLA

Cawdor, Nairn, Nairnshire

Brackla wurde 1812 von Captain William Fraser zwischen dem Fluss Findhorn und dem Murray Firth gegründet. Schon bald beklagte er sich, dass er umgeben sei von Whiskytrinkern, aber nur 450 Liter pro Jahr verkaufen könne. Zum Ausgleich sicherte er sich 1835 die erste Ernennung einer Brennerei zum königlichen Hoflieferanten. Ob er Royal Brackla heute wiedererkennen würde, scheint fraglich: Das Unternehmen wurde in den 1970er- und 1990er-Jahren vollständig modernisiert und gehört jetzt zu Bacardi.

ROYAL BRACKLA 10-YEAR-OLD
SINGLE MALT: HIGHLANDS 40 VOL.-%
Neben einer 25-jährigen Limited Edition ist dies die einzige Hausabfüllung. Sie hat eine grasige, blumige Nase und offenbart würzige, ölige Noten auf der Zunge.

ROYAL LOCHNAGAR 12-YEAR-OLD

ROYAL LOCHNAGAR SELECTED RESERVE

ROYAL LOCHNAGAR 30-YEAR-OLD

ROYAL LOCHNAGAR

Ballater, Aberdeenshire
www.malts.com

Diese bezaubernde Brennerei ist die einzige in Deeside. Sie wurde 1845 von John Begg als New Lochnagar gegründet, um sie von einer Brennerei desselben Namens zu unterscheiden, die am anderen Flussufer gestanden hatte und von der großen Überschwemmung 1829 zerstört worden war. Begg verschwendete keine Zeit und lud seine neuen Nachbarn in Balmoral – Queen Victoria und Prince Albert – 1848 zu einem Besuch ein. Am Ende des Jahres war aus New Lochnagar der Hoflieferant Royal Lochnagar geworden. Beggs Geschäft florierte, doch 1916 wurde es von John Dewar & Sons übernommen, da der Malt ein Hauptbestandteil von Vat 69 geworden war.

Mit einer Produktion von nur 400 000 Litern pro Jahr aus einem einzigen Paar Brennblasen ist

Royal Lochnagar eine kleine Brennerei und dürfte es nicht immer leicht gehabt haben. Doch in den letzten Jahren hat der Besitzer Diageo viel Geld und Arbeit in das Unternehmen gesteckt. 2004 wurde ein 30-jähriger Rare Malt aus einer 1974er-Destillation auf den Markt gebracht, der in zweitgefüllten Bourbonfässern reifte. Da es nur wenig davon gab, ist er heute eine echte Rarität.

ROYAL LOCHNAGAR 12-YEAR-OLD

SINGLE MALT: HIGHLANDS 40 VOL.-%
Subtiler, ledriger Duft. Im Geschmack trocken mit leichter Säure vor einem würzigen Sandelholz-Nachklang.

ROYAL LOCHNAGAR SELECTED RESERVE

SINGLE MALT: HIGHLANDS 43 VOL.-%
Tiefer, komplexer Malt mit harzartigem, süßem, holzigem Charakter sowie Spuren von Apfelkuchen und gebranntem Zucker.

ROYAL SALUTE 21-YEAR OLD

ROYAL SALUTE, THE HUNDRED CASK SELECTION

ROYAL SALUTE 38-YEAR-OLD

ROYAL SALUTE

Besitzer: Chivas Brothers

Dieser Blend, ursprünglich 1953 von Seagram zur Krönung von Königin Elizabeth II. produziert, rühmt sich, der erste »Super Premium Whisky« zu sein. Noch heute ist er Marktführer in der Kategorie »über 21 Jahre«.

In der Vergangenheit war Chivas Brothers bekannt für reiche Vorräte an seltenen, alten Whiskys. Diese bildeten die Basis für die Varianten des Royal Salute. Die Firma gehört heute zu Pernod Ricard, deren Verschneider, angeführt von dem angesehenen Colin Scott, Zugang zu so bekannten Single Malts wie Glenlivet, Aberlour, Strathisla und Longmorn haben.

Angesichts der Verehrung, die der Marke gerade von Konsumenten im Fernen Osten entgegengebracht wird, überrascht es nicht, dass Royal Salute in Asien besonders erfolgreich ist, vor allem in China (wo Chivas viel investiert hat), Tai-

wan, Korea und Vietnam. Viel wird auch in Duty-free-Shops verkauft.

Die unterschiedlichen Abfüllungen haben eine beeindruckende Menge an Medaillen gewonnen, darunter Auszeichnungen bei der International Wine and Spirit Competition.

ROYAL SALUTE 21-YEAR-OLD

BLEND 40 VOL.-%

Weiche, fruchtige Aromen, ausbalanciert durch einen delikat-blumigen Duft und reife Süße mit Honigtönen.

ROYAL SALUTE, THE HUNDRED CASK SELECTION

BLEND 40 VOL.-%

Elegant, cremig und außergewöhnlich weich, mit reifem, eichigem, leicht rauchigem Nachklang.

ROYAL SALUTE 38-YEAR-OLD

BLEND 40 VOL.-%

Üppige Noten von Zedernholz und Mandeln, dazu eichige Sherrytöne. Nachhaltiges, energisches Dörrobstaroma. Auch für Kenner ein Erlebnis.

SCOTCH BLUE 17-YEAR-OLD

SCOTCH BLUE 21-YEAR-OLD

SCAPA

St. Ola, Orkney
www.scapamalt.com

Scapa Distillery wurde 1885 auf der Insel Orkney gegründet und arbeitete mehr oder weniger kontinuierlich bis zur Schließung 1994. Drei Jahre später wurde die Produktion auf saisonaler Basis mit Arbeitern des Nachbarn Highland Park wieder aufgenommen. Lange schien es, als wäre auf Orkney nur Platz für eine Brennerei, nämlich Highland Park. Doch schließlich kam für Scapa die Rettung in Gestalt von Allied Domecq: Mehr als 2 Mio. Pfund investierte man 2004 in die Brennerei, die inzwischen von Chivas Brothers übernommen wurde.

SCAPA 14-YEAR-OLD

SINGLE MALT: ISLANDS 40 VOL.-%
Verglichen mit dem robusten, rauchigen Highland Park ist Scapa weicher und süßer. Noten von Heidekraut, Dörrobst und leichte Würze.

SCOTCH BLUE

Besitzer: Lotte Chilsung

Die Farbe Blau steht im Fernen Osten für Prestige und Qualität. So erklärt sich die Namensgebung für die Hausmarke des südkoreanischen Konzerns Lotte Chilsung. Der Whisky stammt von Burn Stewart Distilleries, mit denen 2001 ein Liefervertrag über zehn Jahre abgeschlossen wurde; der Absatz beläuft sich inzwischen auf über 500 000 Kisten pro Jahr. Dies bereitete dem Rivalen Allied Domecq Sorgen, der ein Verfahren anstrengte, weil die Farbe Blau und die Form der Flasche fast identisch seien mit dem 17-jährigen Ballantine's. Chivas Brothers, Ballantine's neuer Besitzer, verfolgte die Angelegenheit nicht weiter. Scotch Blue hat noch zugelegt. Inzwischen wird die Marke auch nach Malaysia, Japan, Thailand und in andere asiatische Länder exportiert. Zur Palette gehören Scotch Blue International, New

Scotch Blue Special und Scotch Blue ohne Altersangabe sowie ein 17- und ein 21-Jähriger. Das Produkt wird speziell für den lokalen Markt angefertigt. Die Varianten ohne Altersangabe verwenden eine Mischung aus 21-jährigen und jungen 6-jährigen Whiskys und brechen so mit der Vorstellung, dass Premiumwhiskys wenigstens zwölf Jahre alt sein sollten.

SCOTCH BLUE 17-YEAR-OLD

BLEND 40 VOL.-%
Unter Verwendung von Burn-Stewart-Whisky (Besitzer von Brennereien wie Deanston und Tobermory) in Schottland verschnitten, um einen weich strukturierten, hocharomatischen Whisky für den koreanischen Geschmack zu kreieren.

SCOTCH BLUE 21-YEAR-OLD

BLEND 40 VOL.-%
Ähnlicher Stil wie der 17-Jährige, doch das höhere Alter bringt mehr Tiefe und Komplexität der Aromen.

SCOTTISH LEADER

Besitzer: Burn Stewart Distillers

Nach Aussage der Besitzer »ein Blend, der internationale Auszeichnungen gewonnen hat, mit honigweichem, üppigem Geschmacksprofil. Er ist auf dem Weltmarkt zunehmend vertreten.« Kern des Blends ist Deanston Single Malt aus der Brennerei gleichen Namens in Perthshire. Ursprünglich war Scottish Leader für den preisbewussten Supermarktkunden gedacht, erhielt aber kürzlich eine neue, etwas anspruchsvollere Aufmachung. Erhältlich sind ein Blend ohne Altersangabe sowie ein 12-Jähriger.

SCOTTISH LEADER

BLEND 40 VOL.-%
Ein Standardblend, dessen Aromen fest integriert sind. Ohne große Individualität, doch gut zum Mixen oder auf Eis zu trinken.

Alles über ...
Whiskygläser

Traditionell war das Glas für Whisky ein Becherglas aus Kristall. Es kam in den 40er-Jahren des 19. Jahrhunderts für Brandy mit Soda (und Eis) in Gebrauch und wurde etwa 30 Jahre später für Blended Scotch »on the rocks« oder Old-Fashioned, einen Cocktail aus Zuckersirup, Angostura, Eiswürfeln und Bourbon oder Rye Whisky, übernommen. Ein solches Glas eignet sich perfekt für Longdrinks, aber nicht, um einen guten Whisky pur zu genießen. Dafür benötigt man Gläser, die das Aroma optimal zur Geltung bringen.

COPITA Aus diesem Glas – auch bekannt als *catavino* – trinkt man eigentlich Sherry. Es ist heute das Standardglas für die Verkostung von Whisky. Durch die leichte Bauchigkeit kann man die Flüssigkeit gut schwenken und die Aromen freisetzen. Der Rand verjüngt sich, wodurch der Duft in der Nase sehr präsent ist.

DAS RIEDEL-GLAS Die Firma Riedel, 1756 in Böhmen gegründet und noch heute von der Familie geführt, ist der wichtigste Hersteller von Spezialgläsern für Weine und Spirituosen. Georg Riedel, der derzeitige Vorstand der Firma, entwickelte dieses Glas 1992, gibt heute jedoch zu, dass es ein Fehlschlag war. Zwar bringt der gebogene Rand die Spirituose gut an den Gaumen, die geraden Wände vermögen jedoch das Aroma nicht zu konzentrieren.

DAS GLENCAIRN-GLAS Die Malt-Whisky-Branche wollte ein etwas robusteres Glas als die Copita, weshalb Glencairn Crystal in Glasgow dieses gedrungene Modell, das an eine Pot Still erinnert, herausbrachte. Es ist unter Whiskyliebhabern recht verbreitet.

DAS GLENMORANGIE-GLAS Dieses schlanke, elegante Glas wurde von Glenmorangie initiiert. Bei professionellen Verkostungen ist es üblich, das Glas abzudecken, um das Aroma einzufangen – meist wird dafür ein Uhrglas benutzt. Glenmorangie hat daraus diesen praktischen kleinen Deckel gemacht.

DAS »SINGLE MALTS OF SCOTLAND« Dieses Glas wurde von The Whisky Exchange (London) für eine besondere Palette von Single Malts des Hauses entwickelt und unterstützt optimal das Riechen und Schmecken.

TUMBLER Das traditionelle Becherglas, oft aus Kristall, wurde für Longdrinks mit viel Eis entworfen. Da die Außenseite beschlägt, sollten Untersetzer zur Hand sein. Eine kleinere Version heißt Jigger und wird als Barmaß verwendet.

QUAICH Der keltische *quaich* ist ein sehr altes Trinkgefäß. Seine Form soll sich aus der Schale einer Jakobsmuschel entwickelt haben. Frühe Exemplare waren aus Holz. Heute bestehen sie üblicherweise aus Silber oder Zinn. Der exklusivste Klub der schottischen Whiskybranche nennt sich »The Keepers of the Quaich«.

SHEEP DIP

Besitzer: Spencerfield Spirits
www.spencerfieldspirit.com

Sheep Dip ist einer der besseren Blended Malts. Die Marke existiert seit den 1970er-Jahren, fiel jedoch unter der Eigentümerschaft von Whyte & Mackay der Vernachlässigung anheim. 2005 ging sie in den Besitz von Alex und Jane Nicol über, die es sich zum Ziel gesetzt haben, »verwaisten Marken« zu neuem Glanz zu verhelfen. Die Verpackung wurde überarbeitet, ein Vertriebsnetz geschaffen und vor allem der Blend unter der Führung von Verschnittmeister Richard Paterson neu formuliert. Die verwendeten Whiskys lagerten acht bis zwölf Jahre in erstgefüllten Fässern.

SHEEP DIP

BLENDED MALT 40 VOL.-%
In der Nase delikat und fein. Große Finesse am Gaumen, dann eine majestätische Präsenz von reinen Malzaromen.

SOMETHING SPECIAL

Besitzer: Chivas Brothers

Der Name suggeriert einen hohen Anspruch, und dieser Premiumblend wird ihm gerecht. Er steht auf dem südamerikanischen Markt an dritter Stelle mit über einer halben Million verkaufter Kisten. Der Blend wurde 1912 von den Direktoren der Firma Hill, Thompson & Co. in Edinburgh kreiert. Die Hauptkomponente sind Speyside Malts, vor allem der hochgeschätzte Longmorn, der den Kern des Blends bildet. 2006 kam eine 15-jährige Abfüllung heraus. An der unverwechselbaren Flasche soll ein Edinburgher Diamantenschleifer mitgewirkt haben.

SOMETHING SPECIAL

BLEND 40 VOL.-%
Ein eigenständiger Blend voller trockener, fruchtiger und würziger Aromen sowie subtiler, rauchiger Süße.

SPEYBURN

Rothes, Aberlour, Morayshire
www.inverhouse.com

Königin Victorias treue Untertanen in der gerade errichteten Speyburn Distillery in der Nähe von Rothes legten sogar Nachtschichten ein, um zum diamantenen Thronjubiläum 1897 einen Whisky herzustellen. Es war Mitte Dezember, und obwohl die Fenster noch nicht richtig eingesetzt waren und der Schnee von draußen hineinwehte, befahl der Geschäftsführer der Brennerei, die Stills zu befeuern. Speyburn hat seinen viktorianischen Charme behalten und ist seit 1991 im Besitz von Inver House.

SPEYBURN 10-YEAR-OLD

SINGLE MALT: SPEYSIDE 40 VOL.-%
Trotz älterer Abfüllungen, darunter ein kürzlich herausgegebener 25-jähriger Solera, bleibt das Kernprodukt der 10-Jährige, den ein Aroma von Vanillekaramell und ein süßer, anhaltender Nachklang auszeichnen.

SPEYSIDE

Glen Tromie, Kingussie, Invernessshire
www.speysidedistillery.co.uk

Mit einer Produktion von knapp 600 000 Litern ist die nach Schottlands größter Malt-Whisky-Region benannte Brennerei kein Riese. Trotz ihrer rustikalen Erscheinung ist sie auch nicht sehr alt: Sie wurde 1962 von dem Verschneider und Abfüller George Christie in Auftrag gegeben – doch nur ein unauffälliger moderner Schornstein verrät die Entstehungszeit. Stein auf Stein gemauert, war sie erst 1987 fertiggestellt. Zu den Single Malts zählen Drumguish (ohne Altersangabe) sowie Speyside als 8-, 10-, und 12-Jähriger.

SPEYSIDE 12-YEAR-OLD

SINGLE MALT: SPEYSIDE 40 VOL.-%
Das Aroma dieses ausgewogenen 12-Jährigen erinnert an Nugat mit einem Hauch Rauch. Er ist üppiger und vollmundiger, als es die verhaltene Nase erwarten lässt.

SPRINGBANK 10-YEAR-OLD

SPRINGBANK 100 PROOF

SPRINGBANK 15-YEAR-OLD

SPRINGBANK VINTAGE 1997

SPRINGBANK

Campbeltown, Argyll
www.springbankdistillers.com

Springbank wurde 1823 gegründet, als es bereits 13 lizenzierte Brenner in Campbeltown gab. Obwohl diese Seite des Mull of Kintyre auf dem Landweg auch heute noch schlecht erreichbar ist, kam man mit dem Schiff über den Firth of Clyde rasch nach Glasgow. Und als die zweitgrößte Stadt des Empires boomte, löschten Brennereien wie Springbank ihren Durst. Auf der anderen Seite des Atlantiks liegt Amerika, doch durch die Prohibition und die Abwanderung der großen Verschneider nach Speyside war der Untergang besiegelt.

Springbank überlebte, was nicht zuletzt an den stabilen Besitzverhältnissen gelegen haben mag: Die Brennerei gehörte der Familie Reid, die sie Mitte des 19. Jahrhunderts an die mit ihnen verschwägerten Mitchells verkauften. Sie führen das Unternehmen noch heute und haben es verstanden, ihre innovativen Single Malts zu Kultprodukten zu machen.

SPRINGBANK 10-YEAR-OLD

SINGLE MALT: CAMPBELTOWN 46 VOL.-%
Vielschichtige Aromen mit reifer Zitrusfrucht, Torfrauch, Vanille, Gewürzen und einem Hauch Salz darunter.

SPRINGBANK 100 PROOF

SINGLE MALT: CAMPBELTOWN 57 VOL.-%
Groß und vollmundig, mit Aromen von Dörrobst und Butterkaramell, dazu Spuren von Gewürz, Nüssen, Rauch.

SPRINGBANK 15-YEAR-OLD

SINGLE MALT: CAMPBELTOWN 46 VOL.-%
Süßer Karamell und kandierte Zitrusschale in der Nase weichen im Mund exotischeren, süß-sauren Aromen.

SPRINGBANK VINTAGE 1997

SINGLE MALT: CAMPBELTOWN 54,9 VOL.-%
Komplexer Duft aus Karamell und rauchigen, ledrigen Aromen. Trockener am Gaumen, saftig und mundfüllend, umhüllt von Rauch.

Bowmore am Ufer von Loch Indaal ist die älteste Brennerei auf Islay. Sie wurde 1779 von einem Farmer gegründet *(s. S. 53)*, der in den Anfangsjahren darüber klagte, wegen der vielen Schwarzbrenner nicht genügend Gerste zur Verfügung zu haben.

STEWARTS CREAM OF THE BARLEY

Besitzer: Chivas Brothers

Diese alteingesessene, erstmals 1831 produzierte Marke verkauft sich heute vor allem in Irland gut. Lange Zeit war sie auch in Schottland populär, nicht zuletzt aufgrund ihrer weiten Verbreitung in der Gaststättenkette von Allied, dem damaligen Besitzer. Single Malt von Glencadam bildete dabei den Kern des Blends. Heute ist Glencadam in anderen Händen, doch der Blend enthält angeblich noch immer bis zu 50 Single Malts.

STEWARTS CREAM OF THE BARLEY

BLEND 40 VOL.-%

Ein malziger, süßer, weicher und leicht spritziger Duft. Die Fruchtigkeit einer jungen Spirituose am Gaumen – würzig, rau und etwas rauchig. Pfeffriger, trocknender Holzkohlen-Nachklang.

STRATHCLYDE

Besitzer: Chivas Brothers

Den ersten Getreidebrand produzierte Strathclyde 1928 im Glasgower Stadtteil Gorbals. Die Destillerie wurde von Seager Evans & Co. errichtet, den Besitzern von Long John Blended Whisky. Nach einer Reihe von Übernahmen ging sie an Allied Domecq, die 7 Mio. Pfund in die Steigerung der Kapazität auf 39 Mio. Liter pro Jahr steckten. Die Einrichtung enthält zwei Säulen-Stills, die Grain Whisky herstellen, und fünf für neutralen Getreidebrand. Strathclyde gilt als der »saftigste« Grain Whisky, vor allem solange er jung ist.

Nur sehr wenig Strathclyde kommt als Single Grain Whisky auf den Markt, doch kürzlich hat Càrn Mòr einen 41-jährigen Grain der Brennerei abgefüllt. 1965 gebrannt und in Bourbonfässern gereift, erfreut diese Spezialität gerade einmal 300 Enthusiasten.

STRATHISLA

Keith, Banffshire
www.maltwhiskydistilleries.com

1786 gründeten Alexander Milne und George Taylor die Milltown Distillery in Keith. Der hier produzierte Whisky war als Strathisla bekannt, und 1951 nahm auch die Brennerei diesen Namen an. Über die Jahre hat Strathisla Brände, Explosionen und Insolvenzen überlebt und ist heute die älteste und mit ihrem hohen Giebel nebst zwei Pagodendächern vielleicht auch die hübscheste Brennerei in den Highlands. Seit der Übernahme durch Chivas Brothers 1950 ist hier die geistige Heimat von Chivas Regal.

STRATHISLA 12-YEAR-OLD

SINGLE MALT: SPEYSIDE 43 VOL.-%

Eine reiche, üppige Nase und ein würziges Aroma von Früchtekuchen dank der Reifung in Sherryfässern. Mittelschwer mit einer leicht rauchigen Note im Nachklang.

STRATHMILL

Keith, Banffshire
www.malts.com

Diese charmante spätviktorianische Brennerei mit Doppelpagodendach entstand 1891 als Glenisla-Glenlivet Distillery. Vier Jahre später kaufte sie der Londoner Gin-Brenner Gilbey und taufte sie in Strathmill um, da sie auf dem Gelände einer alten Getreidemühle stand. Ein Single Malt wurde bereits 1909 abgefüllt, doch Strathmills wichtigere Rolle war und ist es, Malt für Blends, insbesondere für J&B, zu liefern.

STRATHMILL FLORA & FAUNA 12-YEAR-OLD

SINGLE MALT: SPEYSIDE 43 VOL.-%

Ein besonders leichter und filigraner Vertreter des Speyside-Stils. Strathmill hat einen nussig-malzigen Charakter mit Vanillenoten. Er ist bemerkenswert weich und mittelsüß auf der Zunge.

Grain Whisky

Anders als Malt Whisky, der portionsweise in Pot Stills gebrannt wird, entsteht Grain Whisky durch kontinuierliche Destillation in Brennsäulen, den sogenannten Coffey- oder Patent Stills. Die Grundstoffe sind gemälzte Gerste und andere, ungemälzte Getreidearten wie Weizen und Mais. Die Gerste wird auf konventionelle Art gemälzt *(s. S. 40 – 41)* und im Maischebottich mit dem ungemälzten Getreide, das unter Druck gekocht wurde, um die Stärke aufzuweichen und löslich zu machen, und heißem Wasser vermengt. Die gewonnene zuckrige Flüssigkeit (Würze) wird dann mit Hefe zum destillierbaren Wash vergoren.

Bei der kontinuierlichen Destillation passiert der Wash zwei Brennsäulen mit Metallböden. Erhitzter Wash wird oben in die erste Säule gepumpt (den *analyzer*), wo er auf aufsteigenden Dampf trifft. Da Alkohol bei niedrigerer Temperatur als Wasser kocht, kann er als Dampf extrahiert werden. Er wird dann in den Sockel der zweiten Säule (*rectifier*) gepumpt. Die Temperatur in der Brennsäule ist unten am höchsten und oben am niedrigsten – je höher der Dampf steigt, desto größer sein Alkoholgehalt. Der Brenner kann das Destillat in der gewünschten Stärke von einer der Platten abziehen, auf denen der Dampf kondensiert. Praktisch reiner Alkohol (um 96 Vol.-%) wird ganz oben an der Spitze eingefangen, während am Sockel der Säule Wasser abgelassen wird. Diese Art Brennblase kann mehrere Wochen kontinuierlich arbeiten.

Wie Malt wird Grain Whisky in Eichenfässer gefüllt und reift viele Jahre in Lagerhäusern. Er ist in Geschmack und Aroma milder als Malt und wird vor allem für den Verschnitt genutzt *(s. S. 79)*. Eine kleine Menge kommt jedoch als Grain Whisky in den Handel. Cameron Brig füllt einen 12-jährigen Single Grain ab *(s. S. 60)*, und Compass Box vertreibt einen köstlich-aromatischen Blended Grain namens Hedonism.

TALISKER 10-YEAR-OLD

SINGLE MALT: ISLANDS 45,8 VOL.-%

Ein exemplarischer Westküsten-Malt. Intensiv, leicht torfig, mit einer pfeffrigen Note im Nachklang.

TALISKER 18-YEAR-OLD

SINGLE MALT: ISLANDS 45,8 VOL.-%

Das Alter hat die jugendliche Kraft des 10-Jährigen weicher gemacht, ihm einen Duft nach Leder und aromatischem Rauch sowie eine cremige, mundfüllende Struktur verliehen.

TALISKER DISTILLERS EDITION 1996

TALISKER 57° NORTH

TALISKER 25-YEAR-OLD

TALISKER 30-YEAR-OLD

TALISKER

Carbost, Isle of Skye
www.taliskerwhisky.com

Der Scotch Whisky Industry Record von 1823 nennt sieben lizenzierte Brennereien auf der Insel Skye, von denen keine überlebt hat. Außerdem gab es viele illegale Stills, doch das ist lange her. Geblieben ist Talisker, 1930 von Hugh und Kenneth MacAskill gegründet und immer noch in Betrieb.

Talisker hatte im 19. Jahrhundert schwer zu kämpfen und wurde 1857 für nur 500 Pfund verkauft. Die Lage besserte sich 1880, als Roderick Kemp, ein Unternehmer aus Aberdeen, in das Geschäft einstieg. Die Nachfrage der Verschneider stieg stetig, und bald begannen kleine Dampfer anzulegen, um Getreide ab- und Fässer aufzuladen.

1898 tat sich Talisker mit Dailuaine zusammen, der damals größten Brennerei in den Highlands. 1916 wurde das Joint Venture von einem Konsortium aus Dewar's, der Distillers Company und John Walker & Sons übernommen. Seitdem ist Talisker eine Hauptzutat für Johnnie Walker Red Label.

Bis 1928 wurde Talisker dreifach gebrannt, wie irischer Whiskey, was erklärt, weshalb zu drei Spirit Stills immer zwei Wash Stills gehören. Die Lyne Arms haben eine einzigartige U-Form, was den Rückfluss erhöht und eine reinere Spirituose erzeugt. Die anschließende Kondensation in Worm Tubs mag inkonsequent erscheinen, denn sie produzieren eine eher schwere, schweflige Spirituose. Welches Konzept auch immer dahintersteckt — es geht offenbar auf, denn Talisker hat zahllose Auszeichnungen gewonnen. Die Brennerei versteht es wie kaum eine andere, ihre Fangemeinde mit einer umfangreichen Palette an Abfüllungen und Special Editions zu erfreuen.

TALISKER DISTILLERS EDITION 1996

SINGLE MALT: ISLANDS 45,8 VOL.-%
Nach einer in Amoroso-Sherryfässern beendeten Reifung hat die Distillers Edition einen pfeffrigen, würzigen Charakter, der durch füllige Dörrobst-Aromen im Mund weicher wirkt.

TALISKER 57° NORTH

SINGLE MALT: ISLANDS 57 VOL.-%
Benannt nach dem Breitengrad, auf dem die Brennerei liegt: ein üppiger, fruchtiger, rauchiger, pfeffriger, würziger Whisky mit langem Nachklang.

TALISKER 25-YEAR-OLD

SINGLE MALT: ISLANDS 54,2 VOL.-%
Komplex, voller Seetang und Rauch, die ledriger, fruchtigerer Fülle weichen.

TALISKER 30-YEAR-OLD

SINGLE MALT: ISLANDS 49,5 VOL.-%
Ein höchst kultivierter Talisker — süß, würzig, fruchtig und blumig mit dezentem Torfrauch und Leder.

Die Geheimnisse von … Talisker

Das Whiskybrennen hat sich auf der Insel Skye nicht wie auf Islay entwickelt. Vielleicht weil der Boden zu feucht und karg für den Anbau von Gerste ist, der die Produktion hätte ankurbeln können.

Talisker hatte zudem mit dem örtlichen Geistlichen und seiner allwöchentlichen Predigt über das Übel des Alkohols zu kämpfen. In den 1850er-Jahren wurden seine Gebete erhört und die Brennerei für einen Spottpreis verkauft.

Nach diesem schlechten Start genießt Talisker heute Kultstatus. Der Single Malt mit dem schweren, intensiven Charakter, der mit einem pfeffrigen Zug im Nachklang zu explodieren scheint, wurde immer beliebter und hat viele Auszeichnungen gewonnen.

Die isolierte Lage hatte mit Sicherheit ihren Anteil an der Entstehung des besonderen Geschmacks. Anders als etwa in Speyside, wo man immer von seinen Nachbarn lernen konnte, galt es hier, allein zurechtzukommen. Man kann sich vorstellen, wie die Brenner mit der Form der Lyne Arms experimentierten, mit dem Torfen der Gerste, der Form der Stills und der Geschwindigkeit des Brennvorgangs. Das Ergebnis ist der Talisker, wie wir ihn heute kennen – ein Whisky wie kein anderer in Schottland.

▲ EINSAMKEIT

Obwohl Skye durch eine Brücke mit dem Festland verbunden ist, wirkt Talisker doch isoliert. Die Brennerei liegt am Ufer von Loch Harport, unter den dunklen, gezackten Gipfeln der Cuillin Hills.

▼ DIE WASH STILLS

1960 brannte Talisker fast ab, weil die Tür einer Wash Still offen gelassen wurde und sich die brennbare Flüssigkeit entzündete. Die Stills wurden durch neue von genau derselben Größe und Form ersetzt. Was ihre einzigartige Form mit den kuriosen U-förmigen Lyne Arms wirklich zum Charakter des Whiskys beiträgt, ist schwer zu sagen, aber der damalige Brennmeister wollte kein Risiko eingehen.

▲ ZUCKERGEHALT IM WASH

Proben werden entnommen, um das spezifische Gewicht des Washs vor der Vergärung zu bestimmen. Durch Prüfung des Zuckergehalts kann der Brenner vorhersagen, welche Alkoholstärke der Wash entwickeln wird. Weniger wissenschaftlich ist die Geruchskontrolle: Der Duft muss süß und malzig sein.

VERSTÄRKTER RÜCKFLUSS ▶

Drei Spirit Stills für nur zwei Wash Stills zu haben gilt als Relikt aus der Zeit vor 1928, als Talisker wie irischer Whiskey dreifach gebrannt wurde. Dies muss seinen Charakter entscheidend geprägt haben. Die Lyne Arms verlaufen waagerecht, anstatt sich abwärts zu neigen, um den Rückfluss zu erhöhen.

▼ ALTMODISCHE WORM TUBS

Zweifellos wirken sich traditionelle, altmodische Worm Tubs zum Kondensieren der Spirituose auf den Charakter des New Make aus. Während die berühmten U-förmigen Lyne Arms den Kupferkontakt erhöhen, wirken die Worm Tubs entgegengesetzt – sie erzeugen eine schwerere, schwefeligere Spirituose. Das mag widersprüchlich erscheinen, aber es funktioniert.

▲ DAS DUNNAGE-LAGERHAUS

Die Reifung findet überwiegend auf dem Festland statt, doch ein Teil der Fässer bleibt vor Ort. Die alten Dunnage-Lagerhäuser haben einen herrlich muffigen Geruch nach feuchter Erde, Holz und süßen Alkoholdämpfen. Wie viel vom Aroma der Seeluft und des Tangs wirklich in die Fässer dringt, ist schwer zu sagen, doch Talisker hat einen eindeutig maritimen Charakter.

TAMDHU

TAMDHU 1977

THE TALISMAN

Tomatin Distillery, Invernessshire
www.tomatin.com

The Talisman ist der Hausblend der Tomatin Distillery *(s. S. 172).* Wie nicht anders zu erwarten, enthält er viel Malt aus eigener Produktion. Er zeigt vielschichtige und weiche Aromen mit leicht torfigen und pikanten Obertönen, und der Grain Whisky verbindet sich gut mit dem Malt. Wenn Sie einen weichen Blend mit etwas Biss mögen, könnte dies der Richtige für Sie sein. Auch den Wettbewerbsjuroren bei der International Wine & Spirit Competition gefiel er: The Talisman errang 2007 eine Bronzemedaille.

THE TALISMAN

BLEND 40 VOL.-%
Komplexer Duft nach Früchten, Malz und Getreide. Am Gaumen Honig und Vanille mit einem Hauch Apfel. Subtile, torfige Noten halten in einem langen Nachklang an.

TAMDHU

Knockando, Aberlour,
Morayshire
www.edringtongroup.com

Über die Anfänge von Speyside als Region voller illegaler Brennereien sind allerlei romantisch verklärte Geschichten in Umlauf. Dabei wird gern unterschlagen, dass die Eisenbahn, die in der zweiten Hälfte des 19. Jahrhunderts hierherkam, für die Entwicklung der Region von viel größerer Bedeutung war. Vor der Eröffnung der Strathspey-Linie war die Gegend einfach zu isoliert, um aufzublühen. Doch als die Schienen gelegt waren, entstanden zahlreiche Brennereien. Eine war Tamdhu, 1896 zwischen Cardhu und Knockando erbaut. Die ehemalige Bahnstation von Knockando ist heute das Empfangszentrum der Tamdhu Distillery.

Auch wenn Tamdhu lediglich eine junge Hausabfüllung herausgibt, ist das Unternehmen gut aus-

gestattet: mit neun Washbacks aus Kiefernholz, drei Paar Stills sowie Dunnage- und Regallagerhäusern vor Ort. Es gibt auch Mälzböden, denn Tamdhu produziert Malz nicht nur für den eigenen Bedarf, sondern auch für die anderen Brennereien der Edrington Group.

Wie zu erwarten bei einer Brennerei, die selbst nur eine Hausabfüllung produziert, gibt es mehrere unabhängige Abfüller, die Tamdhu im Programm haben – etwa Duncan Taylor, Douglas Laing, Gordon & MacPhail, ferner einen 29-Jährigen aus der Reihe Old Malt Cask von Douglas Laing, der 1977 destilliert wurde.

TAMDHU

SINGLE MALT: SPEYSIDE 40 VOL.-%
Die jugendliche Ausprägung eines Speyside Malt, von der Brennerei neuerdings als Ersatz für den 8-Jährigen abgefüllt; ohne Altersangabe und mit leicht pfeffriger Note.

TAMNAVULIN

Ballindalloch, Banffshire

1966 beschloss Invergordon Distillers, eine neue Brennerei in einer malerischen Ecke der oberen Speyside am River Livet zu bauen. Ihre sechs Stills konnten 4 Mio. Liter reinen Alkohols pro Jahr liefern. Doch 1995 schloss Tamnavulin – die Besitzer (inzwischen von Whyte & Mackay übernommen), so schien es, wollten sich lieber auf andere Brennereien konzentrieren, vor allem Dalmore und Jura.

Die indische UB Group hat Whyte & Mackay 2007 aufgekauft, und heute arbeitet Tamnavulin wieder.

TAMNAVULIN 12-YEAR-OLD

SINGLE MALT: SPEYSIDE 40 VOL.-%
Ein leichter Aperitif-Malt mit trockenem Getreidecharakter und minziger Nase. Neben dieser Standardabfüllung, genannt »Stillman's Dram«, gibt es gelegentlich auch ältere.

TEANINICH FLORA & FAUNA 10-YEAR-OLD

TEANINICH GORDON & MACPHAIL 1991

TEACHER'S

Besitzer: Beam Global

Diese altehrwürdige Marke geht auf das Jahr 1830 zurück, als William Teacher ein Lebensmittelgeschäft in Glasgow eröffnete. Bald befasste er sich auch mit dem Spirituosenhandel. Seine Söhne übernahmen die Firma, als Blends immer wichtiger wurden. 1884 entstand die Handelsmarke Teacher's Highland Cream, die das Geschäft bald dominieren sollte.

Der Whisky war immer kräftig, mit Single Malts aus Glendronach und Ardmore im Zentrum. Heute erfreut er sich vor allem in Südamerika großer Beliebtheit.

TEACHER'S HIGHLAND CREAM

BLEND 40 VOL.-%

Sehr aromatisch, ölig, mit Karamellnoten in der Nase, Toffee und Lakritz am Gaumen. Abgerundete, weiche Struktur und ein rascher Nachklang, der den Gaumen erfrischt.

TEANINICH

Alness, Rossshire
www.malts.com

Wer durch den kleinen Ort Alness nördlich von Inverness fährt, wird Teaninich kaum durch Zufall finden. Und doch sind hier die Brennblasen fast ohne Unterbrechung seit 1817 in Betrieb, als die Destillerie von Captain Hugh Munro gegründet wurde. Er benannte sie nach seinem Anwesen in den Highlands am River Alness.

Das Unternehmen war für ihn offenbar eher ein Zeitvertreib, bis es 1852 an Robert Pattison aus Leith verpachtet wurde. Der Zusammenbruch seines Familienunternehmens 1899 riss fast die ganze Whiskybranche mit. Dennoch hat die Brennerei fast kontinuierlich produziert, mit Unterbrechungen im Zweiten Weltkrieg sowie in den 1980er-Jahren. Zu dieser Zeit arbeiteten bereits zwei Still-Räume im Tandem, bekannt als Side A und Side B – keine

besonders poetischen Namen, doch damals dachte auch noch niemand daran, Teaninich als Single Malt zu vermarkten. Erst 1992 brachten die Besitzer UDV (heute Diageo) einen 10-Jährigen heraus. Sieben Jahre später folgte die Stilllegung von Side B.

Eine Besonderheit in dieser Brennerei ist die Asnong-Hammermühle, in der die gemälzte Gerste zerquetscht wird, während traditionell Walzmühlen gebräuchlich sind.

TEANINICH FLORA & FAUNA 10-YEAR-OLD

SINGLE MALT: HIGHLANDS 43 VOL.-%

Die einzige Hausabfüllung ist glatt und grasig mit vorherrschend malzigem Aroma.

TEANINICH GORDON & MACPHAIL 1991

SINGLE MALT: HIGHLANDS 46 VOL.-%

Ein tief bernsteinfarbener Malt mit dem Aroma von Früchtekuchen und Noten von Minze, Tabak, Gewürznelke und Holzrauch.

TÉ BHEAG

Besitzer: The Gaelic Whisky Co.
www.gaelicwhisky.com

Obwohl andernorts in Schottland verschnitten und abgefüllt, ist Té Bheag ebenfalls ein Erzeugnis von Pràban na Linne (The Gaelic Whisky Company) auf der Insel Skye. Der gälische Name bedeutet »kleine Frau«, und so heißt das Boot, das im Logo zu sehen ist. Umgangssprachlich steht Té Bheag auch für »kleiner Schluck«. Besonders beliebt ist der Blend in Frankreich. Té Bheag wird ohne Kaltfiltration abgefüllt und enthält acht bis elf Jahre alte Malts aus allen schottischen Whiskyregionen.

TÉ BHEAG

BLEND 40 VOL.-%

Die Nase ist frisch mit einer Zitrusnote, recht üppig, delikat getorft und mit einem Hauch Getreide. Schwer am Gaumen, mit einem guten Schuss Lakritz, der Fülle von Sahnekaramell sowie etwas Torf.

TOBERMORY

Tobermory, Isle of Mull
www.tobermory.co.uk

Wenn Islay im Süden sich acht aktiver Brennereien rühmen kann (bei der letzten Zählung), scheint es angemessen, dass Mull wenigstens eine haben sollte. Und doch ist das Überleben dieser einen so etwas wie ein Wunder.

Tobermory wurde 1797 als Ledaig Distillery von John Sinclair gegründet. Für Sinclair, dessen Hauptgeschäft der Handel mit Seetang war, blieb der Whisky eine Nebenbeschäftigung, und bei seinem Tod 1837 starb die Brennerei mit ihm: die nächsten 40 Jahre war sie geschlossen. 1916 von der Distillers Company aufgekauft, wurde sie jedoch ein frühes Opfer der Depression und schloss bereits 1930 wieder.

Nachdem die Gebäude geräumt worden waren, sah es nicht so aus, als ob hier jemals wieder Whisky gemacht werden würde. 1972

schließlich erwarb ein Konsortium aus einer Reederei und dem berühmten Sherry-Haus Domecq das Gelände und restaurierte die Brennerei. Die neuen Besitzer hielten nicht lange durch, doch nach der Installation neuer Stills und der übrigen Ausrüstung war die Zukunft dennoch gesichert. 1989 wurde die Produktion wieder aufgenommen, und seit 1993 gehört die Brennerei zu Burn Stewart.

TOBERMORY 10-YEAR-OLD
SINGLE MALT: ISLANDS 40 VOL.-%
Diesem frischen, ungetorften, maritimen Malt wird ein zart rauchiger Charakter nachgesagt, dank des Wassers aus den kleinen Torfseen der Insel.

TOBERMORY 15-YEAR-OLD
SINGLE MALT: ISLANDS 46,3 VOL.-%
In der Nase üppige Noten von Früchtekuchen und eine Spur Marmelade, die sich der Reifung in Sherryfässern verdanken. Der würzige Charakter kommt auf der Zunge durch. Ohne Kaltfiltration in Fassstärke abgefüllt.

TOMATIN

Tomatin, Invernessshire
www.tomatin.com

Mit 23 Stills und einer Kapazität von 12 Mio. Litern reinen Alkohols war Tomatin lange der Gigant unter den Malt-Brennern. 1974, zur Zeit der größten Expansion, stellte man sogar Glenfiddich mit seinen 10 Mio. Litern in den Schatten.

Tomatin wurde 1897 gegründet und brauchte einige Zeit, um seinen überragenden Status zu erlangen. Die erste Erweiterung von zwei auf vier Stills erfolgte 1956, danach ging es rasch voran, bis zum Höhepunkt in den 1970er-Jahren – genau richtig zur ersten große Nachkriegsflaute. Tomatin kämpfte als unabhängige Brennerei bis 1985, als der Konkursverwalter vor der Tür stand. Ein Jahr später folgte die Übernahme durch zwei langjährige Kunden – Takara Shuzo und Okara & Co. –, und so wurde Tomatin zur ersten schot-

tischen Brennerei in japanischen Händen. Elf Stills wurden stillgelegt und die Produktion auf 5 Mio. Liter gedrosselt – immer noch genug für die Abfüllung als Single Malt. Tomatins meistverkaufter ist der 12-Jährige; zur Kernpalette gehören ferner ein 18- und ein 25-Jähriger. Hinzu kommen gelegentlich ältere sowie Einfzelfass-Abfüllungen.

TOMATIN 25-YEAR-OLD
SINGLE MALT: HIGHLANDS 43 VOL.-%
In seiner einfachen Verpackung ist dieser reife, würzige Malt voller Nuss- und Gewürzaroma ein Triumph des Inhalts über das Äußere.

TOMATIN 30-YEAR-OLD
SINGLE MALT: HIGHLANDS 49,3 VOL.-%
Ein üppiger Digestif-Schluck mit großer Sherry-Nase und beeindruckendem Körper.

TOMATIN 12-YEAR-OLD
SINGLE MALT: HIGHLANDS 40 VOL.-%
Ein reifer, weicher Malt im
Speyside-Stil, der seit 2003 die
alte 10-jährige Kernvariante
ersetzt.

TOMATIN 18-YEAR-OLD
SINGLE MALT: HIGHLANDS 43 VOL.-%
Der tiefe Bernsteinton verrät den
starken Sherry-Einfluss, der ein
fruchtiges Aroma mit Anklängen
von Zimt hervorbringt.

Blended Malt

1853 brachte Andrew Usher, ein Wein- und Spirituosenhändler aus Edinburgh, den ersten modernen schottischen
Whisky in den Handel – Old Vatted Glenlivet. Vorausge-
setzt, er enthielt keinen Grain Whisky, würde man
ihn heute als »Blended Malt« bezeichnen, definiert
von der Scotch Whisky Association (SWA) als »ein
Verschnitt von Single Malt Scotch Whiskys, die
von mehr als einer Brennerei stammen«.

Diese Definition wurde ausgearbeitet, als
sich Diageo 2002 entschloss, einen Speyside Whisky als »Pure Malt« zu vermarkten. Dies bedeutete, dass Diageos Cardhu
kein »Single Malt« mehr war, sondern
mit anderen Malts verschnitten werden
konnte, um der steigenden Nachfrage
in Spanien zu begegnen – und vielleicht Glenfiddich herauszufordern.
Die Besitzer von Glenfiddich, William Grants & Sons, waren alarmiert
und brachten eine Kampagne auf
den Weg, die größte Aufregung in
der Branche verursachte. Es kam
zum Vorwurf des Verrats, zu Anfra-
gen im Parlament und schließlich zu
einem peinlichen Rückzieher
von Diageo im März 2003.

Während Cardhu wieder ein Single Malt
wurde, musste die Branche über die zukünftige Benennung solcher Whiskys entscheiden.
Im Handel galten sie immer als »Vatted Malts«,
eine Bezeichnung, der eher industrielle Assoziationen anhafteten. »Pure Malt« klang in
den Ohren der Marketingspezialisten besser,
obwohl der Begriff in der Branche politisch
nicht länger korrekt war. Schließlich, nach
monatelangem Studium von Wörterbüchern,
entschied sich das zuständige Komitee für »Blended Malt«. Man mag sich fragen, ob dies den Konsumenten nicht noch mehr verwirrt.

TOMINTOUL 10-YEAR-OLD

TOMINTOUL 16-YEAR-OLD

TOMINTOUL PEATY TANG

TOMINTOUL

Kirkmichael, Ballindalloch, Grampian
www.tomintouldistillery.co.uk
....

Von allen Brennereien in Speyside, die in der Hoffnung auf
zusätzlichen Glanz das magische
Wort »Glenlivet« an ihren Namen
klebten, scheint Tomintoul als
direkter Nachbar dazu am ehesten
berechtigt. Die Destillerie befindet
sich 350 Meter weiter oben, am
Avon, dem größten Nebenfluss des
River Spey. Sie öffnete 1964 – in
einer Zeit großen Vertrauens in
die Branche, als der Umsatz an
Blended Scotch vor allem auf
Exportmärkten wie den USA
boomte. Tomintoul sollte Malt für
diese Blends liefern. Daran änderte
sich nichts, als Angus Dundee die
Brennerei 2000 kaufte *(s. S. 25)*.
Und doch, obwohl Single Malt nur
einen kleinen Teil der 3,3 Mio.
jährlich produzierten Liter ausmacht, ist die Zahl der Abfüllungen stark gestiegen. Peaty Tang
etwa ist ein Verschnitt aus jungem,

ungetorftem Malt mit noch jüngerem getorftem. Die älteste Abfüllung ist ein 27-Jähriger – köstlich,
fast harzartig, süß am Gaumen
und trocken im Nachklang.

TOMINTOUL 10-YEAR-OLD
SINGLE MALT: SPEYSIDE 40 VOL.-%
Dieser 2002 erstmals angebotene,
feine Aperitif-Malt zeigt etwas Vanille
vom Holz und einen leicht getreidigen
Charakter.

TOMINTOUL 16-YEAR-OLD
SINGLE MALT: SPEYSIDE 40 VOL.-%
Die zusätzlichen Jahre geben dieser
Abfüllung einen nussigeren, würzige-
ren Charakter mit Noten von Orangenschale in der Nase sowie mehr Tiefe
und eine rundere Struktur.

TOMINTOUL PEATY TANG
SINGLE MALT: SPEYSIDE 40 VOL.-%
Der torfige Charakter kommt in der
Nase durch, doch nicht so stark, dass er
den Rauchmelder auslösen oder die hintergründigen Akzente von Getreide ver-
decken würde.

Alles über …
Liköre

Anfangs trank man Whisky vermutlich gemischt mit Honig, Kräutern und Früchten. Ab dem 14. und vor allem im 16. Jahrhundert entstanden Rezeptbücher für die heimische Zubereitung von medizinischen Getränken aus destillierten Spirituosen und einer Vielzahl von Kräutern. Anlässlich einer Jagdpartie des schottischen Königs James V. 1531 nahmen die Gäste neben vielen anderen Getränken *Hippocras aqua vitae* zu sich — mit Zucker und Gewürzen versetzten Alkohol, der durch einen nach dem Patron der Ärzte »Ärmel des Hippokrates« genannten Musselinbeutel geseiht wurde. Im 18. Jahrhundert, als der Genuss von Whisky weiter verbreitet war, wurde er gemeinhin als *toddy* oder Punsch serviert, gemischt mit Zucker, Zitrone und Gewürzen wie Zimt und Nelken – zweifellos, um von der wechselhaften Qualität des Whiskys selbst abzulenken.

DRAMBUIE Drambuie, angeblich nach einem Rezept hergestellt, das der schottische Thronanwärter »Bonnie Prince Charlie« 1746 seinem Mitstreiter Captain McKinnon schenkte, ist seit den 1880er-Jahren auf dem Markt. Die Zutaten sind ein wohlgehütetes Familiengeheimnis. Man erkennt die Süße von Honig, eine blumige Heidekrautnote und leichte Würze.

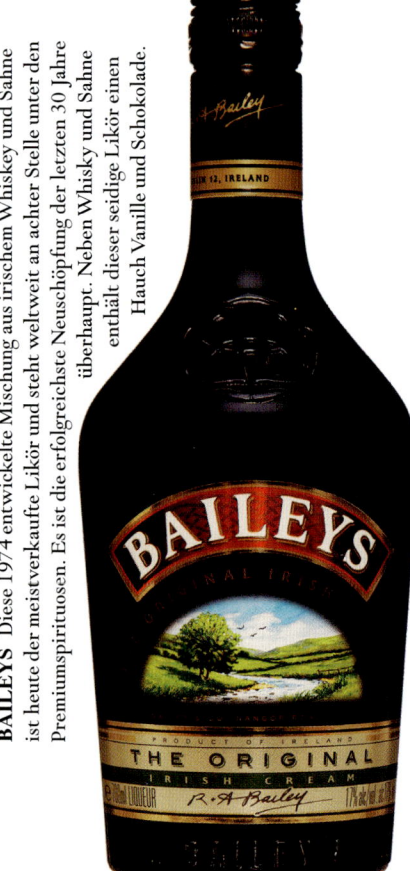

BAILEYS Diese 1974 entwickelte Mischung aus irischem Whiskey und Sahne ist heute der meistverkaufte Likör und steht weltweit an achter Stelle unter den Premiumspirituosen. Es ist die erfolgreichste Neuschöpfung der letzten 30 Jahre überhaupt. Neben Whisky und Sahne enthält dieser seidige Likör einen Hauch Vanille und Schokolade.

GLAYVA Von Ronald Morrison vor dem Ersten Weltkrieg kreiert und benannt durch seinen Gälisch sprechenden Lageristen (*gle mhath* bedeutet auf Gälisch »sehr gut«). Mandelessenz und Mandarine sind im Aroma wahrnehmbar, daneben mild wärmende Gewürze. Der Likör eignet sich gut für fruchtige Cocktails.

IRISH MIST Irish Mist wird in 60 Ländern vertrieben und beruht angeblich auf einem alten Rezept für Heidekrautwein. Irischer Whiskey, Honig und Kräuter sind die Hauptzutaten.

JACQUIN'S ROCK AND RYE Likör aus Kandiszucker, Kentucky Rye Whiskey und kandierten Orangenstücken, die in der Flasche hängen. Er ist in den 1930er-Jahren in Philadelphia entstanden. Das Aroma zeigt Spuren von Karamell und Kirsche.

ORANGERIE Ein Auszug aus Navelina-Orangenschale, Zimt und Gewürznelken, gemischt mit Blended Scotch. Kreiert wurde er von John Glaser, dem talentierten und passionierten Besitzer von Compass Box. Orangerie, rein und frisch am Gaumen, ist weniger süß als andere Liköre.

SOUTHERN COMFORT Diese Mischung aus Whiskey, Zucker und ausgewählten Früchten wurde 1874 in New Orleans von dem Barmann Martin Wilkes Heron erfunden. Er ließ sich das Getränk 1889 patentieren. Der Likör wird in verschiedenen Stärkegraden hergestellt.

TULLIBARDINE 1993 SHERRY WOOD FINISH

TULLIBARDINE 1993

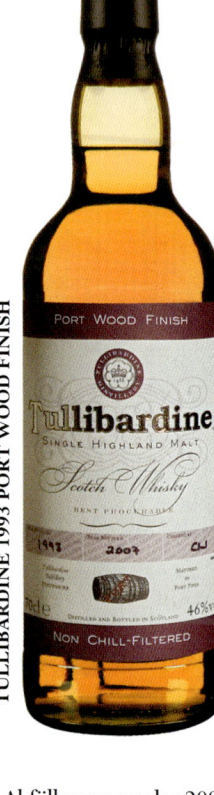

TULLIBARDINE 1993 PORT WOOD FINISH

TULLIBARDINE

Blackford, Perthshire
www.tullibardine.com
....

Die Brennerei in ihrem Flachbau mit geschwungenen Dach und hohem Metallschornstein weckt keine Erinnerungen an vergangene Zeiten. Sie wurde 1949 von William Delmé-Evans entworfen und überlebte mehrere Besitzerwechsel, bis sie 1993 von Whyte & Mackay gekauft wurde. Der neue Eigentümer legte die Brennerei nur ein Jahr später still, und Jahr für Jahr schienen die Chancen für eine Wiederbelebung zu schwinden.

2003 kam eine Rettungsaktion zustande, und Tullibardine wurde von einem unabhängigen Konsortium gekauft, das die Produktion sofort wieder aufnahm. Bald kam die erste Hausabfüllung – ein 10-Jähriger – heraus, aber erst 2014 wird der von den neuen Besitzern gebrannte Whisky auf Flaschen gezogen. In der Zwischenzeit behilft man sich mit

Abfüllungen aus den 2003 erworbenen Vorräten, worunter sich etwa 3000 Fässer befinden, die bis 1952 zurückreichen.

TULLIBARDINE 1993
SHERRY WOOD FINISH

SINGLE MALT: HIGHLANDS 46 VOL.-%
18 Monate in Oloroso-Sherryfässern geben ihm eine tiefe Bernsteinfarbe und ein würziges Butterkaramellaroma mit trockenem Nachklang.

TULLIBARDINE 1993

SINGLE MALT: HIGHLANDS 40 VOL.-%
Er ähnelt eher einem feinen Speyside als einem robusten Highland Malt. Leichte Zitrusnase mit Vanillesüße von der Reifung in Bourbonfässern.

TULLIBARDINE 1993
PORT WOOD FINISH

SINGLE MALT: HIGHLANDS 46 VOL.-%
Der 1993er lagerte elf Monate in Portweinfässern für zusätzliche Komplexität. Er hat ein beeriges, holziges Aroma vom Fass und einige Zitrusnoten am Gaumen.

TORMORE

Advie, Grantown-on-Spey, Morayshire

Tormore, 1958 in großzügigen Dimensionen errichtet, verkörpert das Selbstvertrauen der Whiskybranche zu einer Zeit, als die weltweite Nachfrage nach Blended Scotch stark stieg. Mit ihrem Kupferdach und dem Fabrikschornstein ragt die Brennerei an der A 95 in Speyside auf. Es scheint, als habe der Architekt, Sir Albert Richardson, ehemals Präsident der Royal Academy, keine Kosten gescheut. Tormore gehört heute zu Chivas Brothers (Pernod Ricard), die 2004 eine 12-jährige Hausabfüllung herausgaben.

TORMORE 12-YEAR-OLD

SINGLE MALT: SPEYSIDE 40 VOL.-%
Weicher, malziger Charakter in der Nase mit Noten von Melone und Gras. Im Mund eine leicht ölige Struktur und ein mittelleichter Körper, im Nachklang zunehmend trocken.

USHER'S GREEN STRIPE

Besitzer: Diageo

Die Firma Usher aus Edinburgh, einer der großen Namen in der schottischen Whiskybranche, war ein Pionier in der Kunst des Verschnitts. Sie kann sich der Einführung des ersten modernen Blends rühmen, des Old Vatted Glenlivet, im Jahr 1853. Nachdem Usher seit 1919 zu DCL gehörte, geriet die Marke ins Abseits. Heute zählt Ushers Green Stripe zu den preisgünstigsten Scotchs in den USA. Dort weiß kaum ein Konsument um die große Vergangenheit des Unternehmens. Neben Historikern interessieren sich vor allem Sammler für die Marke, die ihre hochwertigen Werbemittel schätzen.

USHER'S GREEN STRIPE

BLEND 40 VOL.-%
Ein preiswerter Blend mit hohem Grain-Anteil. Gut geeignet zum Mixen.

VAT 69

Besitzer: Diageo

Auf dem Gipfel seines Erfolgs stand Vat 69 an zehnter Stelle der meistverkauften Whiskys weltweit. Er kam 1882 in den Handel und war einst die Vorzeigemarke der unabhängigen Verschneider William Sanderson & Co. aus South Queensferry. Der Name kam zustande, weil das Fass mit der Nummer 69 den besten der 100 Blends enthielt, aus denen man auswählte. Der aktuelle Besitzer Diageo gibt Johnnie Walker sowie J&B Priorität, und unübersehbar hat Vat 69 seinen Zenit überschritten – trotz des Verkaufs von 1 Mio. Kisten pro Jahr in Venezuela, Spanien und Australien.

VAT 69

BLEND 40 VOL.-%
Ein leichter, ausgewogener Standardblend mit bemerkenswert süßem Einschlag von Vanilleeis zu Beginn und angenehm malzigem Hintergrund.

WHITE HORSE

Besitzer: Diageo

In seiner Blütezeit gehörte White Horse zu den Top Ten der erfolgreichsten Whiskys und verkaufte mehr als 2 Mio. Kisten pro Jahr. Diesen Erfolg verdankte er seinem Besitzer »Restless« Peter Mackie. Er übernahm die Familienfirma 1890 und erarbeitete sich bald einen ausgezeichneten Ruf als Verschneider und Unternehmer.

White Horse wird noch in über 100 Ländern vertrieben. Ein 12-Jähriger, White Horse Extra Fine, ist gelegentlich zu sehen.

WHITE HORSE

BLEND 40 VOL.-%
Komplex und angenehm. White Horse bewahrt das kräftige Aroma von Lagavulin, unterstützt durch bekannte Speyside Whiskys wie Aultmore. Mit seinem langen Nachklang ist dies ein stilvoller, faszinierender Blend aus knackigem Getreide, reinem Malz und erdigem Torf.

WILLIAM LAWSON'S FINEST

WILLIAM LAWSON'S SCOTTISH GOLD 12-YEAR-OLD

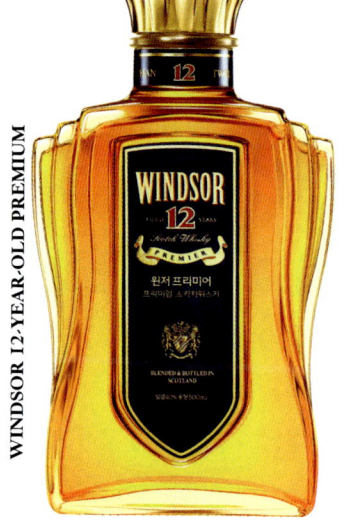

WINDSOR 12-YEAR-OLD PREMIUM

WINDSOR 17-YEAR-OLD PREMIUM

WILLIAM LAWSON'S

Besitzer: John Dewar & Sons (Bacardi)

Obwohl Lawson's auf das Jahr 1849 zurückgeht, ist seine »Heimat«-Brennerei heute Mac-Duff, 1960 von mehreren Verschneidern gemeinsam in Nordostschottland gegründet.

Lawson's gehört inzwischen zur Bacardi-Gruppe und wird dort neben seinem großen Bruder Dewar's geführt. Obwohl die Marke in dessen Schatten steht und in Großbritannien praktisch nicht zu bekommen ist, verkauft sie über 1 Mio. Kisten pro Jahr in Frankreich, Belgien, Spanien und Südamerika. Bekannt ist sie vor allem für ihre provokativen Werbespots mit berühmten Stars.

Glen Deveron Single Malt von MacDuff ist im Blend stark vertreten. MacDuff nutzt von allen Whiskys der Dewar's-Gruppe Sherryfässer am intensivsten, und

dies trägt zum Stil von Lawson's bei: ein volles Aroma und eine tiefgoldene Farbe. Im Vergleich mit anderen Standardblends bietet William Lawson's Finest immer noch ein ausgezeichnetes Preis-Leistungs-Verhältnis. Zur Palette gehören ferner der 12-jährige Scottish Gold sowie zwei Premiumblends: eine 18-jährige Founder's Reserve und begrenzte Mengen der 21-jährigen Private Reserve.

WILLIAM LAWSON'S FINEST
BLEND 40 VOL.-%

In der Nase leicht trocken, mit delikaten Eichenholznoten. Der Geschmack ist ausgewogen, mit einem spritzigen Hauch von Sahnekaramell und Apfel. Ein mittel- bis vollmundiger Whisky, der über sich hinauswächst.

WILLIAM LAWSON'S SCOTTISH GOLD 12-YEAR-OLD
BLEND 40 VOL.-%

Aromatischer als der Standardblend, was einen größeren Anteil Malt Whisky nahelegt.

WINDSOR

Besitzer: Diageo

Seinem Besitzer Diageo zufolge ist Windsor der meistverkaufte Super-Premium-Scotch der Welt. Als solcher wurde die Marke Opfer von Fälschungen auf dem umkämpften südkoreanischen Markt. Man achte hier auf ein kleines, stangenförmiges Gewicht, das die Echtheit garantiert – ist der Verschluss geöffnet, fällt das abgetrennte Stäbchen in die Flasche.

Der Name Windsor ist eine unverhohlene Anspielung auf die britische Königsfamilie, und die Aufmachung steht für die Positionierung im Luxussegment. Die Marke wurde von Seagram gemeinsam mit dem kleinen Hersteller Doosan entwickelt, dann übernahm Diageo die Anteile von Seagram und brachte im Jahr 2000 Windsor 17 als ersten Super-Premium-Whisky heraus. Den koreanischen Markt dominierten damals 12-jährige Blends. Der erfolgreiche

Neuling zwang die Konkurrenz, sich seinem Stil anzupassen.

Beflügelt von diesem Erfolg hat Diageo kürzlich einen 21-Jährigen vorgestellt, und das Ende der Entwicklung scheint damit noch nicht erreicht. Die Marke Windsor ist in China und Japan sehr erfolgreich, und es gibt Pläne, auch in andere asiatische Länder zu expandieren.

Verwechseln Sie Windsor nicht mit seinem kanadischen Namensvetter *(s. S. 279)*.

WINDSOR 12-YEAR-OLD
BLEND 40 VOL.-%

Vanille, Holz und leichte, frische Frucht in der Nase. Grüne Äpfel am Gaumen, mit Honig, mehr Vanille und Würze, die einem sanften Nachklang weicht.

WINDSOR 17-YEAR-OLD
BLEND 40 VOL.-%

Üppiger Duft nach Crème brulée mit Vanille, Frucht und Malz im Hintergrund. Frische Frucht und Honig am Gaumen, mit cremigen Vanillenoten vom Eichenholz.

Quarter Casks wie diese in der Speyside Cooperage beschleunigen die Reifung durch die intensivere Wechselwirkung zwischen Holz und Spirituose. Laphroaig nutzt sie, um Whisky recht jung abfüllen zu können.

**WHYTE & MACKAY
30-YEAR-OLD**

BLEND 40 VOL.-%

Das Flaggschiff von Whyte & Mackay ist ein großer, üppiger, eichiger Whisky mit tiefer Mahagonifarbe. Starker Sherryeinfluss; süßere Aromen gleichen die Pfeffrigkeit aus.

**WHYTE & MACKAY
OLD LUXURY**

BLEND 40 VOL.-%

Ein üppiges Bukett mit malzigen Tönen und subtilen Sherrynoten. Alles mischt sich weich am Gaumen. Reife, seidige Struktur. Warmer Nachklang.

WHYTE & MACKAY SPECIAL

WHYTE & MACKAY THE THIRTEEN

WHYTE & MACKAY SUPREME

WHYTE & MACKAY

www.whyteandmackay.co.uk

Die Glasgower Firma Whyte & Mackay stieg im späten 19. Jahrhundert in das Verschnittgeschäft ein. Ihre Marke Special etablierte sich schnell als schottischer Favorit und ist dies bei preisbewussten Konsumenten noch heute. Nach wiederholtem Besitzerwechsel hat die indische UB Group die Firma im Mai 2007 übernommen.

Eine Konstante bei allen Veränderungen war stets Richard Paterson, der Verschnittmeister bei Whyte & Mackay. 1970 trat er in die Firma ein und hat seither für

seine Arbeit zahllose Auszeichnungen erhalten. Neben dem »neuen« 40-Jährigen hat Paterson verschiedene innovative Blends überwacht. Zur Palette gehören heute der Special (der aktuelle Standardblend) sowie fünf Varianten mit 13, 19, 22, 30 und 40 Jahren. Die Firma begründet die ungewöhnlichen Altersstufen damit, dass »ein zusätzliches Jahr dem Whisky die Chance gibt, sich länger zu vermählen, was ihm elegante Weichheit verleiht«. Whyte & Mackay beliefert auch eine Reihe von Kunden mit eigenem Label.

Historisch ist der Hauptmarkt der Firma Großbritannien, obwohl die älteren Blends, vor allem der 13-Jährige, in Frankreich, Spanien

und Skandinavien beliebt sind. In Indien dürfte es durch die Markteinführung einer vor Ort abgefüllten Produktreihe einen Umsatzzuwachs gegeben haben.

Die Stütze der Blends stammt aus Speyside und den Highlands, obwohl auch kleine Mengen aus Islay, Campbeltown und den Lowlands verwendet werden. Dalmore und – in geringerem Maße – Isle of Jura sind die besten Single Malts von White & Mackay, und Dalmores Einfluss ist in den Premiumblends deutlich spürbar. Großen Wert legt man auf das »Vermählen«, die Reifung der verschnittenen Blends. Dieses zeitraubende Verfahren macht sie bemerkenswert weich und ausgewogen.

WHYTE & MACKAY SPECIAL

BLEND 40 VOL.-%

Duft voll, rund und ausgewogen. Am Gaumen Honigtöne und weiche Frucht; mild, üppig, langer Nachklang.

WHYTE & MACKAY THE THIRTEEN

BLEND 40 VOL.-%

Volle, feste, üppige Nase mit einem leichten Zug Sherryholz. »Vermählung« über ein ganzes Jahr vor der Abfüllung erzeugt ein starkes Rückgrat. Ein gut integrierter Blend.

WHYTE & MACKAY SUPREME

BLEND 40 VOL.-%

Der 22-jährige hat eine samtige Struktur mit weicher Malzigkeit und Sherryholznoten in Duft und Geschmack.

N O W S

Bushmills

LONDONDERRY

Nordirland

OMAGH

BELFAST

SLIGO

Cooley

IRLAND

WESTPORT

Kilbeggan
(genutzt von Cooley)

DUBLIN

GALWAY

TULLAMORE

WICKLOW

CARLOW

LIMERICK

CLONMEL

WATERFORD

CORK

Midleton

REDBREAST – MIDLETON

REDBREAST
PURE POT STILL
IRISH WHISKEY
Aged 15 Year
Non Chill Filtered

0   25
Kilometer

POWERS – MIDLETON

Heute konzentriert sich die Whiskeyproduktion in Irland auf lediglich drei Hersteller: Bushmills, Midleton und Cooley. Von ihnen stammen alle erhältlichen Marken und Abfüllungen irischen Whiskeys, von Blends bis hin zu Single Malt und reinem Pot-Still-Whiskey. Bushmills und Midleton blicken auf eine lange Geschichte zurück und sind die einzigen Überlebenden aus dem Goldenen Zeitalter des Whiskybrennens im 19. Jahrhundert. Andere berühmte Whiskeys aus dieser Zeit, wie Jameson und Powers, die in Dublin gebrannt wurden, existieren nicht mehr als unabhängige Firmen, leben aber als Marken von Midleton weiter. Die moderne Midleton-Brennerei nahe Cork in der Republik Irland ist seit Mitte der 1970er-Jahre in Betrieb und produziert eine breite Palette an Whiskeys. Bushmills in Nordirland dagegen stellt nur Single Malt her – dieser wird mit von Midleton zugekauftem Grain Whiskey zu Blends verschnitten. Die dritte Destillerie, Cooley, entstand erst 1987 und hat die traditionsreichen Namen Locke's und Tyrconnell neu belebt.

IRLAND

LOCKE'S – COOLEY

CONNEMARA – COOLEY

GREEN SPOT – MIDLETON

BUSHMILLS

JAMESON – MIDLETON

BUSHMILLS ORIGINAL
BLEND 40 VOL.-%

Ein fruchtiger, gut zu trinkender Schluck mit Vanilleton. Sein reiner, klarer Charakter zeichnet ihn aus. Ein Türöffner zur Welt irischen Whiskeys.

BUSHMILLS BLACK BUSH
BLEND 40 VOL.-%

Eine lebende Legende. Black Bush ist so etwas wie der liebenswerte Schelm in der Familie. Ein sehr nobles Glas voll Honig-Nuss-Leckerei mit extrem seidigem Gefühl im Mund. Der Maßstab für irische Blends.

BUSHMILLS MALT 10-YEAR-OLD

BUSHMILLS MALT 16-YEAR-OLD

BUSHMILLS MALT 21-YEAR-OLD

BUSHMILLS

*2 Distillery Road, Bushmills,
County Antrim
www.bushmills.com*

Bushmills bietet für jeden etwas: die moderne Brennerei ist in einem schönen, viktorianischen Gebäude untergebracht; das Unternehmen ist klein und vermarktet dennoch seine Produkte weltweit; Besucher, die sich die Produktion anschauen wollen, sind hier jederzeit herzlich willkommen.

Bushmills produziert nur Malt Whiskey und bezieht den Grain für die Blends von Midleton. Der Whiskey reift vor Ort in einem der zehn Lagerhäuser. Ungewöhnlicherweise ist es für Bushmills kein Problem,

Single Malt und Blends unter demselben Namen zu verkaufen – Regeln sind dazu da, um gebrochen zu werden. Ein Beispiel dafür ist auch der Whiskey, den Bushmills zur Feier des 400. Firmenjubiläums produzierte. Keine andere Brennerei hätte zu diesem Anlass einen Blend gewählt – noch dazu einen mit 46 Vol.-%.

Bushmills 1608 war das Ergebnis, und im Zentrum dieser Limited Edition stand ein Brand aus Kristallmalz – ein Spezialmalz, das gewöhnlich beim Bierbrauen zum Einsatz kommt. Es verleiht dem Jubiläumsblend eine fast würzige Intensität, begleitet von einigen feinen Sherrynoten aus den Oloroso-Fässern.

BUSHMILLS MALT
10-YEAR-OLD

SINGLE MALT 40 VOL.-%

Wie nicht anders zu erwarten bei einem dreifach gebrannten, torffreien Whiskey, gefällt dieser Charmeur fast jedem. Es gibt einen Hauch Sherryholz, doch hier wird der noble Malt herausgestellt – süß, mit einem Hauch Karamellschokolade. Ein klassischer, sehr ansprechender irischer Malt.

BUSHMILLS MALT
16-YEAR-OLD

SINGLE MALT 40 VOL.-%

Dieser Malt ist nicht einfach eine ältere Version des 10-Jährigen. Die Mischung aus in Bourbon- und Sherryfässern gereiften Malts wird für weitere neun Monate in Portweinfässern vermählt.

Die drei Hölzer entfalten ihre magische Wirkung und erzeugen einen Aufruhr von Dörrobstaromen mit Mandeln und allgegenwärtigem Honig.

BUSHMILLS MALT
21-YEAR-OLD

SINGLE MALT 40 VOL.-%

Die größte Rarität des Hauses: nicht mehr als 900 Kisten davon werden pro Jahr produziert, und auch das nur, wenn Vorräte geeignet gereiften Whiskeys vorhanden sind. Diese Abfüllung besteht aus in Sherry- und Bourbonfässern gereiftem Malt, der ein zweijähriges Finish in Madeirafässern erhält. Wie zu erwarten nach 21 Jahren, ist der Whiskey vollmundig, mit Schokoladennoten und einer Süße, die an Rosinenkuchen erinnert. Köstlich.

Die Geheimnisse von … Bushmills

Old Bushmills existiert schon seit sehr langer Zeit. Gebrannt wurde hier bereits im Jahr 1608 – vielleicht noch früher. Die bestehende Brennerei stammt allerdings aus dem 19. Jahrhundert.

Zwei Pagodendächer verleihen der äußeren Erscheinung historisches Flair. Trotz diverser Erweiterungen hat die Anlage nichts von ihrem viktorianischen Charme verloren.

Bushmills hat so lange überlebt, weil man großen Wert auf erstklassige Arbeit legt. Die Ausrüstung mag sich mit der Zeit geändert haben, aber das Streben nach Qualität hat dazu geführt, dass der heute produzierte Single Malt nicht wesentlich anders schmeckt als das, was hier erzeugt wurde, als Amerika noch eine Kolonie war.

Über die Jahrhunderte war dieser kleine Fleck in der Grafschaft Antrim im Besitz verschiedener Personen und Firmen – während sie kamen und gingen, floss der Whiskey weiter. In einer Welt des Wandels ein wirklich bemerkenswerter Ort.

▲ DIE WASSERQUELLE
Vor den Gebäuden erstreckt sich ein kleiner Teich. Wichtiger ist jedoch die Stelle, wo das St. Columb's-Bächlein aufgestaut wird. Es versorgt die Brennerei mit Wasser, und dieses Wasser wird eines Tages zu Whiskey.

▲ MAISCHERAUM
Bushmills Maischeraum wurde 2007 mit neuen Maischebottichen und Washbacks aus Edelstahl bestückt. Dies ist ein Teil von Diageos Investition in die Brennerei im Hinblick auf stark steigende Umsätze in den kommenden Jahren. Der Maischeraum ist erfüllt von wunderbar hefigen und malzigen Aromen. Im Brennraum sind die ▲ amen fruchtiger

◄ FASSAUSWAHL

Bushmills verwendet Bourbon- und Sherry-fässer für die Reifung, und der Blend Master reist regelmäßig nach Spanien und Portugal, um geeignete Fässer auszuwählen. Sobald die neue Eiche durch den Sherry gereift ist und einige seiner fruchtigen Aromen aufgenommen hat, kann Bushmills darin heranreifen.

▼ HOLZFINISH

Bushmills war einer der Pioniere außerge-wöhnlicher Holzfinishs. Der hier produ-zierte leichte Spirituosenstil eignet sich gut zum Altern in Portwein-, Madeira- oder Oloroso-Sherryfässern. Dies zeigt sich am besten bei den 16- und 21-jährigen Malts. Bushmills 16 erhält am Ende seiner Reifung ein Finish in Portweinfässern, Bushmills 21 reift etwa zwei Jahre in Madeirafässern.

◄ DREIFACHE DESTILLATION

Bushmills besitzt vier Wash Stills und fünf Spirit Stills und erzeugt durch dreifache Destillation eine sehr leichte und reine Spirituose – die traditionelle irische Art. Die Brennerei stellt eine ungetorfte und eine leicht getorfte Variante her. Beide reifen in getrennten Fässern und können am Ende kombiniert werden.

MALTS UND BLENDS ►

Die Qualität der Single Malts ist hoch geschätzt, doch Bushmills achtet auch sehr auf das Niveau seiner Blends. Grain Whiskey aus der Midleton Dis-tillery findet sich in Bushmills-Blends, und Malt und Grain werden eine Zeitlang in Fässern »vermählt«, sodass sich die Aromen gut verbinden.

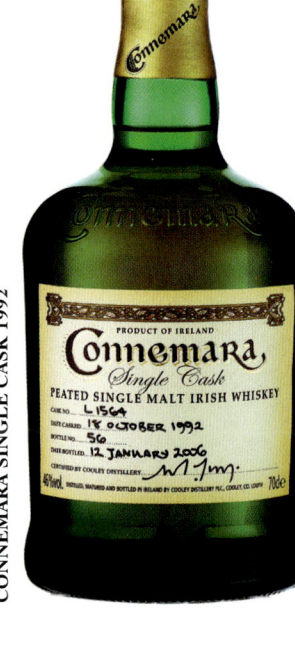

CLONTARF

www.clontarfwhiskey.com

Clontarf befindet sich seit einigen Jahren in der Krise, und seitdem sind Stil und Geschmack sehr unbeständig. In Clontarf gibt es keine Brennerei; nur die Marke trägt diesen Namen, sodass die Whiskeys von überall her kommen können. Das ist ein Problem, denn der Verbraucher liebt Beständigkeit – vor allem bei Blended Whiskeys. Und bei Clontarf weiß man nie genau, was man kauft.

CLONTARF SINGLE MALT

SINGLE MALT 40 VOL.-%

Süß und dünn; recht angenehm im Mund. Getreidenoten mit einem Hauch Honig, aber etwas eindimensional.

CLONTARF CLASSIC BLEND

BLEND 40 VOL.-%

Beim Verkosten dieses Blends denkt man an karamellisiertes Popcorn – leider keine angenehme Assoziation.

COLERAINE

Coleraine Distillery Ltd., Hawthorn Office Park, Stockman's Way, Belfast

Nostalgie ist ein starkes Verkaufsargument: Dieser Blend existiert nur, weil Whiskeytrinker sehr markentreu sind. Auch drei Jahrzehnte nachdem die Brennerei stillgelegt wurde, hatte der Name Coleraine noch einen guten Klang. Einst produzierte sie einen angesehenen Single Malt und lieferte seit 1954 Grain Whiskey an Bushmills. In den 1970er-Jahren wurde die Produktion eingestellt. Coleraine war jedoch so geschätzt, dass Kunden weiter danach suchten, und so kreierte man einen Blend, um die Nische zu füllen. Die Firma nennt sich zwar Coleraine Distillery, der Whiskey wird aber andernorts produziert.

COLERAINE

BLEND 40 VOL.-%

Leicht, süß und getreidig. Vermutlich am besten zum Mixen geeignet.

CONNEMARA

Cooley Distillery, Riverstown, Cooley, County Louth
www.connemarawhiskey.com

Connemara ist einer der wenigen Whiskeys der Cooley Distillery, der nicht auf eine lange Tradition zurückblickt. Andere, wie Millars, Tyrconnell und Locke's, gibt es seit hundert oder mehr Jahren, doch hier wurde eine völlig neue Marke für einen völlig neuen Whiskey geschaffen. Was ist so neu daran? Es handelt sich um getorften Malt – nicht sehr stark für schottische Verhältnisse, aber in Irland ein Novum. Für die irischen Konsumenten war heimischer Whiskey traditionell ein dreifach gebranntes, ungetorftes Getränk. Dann kam John Teeling von Cooley und machte einen irischen Whiskey, der zweifach gebrannt und getorft war.

Als Irish Distillers vor einigen Jahren Cooley zu übernehmen versuchten, behauptete IDL-Chef Richard Burrows, Marken wie Connemara hätten keine Zukunft. In den letzten 15 Jahren jedoch hat er sich von einer Kuriosität zum Gewinner von Goldmedaillen entwickelt. Neben dem Standard-Single-Malt füllt man einen 12-Jährigen, eine Fassstärke sowie Sherryfinishs ab. Ferner gibt es limitierte Editionen, wie den 1992 Single Cask, der 2006 in den Handel kam.

CONNEMARA CASK STRENGTH

SINGLE MALT 60,7 VOL.-%

Dieser hell strohfarbene Whiskey ist nicht gefärbt oder kalt filtriert. Er ist naturbelassen, so wie Brennmeister Noel Sweeney ihn wollte. Ein guter Schuss Wasser entfaltet den Duft – gewaltig und mit leichtem Minzaroma. Im Mund erhält das vom Alkohol gebändigte Tier freien Lauf und explodiert mit Funken trockenen Torfs und aromatischen Holzes. Der Nachklang ist so trocken wie die Kehle eines Wanderers, wenn er den Croagh Patrick bezwungen hat.

CONNEMARA

SINGLE MALT 40 VOL.-%

Es wäre falsch, Connemara als
»Scotch light« abzutun, denn
das trifft nicht zu. Connemara
ist ein eigenständiges Produkt:
ein ländlicher Whiskey, nicht
von der Küste, daher ohne Jod
und Meeresbrise. Nur Heidekraut, Gerstenfelder und in
der Ferne Torfgeruch. Im
Herzen dieses süßen Whis-
keys schwelt ein Torffeuer.

CONNEMARA 12-YEAR-OLD

SINGLE MALT 40 VOL.-%

Dies ist der ätherischste Connemara: Alle Elemente sind da, aber
irgendwie schwer festzulegen. Es
mag mehrerer Versuche bedürfen,
um diese feine Spirituose schätzen
zu lernen. Stellen Sie daher sicher,
dass Ihr Stuhl bequem ist.

KILBEGGAN WHISKEY (s. S. 199)

LOCKE'S WHISKEY (s. S. 204)

TYRCONNELL WHISKEY (s. S. 215)

COOLEY

Riverstown, Cooley, County Louth
www.cooleywhiskey.com

In den 1930er-Jahren stieg die irische Regierung ins Brennereigewerbe ein − allerdings nicht, um Whiskey zu machen; man suchte nach einem Weg, vom Brand befallene Kartoffeln zu verwerten. Fünf Alkoholfabriken wurden gebaut, um Brennspiritus herzustellen, den man dann mit Benzin mischte.

In den 1980er-Jahren war dies Vergangenheit, und die letzte dieser Brennereien auf der Halbinsel Cooley wurde für ein Butterbrot verkauft. Dr. John Teeling erwarb die Cooley Distillery unbesehen: Er schätzte, dass der Schrottwert allein die 106 000 von der Regierung geforderten Pfund überstieg. Doch anstatt die Anlage zu verschrotten, entschloss sich Teeling, eine Brennerei zu eröffnen.

Als am 17. Juli 1992 das erste Fass angestochen wurde, hatte sich Teelings Traum, es mit Irish Distillers aufzunehmen, in einen Albtraum verwandelt: Seine Firma war sehr klamm, und Teeling wollte die Brennerei loswerden. Doch die einzigen Interessenten waren die Erzrivalen Irish Distillers, die den Betrieb schließen wollten. Ihr Angebot wurde von der irischen Kartellbehörde blockiert, da eine Übernahme gegen den Wettbewerb verstieße. So klebte Teeling an einer Brennerei, die er nicht verkaufen und nicht betreiben konnte.

Es ist bemerkenswert, wie er, Brennmeister Noel Sweeney und sein Team Cooley aus der Krise führten. Sie entwickelten ein System für den Vorverkauf von Whiskey auf dem amerikanischen und deutschen Markt und machen auch mit Endverbrauchern Geschäfte. Mit dem Erscheinen des Tyrconnell Single Malt und dem Kilbeggan Blend hat Cooley schließlich eigene Marken etabliert. Inzwischen sind Locke's, Millars *(s. S. 205)* und Greenore *(s. S. 195)* hinzugekommen.

Irischer Whiskey

Irland produziert vier verschiedene Arten von Whiskey in einer einzigartigen Kombination. Typisch ist vor allem der Pure Pot Still Whiskey. Er wird aus gemälzter und ungemälzter Gerste hergestellt und ausschließlich in Pot Stills gebrannt – ein sehr aromatisches Getränk, das im 19. Jahrhundert den größten Teil der irischen Whiskey-produktion ausmachte.

Heute wird er nur noch in Midleton hergestellt, und lediglich zwei verschiedene reine Pot Still Whiskeys sind derzeit im Handel: Redbreast und Green Spot. Er ist jedoch in vielen irischen Blends enthalten, etwa in Jameson oder Paddy, und vor allem in Powers Gold Label kann man ihn gut heraus-schmecken.

Single Malt wird nur aus gemälzter Gerste gemacht – eine Tradition, die sich von Schottland bis nach Japan verbreitet hat. In Irland erzeugen Bushmills und Cooley Malt Whiskey, und beide Firmen vertreiben verschiedene Altersstufen. Bushmills 10-Year-Old oder The Tyrconnell sind gute Beispiele. Die meisten irischen Malts sind ungetorft, nur Connemara hat einen getorften Malt im Programm.

Grain Whiskey, produziert nach dem kontinuierlichen Brennver-fahren, wird in Irland meist aus Mais gebrannt. Er ist leichter im Geschmack als Malt oder Pot Still Whiskey. Midleton und Cooley stellen Grain Whiskey her. Midleton verwendet Grain zum Beispiel in Jameson und Paddy. Cooley verschneidet seinen Grain, füllt aber auch einen 8-jährigen Single Grain namens Greenore ab. Irische Whiskeymarken wie Jameson, Powers, Paddy, Black Bush oder Kilbeggan sind Blends. In Irland bedeutet dies eine Mischung aus Grain mit Pot Still und Single Malt.

CRAOI NA MONA

Cooley Distillery, Riverstown, Cooley, County Louth

Das gälische *Craoi na Mona* bedeutet »Herz des Torfs«. Dieser Whiskey, von Cooley produziert, aber keine seiner eigenen Marken, ist an so unterschiedlichen Orten wie Moskau und London erhältlich, wurde aber in Dublin bislang nicht gesichtet. Angesichts der Tatsache, dass irischer Whiskey in der letzten Zeit stark an Popularität gewonnen hat, überrascht es nicht, dass viele Getränkefirmen am Erfolg teilhaben wollen. Doch der Markt ist überfüllt, und die in Irland produzierte Whiskeymenge begrenzt. So gibt es zu viele kleine Firmen, die Whiskey verkaufen, der noch sehr jung ist.

CRAOI NA MONA
SINGLE MALT 40 VOL.-%
Süß und jung; ein auffallend unreifer getorfter Malt.

CRESTED TEN

Midleton Distillery, Midleton, County Cork

Der 1963 herausgekommene Crested Ten war Jamesons erste Hausabfüllung. Dass die Schotten damals bereits seit gut hundert Jahren Erfahrungen mit Marken und Brennereiabfüllungen gesammelt hatten, zeigt, wie weit die irische Whiskeybranche hinterherhinkt, und man versteht, warum sie fast völlig verschwunden wäre. Crested Ten ist ein Whiskey, der in vielen irischen Pubs ganz oben im Regal steht und nicht griffbereit – vermutlich, weil er sich nicht gut mixen lässt.

CRESTED TEN
BLEND 40 VOL.-%
Ein altmodischer irischer Whiskey mit viel Pot-Still-Charakter, in Oloroso-Sherryfässern gereift. Ein Whiskey wie eine kräftige Umarmung, die denjenigen belohnt, der sich die Mühe macht, ihn oben vom Regal zu holen. Am besten pur, nur mit etwas Wasser.

DUNGOURNEY 1964

Midleton Distillery, Midleton, County Cork

30 Jahre ruhten die Reste des letzten Pot Still Whiskeys, der in der alten Midleton Distillery produziert wurde, unentdeckt in der Ecke eines Lagerhauses. 1994 wurde er abgefüllt und nach dem Fluss benannt, von dem er drei Jahrzehnte zuvor gekommen war. Dungourney 1964 ist eine Zeitmaschine: Ein Schnuppern, und man fühlt sich in die Tage zurückversetzt, als Jameson, Powers und Paddy aus konkurrierenden Brennereien kamen.

DUNGOURNEY 1964
IRISH POT STILL WHISKEY 40 VOL.-%
Die Pilznote in der Nase lässt auf das Alter schließen, aber der Körper ist noch fest. Der Geschmack ist leicht ölig, doch der besondere Charakter des reinen Pot Still Whiskeys mit einem Anflug von Minze ist unverkennbar.

FECKIN IRISH WHISKEY

www.feckinwhiskey.com

Da irischer Whiskey weiterhin im Trend liegt und der Absatz steigt, bringen findige Unternehmer immer wieder neue Produkte auf den Markt. Vom Namen bis zum Label zielt dieses Angebot nicht auf die Träger von Tweedjacketts, sondern auf eine jüngere Klientel. »Feck« ist übrigens ein eher milder und sehr irischer Kraftausdruck, der durch die Fernsehserie *Father Ted* populär wurde.

FECKIN IRISH WHISKEY
BLEND 40 VOL.-%
Aus Whiskey der Cooley Distillery gemacht; sehr leicht, zugänglich und völlig unaufdringlich. Unverkennbar ein junger Whiskey, dem es noch an Tiefe fehlt.

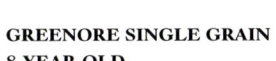

GREENORE SINGLE GRAIN

Cooley Distillery, Riverstown, Cooley, County Louth
www.cooleywhiskey.com

Von getorftem Malt bis zu Single Grain – Cooley hat keine Angst vor Neuerungen. Die turbulenten frühen 1990er-Jahre meisterte man, indem neue Märkte erschlossen, Nischen geöffnet und neue Produkte herausgebracht wurden.

Greenore ist der einzige irische Single Grain im Handel – und das, obwohl Aeneas Coffey, der Mann, der die Säulenbrennanlage für das kontinuierliche Brennen erfand, ein Ire war. Grain Whiskey schmeckt vergleichsweise leicht und rau. Aus diesem Grund nutzt man ihn meist für den Verschnitt und mischt ihn mit weicherem Pot Still oder Malt Whiskey. Greenore Single Grain Whiskey wird zweifach gebrannt und reift wenigstens acht Jahre in Bourbonfässern.

GREENORE SINGLE GRAIN 8-YEAR-OLD
SINGLE GRAIN 40 VOL.-%

Grain Whiskey bildet das Rückgrat der meisten Blends. Ob er für sich allein bestehen kann, hängt völlig von der Machart ab. Cooley gibt sich viel Mühe bei der Produktion seines Grain, und das merkt man. Das Knistern von Leinsamen in der Nase und der pfeffrige Biss festen Getreides – so schmeckt ein Gewinner. Es gibt kein verräterisches »Grain-Brennen« am Ende, sondern eine kultivierte Prise geraspelter Schokolade.

GREENORE SINGLE GRAIN 15-YEAR-OLD
SINGLE GRAIN 43 VOL.-%

Wenn schon die Standardabfüllung des Greenore schwer als Grain Whiskey zu erkennen ist, so fällt es nach weiteren sieben Jahren in Eichenfässern nicht leichter. Mit noch ausgeprägteren Leinsamennoten und minziger Kühle erreicht dieser edle Whiskey fast Pot-Still-Qualität.

GREEN SPOT

Midleton Distillery, Midleton, County Cork

Bevor die Brenner in Irland Millionen in die Entwicklung von Marken steckten, produzierten sie einfach nur ihren Whiskey und überließen den Vertrieb unabhängigen Händlern wie Mitchell's. Während die Schotten internationale Marken aufbauten, blieben die Iren auf den stetig schrumpfenden heimischen Markt beschränkt. Als sie in den 1960er-Jahren das Rennen wieder aufnahmen, deckte irischer Whiskey gerade ein Prozent der weltweiten Nachfrage. Green Spot ist die letzte Eigenmarke eines Whiskeyhändlers – ein in Midleton für Mitchell's aus Dublin gebrannter Pot Still Whiskey.

GREEN SPOT
PURE POT STILL 40 VOL.-%

Green Spot reift nur sechs bis acht Jahre; belebend, mit leichtem Sherrynachklang. Eine Klasse für sich.

INISHOWEN

Cooley Distillery, Riverstown, Cooley, County Louth
www.cooleywhiskey.com

Inishowen basiert auf einer Überlegung, die von einem Buchhalter stammen könnte: Die schottische Branche ist Milliarden schwer, und Blended Scotch macht 90 Prozent des Umsatzes aus. Könnte ein irischer Hersteller also ein ähnliches Produkt erzeugen, müsste dies doch ein todsicherer Erfolg sein. Gegen Inishowen gibt es im Grunde nichts zu sagen; er ist gut gemacht und schön verschnitten – doch ist er eben kein Scotch.

INISHOWEN
BLEND 40 VOL.-%

Man kann keinen anderen irischen Blended Whiskey finden, der eine solche Nase hat: sowohl torfig als auch blumig. Es ist jedoch der gute Grain Whiskey und nicht der Malt, dem Inishowen seinen Charme verdankt.

In der alten **Jameson Distillery** in der Bow Street in Dublin entstand bis Mitte der 1970er-Jahre der berühmte Whiskey, bevor die Produktion zu Midleton ging. Heute beherbergt das Gebäude ein Besucherzentrum.

THE IRISHMAN SINGLE MALT

THE IRISHMAN CASK STRENGTH

THE IRISHMAN 70

THE IRISHMAN

www.hotirishman.com

Bernard Walsh ist bekannt für
seinen »Hot Irishman« — eine Art
Irish Coffee in der Flasche: Man
muss nur heißes Wasser zugeben.
Zur Produktpalette des Unternehmens gehört aber auch Whiskey,
darunter zwei neue Kernprodukte
sowie eine Sonderabfüllung.

Der Single Malt kommt von
Bushmills; es handelt sich um einen
Verschnitt von in Bourbon- und
Sherryfässern gereiftem Whiskey.
Der zweite Neuling, ein innovatives
Produkt, trägt den Namen Irish-
man 70. Die 70 im Namen bezieht
sich auf den Anteil von Bushmills
Malt in der Flasche; die übrigen
30 Prozent sind Pure Pot Still aus
Midleton. Beide Abfüllungen enthal-
ten keinen Grain Whiskey.

THE IRISHMAN 70

PURE POT STILL/MALT BLEND 40 VOL.-%
Die Kombination von Malt und Pot Still
ist betörend; sie bietet eine starke Dosis

Dörrobst und reichlich fast verbrannten Zucker.

THE IRISHMAN SINGLE MALT

SINGLE MALT 40 VOL.-%
Bushmills neigt dazu, den besten
Whiskey für sich zu behalten. Deshalb
zeigt der Irishman Malt wunderbaren
Getreidecharakter, aber er wird nie
etwas Herausragendes sein. Es gibt
einen Hauch Sherry am Gaumen, doch
der Malt wirkt leicht unreif und hätte
etwas länger im Fass bleiben sollen.

THE IRISHMAN
CASK STRENGTH

PURE POT STILL/MALT BLEND 56 VOL.-%
Eine Fassstärke des Irishman 70 in
begrenzter Auflage. Der Whiskey hat
eine üppige Sherrynase. Schokoladennoten zeigen sich neben Rum, Rosinen
und dunkelbraunem Zucker. Der Blend
ist frisch und kräftig am Gaumen, mit
Chili und Noten von Orangenschale. Die
Chilischärfe erzeugt einen anhaltenden
Nachklang.

KILBEGGAN

KILBEGGAN 15-YEAR-OLD

KNAPPOGUE CASTLE 1994

KNAPPOGUE CASTLE 1995

KILBEGGAN

The Old Kilbeggan Distillery, Main Street, Kilbeggan, County Westmeath
www.kilbegganwhiskey.com

In Kilbeggan gab es viele Brennereien, und wer den Ort besucht, versteht, warum: Es gibt genügend gutes Wasser, und die Grafschaft Westmeath eignet sich bestens für den Gerstenanbau. Trotzdem wurde Mitte der 1950er-Jahre die berühmteste Brennerei, John Locke & Sons, stillgelegt. Die letzten Mitglieder der Familie – die Schwestern Flo und Sweet – hatten kein Interesse daran, Whiskey zu brennen. Als nach dem Krieg die Preise stiegen, beschlossen sie, die Destillerie an ein internationales Konsortium zu verkaufen. Als die Anzahlung jedoch ausblieb, kamen Fragen auf. Es hieß, Mitglieder der Regierung seien in ein zwielichtiges Geschäft verwickelt gewesen, um die Brennerei an Ausländer zu verkaufen. Beschuldigungen wegen Bestechlichkeit

reichten bis zum Premierminister, doch nichts wurde je bewiesen. Der Verkauf kam nicht zustande.

Heute wird der Whiskey von Kilbeggan bei Cooley in County Louth gebrannt, die Fässer werden jedoch noch vor Ort gelagert und die Abfüllung erfolgt hier.

KILBEGGAN

BLEND 40 VOL.-%

Dieser Whiskey hat sich im letzten Jahrzehnt verbessert. Es ist ein getreidiger Blend mit starken Noten von Honig und Haferbrei. Am Ende steht eine angenehme Kombination aus Kaffee und dunkler Schokolade. Kilbeggan ist einer der besten irischen Whiskeys, die es zu kaufen gibt.

KILBEGGAN 15-YEAR-OLD

BLEND 40 VOL.-%

Das Alter kann einen Whiskey verdünnen und schwächen, oder es verhilft ihm zu großer Klasse. Der 15-jährige Kilbeggan Blend ist spektakulär. Erwarten Sie die für Cooley üblichen Honig- und Gebäcknoten, perfekt gebrannt.

KNAPPOGUE CASTLE

Bushmills Distillery, 2 Distillery Road, County Antrim

Nach dem Zweiten Weltkrieg begann der Besitzer von Knappogue Castle nahe Limerick, Fässer irischen Whiskeys zu kaufen – vor allem aus der Tullamore Distillery –, die er in einem Keller des Familiensitzes lagerte. Diese Whiskeys wurden dann abgefüllt und im Laufe der Zeit an Familie und Freunden verteilt. Das letzte dieser Originalfässer mit Tullamore wurde 1987 abgefüllt, als die Spirituose 36 Jahre alt war.

Dieser besondere Whiskey ist heute natürlich äußerst selten. Es ist jedoch nicht nur sein Alter, das ihn so besonders macht. Die Abfüllung fängt das Aroma eines vergangenen Zeitalters ein – und einer Whiskeybranche, die in keine rosige Zukunft blickte. In den 1990er-Jahren jedoch nimmt die Geschichte eine positive Wendung,

als der Sohn des Schlossbesitzers, Mark Andrews, beschloss, in die Fußstapfen seines Vaters zu treten und selbst Jahrgänge abzufüllen, ebenfalls unter dem Label Knappogue Castle.

Die erste dieser neuen Generation von Abfüllungen wurde aus Whiskey der Cooley Distillery kreiert; die jüngeren Jahrgänge stammen von Bushmills.

KNAPPOGUE CASTLE 1995

SINGLE MALT 40 VOL.-%

Eindeutig ein Bushmills Malt, und ein wirklich guter noch dazu. Es gibt kräftige Noten gerösteter Nüsse, während saftige Honigsüße am Gaumen verweilt. Wie viele unabhängige Bushmills-Abfüllungen ist dieser Whiskey jedoch noch ein wenig zu jung, um sein volles Potenzial auszuspielen.

JAMESON

BLEND 40 VOL.-%

Der Duft ist malzig und vielversprechend, doch der Whiskey selbst eine große Enttäuschung. Der Grain erscheint widerspenstig und übertönt den Pot Still, einige Zitrusnoten bleiben. Im Hintergrund ein entfernter Anklang von Sherry, doch nicht mehr.

JAMESON GOLD RESERVE

BLEND 43 VOL.-%

Dickflüssig, ölig und sirupartig füllt er den Mund. Feinere, leichtere Aromen haben es schwer, gegen den Zucker anzukommen. Der lange Nachklang erinnert an Hustensaft.

JAMESON STANDARD BLEND

JAMESON GOLD RESERVE

JAMESON SPECIAL RESERVE 12-YEAR-OLD

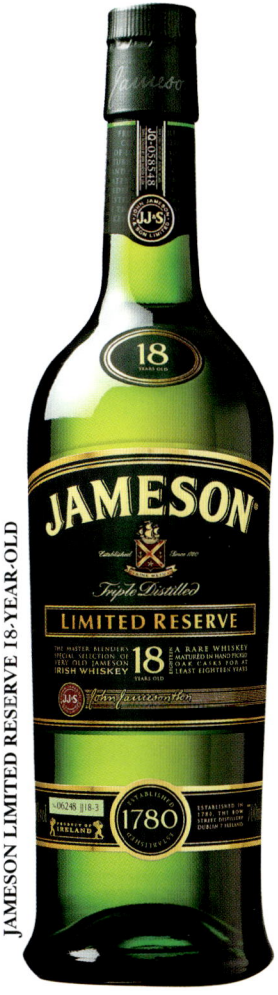

JAMESON LIMITED RESERVE 18-YEAR-OLD

JAMESON RAREST VINTAGE RESERVE

JAMESON

Midleton Distillery,
Midleton, County Cork
www.jamesonwhiskey.com

Jameson ist der meistverkaufte irische Whiskey überhaupt – eine internationale Marke, fast in jeder Bar der Welt zu finden. Allerdings würde der Gründer der Firma, John Jameson, den Whiskey, der seinen Namen trägt, sicher nicht wiedererkennen. Der moderne Standardblend besteht je zur Hälfte aus mittelschwerem Pot Still und Grain Whiskey – leicht und ansprechend, aber ohne ausgeprägten Charakter. Daneben gibt es auch einige Highlights im Programm: Gold Reserve, ursprünglich ein Premiumblend für

den Duty-free-Handel, ist jetzt weitverbreitet. Einige Whiskeys darin sind über 20 Jahre alt, aber verschnitten mit jüngerem Pot Still Whiskey, in erstgefüllten Eichenfässern gereift. Es ist der einzige irische Whiskey, der jungfräulichem Holz den Vorzug gibt, was dem Blend einen wirklich süßen, vanilleartigen Geschmack verleiht.

Jameson Special Reserve 12-Year-Old ist vollmundig, mit viel Malz aus dem Whiskey und würziger Eiche nach zwölf Jahren in Oloroso-Sherryfässern. Er hat mehrere Preise gewonnen, darunter die Goldmedaille bei der San Francisco Spirits Competition 2007. Sechs Jahre mehr im Fass ändern das Geschmacksprofil des

18-jährigen Premium-Angebots nicht grundlegend, verdoppeln aber den Preis. Der Limited Reserve Blend ist eine Selektion, die ein Verschnittmeister aus einer begrenzten Anzahl ausgezeichneter Sherryfässer zusammenstellt.

JAMESON SPECIAL RESERVE 12-YEAR-OLD

BLEND 40 VOL.-%

Der Spitzenklasse-Whiskey kneift die Nase fest mit Leder- und Gewürznoten. Er hat eine unglaublich seidige Struktur, ganz anders als der monotone, reguläre Jameson. Trockenfrüchte in Milchschokolade runden dieses Meisterstück ab.

JAMESON LIMITED RESERVE 18-YEAR-OLD

BLEND 40 VOL.-%

Dem Pot Still hat das Altern gutgetan. Der Körper ist fest und nachgiebig. Das Oloroso-Holz muss sehr fein sein, um einen so alten Blend nicht zu dominieren. Mandel und Karamellbonbon gleichen die Öligkeit aus.

JAMESON RAREST VINTAGE RESERVE

BLEND 40 VOL.-%

Ein Verschnitt aus ausgewählten, alten Grains, Pot Stills aus Bourbonholz sowie etwas Pot Still, der in Portweinfässern lagerte. Süße Früchte in der Nase, dazu Würze. Aromen von Frucht, Eiche und Karamell. Langer, fruchtigwürziger Nachklang.

Whiskey-Tour: Irland

Als der viktorianische Getränkeexperte und Schriftsteller Alfred Barnard 1887 Irland besuchte, hatte er 28 verschiedene Destillerien zu besichtigen. Heute ist die Palette wesentlich begrenzter, aber genauso sehenswert. Mehrere historische Whiskeybrennereien verfügen über Einrichtungen für Touristen, es gibt aber noch weitere Attraktionen in der schönen irischen Landschaft, die zu einer Whiskey-Tour durch das Land verlocken.

TOUR-INFO		
TAGE: 4	**LÄNGE:** 600 km	**BRENNEREIEN:** 1 aktive, 3 umgewandelte
REISE: Auto, Straßenbahn, Wandern		**REGION:** Nordirland und Republik Irland

TAG 1: GIANTS CAUSEWAY, BUSHMILLS

1 Die Nordküste von Antrim ist hinreißend. Beginnen Sie Ihre Reise an dem großartigen **Giants Causeway** nahe der Stadt Bushmills. Diese Formation aus Tausenden sechseckigen Basaltsäulen gehört zum Weltnaturerbe der UNESCO.

2 Von allen für Besucher geöffneten Brennereien auf dieser Whiskey-Tour ist **Bushmills** *(www. bushmills.com)* die einzige, die noch arbeitet. Genießen Sie die Besichtigung, verkosten Sie einige gute Whiskeys und wandern Sie dann zum nahen Bushmills Inn *(www.bushmillsinn.com)*, um gut zu essen und zu schlafen. Die schönsten Räume befinden sich im Mill House.

GIANTS CAUSEWAY

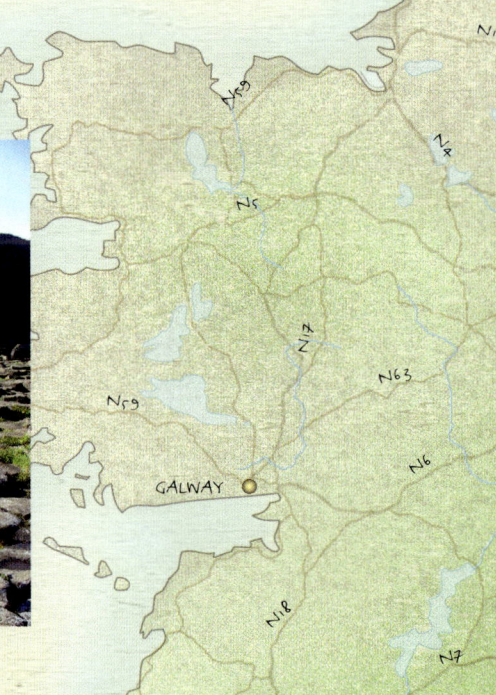

COOLEY DISTILLERY

TAG 2: COOLEY, OLD JAMESON DISTILLERY

3 Obwohl die **Cooley** Distillery nicht öffentlich zugänglich ist, lohnt es sich, auf dem Weg nach Dublin die hügelige Halbinsel Cooley und ihre attraktive Küstenstadt Greenore mitzunehmen.

4 Vermeiden Sie den Verkehr in Dublin, indem Sie die LUAS-Straßenbahn von Junction 9 an der M50 bis zur Haltestelle Smithfield in der Stadt nehmen. Sie liegt nahe der Brennerei **Old Jameson**, die geführte Besichtigungen und die Verkostung von Jameson Whiskey anbietet. *(www.jamesonwhiskey.com)*

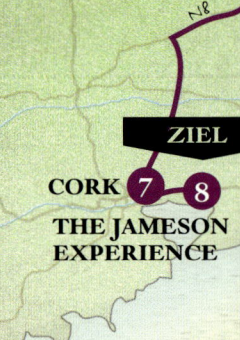

ZIEL

CORK **7** **8**

THE JAMESON EXPERIENCE

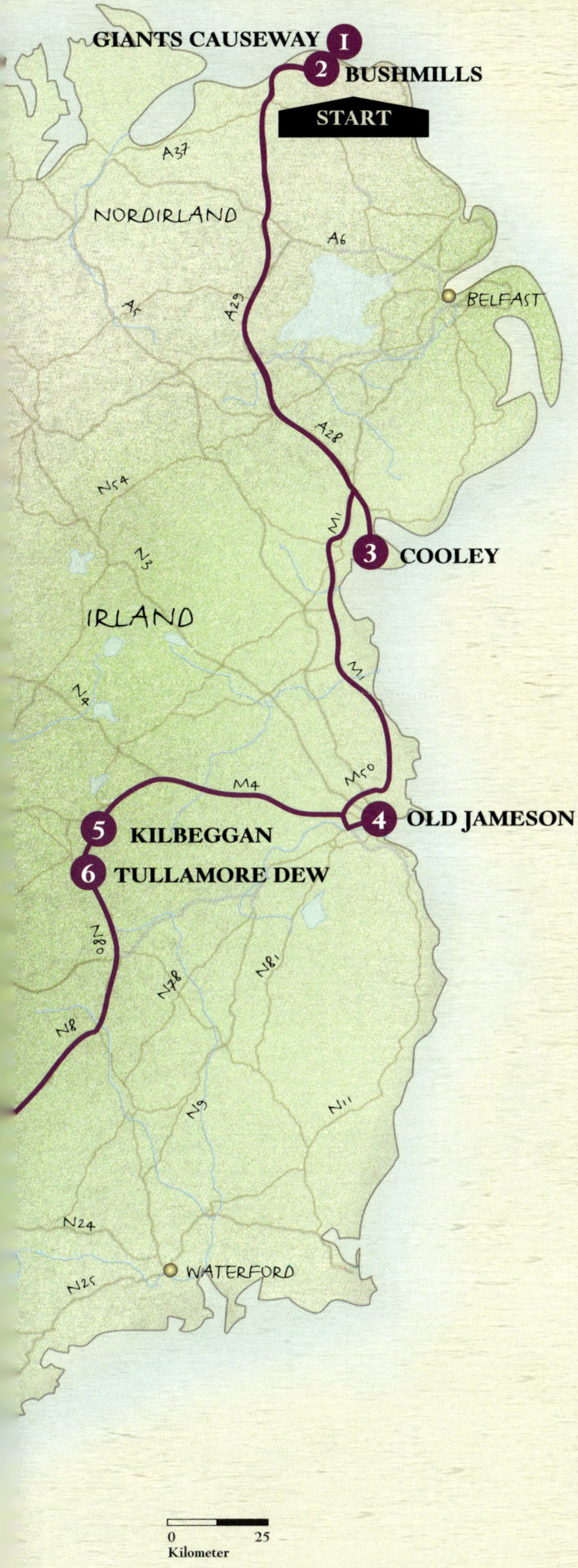

GIANTS CAUSEWAY **1**

2 BUSHMILLS

START

NORDIRLAND

A37

A6

A29

A5

BELFAST

A28

N54

3 COOLEY

N3

IRLAND

M1

N4

M50

M4

4 OLD JAMESON

5 KILBEGGAN

6 TULLAMORE DEW

N80

N8

N52

N81

N3

N11

N24

N25

WATERFORD

0 ——— 25
Kilometer

TAG 3: KILBEGGAN, TULLAMORE DEW

5 Nehmen Sie Junction 7 der M50 und fahren Sie westlich von Dublin zur alten Locke's Distillery in **Kilbeggan**. Die ursprüngliche Brennerei arbeitet seit 1953 nicht mehr, doch das Gelände wurde von Einheimischen wiederbelebt, und eine der alten Stills ist heute wieder in Betrieb. Außerdem gibt es hier ein Museum mit funktionstüchtigem Wasserrad, Restaurant, Shop und einer Whiskeybar. Cooley hat hier Lagerhäuser gepachtet und bringt Whiskey in Fässern zur Reifung her. *(www.lockedistillerymuseum.ie)*

KILBEGGAN

TULLAMORE DEW

6 In dem lebendigen Städtchen Tullamore befindet sich das **Tullamore Dew** Heritage Centre. In dem Gebäude lagerte ehemals Whiskey unter Zollverschluss, bevor er flussabwärts nach Dublin verschifft wurde. Heute kann man hier eine Ausstellung über traditionelle Whiskeyherstellung sehen. Tullamore Dew wird inzwischen in Midleton gebrannt, man kann ihn aber hier verkosten. *(www.tullamore-dew.org)*

TAG 4: CORK, THE JAMESON EXPERIENCE IN MIDLETON

7 Die Fahrt von Tullamore nach Cork führt durch das moorige Herz Irlands – eine einsame Landschaft, die zu jeder Jahreszeit ihren Reiz hat. Die Stadt **Cork** ist ein Lebensmittelhafen, wo man den historischen English Market besuchen kann, um sich für ein Picknick im nahen Bishop Lucey Park einzudecken. Alternativ ist das Market Café ein guter Ort, um lokale Spezialitäten wie Kaldaunen, Schweinsfüße und Irish Stew zu probieren. Halten Sie für einen Drink im South County Bar & Café *(www.thesouthcounty.com)* in Douglas Village, einem Vorort von Cork. Es ist ein alteingesessener Familienbetrieb, der eine große Auswahl irischer Whiskeys bereithält.

POT STILL IN MIDLETON

8 **The Jameson Experience** *(www.jamesonwhiskey.com)* liegt in der schön restaurierten Brennerei aus dem 18. Jahrhundert in Midleton und rühmt sich der weltgrößten Pot Still, die jetzt draußen steht. Einen Besuch wert ist auch das nahe Ballymaloe House, wo man einen von Darina Allen, der Doyenne der irischen Feinschmecker, geleiteten Kochkurs besuchen kann.

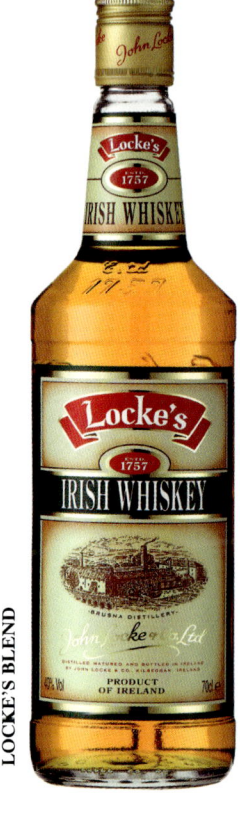

KNOCKEEN HILLS

www.irish-poteen.com

Poteen (oder *poitín*) ist eine klare Spirituose, die traditionell in ganz Irland in kleinen Pot Stills zu Hause gebrannt wurde. Ursprünglich aus gemälzter Gerste oder anderem Getreide, konnte sie auch aus Kartoffeln hergestellt werden. Poteen ist gleichzeitig ein Synonym für Schwarzgebrannten.

In den 1660er-Jahren erhob die englische Regierung erstmals eine Steuer auf Alkohol. *Uisce beatha* nannte man fortan den legalen Whiskey, *uisce poitín* den illegal gebrannten Alkohol. In den folgenden 300 Jahren wurde die Umgehung des Gesetzes in Geschichten und Liedern gefeiert — ein reiches Volkserbe, von dem die Getränkehersteller noch heute zehren.

1997 nahm die oberste Finanzbehörde ihren früheren Einwand dagegen zurück, den Begriff Poteen als Bezeichnung für eine legal produzierte helle Spirituose zu verwenden. Die Hersteller reagierten rasch, aber nur wenige Marken haben überlebt. Zu den erfolgreichen zählt Knockeen Hills. Dieser Brand wird in drei Stärken abgefüllt: dreifach gebrannt mit 60 und 70 Vol.-% sowie vierfach gebrannt mit 90 Vol.-%. Er sollte nicht pur getrunken werden.

KNOCKEEN HILLS 60
POTEEN 60 VOL.-%

Reiner, frischer und fruchtiger Duft. Cremige Struktur, mit herrlich süßen und saftigen Fruchtnoten am Gaumen. Knackiger, reinigender Nachklang.

KNOCKEEN HILLS 70
POTEEN 70 VOL.-%

In der Nase kräftiger als der 60er. Mit viel Wasser (fast 50 : 50) wird er fruchtig, mit dem Aroma von Mandarinenschale und einer süßen Duftnote. Wärmend im Mund, süß und sauer am Gaumen, trockener Nachklang mit Fruchttönen.

LOCKE'S

Cooley Distillery, Riverstown, Cooley, County Louth
www.cooleywhiskey.com

Locke's Distillery in Kilbeggan ist eine Oase der Ruhe im irischen Binnenland. Die alten Steinmauern halten den Straßenlärm fern, und im Innenhof hört man die Geräusche, die aus der Schmiede und der Brennerei dringen.

Es ist schwer zu glauben, dass diese wirklich bemerkenswerte Destillerie vor nur 25 Jahren fast verfallen war. Seit den frühen 1950er-Jahren, als die Firma Locke's Bankrott machte, beherbergten die verlassenen Gebäude Schweine und Landwirtschaftsgeräte. In den späten 1970er-Jahren tat sich die örtliche Gemeinde zusammen und restaurierte die Brennerei. Wenig später winkte Kilbeggan das Glück: John Teeling gründete eine neue Destillerie in County Louth und wollte seine Vorräte bei Locke's reifen lassen.

Man kam überein, dass Cooley die Rechte an der Marke Locke's übernahm und die Gebäude pachtete — nach Jahren staubigen Schweigens wurden wieder Whiskeyfässer in die steinernen Lagerhäuser gerollt.

Zur Feier des 250-jährigen Firmenjubiläums wurde 2007 eine Still wieder in Betrieb genommen. Die erste Spirituose aus der neuen Produktion wird 2010 gereift sein.

LOCKE'S 8-YEAR-OLD MALT
SINGLE MALT 40 VOL.-%

Ein Verschnitt aus Cooleys ungetorftem Malt mit einem Schuss getorften Malts. Kein schlechter Whiskey, aber ein wenig matt. Eher Daniel O'Donnell als Shane McGowan.

LOCKE'S BLEND
BLEND 40 VOL.-%

Ein recht angenehmer Schluck. Besonders geeignet, um ihn heiß zu trinken, wobei sein begrenztes Potenzial nicht weiter auffällt. Pur genossen kann Locke's etwas einsilbig wirken, da er nur eine malzige Note zeigt.

MAGILLIGAN

Cooley Distillery, Riverstown, Cooley, County Louth

Magilligan ist ein verwirrendes Erzeugnis. Zwar steht auf dem Etikett »Pure Pot Still«, doch tatsächlich kauft man einen von Cooley gebrannten Single Malt (obwohl Magilligan nicht zu Cooleys eigenen Marken gehört). Die irische Gesetzgebung hat es versäumt, zu definieren, was einen reinen Pot Still ausmacht. So kann sich jeder Whiskey, der in einer Pot Still gebrannt wurde, Pot Still Whiskey nennen.

Magilligan gibt es in verschiedenen Abfüllungen, darunter eine Limited Edition von 1991.

MAGILLIGAN

SINGLE MALT 43 VOL.-%

Ein dünner, junger Malt mit einem Hauch von Größe, aber zu früh abgefüllt. Dieser Standard-Malt schmeckt wie ein Verschnitt von 3- bis 5-jährigen Whiskeys.

MICHAEL COLLINS

www.michaelcollinswhiskey.com

General Michael Collins war einer der Gründerväter des modernen irischen Staates. Über sein Leben gibt es zahlreiche Filme – von Brendan Gleeson bis Liam Neeson hat jeder schon einmal die Rolle des *big fellow* gespielt. In Irland ist Collins ein Volksheld, der Whisky, der seinen Namen trägt, ist dagegen weitgehend unbekannt.

Der Grund dafür ist, dass er ursprünglich von der Brennerei Cooley in Verbindung mit dem US-Importeur Sidney Frank für den amerikanischen Markt entwickelt wurde. Er ist jetzt aber auf beiden Seiten des Atlantiks erhältlich.

Ungewöhnlicherweise ist Michal Collins Malt zweifach gebrannt und auch leicht getorft. Er trägt zwar keine Altersangabe, aber die verwendeten Malts lagern zwischen acht und zwölf Jahren.

MICHAEL COLLINS SINGLE MALT

SINGLE MALT 40 VOL.-%

Weich und zugänglich, mit vielfältigen Keksaromen. Vanillenoten zeigen sich durch die Reifung in Bourbonfässern, dazu ein leichter Hauch Rauch. Ein wirklich edler Verschnitt aus getorften und ungetorften Malts.

MICHAEL COLLINS BLEND

BLEND 40 VOL.-%

Der Blend ist eine Mischung aus Malt mit jüngerem Grain Whiskey, der anschließend in Bourbonfässern reift.

Der Blend ist wesentlich weniger beeindruckend als der Malt. Er ist dünn, mit dem Duft von Holzglut im Kern, doch ein anständiger Nachklang fehlt.

MILLARS

Cooley Distillery, Riverstown, Cooley, County Louth
www.cooleywhiskey.com

Früher wurde jeder Tropfen irischen Whiskeys von Händlern (*bonders*) abgefüllt. Gilbey's, Mitchell's oder Millars übernahmen Whiskey *en gros* und verkauften ihn oft direkt vom Fass an ihre Kunden. Diese Tradition starb in der zweiten Hälfte des 20. Jahrhunderts aus; Adam Millars & Co. in Dublin war einer der letzten überlebenden Bonder.

Die Marke Millars gehört heute zu Cooley. Dieser schwer zu findende Whiskey ist ein Blend mit hohem Grain-Anteil.

MILLARS SPECIAL RESERVE

BLEND 40 VOL.-%

Ein wunderbarer kleiner Whiskey, ein lebhafter Schluck, der viel Spaß macht. Der pfeffrige Charakter in der Nase wird untermalt von einem üppigen, würzigen Körper im Glas.

Bushmills ist die einzige aktive Brennerei in Irland, die für Besucher zugänglich ist. 1608 gegründet, ist sie zugleich die älteste der Welt.

MIDLETON VERY RARE

BLEND 40 VOL.-%

Der Duft ist ein gekonnter
Balanceakt: Edle Eiche und
kecke Getreidenoten tanzen
auf einem Hochseil aus reinem
Bienenwachs. Der Körper ist
voll und nachgiebig, der Nachklang bricht auf der Zunge in
Wogen aus seidigem Walnuss-
Schaum. Sie bekommen ein edles
Glas Malt für Ihr Geld, und so
sollte es sein. Dieser Whiskey
fällt von Jahr zu Jahr ein wenig
anders aus.

MIDLETON MASTER DISTILLER'S PRIVATE COLLECTION 1973

PURE POT STILL 56 VOL.-%

Dieser 1973 gebrannte Whiskey ist
noch rarer als Midleton Very Rare –
eine Abfüllung reinen Pot Still
Whiskeys aus der alten Midleton
Distillery. Er wurde als 30-Jähriger
in einer Auflage von 800 Flaschen
abgefüllt. Sein Geschmack soll
würzig und fruchtig sein, mit
Honigtönen und etwas trockener
Sherry-Nussigkeit.

JAMESON *(s. S. 201)*

PADDY *(s. S. 213)*

POWERS *(s. S. 213)*

REDBREAST *(s. S. 213)*

MIDLETON

Midleton, County Cork
www.irishdistillers.ie

Midleton ist Irlands größte Brennerei. Hier entstehen Jameson, Powers, Paddy und alle anderen Whiskeys von Irish Distillers, außerdem Gin und Wodka. Der Ort wirkt zwar wie eine riesige petrochemische Anlage, doch werden hier einige ausgezeichnete Spirituosen erzeugt.

Die Geschichte der Destillerie geht auf das Jahr 1825 zurück, als die Gebrüder Murphy ins Getränkegeschäft einstiegen. Ein Zweig der Familie begann, ein Bier zu brauen, das heute noch ihren Namen trägt. Ein anderer Teil der

Murphys ging in die Whiskeybranche. Durch die Nähe guter Gerstenfelder und einen großen Hafen an der Küste besitzt die Grafschaft Cork eine lange Brennereitradition. 1867 schlossen sich fünf Firmen zur Cork Distilleries Company (CDC) zusammen, und nach und nach wurde die gesamte Produktion auf die Midleton Distillery konzentriert.

1966 gehörte CDC neben Jameson und Powers zu den Gründungsmitgliedern von Irish Distillers. Wiederum wurde die Produktion schließlich vollständig zu Midleton verlagert. Doch 1975 konnte es die alte viktorianische Anlage nicht mehr mit der steigenden Nachfrage aufnehmen: Eine Brennerei auf

dem neuesten Stand der Technik entstand hinter den Gebäuden aus dem 19. Jahrhundert.

Midleton produziert unter anderem die einzigen Brennereiabfüllungen von Pure Pot Still Whiskey weltweit. Redbreast ist als 12-jährige und begrenzte 15-jährige Version erhältlich – ein enormes, mundfüllendes Erlebnis von Sherry und Vanille, zur Perfektion gereift. Green Spot ist der zweite Pure Pot Still von Midleton. Er reift etwa acht Jahre und bietet eine frischere Version dieses Whiskeystils, leicht ölig, mit Leinsamen- und Mentholnoten.

Unter allen in Midleton produzierten Spirituosen ist nur ein Whiskey, der den Namen der

Brennerei trägt: Der 1984 herausgekommene Midleton Very Rare zielt auf das Premiumsegment, und sein Preis spiegelt, was der Markt zulässt. Der neue Jahrgang erscheint spät in jedem Jahr. Abgesehen von leichten Variationen, bleibt der Stil des Hauses grundsätzlich gleich. Die verwendeten Whiskeys reifen zwölf bis 25 Jahre in Bourbonfässern. Die Spirituose für diese Abfüllungen wurde meist in der neuen Anlage gebrannt, nur die ältesten Jahrgänge stammen noch aus der historischen Midleton Distillery, die inzwischen perfekt restauriert ist und die Jameson Experience *(s. S. 211)* beherbergt.

Midleton

Midleton liegt nur eine halbe Stunde von Cork entfernt. Es ist eine hübsche Marktstadt, und wenn der Wind aus einer bestimmten Richtung weht, trägt er den Duft von Whiskey mit sich.

Etwas abseits der Hauptstraße, am Ufer des Flusses Dungourney, liegen die beeindruckenden Gebäude der alten Midleton Distillery. Die Anlage gehörte ursprünglich zur Cork Distilleries Company (CDC) und stellte in den frühen 1970er-Jahren den Betrieb ein. Heute befindet sich dort ein Besucherzentrum, die Jameson Experience.

Hinter der alten Brennerei liegt die neue. 1966 schlossen sich die verbliebenen irischen Brenner – Jameson und Powers in Dublin sowie CDC in Cork – zu Irish Distillers zusammen. Als die beiden Betriebe in Dublin schlossen, wurde die ganze Produktion in die moderne Anlage nach Midleton verlegt. Hier wird jetzt von Jameson Whiskey bis Cork Dry Gin alles produziert. Man sollte sich nicht von ihrer Größe abschrecken lassen, denn Midleton hat hohe Standards und produziert fantastische Whiskeys, darunter Abfüllungen der letzten beiden verbliebenen Pot Still Whiskeys. Es hängt alles von den Grundelementen ab: einer guten Wasserquelle und der örtlichen Gerste.

▲ **DIE QUELLE DES WHISKEYS**
Der Fluss Dungourney verläuft direkt hinter der Brennerei, und er ist auch der Grund dafür, dass sie hier steht. Auch wenn das alte Wasserrad *(s. unten rechts)* nicht mehr in Betrieb ist, kommt das Wasser für den Whiskey immer noch aus dem Dungourney.

◀ **GERSTE**
Midleton verwendet für seinen Malt vor Ort angebaute Gerste. Das Malz für die großen Whiskeys wird von warmer Luft und nicht von Torfrauch getrocknet, wie es in Schottland der Fall ist. Daher verdeckt nichts den herrlich malzigen, keksartigen Geschmack guter irischer Gerste.

DREIFACHE MAISCHUNG ▶
Das Malz (oder eine Mischung aus Malz und Gerste bei Pot Still Whiskey) wird grob gemahlen und in einen Maischebottich (hier *kieve* genannt) gefüllt. Man rührt heißes Wasser unter, um die Stärke im Getreide in Zucker umzuwandeln. In Midleton wird dieser Prozess dreimal wiederholt, wobei das Gerstenwasser nach jedem Maischen abgezogen wird. Das letzte Gerstenwasser wird für die erste Maischung der folgenden Portion Grist verwendet. Dies sichert eine gewisse Kontinuität.

◄ HOLZAUSWAHL

Midleton verwendet nur die besten amerikanischen Eichenfässer, die Sherryfässer werden im spanischen Jerez im Auftrag von Midleton gefertigt und »gewürzt«. Sie finden ein oder zwei Jahre für die Sherryreifung Verwendung und werden dann zum Lagern des Whiskeys nach Irland gebracht. Midleton baut derzeit neue Lagerhäuser, um die reifenden Vorräte unterzubringen.

◄ ABFÜLLUNG

Jameson ist die meistverkaufte Marke von Midleton; der größte Teil wird in der Nähe von Dublin abgefüllt. Es gibt jedoch eine zweite Anlage nahe Midleton, in der alten North Mall Distillery in Cork. Diese ehemalige Brennerei produziert keinen Whiskey mehr, behält aber wenigstens die Verbindung zur Branche, indem sie einen Teil der Midleton-Produktion abfüllt.

▼ THE JAMESON EXPERIENCE

Die alte Brennerei beherbergt jetzt ein Besucherzentrum. Man kann das Gebäude und Gelände besichtigen, Whiskey verkosten und alles über die Besonderheiten irischen Whiskeys erfahren (s. auch S. 203).

▲ VIELFALT

Keine Brennerei der Welt kann eine vergleichbare Vielfalt an Whiskeys produzieren. Viele Varianten von Pure Pot Still, Malt und Grain Whiskey lagern in Tanks unter der Anlage. Sie können dann gemischt und in Fässern gelagert werden, um eine breite Palette von unterschiedlichen Whiskeys abzufüllen.

Ohne Gerste gäbe es keinen Whiskey – so einfach ist das. Die Midleton Distillery im County Cork liegt inmitten ausgedehnter, hügeliger Gerstenfelder und profitiert von den örtlichen Gegebenheiten.

POWERS GOLD LABEL

POWERS GOLD LABEL 12-YEAR-OLD

PADDY

Midleton Distillery, Midleton,
County Cork
www.irishdistillers.ie

Es gab eine Zeit, da wurde irischer Whiskey in Pubs aus dem Fass verkauft. Welchen Whiskey der Wirt lagerte, hing nicht zuletzt von seinen Kontakten zu den Vertretern der Brennereien ab.

Paddy Flaherty arbeitete in den 1920er- und 1930er-Jahren als Vertreter für die Cork Distillers Company in Midleton. Wenn er in der Stadt war, spendierte er jedem freie Drinks an der Bar. Der Whiskey, den er verkaufte – der Old Irish Whiskey von CDC – wurde deshalb als Paddy's Whiskey bekannt.

PADDY
BLEND 40 VOL.-%
Ein malziger Schluck, solide und gut gereift. Er hinterlässt einen angenehmen, würzig-pfeffrigen Eindruck.

POWERS

Midleton Distillery, Midleton,
County Cork
www.irishdistillers.ie

Schon länger, als irgendjemand zurückdenken kann, starren sich Jameson und Powers über den kleinen Wasserlauf an, der in Dublin Liffey heißt. Die Familie Powers war seit 1917 im Geschäft; eines ihrer Mitglieder saß bis zur Übernahme durch Pernod Ricard im Vorstand von Irish Distillers.

Die Powers bewiesen stets Innovationskraft. Sie waren Pioniere bei der Produktion irischen Gins und Wodkas und begannen vor allen anderen mit Brennereiabfüllungen. Sie haben auch die Miniaturflasche erfunden, bekannt als »Baby Powers«.

Das Bild der drei Schwalben auf dem Etikett ist ein gutes Beispiel für den typischen Dubliner Humor: Schon immer galt, dass man Powers nicht langsam trinkt, sondern das Glas in drei Schlucken leert. Im Englischen bedeutet *swallow* sowohl »Schluck« als auch »Schwalbe«.

POWERS GOLD LABEL
BLEND 40 VOL.-%
Dieser Whiskey ist etwas ganz Besonderes, und man wird ihn entweder lieben oder hassen. Es ist nicht einfach eine weitere, globale Marke, sondern ein handfester, solider Whiskey. Die Nase ist klassisch irisch – zugleich belebend und spröde. Im Kern besteht er aus Pure Pot Still, verschnitten mit gerade der richtigen Menge Grain Whiskey. Powers Gold Label ist ein wunderbarer Blend. Wenn Ihnen dieser Whiskey kein Kribbeln in den Zehen veruracht und Ihr Herz nicht zum Singen bringt, sollten Sie gleich aufgeben.

POWERS GOLD LABEL 12-YEAR-OLD
BLEND 40 VOL.-%
Eine ältere, vielschichtigere Version derselben Formel. Gewürze, Honig, Crème brulée, mit weichen Holztönen und süßen, frischen Früchten.

REDBREAST

Midleton Distillery, Midleton,
County Cork
www.irishdistillers.ie

Redbreast war der Name, den die Weinhändler Gilbey's dem von ihnen gereiften und abgefüllten Jameson Whiskey gaben. Als Gilbey's nach einigen Übernahmen von der Bildfläche verschwand, erwarb schließlich die Irish Distillers Company die Marke und füllte einen 12-jährigen Pure Pot Still ab, teilweise in Sherryfässern gereift. Es gibt außerdem eine limitierte 15-jährige Version (*s. S. 209*).

REDBREAST 12-YEAR-OLD
PURE POT STILL 40 VOL.-%
Ohne Zweifel einer der besten Whiskeys der Welt. Die Aromen reichen von Ingwer bis zu Zimt, von Pfefferminz bis zu Leinsamen und von Lakritz bis zu Kampfer. Eine Sherrynote mündet in einen eleganten Nachklang.

TULLAMORE DEW

www.tullamoredew.com

Tullamore ist eine recht große Marktstadt im Zentrum Irlands. Obwohl der Ort selbst weitgehend auf moorigem Untergrund steht, liegen in der Nähe Gebiete, in denen Gerste angebaut wird. Sie lieferten einst das Getreide für die Brennerei sowie die Anlage von Locke's im nahen Kilbeggan.

1901 erreichte der weltweite Verkauf irischen Whiskeys 10 Mio. Kisten. Zwei Jahre später gewann die Familie Williams die Kontrolle über die Tullamore Distillery. Der Name von D. E. Williams ist untrennbar mit Tullamore verbunden – die Buchstaben »Dew« stehen für seine Initialen.

1954 schloss die Brennerei. Die Marke wurde von Powers übernommen, von Irish Distillers geschluckt, weitere Besitzerwechsel folgten. Heute wird der

Whiskey im Auftrag in Midleton produziert und verkauft sich sehr gut in Europa.

TULLAMORE DEW
40 VOL.-% BLEND

Dieser Whiskey ist recht eindimensional. Er weist eine typische Bourbonnote auf.

TULLAMORE DEW 10-YEAR-OLD
40 VOL.-% BLEND

Es gibt Malz, Gewürz und Vanille in der Nase sowie einen Hauch Eichenholz und Gewürze am Gaumen. Der Nachklang ist lang und trocken, im Geschmack Zitrustöne.

TULLAMORE DEW 12-YEAR-OLD
40 VOL.-% BLEND

Ein beträchtlicher Schritt aufwärts verglichen mit den anderen Tullamore-Blends. Der 12-Jährige erinnert an einen Premium-Jameson. Wunderbares Zusammenspiel von Pot Still, Sherryfass-Noten und Eiche.

TYRCONNELL 10-YEAR-OLD PORT CASK

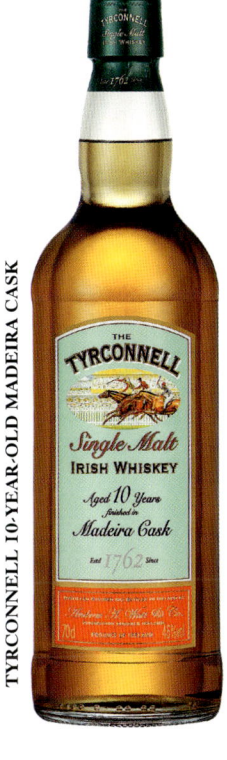

TYRCONNELL 10-YEAR-OLD MADEIRA CASK

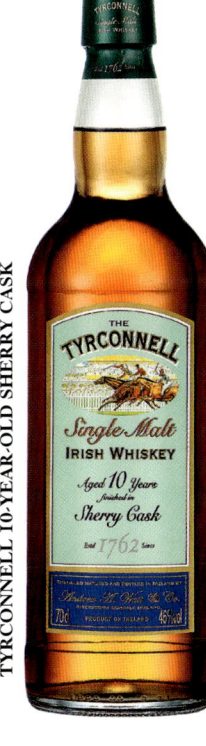

TYRCONNELL 10-YEAR-OLD SHERRY CASK

TYRCONNELL SINGLE MALT

TYRCONNELL

*Cooley Distillery, Riverstown,
Cooley, County Louth*
www.cooleywhiskey.com

Es dürfte schwer sein, jemanden zu finden, der sich noch an den alten Tyrconnell Whiskey erinnern kann. Die Brennerei, die ihn produzierte, Andrew A. Watt & Co. aus Derry, schloss 1925. Zu ihrer Zeit war dieser nach einem Rennpferd benannte Whiskey sehr populär in den USA.

Doch die Auswirkungen von Bürgerkrieg in Irland und der Prohibition in den USA zwangen Watt und viele andere Brennereien in die Hände der schottischen United Distillers Company (UDC). Um ihre eigenen Kernmarken zu schützen, schloss UDC rücksichtslos jede übernommene irische Brennerei, was die Branche auf der Insel in die Knie zwang. The Tyrconnell war jedoch die erste Marke, die John Teeling von Cooley wiederbelebte, als er 1992 sein Debüt mit

Single Malt gab. Seitdem wurden an dem 10-Jährigen verschiedene Holzfinishs ausprobiert.

TYRCONNELL SINGLE MALT
SINGLE MALT 40 VOL.-%
Cooleys meistverkaufter Malt, und dies ist leicht zu verstehen. Er hat den lieblichsten Duft aller irischen Whiskeys, mit Jasmin und Geißblatt sowie Malz, Milch und Gebäck.

TYRCONNELL PORT CASK
SINGLE MALT 46 VOL.-%
Der Portwein ändert die Nase leicht; Gewürz kommt auf; Aromen von Hefegebäck mit Feigen sowie Plumpudding.

TYRCONNELL MADEIRA CASK
SINGLE MALT 46 VOL.-%
Madeira und Irland verbinden sich aufs Glücklichste. Warme Noten von Zimt und Gewürzen tanzen am Gaumen.

TYRCONNELL SHERRY CASK
SINGLE MALT 46 VOL.-%
Das beste der Holzfinishs – Malz und fruchtiger Sherry schön verschmolzen.

THE WILD GEESE

www.thewildgeese-irishwhiskey.com

In der Schlacht von Kinsale errang die englische Krone den entscheidenden Sieg über die gälischen Clanführer, die 1608 schließlich aus dem Land flohen. Damit war der Konflikt in Irland jedoch nicht beendet. Der Begriff *wild geese* (Wildgänse) bezog sich zunächst auf jene irischen Adeligen und Soldaten, die in kontinentaleuropäischen Armeen vom frühen 17. Jahrhundert bis Anfang des 20. Jahrhunderts dienten. Die meisten Familien kehrten nicht zurück. Einige, wie die Hennessys, begannen Cognac zu produzieren; andere, wie die Lynchs, Wein.

Mit *wild geese* bezeichnet man heute die irischen Auswanderer generell. Die Erinnerung an Diaspora und Emigration war immer ein bewegendes Thema in der irischen Geschichte, und so ist es bis heute geblieben. Wild Geese erhebt ein Glas auf diesen Teil der irischen Geschichte, und man hat dafür ohne Zweifel einen guten Whiskey produziert.

THE WILD GEESE CLASSIC BLEND
BLEND 40 VOL.-%
In der Nase heiß und süß. Der Malt wirkt zurückhaltend und überlässt im Nachklang dem Grain die Führung.

THE WILD GEESE RARE IRISH
BLEND 43 VOL.-%
Ein üppiger, malziger Blend mit etwas Würze und Zitronennoten. Im Nachklang findet man Spuren von trockener Eiche.

THE WILD GEESE SINGLE MALT
SINGLE MALT 43 VOL.-%
Dieser Whiskey ist vorherrschend malzig, mit karameller Süße. Es gibt außerdem ein wenig Eichenholz und einen Hauch Gewürz.

Die Brennerei Cooley bringt ihren Whiskey zum Reifen in die alten Lagerhäuser von Locke's Distillery in Kilbeggan. So lag es nahe, Whiskey aus dem Hause Cooley nach Stadt und ehemaliger Brennerei zu benennen.

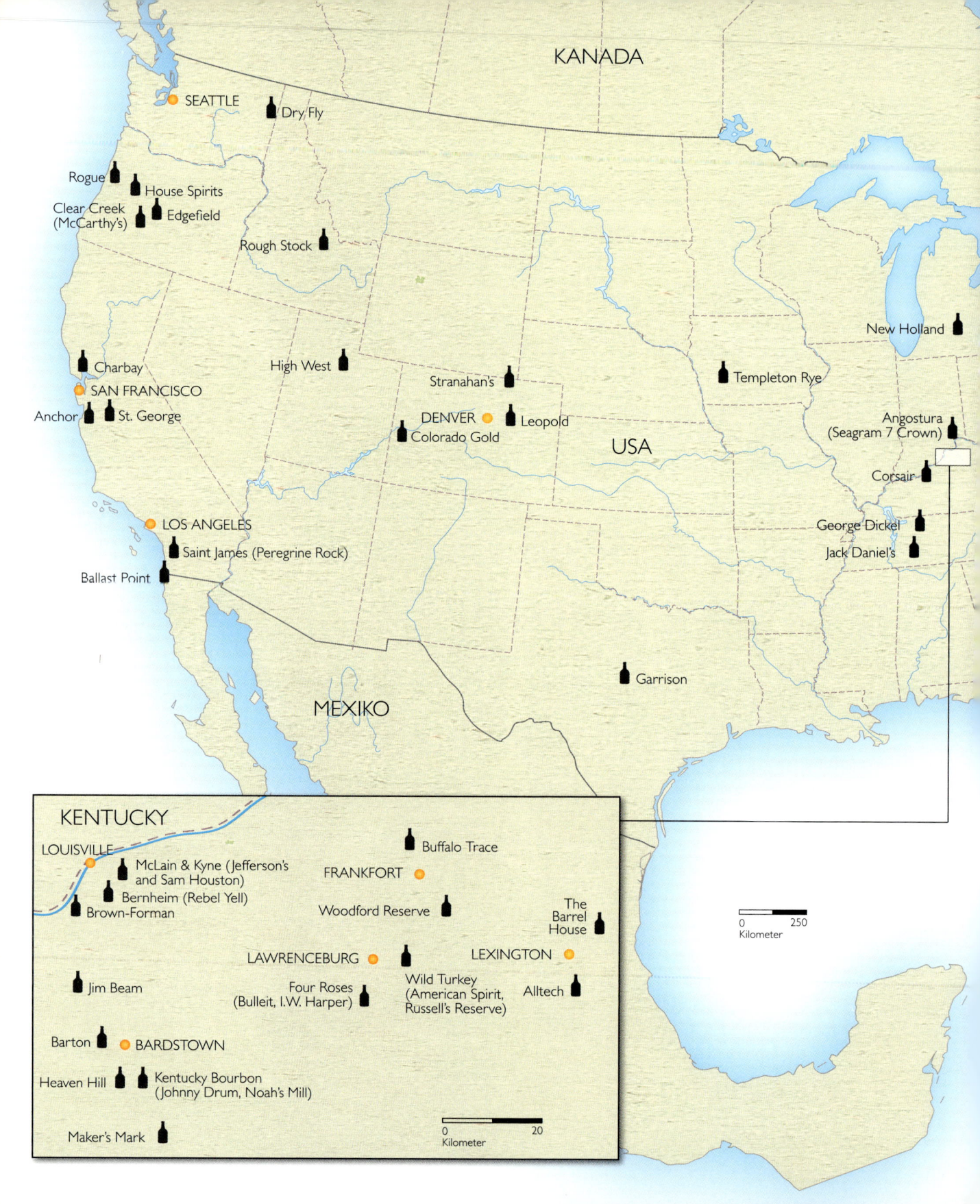

KANADA

SEATTLE   Dry Fly

Rogue
House Spirits
Clear Creek   Edgefield
(McCarthy's)
Rough Stock

Charbay
SAN FRANCISCO   High West
Anchor   St. George   Stranahan's
DENVER   Leopold
Colorado Gold   USA

New Holland

Templeton Rye

Angostura
(Seagram 7 Crown)

Corsair

LOS ANGELES
Saint James (Peregrine Rock)
Ballast Point

George Dickel
Jack Daniel's

MEXIKO

Garrison

0   250
Kilometer

KENTUCKY

LOUISVILLE
McLain & Kyne (Jefferson's
and Sam Houston)
Bernheim (Rebel Yell)
Brown-Forman

Buffalo Trace

FRANKFORT

Woodford Reserve

The
Barrel
House

LAWRENCEBURG   LEXINGTON

Jim Beam

Four Roses
(Bulleit, I.W. Harper)

Wild Turkey
(American Spirit,
Russell's Reserve)

Alltech

Barton   BARDSTOWN

Heaven Hill   Kentucky Bourbon
(Johnny Drum, Noah's Mill)

Maker's Mark

0   20
Kilometer

Der Kalksteinboden von Kentucky bringt eine reiche Maisernte, und es ist kein Zufall, dass Kentucky und die anderen Whiskey produzierenden Staaten der USA teilweise auf derselben Kalksteinschicht liegen. In Kentucky schlägt das Herz der amerikanischen Whiskeyproduktion – hier liegen die meisten großen Brennereien, darunter Jim Beam, Buffalo Trace, Heaven Hill, Barton und Brown-Forman. Weiter südlich pflegt Tennessee seinen eigenen gesetzlich definierten Whiskeystil; hier ist die Heimat zweier anderer großer Namen des amerikanischen Whiskeys: Jack Daniel's und George Dickel. Die Besitzer dieser großen Brennereien und ihrer Marken wechseln oft – heute gehören viele amerikanische Whiskeys zu internationalen Spirituosenfirmen wie Constellation oder Fortune Brands. Neben den großen Unternehmen gibt es jedoch immer mehr kleine Betriebe, die gern mit Rezepturen und Herstellungsverfahren experimentieren und so neue Dynamik in die Welt des amerikanischen Whiskeys bringen.

Nashoba Valley

Triple Eight
(The Notch)

BOSTON

Tuthilltown
(Hudson)

NEW YORK

Copper Fox
(Wasmund's)

Mount Vernon

A. Smith Bowman
(Virginia Gentleman)

Belmont Farms (Virginia Lightning)

Piedmont (Catdaddy)

N
W O
S

WILD TURKEY

BUFFALO TRACE

CATDADDY

OLD POTRERO

MELLOW CORN

AMERICAN SPIRIT

Boulevard Wild Turkey Distillery, 1525 Tyrone Road, Lawrenceburg, Kentucky
www.wildturkeybourbon.com

American Spirit, in der Wild Turkey Distillery *(s. S. 264)* von Austin Nichols & Co. gebrannt, wurde erst im September 2007 eingeführt. Laut Eddie Russell, der diesen Whiskey zusammen mit seinem Vater, dem Brennmeister Jimmy Russell, entwickelt hat, mussten sie nach dem richtigen Namen nicht lange suchen.

AMERICAN SPIRIT 15-YEAR-OLD

BOURBON 50 VOL.-%

Sehr aromatisch und charaktervoll in der Nase, seidig-weich im Mund, mit Vanille, knusprigem Sahnekaramell, Sirup, Fruchtkompott, Gewürzen und etwas Minze. Der Nachklang ist lang und würzig, mit weichem Eichenholz und abschließender Mentholnote.

ANCIENT AGE

Buffalo Trace Distillery, 1001 Wilkinson Boulevard, Frankfort, Kentucky
www.buffalotrace.com

Ancient Age war von 1969 bis 1999 der Name der heutigen Buffalo Trace Distillery *(s. S. 222)*. Die Marke wurde in den 1930er-Jahren kurz nach der Prohibition eingeführt und anfangs in Kanada gebrannt. Nach dem Zweiten Weltkrieg umformuliert zu einem reinen Kentucky Bourbon, avancierte der Whiskey zu einer der bekanntesten Marken aus dem Hause Buffalo Trace.

ANCIENT AGE 10-YEAR-OLD

BOURBON 40 VOL.-%

Komplex und duftig in der Nase, mit Gewürzen, Sahnekaramell, Orange und Honig. Mittlerer Körper; nach einem eher trockenen Beginn versüßt sich der ölige Gaumen zunehmend mit Vanille, Kakao und einer leicht verkohlten Note.

BAKER'S

Jim Beam Distillery, 149 Happy Hollow Road, Clermont, Kentucky
www.jimbeam.com

Baker's ist einer der drei Whiskeys, die 1992 als Beam's Small Batch Bourbon Collection eingeführt wurden. Er ist nach Baker Beam benannt, dem ehemaligen Brennmeister und Großneffen des legendären Jim Beam. Dieser ist auch ein Cousin des verstorbenen Booker Noe, einem engagierten Brenner, der die Produktion von Bourbon in kleinen Mengen initiiert hat.

Baker's wird nach der überlieferten Standardformel von Jim Beam gebrannt, lagert aber länger und hat eine höhere Abfüllstärke.

BAKER'S 7-YEAR-OLD

BOURBON 53,5 VOL.-%

Baker's ist eine fruchtige Variante der Jim-Beam-Formel mit Röstnoten: mittelschwer, reif und hocharomatisch, mit Noten von Vanille und Karamell.

BARTON

1 Barton Road, Bardstown, Kentucky
www.bartonbrands.com

Barton Brands Ltd. gehört zur internationalen Constellation Brands Inc. Die Destillerie liegt in Bardstown (Nelson County), mitten im Herzland des Bourbons, wo es einst über 20 Brennereien gab. Die Whiskeys von Barton sind typischerweise jugendlich, trocken und aromatisch.

Zu Barton gehörten auch weitere Marken wie Kentucky Gentleman *(s. S. 244)*, Kentucky Tavern *(s. S. 244)*, Ridgemont *(s. S. 254)*, Ten High *(s. S. 258)* und Tom Moore *(s. S. 258)*.

VERY OLD BARTON

BOURBON 43 VOL.-%

Sechs Jahre sind relativ alt für einen Barton Whiskey, daher der Name. Der Duft ist üppig, sirupartig und würzig, mit etwas Salz. Körperreich; im Mund fruchtig und würzig, mit Gewürzen und Ingwer im trockenen Nachklang.

BASIL HAYDEN'S

Jim Beam Distillery, 149 Happy Hollow Road, Clermont, Kentucky www.jimbeam.com

Basil Hayden's ist einer der drei Whiskeys, die zu Beams 1992 eingeführter Small Batch Bourbon Collection gehören. Der Namenspatron, Basil Hayden, war ein Siedler aus Maryland, der sich in Kentucky niedergelassen hatte und Ende des 18. Jahrhunderts nahe Bardstown Whiskey herzustellen begann. Das Rezept für diesen besonderen Bourbon soll aus jener Zeit stammen.

BASIL HAYDEN'S 8-YEAR-OLD

BOURBON 40 VOL.-%
In der Nase leicht, aromatisch und würzig. Am Gaumen vergleichsweise trocken, mit sanftem Roggenaroma, Holzpolitur, Gewürzen, Pfeffer, Vanille sowie einem Hauch Honig. Der lange Nachklang entwickelt einen Anflug von pfeffrigem Roggen.

BERNHEIM

Heaven Hill Distillery, 1701 West Breckinridge Street, Louisville, Kentucky www.bernheimwheatwhiskey.com

Die Marke wurde nach der Bernheim Distillery in Louisville (Kentucky) benannt, die seit 1999 im Besitz von Heaven Hill ist *(s. S. 236)*. Der 2005 herausgekommene Bernheim ist der einzige Wheat Whiskey auf dem US-Markt. Die Brennmeister, Vater und Sohn Parker sowie Craig Beam, entwickelten die Weizenformel mit wenigstens 51 % Winterweizen; die Rezeptur enthält auch Mais und gemälzte Gerste.

BERNHEIM ORIGINAL

WHEAT WHISKEY 45 VOL.-%
Leichte Fruchtnoten im würzigen Duft. Frisch geschnittenes Holz, Sahnekaramell, Vanille, süßliches Getreide und ein Hauch Minze im Mund. Ein langer, eleganter und würziger Nachklang mit Honigtönen.

BLANTON'S

Buffalo Trace Distillery, 1001 Wilkinson Boulevard, Frankfort, Kentucky www.buffalotrace.com

Colonel Albert Bacon Blanton arbeitete nicht weniger als 55 Jahre in der heutigen Brennerei Buffalo Trace, wo er 1897 als Bürogehilfe begann und schließlich 1912 Geschäftsführer wurde. Als er 1952 in den Ruhestand ging, wurde die Brennerei zu seinen Ehren in Blanton's umbenannt (bis 2001). Diese Einzelfassabfüllung wurde 1984 von Brennmeister Elmer T. Lee kreiert, der mit Blanton in den 1950er-Jahren arbeitete.

BLANTON'S SINGLE BARREL

BOURBON 46,5 VOL.-%
Die Nase ist weich, mit Sahnekaramell, Leder und wenig Minze. Vollmundig und rund; ein bemerkenswert süßer Bourbon mit Vanille, Karamell, Honig und Gewürzen. Langer, cremiger Nachklang, ein Hauch Gewürz.

BOOKER'S

Jim Beam Distillery, 149 Happy Hollow Road, Clermont, Kentucky www.jimbeam.com

Booker's, eine Marke der weltweit tätigen Firma Jim Beam, wurde nach Jim Beam's Enkel Booker Noe benannt. Sie wird nach derselben Formel wie Baker's gemacht und nach wie vor ungefiltert und unverdünnt abgefüllt, um ihre natürlichen Fassaromen zu erhalten.

BOOKER'S KENTUCKY STRAIGHT

BOURBON 60,5–63,5 VOL.-%
Groß, fruchtig und würzig in der Nase. Booker's ist süß und leicht nussig am Gaumen, mit Feuer und Würze im eichigen Nachklang. Ein großer, traditioneller, edler Bourbon.

EARLY TIMES (s. S. 227)

OLD FORESTER (s. S. 250)

BUFFALO TRACE KENTUCKY STRAIGHT BOURBON

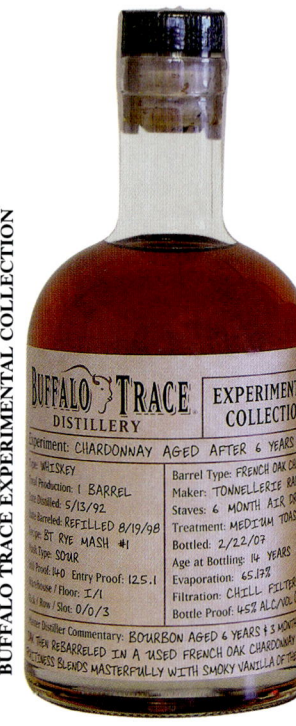

BUFFALO TRACE EXPERIMENTAL COLLECTION

BROWN·FORMAN

850 Dixie Highway,
Louisville, Kentucky
www.brown-forman.com

Die Brown-Forman Distillery liegt in einem Teil von Louisville, der als »Brennereimeile« bekannt ist. Ein halbes Dutzend Brennereien arbeiteten hier einst, aber nur Brown-Forman und Bernheim *(s. S. 221)* haben überlebt.

Die Brown-Forman Corporation hat ihre Wurzeln in einer Verschnitt- und Abfüllfirma, die George Garvin Brown und sein Halbbruder John Thompson Street Brown 1870 gründeten. Ihre Praxis, Whiskey in versiegelten Flaschen zu verkaufen, war eine wichtige Innovation, die das Problem des Panschens löste. Die Browns waren jedoch auch Vordenker, als sie Whiskeys einer Reihe von Brennereien erwarben, um bei den Blends einen wiedererkennbaren Geschmack zu erzielen. Ihre Whiskeymarke hieß ursprünglich

Old Forrester (später Forester). Als John Brown die Firma verließ, ersetzte ihn der Buchhalter George Forman, dessen Name 1890 dem Firmennamen hinzugefügt wurde.

Die Anlage in Louisville wurde 1935 als Old Kentucky Distillery gegründet. Brown-Forman erwarb sie 1940, erneuerte sie und benannte sie in Early Times Distillery um. Brown-Formans zweite Brennerei in Louisville, die Old Forester Distillery, schloss 1979 und man verlegte die Produktion des Old Forester Bourbon in die Early Times Distillery.

Heute heißt sie einfach Brown-Forman Distillery. Early Times Kentucky Whisky *(s. S. 227)* und Old Forester Kentucky Straight Bourbon Whisky *(s. S. 250)* sind ihre Hauptprodukte (Brown-Forman bevorzugt die schottische Schreibweise »Whisky« für einige Produkte). Die Brown-Forman Corporation besitzt auch die Brennereien von Jack Daniel's *(s. S. 238)* und Woodford Reserve *(s. S. 266).*

BUFFALO TRACE

Buffalo Trace Distillery,
1001 Wilkinson Boulevard,
Frankfort, Kentucky
www.buffalotrace.com

Die Buffalo Trace Distillery, früher bekannt als Ancient Age *(s. S. 220)*, liegt an einer Furt, wo früher Herden wandernder Büffel den Kentucky River durchquerten. Der Pfad, dem sie folgten, war bekannt als Great Buffalo Trace.

Eine Brennerei wurde hier 1857 von der Familie Blanton gegründet. Später kam sie in die Hände von Edmund Haynes Taylor und dem innovativen George T. Stagg. Albert Bacon Blanton schließlich brachte das Unternehmen durch Überschwemmungen, Prohibition und Krieg. Nach ihm und Stagg wurden exklusive Bourbons benannt *(s. S. 221 und 233).*

Buffalo Trace rühmt sich der breitesten Palette an Altersstufen in den USA (von vier bis 23 Jahren) und ist die einzige ame-

rikanische Brennerei, die fünf verschiedene Sorten produziert – einen Weizenwhiskey, einen Roggenwhiskey, zwei Bourbons aus Roggen sowie einen aus Gerste. Die Buffalo Trace Experimental Collection an fassstarken, in Weinfässern gereiften Whiskeys kam 2006 heraus. Dazu zählen ein »Fire Pot Barrel«, für den das Fass vor dem Füllen auf 39 °C erhitzt wurde, um einen stärkere Röstnoten zu erzielen, ferner ein 10-jähriger Chardonnay, ein 14- und ein 16-jähriger Cabernet Franc sowie ein 6-jähriger Zinfandel.

BUFFALO TRACE KENTUCKY STRAIGHT BOURBON

BOURBON 45 VOL.-%

Wenigstens neun Jahre alt. Er zeigt Aromen von Vanille, Gummi, Minze und Sirup. Süß, fruchtig und würzig am Gaumen, mit aufkommendem braunen Zucker und Eiche. Der Nachklang ist lang, würzig und recht trocken, Vanille entwickelt sich.

Bourbon

Bourbon gilt weltweit als typisch amerikanischer Whiskey und kann sich einer langen, wechselvollen Geschichte rühmen. Seinen Namen erhielt er von Bourbon County in Kentucky, so benannt zu Ehren des französischen Königshauses der Bourbonen, als der ehemals zu West Virginia gehörende Bezirk Kentucky in den 1780er-Jahren unterteilt wurde.

In der Gegend begann man vermutlich zu brennen, als sich im späten 18. Jahrhundert schottische, irische und deutsche Siedler hier niederließen. Die »Erfindung« des Bourbon wird oft dem baptistischen Geistlichen, Unternehmer und Brenner Elijah Craig zugeschrieben, der in der von ihm 1789 gegründeten Destillerie die Verwendung ausgekohlter Fässer für die Reifung eingeführt haben soll. In Wirklichkeit jedoch erfand nicht eine einzige Person den Bourbon – er entstand aus den Brennpraktiken vieler Einzelner. Es ist auch eine falsche Vorstellung, dass Bourbon in Kentucky gebrannt werden muss. Tatsächlich kann er überall in den USA produziert werden, wo es legal ist, Spirituosen zu brennen. In der Praxis jedoch wird etwa 95 % allen Bourbons in seinem »Heimatstaat« gebrannt und zur Reife gebracht.

Die rechtsgültige heutige Definition von Bourbon datiert vom Mai 1964, als der US-Kongress ihn als »typisches Produkt der Vereinigten Staaten« anerkannte. Laut Gesetz darf die Maische für den Whiskey nicht weniger als 51 % Mais enthalten – in der Regel sind es 70 – 90 %, dazu etwas Gerstenmalz, Roggen und/oder Weizen. Die Spirituose muss auf nicht mehr als 80 Vol.-% gebrannt werden und mit 62,5 Vol.-% oder weniger ins Fass gefüllt werden. Das Gesetzt verlangt zudem, dass Bourbon wenigstens zwei Jahre in neuen, ausgekohlten Weißeichenfässern lagert.

Zu den wichtigsten Bourbonmarken im Handel gehören Jim Beam *(s. S. 242)*, Buffalo Trace *(s. S. 222)*, Maker's Mark *(s. S. 246)*, Wild Turkey *(s. S. 264)* und Woodford Reserve *(s. S. 266)*.

Eine nebliger Tag dämmert über Buffalo Trace in Frankfort (Kentucky) herauf. Die Wassertürme der Brennerei sind ein weithin sichtbares Erkennungszeichen.

BULLEIT

Four Roses Distillery, 1224 Bonds Mill Road, Lawrenceburg, Kentucky
www.bulleitbourbon.com

Der Schankwirt Augustus Bulleit betätigte sich auch als Brenner und erzeugte seit den 1830er-Jahren Bulleit Bourbon. Mit seinem Tod 1860 kam die Produktion zum Erliegen. Die Marke wurde jedoch 1987 unter Verwendung der Originalrezeptur von seinem Ururenkel Tom Bulleit wiederbelebt. Seagram übernahm sie später, dann ging sie an Diageo. Bulleit wird heute von der Brennerei Four Roses *(s. S. 228)* für Diageo gebrannt und hat einen hohen Roggenanteil von 29 %.

BULLEIT BOURBON
BOURBON 40 VOL.-%
Üppige Eichennoten führen zu einem reifen Geschmack, der um Vanille und Honig kreist. Der mittellange Nachklang zeigt Vanille und einen Hauch Rauch.

CATDADDY

Piedmont Distillers, 203 East Murphy Street, Madison, North Carolina
www.catdaddymoonshine.com

Piedmont ist die einzige lizenzierte Brennerei in North Carolina. Ihr Catdaddy Moonshine zelebriert das große Erbe des Schwarzbrennens in diesem US-Staat. 2005 gründete Joe Michalek mit Piedmont die erste legale Brennerei in den Carolina-Staaten seit der Zeit vor der Prohibition. »Nach der Überlieferung der Schwarzbrenner verdient nur der beste Whiskey, Catdaddy genannt zu werden«, erklärt Michalek. »Wie die Tradition es verlangt, entsteht jede Portion Catdaddy in einer authentischen kupfernen Pot Still.«

CATDADDY CAROLINA MOONSHINE
CORN WHISKEY 40 VOL.-%
Catdaddy, dreifach in kleinen Portionen aus Mais gebrannt, ist süß und würzig, mit Anklängen von Vanille und Zimt.

CHARBAY

Domaine Charbay, 4001 Spring Mountain Road, St. Helena, California
www.charbay.com

Vater Miles und Sohn Marko Karakasevic repräsentieren die zwölfte und 13. Generation einer Familie von Winzern und Brennern. Charbay Double Barrel Hop-Flavoured Whiskey wird in einer 3750 Liter fassenden kupfernen Charentais-Pot-Still doppelt gebrannt. Zweireihige europäische, gemälzte Gerste und die Zugabe von Hopfen in der Maische verleihen ihm sein unverwechselbares Aroma. Er reift in neuen Weißeichenfässern.

CHARBAY DOUBLE BARREL
DOUBLE BARREL WHISKEY 64 VOL.-%
In der Nase blumig, dazu Honig, Vanille, Orange, Eiche sowie rauchige Würze. Dieser körperreiche Whiskey bietet Zitrus, Gewürze und Honig am Gaumen, im langen, hopfigen Nachklang entfalten sich Vanille und Dörrobst.

EAGLE RARE

Buffalo Trace Distillery, 1001 Wilkinson Boulevard, Frankfort, Kentucky
www.buffalotrace.com

Die Marke Eagle Rare wurde 1975 von dem kanadischen Brennereigiganten Joseph E. Seagram & Sons Inc. eingeführt. 1989 von der Firma Sazerac aus New Orleans übernommen, gehört Eagle Rare heute zu Sazeracs Buffalo Trace Antique Collection, die jährlich ergänzt wird.

EAGLE RARE 2008 EDITION
BOURBON 45 VOL.-%
Die letzte Abfüllung von Eagle Rare stammt von Whiskey, der im Frühjahr 1991 gebrannt wurde. Die Duft bietet Karamell, Ahornsirup, Mandeln und Vanille, im Mund mehr Vanille, abgetragenes Leder, Sommerfrüchte, dunkle Schokolade und ein Hauch Minze. Im köstlichen Nachklang würzige Noten von Crème brulée.

Tennessee Whiskey

Die Brennereitradition in Tennessee reicht wenigstens bis ins 18. Jahrhundert zurück. Im 19. Jahrhundert sollen etwa 700 Stills in Betrieb gewesen sein, doch 1910 wurde offiziell Abstinenz verordnet und das Brennen bis 1938 verboten.

Tennessee Whiskey ist im Wesentlichen dem Bourbon vergleichbar, wird aber vor dem Abfüllen auf Fässer durch eine dicke Schicht Holzkohle aus Zuckerahorn gefiltert. Dieselben gesetzlichen Kriterien, die für Bourbon gelten – in Bezug auf Stärke und Reifungsdauer *(s. S. 223)* –, gelten auch für Tennessee Whiskey. Die formale Etablierung einer Klassifikation von Tennessee Whiskey als eigene Sorte datiert von 1941, als die Filtrierung mit Holzkohle in einem Brief der amerikanischen Steuerbehörde an Jack Daniel Distillers anerkannt wurde. Dieses besondere Verfahren ist als Lincoln County Process bekannt – in Lincoln County (Tennessee) wurde Jack Daniel gegründet.

Jack Daniel's *(s. S. 238)* ist zweifellos der bekannteste Tennessee Whiskey. Die Brennerei betont gern, dass ihr Produkt der besonderen Definition von Tennessee Whiskey entspricht – es ist kein Bourbon, obwohl er einige von dessen charakteristischen Eigenschaften aufweist. Der Unterschied besteht laut Jack Daniel's darin, dass der Whiskey direkt nach der Destillation sehr langsam durch eine drei Meter dicke Schicht aus fester Zuckerahorn-Holzkohle läuft. Dieser zusätzliche Schritt bei der Herstellung soll den speziellen Charakter erzeugen, den nur Tennessee Whiskey besitzt. Die Holzkohlenfiltration entfernt unerwünschte Substanzen wie Fuselöle, die jeder Grain Whiskey enthält.

Die Verwendung von Holzkohle für die Filtration wurde 1825 durch Alfred Eaton aus Tullahoma, nahe der heutigen Brennerei George Dickel, eingeführt. Neben Jack Daniel ist George Dickel *(s. S. 232)* die einzig überlebende, lizenzierte, große Brennerei in Tennessee.

EARLY TIMES

Brown-Forman Distillery, 850 Dixie Highway, Louisville, Kentucky
www.brown-forman.com

Early Times erhielt seinen Namen nach einer Siedlung nahe Bardstown, wo er 1860 kreiert wurde. Er darf nicht als Bourbon klassifiziert werden, da er teilweise in gebrauchten Fässern reift – nach dem Gesetz muss Bourbon ausschließlich in neuen Fässern lagern.

Diese Version von Early Times wurde 1981 eingeführt, um mit den zunehmend beliebten, leichten kanadischen Whiskeys zu konkurrieren. Die Maische besteht aus 79 % Mais, 11 % Roggen sowie 10 % gemälzter Gerste.

EARLY TIMES
KENTUCKY WHISKEY 40 VOL.-%
Recht leicht in der Nase, mit Nüssen und Gewürzen. Am Gaumen mehr davon, dazu Noten von Honig und Butterkaramell, die in einen mittellangen Nachklang übergehen.

EDGEFIELD

2126 Southwest Halsey Street, Troutdale, Oregon
www.mcmenamins.com

Die Edgefield Distillery, betrieben von der Hotel- und Gaststättengruppe McMenamin's, befindet sich in einem ehemaligen Trockenspeicher für Wurzelgemüse auf dem schönen Edgefield Manor Estate in Troutdale. Die Brennerei arbeitet seit 1998 und hat eine vier Meter hohe Still aus Kupfer und Edelstahl. Sie ähnelt einer Kreuzung aus einem alten Taucheranzug und einer riesigen Kaffeemaschine – eine berühmte Schöpfung der deutschen Firma Holstein, dem ältesten Brennereianlagen-Hersteller der Welt.

EDGEFIELD HOGSHEAD
OREGON WHISKEY 46 VOL.-%
Banane und Malz im süßen, blumigen Duft, Vanille- und Karamellnoten im Mund sowie Gerste, Honig und Eiche im mittellangen Nachklang.

ELIJAH CRAIG

Heaven Hill Distillery, 1701 West Breckinridge Street, Louisville, Kentucky
www.heaven-hill.com

Elijah Craig (1743 – 1808) ein baptistischer Geistlicher, gilt weithin als »Vater des Bourbon«, da er angeblich der Erste war, der ausgekohlte Fässer zur Lagerung seiner Whiskeys verwendete. Es scheint keinen stichhaltigen Beweis dafür zu geben, aber einen »Mann Gottes« mit Whiskey in Verbindung bringen zu können, galt als gutes Argument im Kampf gegen die Abstinenz-Bewegung.

ELIJAH CRAIG 12-YEAR-OLD
BOURBON 47 VOL.-%
Ein klassischer Bourbon mit süßen, reifen Aromen von Karamell, Vanille, Gewürzen, Honig und einen Stängel Minze. Der milde Geschmack ist üppig, vollmundig und rund, mit mehr Karamell, Malz, Mais, Roggen und einem Hauch Rauch. Süße Eiche, Lakritz und Vanille dominieren den Nachklang.

ELMER T. LEE

Buffalo Trace Distillery, 1001 Wilkinson Boulevard, Frankfort, Kentucky
www.buffalotrace.com

Elmer T. Lee war Brennmeister bei Buffalo Trace (s. S. 222). Er trat in den 1940er-Jahren in das Unternehmen ein, das damals noch George T. Stagg Distillery hieß. Während seiner Zeit dort wechselte der Name zuerst in Albert B. Blanton Distillery (1953) und schließlich 2001 in Buffalo Trace Distillery. Lee soll 1984 den ersten modernen Einzelfass-Bourbon entwickelt haben.

ELMER T. LEE SINGLE BARREL
BOURBON 45 VOL.-%
Diese sechs bis acht Jahre gereifte Abfüllung bietet Zitrus, Vanille und süßen Mais, die im duftigen Aroma verschmelzen, und einen vollen, süßen Geschmack, der auch Honig, anhaltenden Karamell und Kakaonoten einbindet.

EVAN WILLIAMS BLACK LABEL

EVAN WILLIAMS SINGLE BARREL

FOUR ROSES SINGLE BARREL

FOUR ROSES SMALL BATCH

EVAN WILLIAMS

Heaven Hill Distillery,
1701 West Breckinridge Street,
Louisville, Kentucky
www.heaven-hill.com

Evan Williams, nach Jim Beam der meistverkaufte Bourbon, wurde nach der Person benannt, die vielen Experten als erster Brenner Kentuckys gilt. Evan Williams stammte aus Wales. Er kam nach Virginia und ließ sich um 1780 im heutigen Kentucky nieder (zu seiner Zeit Finecastle County, Virginia). Dort gründete er eine kleine Brennerei am Ohio River, am Anfang der heutigen Fifth Street in Louisville.

Nach einem Artikel im *Louisville Courier-Journal* vom 29. April 1889 gehörte Williams der Gemeindeversammlung von Louisville an, und der Tradition nach kam er nie ohne eine Flasche Whiskey zu einem Treffen. Was er mitbrachte, wurde von den Ratsmitgliedern getrunken, bevor man die Sitzung

vertagte. Obwohl er jedes Mal eine Rüge erhielt, ging er nie mit einem vollen Krug nach Hause.

EVAN WILLIAMS BLACK LABEL

BOURBON 43 VOL.-%

In der Nase recht leicht, aber aromatisch, mit Vanille- und Minznoten. Im Mund anfangs süß, mit Karamell- und Malztönen, dann entwickeln sich Noten von Leder und Gewürzen.

EVAN WILLIAMS SINGLE BARREL 1998 VINTAGE

BOURBON 43.3 VOL.-%

Die einzige Einzelfassabfüllung eines Bourbon mit Jahrgangsangabe, ausgewählt von den Brennmeistern Parker und Craig Beam. Diese Abfüllung, 1998 gebrannt, bietet den aromatischen Duft von Getreide, Dörrobst, Karamell und Vanille. Am Gaumen Ahorn, Sirup, Zimt, Muskatnuss und Beerennoten. Im würzigen Nachklang gibt es einen Hauch Rauch, dazu Mandeln und Honig.

FOUR ROSES

1224 Bond Mills Road,
Lawrenceburg, Kentucky
www.fourroses.us

Die Four Roses Distillery in Lawrenceburg wurde 1910 im spanischen Missionsstil errichtet und nach der Marke getauft, die Paul Jones Jr. aus Georgia 1888 eintragen ließ. Der Legende nach trug die Südstaaten-Schönheit, in die er verliebt war, ein Kleid mit vier roten Rosen, als sie seinen Heiratsantrag annahm – daher der Name dieses Whiskeys.

Four Roses entwickelte sich zu einem Bestseller auf den boomenden europäischen und asiatischen Märkten. 2002, nach fast 60 Jahren im Besitz von Seagram, gingen die Markenrechte sowie alle Einrichtungen für Produktion, Abfüllung und Lagerung an die Tokioter Kirin Brewery Company.

Neben ihren Four Roses Whiskeys produziert die Brennerei eine Reihe anderer bekannter

Marken, darunter Bulleit Bourbon *(s. S. 225)* und I. W. Harper President's Reserve *(s. S. 233)*.

FOUR ROSES SINGLE BARREL

BOURBON (VARIABLE VOL.-%)

Eine üppige, komplexe Nase mit Malz, Früchten, Gewürzen und Sahnekaramell. Lang und mild im Mund, mit Vanille, Eichenholz und einem Hauch Menthol. Der Nachklang ist anhaltend, würzig und ausgesprochen mild.

FOUR ROSES SMALL BATCH

BOURBON 45 VOL.-%

Mild und fein in der Nase, mit Muskatnuss und verhaltenem Honig. Kräftig, üppig und ausgewogen im Geschmack, mit Gewürzen, Frucht und Honigaromen. Der Nachklang ist lang und schmeichelnd, Vanillenoten mit Potenzial.

Corn Whiskey

Mindestens 80 % Mais enthält die Maische für diesen typisch amerikanischen Whiskey. Das Gesetz verlangt ferner, dass er auf weniger als 80 Vol.-% gebrannt wird. Er muss nicht in neuen, ausgekohlten Fässern lagern, es gibt keine gesetzlich vorgeschriebene Mindestreife. So wird Maiswhiskey oft jung und klar verkauft, und falls er überhaupt reift, dann eher für Monate als für Jahre.

Corn Whiskey wurde häufig illegal gebrannt. Es geht die Geschichte von einem bekannten Schwarzbrenner Anfang des 20. Jahrhunderts in North Carolina namens Quill Rose, der von einem Richter gefragt wurde, ob die Lagerung nicht von Vorteil für die Spirituose sei. Der Angeklagte soll geantwortet haben: »Da sind Euer Ehren falsch informiert. Ich habe einmal einen acht Tage aufbewahrt und konnte nicht feststellen, dass er auch nur eine Spur besser gewesen wäre als neu und frisch.« Der Produktionszuwachs an Maiswhiskey geht zurück auf die Einführung der Branntweinsteuer in Nordamerika 1791. Die Brenner weigerten sich, die Steuer zu bezahlen. Es kam zu Angriffen auf Steuerbeamte und einen Protestmarsch auf Pittsburgh. Der Aufstand fand ein Ende, als 13 000 Soldaten zusammengezogen wurden und unter dem Kommando von General George Washington den Monongahela-Fluss hinabmarschierten.

Nachdem die »Whiskey Rebellion« niedergeschlagen war, zog es viele verstimmte Roggenbrenner aus den Gebieten südlich und westlich von Maryland, Pennsylvania und Virginia nach Indiana, Illinois, Kentucky und Tennessee. Dort wurde vorwiegend Mais angebaut, den man nun anstelle von Roggen für die Whiskeyherstellung nutzte.

Zu den bekanntesten Marken im Handel gehören heute Georgia Moon *(s. S. 233)* sowie Mellow Corn von Heaven Hill *(s. S. 248)*, aber auch eine Reihe von handwerklich betriebenen Kleinbrennereien produzieren Corn Whiskey.

Whiskey-Tour: Kentucky

Kentucky ist das Zentrum der Bourbonproduktion in den USA und die Heimat einiger der bekanntesten amerikanischen Whiskeys. In den meisten Brennereien sind Besucher gern gesehene Gäste, denen man bereitwillig zeigt, wie diese besondere Spirituose entsteht und heranreift. Diese Whiskey-Tour bietet nicht nur die Gelegenheit, sich mit Bourbon und seiner interessanten Geschichte zu beschäftigen, sondern auch die Schönheit Kentuckys zu entdecken und die Gastfreundschaft seiner Bewohner zu genießen.

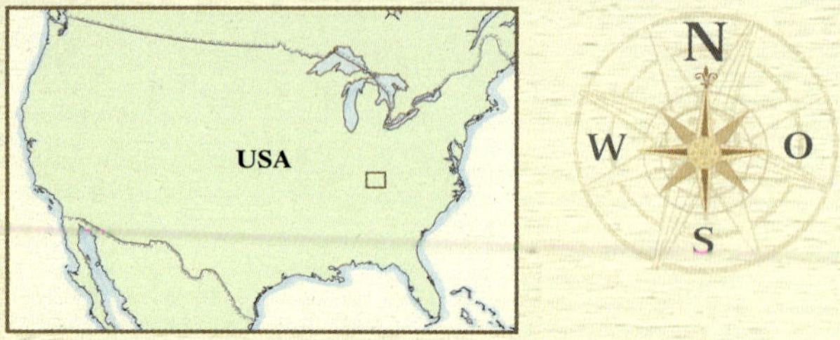

USA

TOUR-INFO

TAGE: 5	LÄNGE: 137 km		BRENNEREIEN: 8
REISE: Auto	REGION: Nördliches Kentucky, USA		

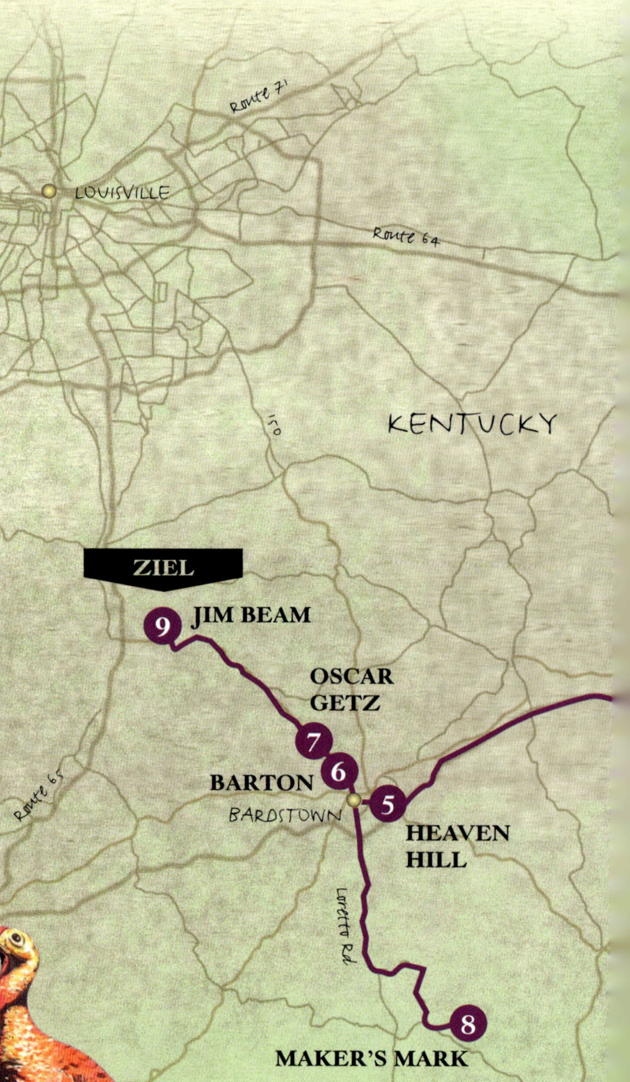

TAG 1: BUFFALO TRACE, WOODFORD RESERVE

FÄSSER BEI WOODFORD RESERVE

❶ Frankfort, der Hauptstadt des Staates, mangelt es nicht an Hotels und Restaurants. Die **Buffalo Trace** Distillery hat ein großes Besucherzentrum und bietet das ganze Jahr über Besichtigungen an. *(www.buffalotrace.com)*

❷ **Woodford Reserve** liegt nahe dem hübschen Ort Versailles, in Kentuckys berühmtem Pferdezuchtgebiet, der »Bluegrass Region«. Ihre kupfernen Stills sind der Höhepunkt der Brennerei-Tour. *(www.woodfordreserve.com)*

TAG 2: WILD TURKEY, FOUR ROSES

❸ Die Boulevard Distillery, die Heimat von **Wild Turkey,** liegt auf einer Anhöhe über dem Kentucky River. Besucher können die meiste Zeit des Jahres einen Blick auf die Produktion werfen. *(www.wildturkeybourbon.com)*

❹ Die Brennerei **Four Roses,** erbaut im Stil einer spanischen Mission, kann von Herbst bis Frühjahr besichtigt werden, im Sommer bleibt die Brennerei geschlossen. Nach Voranmeldung kann man auch das Lagerhaus von Four Roses in Cox's Creek besuchen. *(www.fourroses.us)*

EMBLEM VON WILD TURKEY

LOUISVILLE

Route 71

Route 64

KENTUCKY

I 70

ZIEL

9 JIM BEAM

OSCAR GETZ

7

6

5

BARTON

BARDSTOWN

HEAVEN HILL

Route 65

Loretto Rd.

8

MAKER'S MARK

TAG 3: HEAVEN HILL, BARTON, OSCAR GETZ

5 Bardstown ist bekannt als »Welthauptstadt des Bourbon« und bildet einen idealen Ausgangspunkt für die Besichtigung der Brennereien in diesem Gebiet. Buchen Sie ein Zimmer in der Old Talbott Tavern *(www.Talbotts.com)*, einem Gebäude aus dem späten 18. Jahrhundert mit einer vorzüglich bestückten Bar. Begeben Sie sich dann zum **Heaven Hill** Bourbon Heritage Center, das die Besichtigung eines Bourbon-Lagerhauses und die Verkostung zweier Heaven Hill Whiskeys bietet. *(www.heaven-hill.com)*

HEAVEN HILL, BARDSTOWN

6 Die Brennerei Tom Moore im Stadtzentrum von Bardstown gehört zu **Barton** Brands. Hier übte man in der Vergangenheit Besuchern gegenüber eher Zurückhaltung. Doch die Zeiten ändern sich und heute sind umfassende Besichtigungen der Produktionsbereiche möglich; es gibt ein modernes Barton Brands Visitor Center. *(www.bartonbrands.com)*

7 Nicht weit von Tom Moore entfernt beherbergt das **Oscar Getz** Whiskey Museum eine umfangreiche Sammlung zum Thema, darunter seltene alte Flaschen, eine Schwarzbrennanlage, Werbemittel, neue Whiskeybehälter sowie die originale Alkohollizenz von Abraham Lincoln. *(www.whiskeymuseum.com)*

START

I BUFFALO TRACE

FRANKFORT

Route 64

WOODFORD RESERVE **2**

3

WILD TURKEY

LAWRENCEBURG

LEXINGTON

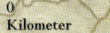

4

FOUR ROSES

Blue Grass Parkway

Route 35

127

27

0   10
Kilometer

TAG 4: MAKER'S MARK

8 Die historische Brennerei **Maker's Mark** steht am Ufer von Hardin's Creek nahe Loretto in Marion County. Auf dem Grundstück hat man ein Arboretum angelegt, das etwa 275 Arten von Bäumen und Sträuchern beherbergt. Geführte Besichtigungen der Brennerei sind jeden Tag möglich. *(www.makersmark.com)*

MAKER'S MARK

DAY 5: JIM BEAM

9 Die Clermont Distillery von **Jim Beam** bietet Führungen durch die Brennerei, ein Lagerhaus und das Hartmann Cooperage Museum an. The American Outpost ist ein Besucherzentrum auf dem Firmengelände mit einem Film über die Herstellung von Bourbon bei Jim Beam und einer Ausstellung von Erinnerungsstücken, die mehr als zwei Jahrhunderte Bourbon-Geschichte umfassen. *(www.jimbeam.com)*

JIM BEAM, CLERMONT DISTILLERY

GEORGE DICKEL NO. 12

GEORGE DICKEL BARREL SELECT

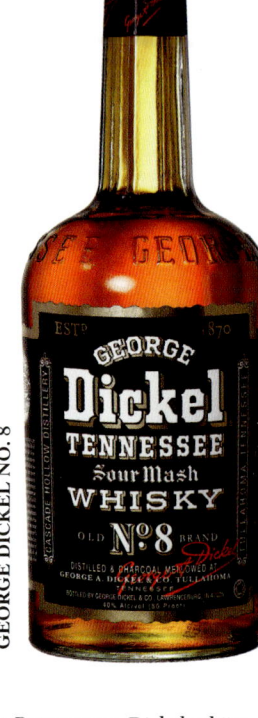

GEORGE DICKEL NO. 8

GEORGE DICKEL

*1950 Cascade Hollow Road,
Normandy, Tennessee*
www.dickel.com

Neben Jack Daniel's ist George
Dickel heute die letzte größere
Brennerei im Staat Tennessee,
vor 100 Jahren sollen es etwa
700 gewesen sein. Dickel verwendet die Schreibung »Whisky«, weil
der Gründer George A. Dickel der
Meinung war, seine Spirituose sei
so weich wie der beste Scotch. Er
kam aus Deutschland und arbeitete
als Kaufmann in Nashville, bevor
er in den 1870er-Jahren seine Cascade Hollow Distillery gründete.

Im Jahr 1910 kam die Prohibition nach Tennessee, und die Brennerei wurde nach Kentucky verlegt und später von Schenley
Distilling Co. übernommen. 1958
entschied Schenley, dass Dickel zu
seinen Wurzeln zurückkehren
sollte: Eine neue Brennerei wurde
nahe dem ursprünglichen Standort
gebaut. Sie verwendet Dickels

eigene Rezepturen. Dickel gehört
heute zur Diageo-Gruppe.

GEORGE DICKEL NO. 12

TENNESSEE WHISKY 45 VOL.-%
Der Duft ist aromatisch, mit Frucht,
Leder, Butterkaramell sowie einem
Hauch Holzkohle und Vanille. Am
Gaumen üppig mit Roggen, Schokolade,
Frucht und Vanille. Der Nachklang bie-
tet Vanille-Toffee und Eiche.

GEORGE DICKEL BARREL
SELECT

TENNESSEE WHISKY 43 VOL.-%
Aromen von Mais, Honig, Nüssen und
Karamell führen zu einem vollen Kör-
per mit weicher Vanille, Gewürzen und
gerösteten Nüssen. Langer, cremiger
Nachklang voll Mandeln und Gewürz.

GEORGE DICKEL NO. 8

TENNESSEE WHISKY 40 VOL.-%
Süß in der Nase mit Schokolade, Kakao
und Vanille. Der Geschmack ist recht
süß und rund, mit frischer Frucht und
Vanillenoten. Der kurze Nachklang
zeigt Gewürze und Holzkohle.

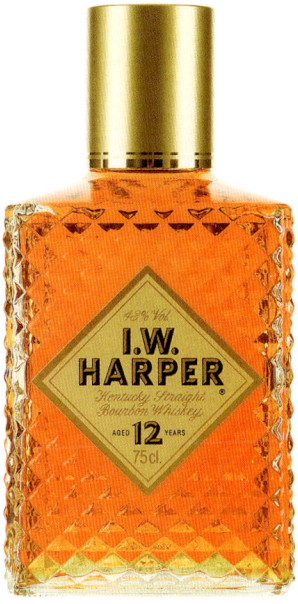

GEORGE T. STAGG

Buffalo Trace, Sazerac Company Inc., Frankfort, Kentucky
www.buffalotrace.com

George T. Stack gehört zur Buffalo Trace Antique Collection und trägt den Namen des ehemaligen Besitzers der heutigen Buffalo Trace Distillery. In den frühen 1880er-Jahren war die Brennerei im Besitz von Edmund Haynes Taylor Jr. Während wirtschaftlich schwieriger Zeiten erhielt er ein Darlehen von seinem Freund Stagg, der das Unternehmen später übernahm.

GEORGE T. STAGG
2008 EDITION

BOURBON 72,4 VOL.-%

Dieser starke, 1993 gebrannte Whiskey zeigt üppige Aromen von Butterkaramell, Marzipan, süßer Eiche und kandierten Kirschen. Am Gaumen Mais, geröstete Kaffeebohnen, Leder, Gewürze und reife Eiche, mit langem Toffee- und Gewürz-Nachklang.

GEORGIA MOON

Heaven Hill Distillery,
1701 West Breckinridge Street,
Louisville, Kentucky
www.heaven-hill.com

Die Maische für Corn Whiskey darf nicht weniger als 80 % Mais enthalten; eine Mindestreife ist nicht festgelegt. Einer der bekanntesten Whiskeys dieser Kategorie ist Heaven Hills Georgia Moon. Mit einem Etikett, das verspricht, dass der Inhalt weniger als 30 Tage alt ist, und auch erhältlich im Einmachglas *(s. S. 229)*, erinnert Georgia Moon an die Tradition der Schwarzbrennerei.

GEORGIA MOON

CORN WHISKEY 40 VOL.-%

Die Nase setzt ein mit dem scharfen Geruch herben Brandes, gefolgt von süßem Maisduft. Der Geschmack erinnert an Kohl und Pflaumen, neben aufkommenden karamellisierten Maisnoten. Der Nachklang ist kurz. Kein anspruchsvolles Getränk.

HANCOCK'S RESERVE

Buffalo Trace Distillery,
1001 Wilkinson Boulevard,
Frankfort, Kentucky
www.buffalotrace.com

Dieser Whiskey, der in der Regel aus zehn Jahre gelagerten Fässern abgefüllt wird, wurde nach Hancock Taylor benannt, Großonkel des US-Präsidenten Zachary Taylor und einer der ersten Zollbeamten von Kentucky. Er wurde 1774 von Indianern erschossen, und sein Testament soll in der Region eines der ersten rechtsgültigen Dokumente gewesen sein.

HANCOCK'S RESERVE
PRESIDENT'S SINGLE BARREL

BOURBON 44, 45 VOL.-%

Ölig in der der Nase, mit Lakritz, Karamell und würzigem Roggen. Süß im Mund, mit Malz, Sahnekaramell und Vanillenoten. Zunehmend trocken im Nachklang, mit bemerkenswerten Eichennoten und beständiger Süße.

I.W. HARPER

Four Roses Distillery, 1224 Bond Mills Road, Lawrenceburg, Kentucky
www.fourroses.us

Die traditionsreiche und einst gut verkaufte Marke I.W. Harper wurde von dem jüdischen Geschäftsmann Isaac Wolfe Bernheim (1848–1945) gegründet, einem der wichtigen Protagonisten im Bourbongeschäft an der Wende zum 20. Jahrhundert. Ursprünglich in der Bernheim Distillery *(s. S. 221)* in Louisville gebrannt, entsteht I.W. Harper heute für Diageo in der Brennerei Four Roses. Es ist einer der führenden Bourbons auf dem japanischen Markt.

I.W. HARPER

BOURBON 43 VOL.-%

Ein körperreicher Bourbon, in dem sich Pfeffer vereint mit Minze, Orange, Karamell sowie recht junger Holzkohle in der Nase. Eleganter Geschmack mit Karamell, Apfel und Eiche. Der Nachklang ist trocken und rauchig.

Woodford Reserve *(s. S. 266)* mag die kleinste Brennerei in Kentucky sein, doch ihre dreifach gebrannten Bourbons haben einen ausgezeichneten Ruf. Sie gehört zur Brown-Forman Corporation.

HEAVEN HILL

BERNHEIM ORIGINAL *(s. S. 221)*

PARKER'S HERITAGE *(s. S. 251)*

HEAVEN HILL

1701 West Breckinridge Street,
Louisville, Kentucky
www.heaven-hill.com

Heaven Hill ist der größte unabhängige amerikanische Hersteller von Spirituosen und in Kentucky die letzte Brennerei in Familienbesitz. Eine Destillerie mit diesem Namen entstand bereits 1890, doch das heutige Unternehmen wurde 1935 von den fünf Shapira-Brüdern gegründet, kurz nach Aufhebung der Prohibition. Sie errichteten ihre Brennerei südlich von Bardstown, und ihre Nachfahren leiten die Geschäfte bis heute.

Am 7. November 1996 wurden Produktionsstätte und Lagerhäuser durch einen Brand fast völlig vernichtet: über 350 000 Liter reifender Spirituosen gingen verloren. Deshalb erwarb die Firma die technisch fortschrittliche Bernheim Distillery in Louisville von Diageo, um die gesamte Produktion dorthin zu verlagern.

Heaven Hill konzentriert sich vor allem auf die Vorzeige-Bourbonmarken Evan Williams *(s. S. 228)* und Elijah Craig *(s. S. 227)*. Die Spezialität des Hauses sind ältere, stärkere Bourbons, traditionell im Charakter, vollmundig und komplex. Zum bemerkenswert vielfältigen Portfolio von Heaven Hill zählen unter anderem Bernheim Original *(s. S. 221)*, Pikesville *(s. S. 254)*, Parker's *(s. S. 251)* und Rittenhouse Rye *(s. S. 254)*. Zudem ist das Unternehmen der einzige einheimische Produzent von Corn Whiskey, wie Mellow Corn *(s. S. 248)* oder Georgia Moon *(s. S. 233)*. Heaven Hill produziert daneben für andere Kunden mit eigenem Label.

HEAVEN HILL
BOURBON 40 VOL.-%
Ein ausgezeichneter und preiswerter »Einstiegs-«Bourbon mit dem Aroma von Orangen und Maisbrot, süßem, öligem Körper sowie Vanille und Mais am Gaumen.

HENRY MCKENNA

Heaven Hill Distillery, 1701 West Breckinridge Street, Louisville, Kentucky www.heaven-hill.com

Der in Irland geborene Henry McKenna ließ sich in Fairfield (Kentucky) nieder, wo er 1855 einen Whiskey zu brennen begann, der bald sehr beliebt war. Der Firmengründer starb 1893. Während der Prohibition wurde die Brennerei geschlossen. McKennas Familie eröffnete die Anlage 1933 wieder und verkaufte sie später an Seagram. Schließlich übernahm Heaven Hill die Marke.

HENRY MCKENNA SINGLE BARREL 10-YEAR-OLD

BOURBON 50 VOL.-%

Zeigt eine interessante Mischung aus Zitrusfrüchten, Holzkohle, Vanille und Karamell in der Nase. Die Kontraste setzen sich im Mund fort, wo Gewürze und angekohlte Eiche angenehm mit Minze und Honig wetteifern.

HIRSCH RESERVE

Händler: Preiss Imports www.hirschbourbon.com

In Hirsch Reserve steckt mehr als ein Tropfen amerikanischer Whiskey-Geschichte. Die Spirituose selbst wurde 1974 in der Mitcher's Distillery, der letzten überlebenden Brennerei in Pennsylvania, gebrannt. Mitcher's schloss 1988, doch Adolf A. Hirsch hatte zuvor einen beträchtlichen Vorrat des Whiskeys erworben. Nach 16-jähriger Reifung kam er in Edelstahltanks, um weiteres Altern zu verhindern. Dieser Whiskey ist jetzt bei Preiss Imports erhältlich.

HIRSCH RESERVE

BOURBON 45,8 VOL.-%

Karamell, Honig und Roggen dominieren den komplexen Duft, dazu ein Anflug von Rauch. Üppig am Gaumen, mit öligem Mais, Honig und Eiche. Roggen und mehr Eichenholz im zunehmend trockenen Nachklang.

HUDSON

Tuthilltown Distillery, 14 Gristmill Lane, Gardiner, New York www.tuthilltown.com

1825 waren im Staat New York mehr als 1000 Brennereien in Betrieb und bedienten einen Großteil der Nachfrage nach Whiskey im Land. Heute ist Tuthilltown hier die einzige Destillerie. Untergebracht in einem ehemaligen Getreidespeicher, grenzt sie an eine Mühle aus dem Jahr 1788, die auf der staatlichen Denkmalliste verzeichnet ist.

Das Unternehmen wurde 2001 von Brian Lee und Ralph Erenzo gegründet und besitzt heute eine 400-Liter-Pot-Still, die 2005 installiert wurde. Tuthill Spirits produziert vier verschiedene Abfüllungen von Hudson, darunter einen üppigen, vollmundigen Four Grain Whiskey und einen karamelligen Single Malt, der sich als »Neuinterpretation« traditioneller schottischer Whiskys versteht.

Die Brennerei produziert ferner Old Gristmill Authentic American Corn Whiskey.

HUDSON MANHATTAN RYE

RYE WHISKEY 46 VOL.-%

Nach einer Pause von mehr als 80 Jahren der erste Whiskey, der im Staat New York wieder produziert wird. Blumige Noten und ein weicher Nachklang am Gaumen mit einem erkennbaren Roggenton.

HUDSON NEW YORK CORN

CORN WHISKEY 40 VOL.-%

Dieser ungereifte Whiskey wird zu 100 Prozent aus Mais aus dem Staat New York hergestellt. Er hat eine helle, klare Farbe, eine fruchtige Maisnote und buttrige, fein salzige Aromen. Da kein Zucker zugegeben wird, ist er nicht so süß wie andere Corn Whiskeys.

Die Geheimnisse von Jack Daniel's

Die Geschichte von Jack Daniel's, Amerikas meistverkauftem Whiskey, beginnt mit der Geburt von Jasper »Jack« Newton Daniel in Lincoln County (Tennessee) im Jahr 1846.

Der Legende nach verstand sich Jack nicht mit seiner Stiefmutter und verließ sein Elternhaus im Alter von sechs Jahren. Zuerst lebte er bei einem älteren Nachbarn und dessen Familie, dann bei einem örtlichen Farmer und schließlich bei dem lutherischen Laienprediger Dan Call in Louse Creek, der auch eine Whiskeybrennerei betrieb. Einer von Calls Sklaven, Nearest Green, lehrte Jack die Kunst des Brennens.

Als der Druck seiner Gemeinde Call zwang, die Religion dem Whiskeymachen vorzuziehen, übernahm der frühreife Teenager Jack 1860 das Geschäft.

Jack Daniel's Tennessee Whiskey hat seit diesen bescheidenen Anfängen einen langen Weg zurückgelegt und ist heute eine der angesehensten Getränkemarken der Welt. Gebrannt wird er in Lynchburg, wohin jedes Jahr Tausende von Besuchern pilgern. Während sie jedoch Souvenirs aller Art mit Jack Daniels Namen kaufen können, ist der Whiskey selbst nicht erhältlich. Lynchburg liegt in Moore County, das offiziell »trocken« ist.

Obwohl die Gründerfigur für das Image des Unternehmens auch heute noch eine zentrale Rolle spielt, gehört Jack Daniel's seit 1956 zu Brown-Forman *(s. S. 222)*, ebenso wie Old Forester *(s. S. 250)*, Early Times *(s. S. 227)* und Woodford Reserve *(s. S. 266)*.

▲ **DER ECHTE JACK DANIEL**
»Mr. Jack« ist eine schillernde Gestalt in der Geschichte amerikanischen Whiskeys. Er war angeblich ein Frauenheld, obwohl er nie heiratete. Der Markenname Old No. 7 soll sich auf die Anzahl seiner Freundinnen beziehen.

▲ **EINE INSTITUTION**
Die 1886 lizenzierte Jack Daniel Distillery ist die älteste eingetragene Brennerei der USA. Lem Motlow war Jacks Neffe, der 1887 in das Unternehmen eintrat und es später erbte. Das Schild ist seitdem unverändert geblieben.

▼ VERKOSTUNG

Die Reifezeit variiert von Fass zu Fass und hängt nicht zuletzt von der Position der Fässer im Lagerhaus ab. Eine Gruppe von Experten verkostet die Spirituose regelmäßig, um zu entscheiden, wann sie reif für die Abfüllung ist.

▲ NEUE FÄSSER

Größte Sorgfalt lässt man den handgefertigten Fässern aus Weißeiche angedeihen. Die Innenseite wird ausgekohlt, um den natürlichen Zucker des Holzes zu karamellisieren. Das macht den Whiskey sehr weich, bernsteinfarben und aromatisch.

◄ DIE HOLZKOHLE

Jack Daniel erzeugt seine Holzkohle selbst aus dem Holz von Zuckerahorn. Sie wird für den für Tennessee Whiskey üblichen Lincoln County Process benötigt. Bei diesem Verfahren filtert man die Spirituose vor der Reifung durch eine drei Meter dicke Schicht aus Holzkohle, was einen sehr milden Whiskey ergibt.

▲ MR. JACKS GRAB

Jack Daniel starb 1911 an einer Blutvergiftung infolge einer Verletzung, die er sich zuzog, als er der Tür seines Safes einen Tritt versetzte, weil er die Kombination vergessen hatte. Er ruht auf dem Friedhof von Lynchburg, nahe seiner geliebten Brennerei. Die Stühle stehen dort für die trauernden Frauen von Lynchburg.

JACK DANIEL'S OLD NO. 7

JACK DANIEL'S SINGLE BARREL

GENTLEMAN JACK

JACK DANIEL'S

280 Lynchburg Road,
Lynchburg, Tennessee
www.jackdaniels.com

Jack Daniel's ist eine weltweit
renommierte Marke und Amerikas
meistverkaufter Whiskey. Sein
Gründer, Jasper »Jack« Newton
Daniel, erlernte bereits im Kindes-
alter die Kunst des Whiskeybren-
nens und übernahm 1860 im Alter
von 14 Jahren eine Destillerie.

Heute ist die Jack Daniel Distil-
lery in Lynchburg (Tennessee) im
Besitz der Brown-Forman Corpo-
ration *(s. S. 222)* und eine große
Besucherattraktion. Wie George
Dickel *(s. S. 232)* nutzt auch
Jack Daniel's den Lincoln County
Process der Holzkohlenfilterung,
bevor die Spirituose in Fässer
gefüllt wird.

JACK DANIEL'S OLD NO. 7
TENNESSEE WHISKEY 40 VOL.-%
Jack Daniel's zeigt ein kräftiges Aroma
aus Vanille, Rauch und Lakritz. Am

Gaumen bietet er öligen Hustensaft
und Sirup, am Ende mit einem Schuss
Ahornsirup und verbranntem Holz im
überraschend langen Nachklang. Nicht
besonders komplex, aber durchaus
muskulös und sicherlich typisch.

JACK DANIEL'S SINGLE BARREL
TENNESSEE WHISKEY 47 VOL.-%
Der 1997 eingeführte Single Barrel ist
bezaubernd und weich in der Nase, mit
Noten von Pfirsich, Vanille, Nüssen und
Eiche. Der vergleichsweise trockene
Geschmack bietet Tiefe, Üppigkeit und
Eleganz, mit öligem Mais, Lakritz, Malz
und Eiche. Malz und Eiche sind auch
ein Höhepunkt des langen Nachklangs,
neben einem Hauch würzigen Roggens.

GENTLEMAN JACK
TENNESSEE WHISKEY 40 VOL.-%
Nach vier Jahren Lagerung wird die-
ser Whiskey vor dem Abfüllen durch
Holzkohle gefiltert. Das Ergebnis ist im
Duft wesentlich weicher, verhaltener
und fruchtiger als Old No. 7. Im Mund
ebefalls mehr Frucht, dazu Noten von
Karamell, Lakritz, Vanille und ein
Hauch Rauch.

Jim Beam *(s. nächste Seite)* ist ein internationales Unternehmen, das in industriellem Umfang produziert, doch sein »American Outpost« in Clermont (Kentucky) beschwört die gute alte Zeit herauf.

JIM BEAM BLACK LABEL

JIM BEAM

*Clermont Distillery, 149 Happy
Hollow Road, Clermont, Kentucky
www.jimbeam.com*

Jim Beam ist die meistverkaufte
Bourbonmarke der Welt. Ihre
Ursprünge reichen zurück bis ins
18. Jahrhundert, als der deutsch-
stämmige Müller Jakob Böhm mit
seiner kupfernen Pot Still von Virginia westwärts nach Bourbon
County (Kentucky) kam. Er soll
sein erstes Fass Whiskey 1795
gegen Barzahlung verkauft haben
und verlegte schließlich seine
Brennerei nach Washington
County, als er dort von seinem
Schwiegervater Land geerbt hatte.

Jakob hatte zwei Söhne, John
und David. Als David Beam am
Ruder war, nahm die Brennerei
den Namen Old Tub an. 1854
verlegte dessen Sohn David den
Betrieb nach Nelson County, wo
nahe einer Eisenbahnlinie die
Clear Springs Distillery in Betrieb
ging.

Jim (James Beauregard) Beam
war Jakob Böhms Urenkel. Er trat
1880 im Alter von 16 Jahren in
das Familienunternehmen ein; das
Geschäft blühte in diesen Jahren,
bevor die Prohibition die Schließung der Brennerei erzwang.

1933, kurz nach Aufhebung der
Prohibition, gründete Jim Beam
die heutige Clermont Distillery bei
Clear Springs, obwohl er damals
schon 70 Jahre alt war. Er starb
1947, fünf Jahre nachdem »Jim
Beam« erstmals auf dem Flaschen-
etikett erschienen war, und zwei
Jahre nachdem Harry Blum, ein
ehemaliger Partner aus Chicago,
die Firma übernommen hatte.

Die Verbindung zur Familie
Beam ist jedoch nicht abgerissen:
Heute steht dafür Fred Noe, der
Urenkel Jims aus der siebten
Generation der Familie. Freds
Vater Booker Noe galt als einer der
ganz Großen im Bourbongeschäft
und er steckt hinter dem »Small

Batch Bourbon«. Clermont nahe
der Bourbonhauptstadt Bardstown
bleibt die Hauptbrennerei des
Unternehmens, ergänzt durch
eine Destillerie im nahegelegenen
Örtchen Boston, die aus dem
Jahr 1953 stammt.

Neben Jim Beam Whiskey
wird auch eine Reihe weiterer
Marken produziert, darunter
Baker's *(s. S. 220)*, Booker's
(s. S. 221), Basil Hayden's
(s. S. 221), Knob Creek *(s. S. 245)*,
Old Crow *(s. S. 249)*, Old Grand-
Dad *(s. S. 250)* sowie Old Taylor
(s. S. 251). Außerdem betreibt Fortune Brands Inc. die Maker's Mark
Distillery *(s. S. 246)* in Loretto.

JIM BEAM BLACK LABEL 8-YEAR-OLD

BOURBON 43 VOL.-%

Besitzt größere Tiefe als White Label,
mehr komplexe Frucht und Vanillenoten, dazu Lakritz und süßen Roggen.

JIM BEAM WHITE LABEL 4-YEAR-OLD

BOURBON 40 VOL.-%

Vanille und feine blumige Noten in der
Nase. Anfangs süß mit verhaltenen
Vanilletönen, dann entwickeln sich tro-
ckenere, eichige Akzente, Möbelpolitur
und weichem Malz im Nachklang wei-
chend. Nicht ganz zu Unrecht wurde er
einmal beschrieben als »eine Spirituose
wie ein weicher Bariton«.

JIM BEAM RYE

RYE WHISKEY 40 VOL.-%

Leicht, duftig und aromatisch in der
Nase, mit Zitrone und Minze. Ölig im
Mund, mit weichen Früchten, Honig
und Roggen am Gaumen; trocken und
würzig im Nachklang.

JIM BEAM CHOICE 5-YEAR-OLD

BOURBON 40 VOL.-%

Choice wird nach der Reifung durch
Holzkohle gefiltert wie ein Tennessee
Whiskey und hat einen weichen,
seidigen Charakter mit mehr Karamellnoten als die anderen Varianten.

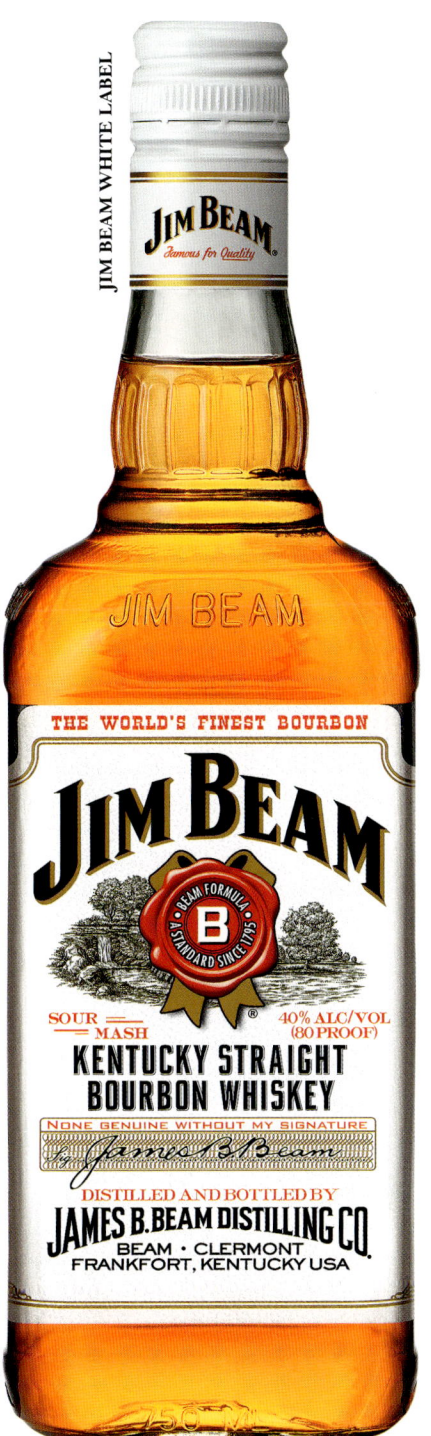

JEFFERSON'S

McLain & Kyne Ltd. (Castle Brands),
Louisville, Kentucky
www.mclainandkyne.com

Die Firma McLain & Kyne Ltd. in
Louisville wurde von Trey Zoeller
gegründet, um die Brenntradition
seiner Vorfahren fortzusetzen.
McLain & Kyne sind auf Premium-
bourbons in sehr kleinen Mengen
spezialisiert, vor allem Jefferson's
und Sam Houston *(s. S. 256).*

JEFFERSON'S SMALL BATCH
8-YEAR-OLD
BOURBON (VARIABLE VOL.-%)
Dieser Bourbon ist in Lagerhäusern
gereift, die im Inneren mit Metall ver-
kleidet sind, um die extremen Tempera-
turen Kentuckys zu betonen. Sie zwingen den Whiskey, sich weit ins Fass
auszudehnen und Holzaromen zu extrahieren. Der Duft ist frisch, mit Vanille
und reifen Pfirsichen, der Geschmack
weich und süß, er zeigt mehr Vanille,
Karamell und Beeren. Feiner Nachklang von gerösteter Vanille und Sahne.

JOHNNY DRUM

Kentucky Bourbon Distillers, 1869
Loretto Road, Bardstown, Kentucky
www.kentuckybourbonwhiskey.com

Johnny Drum soll als Trommler-
junge im amerikanischen Bürgerkrieg in der konföderierten Armee
gedient haben. Später lebte er als
Farmer und Brenner in Kentucky.
Johnny Drum Bourbon wurde
ursprünglich in der Willett Distillery nahe Bardstown hergestellt,
doch sie schloss in den frühen
1980er-Jahren, als sich das letzte
Mitglied der Familie Willett zur
Ruhe setzte. Die Anlage gehört
heute zu Kentucky Bourbon Distillers Ltd., die vom Schwiegersohn
des letzten Besitzers geleitet wird.

JOHNNY DRUM
BOURBON (VARIABLE VOL.-%)
Weich und elegant in der Nase, mit
Vanille, milden Gewürzen und Rauch.
Vollmundiger, ausgewogener, weicher
Geschmack nach Vanille und Rauch.
Langer, differenzierter Nachklang.

KENTUCKY
GENTLEMAN

Barton Distillery, 1 Barton Road,
Bardstown, Kentucky
www.bartonbrands.com

Kentucky Gentleman wird als
Blended Whiskey und als Straight
Bourbon angeboten. Laut Herstel-
ler besteht der Blend aus reinem
Kentucky Bourbon und feinstem
Getreidebrand.

Der Bourbon erfreut sich insbesondere in den Südstaaten einer
treuen Anhängerschaft, vor allem
in Florida, Alabama und Virginia.

KENTUCKY GENTLEMAN
BOURBON 40 VOL.-%
Dieser Bourbon enthält mehr Roggen
als die meisten Whiskeys aus der Barton Distillery. Er bietet Karamell und
süße Eichenaromen und ist ölig, vollmundig, würzig und fruchtig im Mund.
Roggen, Früchte, Vanille und Kakao
bestimmen den anhaltenden, aromatischen, vergleichsweise energischen
Nachklang.

KENTUCKY
TAVERN

Barton Distillery, 1 Barton Road,
Bardstown, Kentucky
www.bartonbrands.com

Die Marke Kentucky Tavern exis-
tiert seit mehr als 100 Jahren. Der
Bourbon war einst das wichtigste
Produkt der Glenmore Distilleries
Company aus Louisville. Seinen
Namen erhielt er von einer Bar mit
Restaurant im Osten von Louis-
ville. 1992 wurde Glenmore von
United Distillers übernommen, die
inzwischen zu Diageo gehören. Die
Marke Kentucky Tavern wurde
später an Barton Brands verkauft.

KENTUCKY TAVERN
BOURBON 40 VOL.-%
Energisch und eichig in der Nase, mit
Äpfeln und Honig. Gewürze, Eichen-
holz, mehr Äpfel und eine Roggennote
am Gaumen, während der mittellange
Nachklang Pfeffer und Eiche zeigt.

KESSLER

Jim Beam Distillery, 149 Happy Hollow Road, Clermont, Kentucky www.jimbeam.com

Einer der bekanntesten und angesehensten amerikanischen Blends. Kesslers Wurzeln gehen auf das Jahr 1888 zurück, als er erstmals von einem Julius Kessler verschnitten wurde. Dieser zog im Westen von Saloon zu Saloon, um seinen Whiskey an den Mann zu bringen.

KESSLER

BLEND 40 VOL.-%
Kessler wirbt seit über einem halben Jahrhundert mit dem Slogan »weich wie Seide« und wird ihm fraglos gerecht. Die Nase ist leicht und fruchtig, der Geschmack süß, mit wohlabgewogener Komplexität aus Lakritz und Leder, die zu erkennen gibt, dass der Bourbon für diesen Blend wenigstens vier Jahre reift.

KNOB CREEK

Jim Beam Distillery, 149 Happy Hollow Road, Clermont, Kentucky www.jimbeam.com

In Knob Creek in Kentucky besaß Thomas Lincoln, der Vater des späteren Präsidenten, eine Farm und hier arbeitete er in der örtlichen Brennerei. Dieser Bourbon ist einer von dreien, die 1992 eingeführt wurden, als Jim Beam seine Small Batch Bourbon Collection herausbrachte. Er wird mit demselben hohen Roggenanteil gemacht wie die von Jim Beam gebrannten Marken Basil Hayden's *(s. S. 221)* und Old Grand-Dad *(s. S. 250).*

KNOB CREEK 9-YEAR-OLD

BOURBON 50 VOL.-%
Knob Creek hat eine nussige Nase mit süßer, würziger Frucht und Roggentönen. Am Gaumen fruchtig, Akzente von Malz, Gewürzen und Nüssen. Im Nachklang zunehmend trocken, mit Vanillenoten.

LEOPOLD

4950 Nome Street, Denver, Colorado www.leopoldbros.com

Leopold Bros. ist ein kleines Familienunternehmen mit Sitz in Denver (Colorado), der Heimat der Brüder Scott und Todd Leopold. Scott kümmert sich um die Geschäfte der Firma, während Todd als Brennmeister die kupferne 180-Liter-Pot-Still der Destillerie überwacht. Er stellt Likör, Wodka, Gin, Rum, Absinth und aromatisierte Whiskeys her. Die Brennerei ist spezialisiert auf Small Batch Blends (Blends in kleinen Mengen), die alle handwerklich hergestellt werden; jede Flasche ist von Hand nummeriert.

Zu den ungewöhnlichen Kreationen des Hauses zählen beispielsweise ein Blend mit dem Saft von Rocky-Mountain-Pfirsichen und ein Whiskey mit dem Aroma von Brombeeren. Diese aromatisierten Frucht-Whiskeys reifen in gebrauchten, ausgekohlten Bourbonfässern, sodass die Süße der Frucht von der Weichheit des Bourbonfinishs ausbalanciert wird.

GEORGIA PEACH

FLAVOURED WHISKEY 30 VOL.-%
Pfirsichsaft wird verschnitten mit Small Batch Whiskey und reift in Bourbonfässern. Das Ergebnis ist eine pfirsichsüße Spirituose mit Anklängen von Eiche, Vanille und Rosinen.

NEW YORK APPLE

FLAVOURED WHISKEY 40 VOL.-%
Äpfel aus dem Staat New York verleihen dieser Spezialität ihr besonderes Aroma. In benutzten Bourbonfässern erlangt er zusätzliche Reife. Nach Aussage der Hersteller sorgen die Fässer für ein Finish aus Eiche, Vanille und Rosinen, während die Mischung aus süßen und herben Äpfeln eine perfekte Harmonie zum Nachklang von ausgekohlter Eiche erzeugt.

Die Geheimnisse von **Maker's Mark**

Die Brennerei Maker's Mark steht am Ufer des Hardin's Creek nahe Loretto in Marion County (Kentucky). Gegründet wurde sie 1805, ihre jüngere Geschichte beginnt 1953.

In jenem Jahr kaufte Taylor William Samuels sen. die verfallene, als Happy Hollow bekannte Brennerei. Sein Urururgroßvater hatte in den 1780er-Jahren Whiskey hergestellt, und Taylor war im Besitz des geheimen Familienrezepts für Bourbon. Eine seiner ersten Handlungen bei der Übernahme von Happy Hollow war jedoch, das Rezept symbolisch zu verbrennen und zu erklären: »Wir brauchen es nicht! Um einen wirklich neuen und weichen Bourbon zu machen, müssen wir bei null anfangen.« Damit meinte Samuels einen milderen Whiskey als damals üblich. Er verwendete Mais und gemälzter Gerste, zusammen mit rotem Winterweizen anstelle des üblichen Roggens. Im Gedenken an seine schottische Herkunft schrieb er von Anfang an »Whisky«.

Maker's Mark war lange einer der großen Bourbons in Kentucky, ging 1981 jedoch in andere Hände über. Seit 2005 gehört er zur Gruppe Fortune Brands, die auch Jim Beam *(s. S. 242)* besitzt.

▲ DIE MAISCHE

Das Getreiderezept für Maker's Mark enthält 70 % Mais, 16 % roten Winterweizen sowie 14 % gemälzte Gerste, was eine vergleichsweise weiche, sanfte Spirituose ergibt – jenen »weichen Bourbon«, den T. W. Samuels von Anfang an im Sinn hatte.

▼ KUPFERNE POT STILLS

Das *distiller's beer* wird anfangs in einer fünfstöckigen Säulenanlage gebrannt. Dann erfolgt eine zweite Destillation in kupfernen Pot Stills, um alle Unreinheiten zu beseitigen, was eine klare Spirituose mit 65 Vol.-% erzeugt.

▲ DISTILLER'S BEER

In den traditionellen Gärbehältern oder Washbacks aus Zypressenholz wird die erhitzte Maische mit Hefe vermischt. Durch die Wirkung der Hefe entsteht das sogenannte »Bier des Brenners«

◀ AUSKOHLEN DER FÄSSER

Die Fässer werden »ausgekohlt«, indem man ihr Inneres mit Feuer versengt. Per Gesetz muss Bourbon in neuen, ausgekohlten Weißeichenfässern lagern. Die Holzkohlenschicht auf dem Holz erleichtert den Reifungsprozess.

▼ RACK HOUSES

Bei Maker's Mark reift die Spirituose in dreigeschossigen Lagerhäusern, den *rack houses*. Die Fässer werden immer wieder umgeschichtet, um eine gleichmäßige Reifung zu gewährleisten.

▲ KONTROLLE DER FÄSSER

Während der New Make in den Eichenfässern reift, wird er aufmerksam überwacht. Aus jedem Fass werden fünf Mal Proben entnommen, um sicherzustellen, dass die Abfüllung im richtigen Moment erfolgt.

◀ SIEGELWACHS

Nach maschineller Abfüllung wird jede Flasche Maker's Mark von Hand etikettiert und dann mit dem Hals für einige Sekunden in heißen Wachs getaucht. So entsteht das typische rote Siegel der Marke.

▶ DAS MARKENZEICHEN

Das Siegel war die Idee von Marge Samuels, der Frau von T. W. »Bill« Samuels. Sie sammelte alte Cognacflaschen, von denen viele mit Siegelwachs verschlossen waren. Auch das Markenzeichen geht auf ihre Idee zurück.

MAKER'S MARK

*3350 Burks Springs Road,
Loretto, Kentucky
www.makersmark.com*

Die Brennerei am Ufer des Hardin's Creek nahe Loretto wurde 1805 gegründet. Sie ist die älteste aktive Brennerei in den USA, die sich noch an ihrem Originalstandort befindet. Die Marke Maker's Mark wurde in den 1950er-Jahren von Bill Samuels Jr. entwickelt und befindet sich heute im Besitz von Fortune Brands Inc.

MAKER'S MARK
BOURBON 45 VOL.-%
Subtile, komplexe, reine Nase mit Vanille und Gewürzen, einer delikat-blumigen Rosennote, dazu Limetten und Kakaobohnen. Mittlerer Körper; am Gaumen frische Frucht, Gewürze, Eukalyptus und Ingwerkuchen. Der Nachklang bietet mehr Gewürze, frische Eiche mit einem Hauch Rauch und am Ende einen Schuss Käsekuchen mit Pfirsich.

MCCARTHY'S

*Clear Creek Distillery, 2389 NW Wilson Street, Portland, Oregon
www.clearcreekdistillery.com*

Steve McCarthy gründete die Clear Creek Distillery vor mehr als 20 Jahren und brennt seit über einem Jahrzehnt Whiskey. Er vertritt die Ansicht, dass sein Whiskey – der aus getorfter, gemälzter Gerste aus Schottland gebrannt wird – »ein Single Malt Scotch wäre, wenn Oregon in Schottland läge«.

MCCARTHY'S OREGON
SINGLE MALT 40 VOL.-%
McCarthy's reift zunächst zwei bis drei Jahre in Sherryfässern, dann sechs bis zwölf Monate in Fässern aus luftgetrockneter Orgeon-Eiche. Würziges Räucheraroma, mit einem Hauch Schwefel, Torf und Vanille. Großer Körper. Am Gaumen fleischig, ölig und rauchig-süß, mit trockener Eiche, Malz, Gewürzen sowie Salz im Nachklang.

MELLOW CORN

*Heaven Hill Distillery,
1701 West Breckinridge Street,
Louisville, Kentucky
www.heaven-hill.com*

Laut Heaven Hill ist amerikanischer Corn Whiskey ein Vorläufer und naher Verwandter des Bourbon und wird von der US-Regierung definiert durch eine Mischung aus wenigstens 81 % Mais – der Rest ist gemälzte Gerste und Roggen.

Heute ist Heaven Hill der einzig verbliebene heimische Produzent dieses klassischen Whiskeys und füllt neben Mellow Corn auch Georgia Moon ab *(s. S. 233)*.

MELLOW CORN
CORN WHISKEY 50 VOL.-%
Holzlack und Vanille mit blumigen und kräuterartigen Noten in der Nase. Im Mund groß, ölig und fruchtig, mit karamellisierten Äpfeln. Mehr Frucht, süße Holzkohle und wenig Vanille komplettieren den Nachklang. Jung und wild.

NOAH'S MILL

*Kentucky Bourbon Distillers Ltd.,
Nelson County, Kentucky
www.kentuckybourbonwhiskey.com*

Wie Johnny Drum *(s. S. 244)* wurde Noah's Mill einst in der Willett Distillery gebrannt, die in Bardstown von 1935 bis zum Beginn der 1980er-Jahre in Betrieb war. 1984 übernahm Even Kulsveen, der Schwiegersohn von Thompson Willett und heutige Inhaber der Kentucky Bourbon Distillers Ltd., die alte Brennerei mit der Absicht, sie wiederzubeleben. Noah's Mill ist ein Small Batch Bourbon, derzeit eine Auftragsproduktion.

NOAH'S MILL 15-YEAR-OLD
BOURBON 57,15 VOL.-%
Eleganter, ausgewogener Duft mit Karamell, Nüssen, Kaffee, dunklen Früchten und Eiche. Noah's Mill hat eine üppige Struktur und ist bemerkenswert trocken am Gaumen, mit Hintergrundnoten von weicher Frucht und Gewürz. Im Nachklang lang und eichig.

THE NOTCH

Triple Eight Distillery, 5&7 Bartlett Farm Rd., Nantucket, Massachusetts
www.ciscobrewers.com

Dean und Melissa Long gründeten ihre Nantucket Winery 1981 und fügten 1995 die Cisco Brewery hinzu. Zwei Jahre später folgte die einzige Kleinbrennerei der Region, Triple Eight. Der erste Single Malt wurde 2000 gebrannt und heißt The Notch, weil er »not Scotch« ist, wenngleich im schottischen Stil produziert. Er reift in Bourbonholz, bevor er ein Finish in französischen Merlotfässern erhält.

THE NOTCH
SINGLE MALT 44,4 VOL.-%
Süße Aromen von Mandeln und Frucht in der Nase, gestützt durch Vanille und geröstete Eiche. Weiche Honig- und Birnennoten am Gaumen, der auch eine Andeutung von Merlot bereithält. Langer Nachklang voller Kräutertöne.

OLD CHARTER

Buffalo Trace Distillery, 1001 Wilkinson Boulevard, Frankfort, Kentucky
www.buffalotrace.com

Die Marke Old Charter geht auf das Jahr 1874 zurück; der Name hat einen direkten Bezug zum Charter Oak Tree, wo Connecticuts Kolonialcharta 1687 vor den Briten versteckt wurde. Die Buffalo Trace Distillery selbst ist zwar nicht ganz so alt – sie geht auf den Anfang des 20. Jahrhunderts zurück – wird aber bereits auf der amerikanischen Denkmalliste geführt.

OLD CHARTER 8-YEAR-OLD
BOURBON 40 VOL.-%
Anfangs trocken und pfeffrig in der Nase, dann folgen süße und buttrige Aromen. Mundfüllend, mit dem Geschmack von Vanille, Frucht, altem Leder und Gewürznelke. Der Nachklang ist lang und ausdifferenziert.

OLD CROW

Jim Beam Distillery, 149 Happy Hollow Road, Clermont, Kentucky
www.jimbeam.com

Old Crow trägt den Namen des schottischstämmigen Chemikers James Christopher Crow, der im 19. Jahrhundert in Kentucky als Brenner aktiv war. Neben Old Grand-Dad *(s. S. 250)* und Old Taylor *(s. S. 251)* gehörte auch er zu den Marken, die Jim Beam *(s. S. 242)* 1987 von National Distillers übernahm. Alle drei Brennereien wurden geschlossen und die gesamte Produktion in Brennereien von Jim Beam in Clermont und Boston verlagert.

OLD CROW
BOURBON 40 VOL.-%
Vielschichtiges Aroma mit Malz, Roggen und scharfen Fruchtnoten, kombiniert mit milden Gewürzen. Am Gaumen würzige, malzige Zitruselemente, mit Zitrus- und Gewürznoten im Vordergrund.

OLD FITZGERALD

Heaven Hill Distillery, 1701 West Breckinridge Street, Louisville, Kentucky
www.heaven-hill.com

Benannt nach John E. Fitzgerald, der 1870 in Frankfort (Kentucky) eine Brennerei gründete. Die Marke fand eine neue Heimat in Louisville, als die Brüder Frederick und Philip Stitzel mit William Larue Weller & Sons fusionierten und daraufhin 1935 die neue Stitzel-Weller Distillery in Louisville eröffneten.

VERY SPECIAL OLD FITZGERALD 12-YEAR-OLD
BOURBON 45 VOL.-%
Komplexer und ausgewogener Bourbon mit etwas Weizen statt Roggen in der Maische. Die Nase ist üppig, fruchtig und lederig, während der Geschmack süße und fruchtige Noten zeigt, ausbalanciert durch Gewürz und Eiche. Der Nachklang ist lang und zunehmend trocken; Vanille geht in Eiche über.

OLD FORESTER

Brown-Forman Distillery,
850 Dixie Highway,
Louisville, Kentucky
www.brown-forman.com

Die Wurzeln der Marke Old Forester gehen auf das Jahr 1870 zurück, als George Garvin Brown eine Brennerei in Louisville (Kentucky) gründete *(s. S. 222)*. Der Whiskey schrieb sich anfangs »Forrester«, und es gibt verschiedene Theorien zum Ursprung des Namens. Einige behaupten, er wurde nach dem konföderierten Armeeoffizier General Nathan Bedford Forrest benannt, andere, der Name sei von George Garvin Browns Arzt Dr. Forrester inspiriert. Man hat auch schon spekuliert, die Bezeichnung sei gewählt worden, um den vielen Holzarbeitern der Gegend zu gefallen.

OLD FORESTER
BOURBON 43 VOL.-%
Komplex, mit ausgesprochen blumigen Noten, Vanille, Gewürz, Pfeffer,
Frucht, Schokolade und Menthol in der Nase. Voll und fruchtig im Mund, wo Roggen und Pfirsich mit Karamellbonbon, Muskatnuss und Eiche wetteifern. Der Nachklang bietet mehr Roggen, Toffee, Lakritz und trockene Eiche.

OLD FORESTER BIRTHDAY BOURBON
BOURBON 47 VOL.-%
Seit September 2002 gibt es jährlich eine Jahrgangsabfüllung von Old Forester, um des Geburtstags von George Garvin Brown zu gedenken. Die 2007er-Version wurde 1994 gebrannt und besteht aus weniger als 8500 Flaschen. Laut Brown-Forman schlägt dieser Jahrgang einen Mittelweg zwischen den vorherigen ein: 2005 enthielt viel Zimtwürze, während 2006 eine ausgeprägte Minzenote besaß.

Der 2007er ist süß in der Nase mit Zimt, Karamell und Vanille sowie einem kontrastierenden Hauch Minze. Der Geschmack ist voll und komplex, mit Karamell, Äpfeln und eichiger Vanille, der Nachklang lang, warm und rein.

OLD GRAND-DAD

Jim Beam Distillery,
149 Happy Hollow Road,
Clermont, Kentucky
www.jimbeam.com

Old Grand-Dad wurde 1882 von einem Enkel des Brenners Basil Hayden *(s. S. 221)* gegründet. Markenrechte und Brennerei gingen schließlich an American Brands (jetzt Fortune Brands Inc.), die Brennerei wurde geschlossen. Die Produktion erfolgt heute bei Jim Beam in Clermont und Boston.

OLD GRAND-DAD
BOURBON 43-57 VOL.-%
Im Duft von Old Grand-Dad, der mit einem vergleichsweise hohen Roggenanteil gemacht wird, stecken Orangen und pfeffrige Gewürze. Recht körperreich; am Gaumen voll, aber bei dieser Stärke überraschend weich. Frucht, Nüsse und Karamell sind am Gaumen im Vordergrund, während der Nachklang lang und ölig ist.

OLD POTRERO

Anchor Distilling Company,
1705 Marisposa Street,
San Francisco, California
www.anchorbrewing.com

Fritz Maytag ist einer der Pioniere der amerikanischen *Micro-drinks-*Bewegung und betreibt seit 1965 San Franciscos historische Anchor Steam Brewery. 1994 fügte er seiner Brauerei eine kleine Brennerei auf dem Potrero Hill hinzu. Hier möchte er »den ursprünglichen Whiskey Amerikas wiedererschaffen« und erzeugt kleine Portionen der Spirituose aus 100 % Roggenmalz in traditionellen, offenen Pot Stills. Die Brennerei produziert eine Vielfalt an Blends nach nahezu identischen Methoden.

Einer von Maytags berühmten Blends heißt Hotaling's und erinnert an das Erdbeben, das 1906 die Stadt verwüstete. Das bekannte Whiskeylager von A. P. Hotaling & Co. in der Jackson Street blieb von der Katastrophe verschont.

OLD POTRERO RYE

OLD POTRERO

SINGLE MALT RYE 62,55 VOL.-%

Dieser preisgekrönte Whiskey »im Stil des 18. Jahrhunderts« wird in einer kleinen kupfernen Pot Still aus einer Maische aus 100 % Roggenmalz gebrannt. Er lagert dann ein Jahr in neuen, leicht ausgekohlten Eichenfässern und entwickelt einen blumigen, nussigen Duft mit Vanille und Gewürz. Ölig und weich am Gaumen, mit Minze, Honig, Schokolade und Pfeffer im langen Nachklang.

OLD POTRERO RYE

RYE WHISKEY 45 VOL.-%

Dieser Whiskey im Stil des 19. Jahrhunderts lagert drei Jahre in neuen, ausgekohlten Eichenfässern und zeugt vom Bemühen Maytags, den ursprünglichen Whiskey Amerikas neu zu erschaffen. Die Nase ist voller Nüsse, buttriger Vanille, süßer Eiche und Pfeffer. Komplex im Mund, ölig, süß und würzig, mit Karamell, Eiche und kräftigen Roggennoten im Nachklang.

OLD TAYLOR

Jim Beam Distillery,
149 Happy Hollow Road,
Clermont, Kentucky
www.jimbeam.com

Old Taylor wurde von Edmund Haynes Taylor Jr. eingeführt, der zu unterschiedlichen Zeiten drei Brennereien in der Gegend um Frankfort (Kentucky) betrieb, darunter die heutige Buffalo Trace Distillery *(s. S. 222)*. Ihm war der Bottled-in-Bond-Act von 1897 zu verdanken, der die Qualität eines Whiskeys garantierte – jede Flasche mit einem staatlichen Siegel enthielt Whiskey mit 50 Vol.-%, mindestens vier Jahre gereift. Old Taylor wurde 1987 von Fortune Brands übernommen.

OLD TAYLOR

BOURBON 40 VOL.-%

Leicht und mit Orangennoten in der Nase, dazu ein Hauch Marzipan; süß, Honigtöne und etwas Eiche am Gaumen.

PARKER'S

Heaven Hill Distillery, 1701 West
Breckinridge Street, Louisville, Kentucky
www.heaven-hill.com

Parker's Heritage Collection ist eine limitierte Serie rarer Whiskeys, die jährlich fortgesetzt wird und Brennmeister Parker Beam (in der sechsten Generation) Tribut zollt.

Die erste Abfüllung ist ein Bourbon von 1996 in Fassstärke, der erste *barrel-proof* Bourbon in den USA. Bei der Auswahl der Fässer legte Parker Beam Wert auf feinen Duft, gut entwickelten Geschmack und leichten, weichen Nachklang.

PARKER'S HERITAGE COLLECTION (FIRST EDITION)

BOURBON 61,3 VOL.-%

Honig, Vanille, Mandeln, Leder und Kirsche in der Nase, im Mund mehr Vanille, würzige Frucht und Karamell, dazu Leder, Pfeifentabak und Eiche. Der Nachklang ist lang und fruchtig, mit Gewürzen und Eichenholz.

PEREGRINE ROCK

Saint James Spirits, 5220 Fourth
Street, Irwindale, California
www.saintjamesspirits.com

Saint James Spirits wurde 1995 von dem Lehrer Jim Busuttil gegründet, der die Kunst des Brennens in der Schweiz und in Deutschland erlernt hat. Er macht Single Malt Whisky (man beachte die Schreibweise) seit 1997. Peregrine Rock wird aus getorfter schottischer Gerste in einer 150 Liter fassenden kupfernen Pot Still gebrannt und reift wenigstens drei Jahre in Bourbonfässern.

PEREGRINE ROCK CALIFORNIA PURE

SINGLE MALT 40 VOL.-%

Blumiges Aroma mit frischen Früchten und einem Hauch Rauch. Der Geschmack ist delikat und fruchtig, mit einer Zitrusnote. Süßere, malzige Noten frisch gemähten Grases im leicht rauchigen Nachklang.

Die Vergärung der Maische in einem der Washbacks der Jack Daniel Distillery in Tennessee – in diesem Stadium reagiert die Hefe auf den Zucker in der Würze und produziert daraus Alkohol mit einer Stärke um 8 Vol.-%.

PIKESVILLE

Heaven Hill Distillery,
1701 West Breckinridge Street,
Louisville, Kentucky
www.heaven-hill.com

Es gibt zwei verschiedene Arten
von Rye Whiskey: den würzigen,
scharfen Stil, den man in Pennsylvania pflegt (etwa Rittenhouse)
sowie den weicheren Maryland-
Stil. Pikesville ist vermutlich der
einzige Maryland Rye, der heute
noch produziert wird. Sein Name
geht auf den gleichnamigen Ort in
Maryland zurück, wo er seit den
1890er-Jahren bis 1972 gebrannt
wurde. Ein Jahrzehnt später übernahm Heaven Hill die Marke.

PIKESVILLE SUPREME

RYE WHISKEY 40 VOL.-%
Der spritzige Duft enthält Kaugummi,
Frucht und Holzlack. Am Gaumen
noch mehr Kaugummi, Gewürz, Eiche
und deutliche Vanillenoten. Der Nachklang mischt anhaltende Vanille mit
Orange.

REBEL YELL

Luxco, Bernheim Distillery,
St Louis, Missouri
www.luxco.com

Rebel Yell wird in der Bernheim
Distillery in Louisville mit einem
Anteil Weizen anstatt Roggen
in der Maische gebrannt. Nach
dem Rebel-Yell-Rezept entstand
erstmals 1849 Whiskey, und nachdem die Marke schon lange in den
Südstaaten beliebt war, wurde sie
in den 1980er-Jahren international herausgebracht. Neben dem
Standardbourbon existiert auch
eine limitierte Abfüllung mit dem
Namen Rebel Reserve.

REBEL YELL

BOURBON 40 VOL.-%
Die Nase aus Honig, Rosinen und
Butter führt zu einem körperreichen
Bourbon, der wiederum Honig und
buttrige Qualität zeigt, neben Pflaumen und weichem Leder. Der Nachklang ist lang und würziger, als es der
Geschmack erwarten lässt.

RIDGEMONT

Barton Distillery, 1 Barton Road,
Bardstown, Kentucky
www.bartonbrands.com

Die »1792« im Namen erinnert an
die Staatsgründung Kentuckys.
Als dieser Bourbon 2004 auf den
Markt kam, hieß er Ridgewood
Reserve, doch nach einem Rechtsstreit zwischen Barton Brands
und den Besitzern von Woodford
Reserve, Brown-Forman, wurde
der Name geändert.

1792 RIDGEMONT RESERVE

BOURBON 46,85 VOL.-%
Dieser vergleichsweise feine und komplexe 8-jährige Small Batch Bourbon
hat einen weichen Duft nach Vanille,
Karamell, Leder, Roggen, Mais sowie
Gewürznoten. Ölig und anfangs süß im
Mund; Karamell und würziger Roggen
entwickeln sich neben einer Andeutung
von Eiche. Der Nachklang ist eichig,
würzig und recht lang, mit einem
Hauch anhaltenden Karamells.

RITTENHOUSE
RYE

Heaven Hill Distillery, 1701 West
Breckinridge Street, Louisville, Kentucky
www.heaven-hill.com

Rittenhouse Rye wurde einst
mit Pennsylvania, dem Herzland
des Roggenwhiskeys, assoziiert,
entsteht aber heute in Kentucky.
Seine Maische enthält 51 % Roggen, 37 % Mais und 12 % Gerste.

Rittenhouse wurde kurz
nach Aufhebung der Prohibition
1933 von der Continental Distilling Company of Philadelphia
herausgebracht und später von
der Brennerei Heaven Hill übernommen, die auch während der
mageren Jahre, als Rye Whiskey
weitgehend vergessen war, daran
festhielt.

RITTENHOUSE RYE
23-YEAR-OLD

RYE WHISKEY 50 VOL.-%
Diese limitierte Abfüllung von Rittenhouse Rye lagerte bemerkenswerte

23 Jahre lang. Folglich zeigen Nase wie
Gaumen beträchtliche Mengen
an Eiche und Gewürzen, mit Frucht in
der Nase und Kaffeenoten im Mund.
Der Nachklang ist lang und dicht, mit
Gewürzen und Kakao.

RITTENHOUSE RYE 100 PROOF

RYE WHISKEY 50 VOL.-%

Marshmallow und Zitrone verschmelzen im bemerkenswert süßen Aroma,
wobei die Zitrone in den Mund über-
leitet, wo schwarzer Pfeffer, Lakritz
und Karamell dazukommen. Der Nachklang zeigt dunkle Schokolade und
Sirup-Toffee.

RITTENHOUSE RYE
21-YEAR-OLD

RYE WHISKEY 50 VOL.-%

Der Duft ist bemerkenswert würzig,
mit Nüssen und Orange, während am
Gaumen kräftige Gewürze und Eiche
Zitrone auf viel süßere Lavendel-
und Veilchennoten treffen. Der lange,
bittere Nachklang ist typisch für
einen Rye Whiskey.

RITTENHOUSE RYE 100 PROOF

RITTENHOUSE RYE 21-YEAR-OLD

ROCK HILL FARMS

Buffalo Trace Distillery,
1001 Wilkinson Boulevard,
Frankfort, Kentucky
www.buffalotrace.com

Dieser Single Barrel Bourbon kam
1990 ins Sortiment von Buffalo
Trace *(s. S. 222)*. Benannt ist er
nach dem Hof der Familie Blanton.
Dort, auf dem Gelände der heutigen Buffalo Trace Distillery, produzierte Colonel Benjamin Blanton
den ersten Whiskey, kurz nach
dem amerikanischen Bürgerkrieg.
Die Rock Hill Farm steht noch
heute auf dem Firmengelände.

ROCK HILL FARMS

BOURBON 50 VOL.-%

Eiche, Rosinen und fruchtiger Roggen
in der Nase, mit einem Hauch Minze.
Mittelschwer bis körperreich, bittersüß am Gaumen, mit Roggen-Fruch-
tigkeit, Karamellbonbon, Eiche und
einem langen, süßen Roggennachklang
sowie einer Andeutung Lakritz.

ROGUE SPIRITS

Rogue Brewery, 1339 NW Flanders, Portland, Oregon
www.rogue.com

In den 1990er-Jahren wurde zu Allerheiligen (1. November) in Oregon ein Dead Guy Ale kreiert; 2008 brachten die Hersteller schließlich auch einen Dead Guy Whiskey heraus. Er entsteht aus denselben vier Malzsorten, die für das Ale verwendet werden. Die vergorene Würze wird aus der Brauerei in das benachbarte Rogue House of Spirits gebracht, wo man sie in einer kupfernen 570-Liter-Pot-Still brennt. Es folgt eine kurze Reifung in ausgekohlten amerikanischen Weißeichenfässern.

DEAD GUY
BLENDED MALT 40 VOL.-%

Jung in der Nase, mit Noten von Mais, Weizen und frisch-saftiger Orange. Der Gaumen ist mitteltrocken, fruchtig und lebhaft. Pfeffer und Zimt zeigen sich im Nachklang.

RUSSELL'S RESERVE

Boulevard Distillery, Lawrenceburg, Kentucky

Ein Small Batch Rye aus dem Haus Austin Nichols, entwickelt 2007 von Brennmeister Jimmy Russell und seinem Sohn Eddie, die durch Wild Turkey *(s. S. 264)* bekannt geworden sind.

Jimmy ist eine der großen Persönlichkeiten der Bourbon-Branche und deren führender Botschafter. James C. Russell, um ihn bei vollem Namen zu nennen, brennt Whiskey seit den 1950er-Jahren; schon sein Vater und Großvater waren Brenner. Es war also keine Überraschung, als sein Sohn Eddie 1980 in die Firma eintrat.

Laut Jimmy Russell »ist Rye Whiskey eine ganz eigene Art und seine Anhänger sind ebenso eigen«. Sein Sohn Eddie fügt hinzu: »Wir wussten, welchen Whiskey wir wollten, hatten ihn aber nie zuvor gekostet. Dieser setzt wirklich

Maßstäbe – intensiver Charakter und Geschmack und mit sechs Jahren voll gereift.«

RUSSELL'S RESERVE RYE
RYE WHISKEY 45 VOL.-%

Fruchtig, mit frischer Eiche und Mandeln in der Nase. Vollmundig und robust, doch weich. Mandeln, Pfeffer und Roggen dominieren den Gaumen, während der Nachklang lang, trocken und typisch bitter ist.

RUSSELL'S RESERVE 10-YEAR-OLD
BOURBON 45 VOL.-%

Dieser Bourbon-Kollege von Russell's Reserve Rye riecht nach Kiefer, Vanille, weichem Leder und Karamell. Der Gaumen zeigt mehr Vanille, dazu Toffee, Mandeln, Honig, Kokosnuss und eine ungewöhnliche Chilinote, die durch den langen, würzigen Nachklang anhält.

SAM HOUSTON

McLain & Kyne Ltd. (Castle Brands), Louisville, Kentucky
www.mclainandkyne.com

Man kennt McLain & Kyne Ltd. vor allem für ihre in Kleinstmengen produzierten Bourbons. Die Firma verschneidet Whiskeys aus nur acht bis zwölf Fässern variabler Altersstufen für ihre Marken Jefferson's *(s. S. 244)* und Sam Houston.

Sam Houston kam 1999 heraus und würdigt eine schillernde Figur aus dem 19. Jahrhundert, den Soldaten, Staatsmann und Politiker Samuel Houston, erster Präsident der Republik Texas.

SAM HOUSTON SMALL BATCH 10-YEAR-OLD
BOURBON (VARIABLE VOL.-%)

Zarter Duft nach Beeren, Eiche und Roggenbrot, während die üppige, würzige Geschmack von Rosinen, Muskatnuss, Roggenbrot, Leder und mildem Gewürz strotzt. Lang, süß und strukturiert im Nachklang.

SAZERAC RYE

Buffalo Trace Distillery,
1001 Wilkinson Boulevard,
Frankfort, Kentucky
www.buffalotrace.com

Sazerac Rye gehört zur jährlich ergänzten Antique Collection von Buffalo Trace *(s. S. 222)* und ist mit 18 Jahren Reifung der älteste derzeit erhältliche Rye Whiskey. Nach Angaben des Herstellers besteht die 18-jährige Abfüllung 2008 aus Whiskey, der in der untersten Etage der Lagerhäuser gereift ist – dies bewirkt eine besonders langsame und schöne Alterung.

SAZERAC RYE 18-YEAR-OLD
RYE WHISKEY 45 VOL.-%
Üppig in der Nase, mit Ahornsirup und Menthol; ölig am Gaumen, frisch und lebhaft mit Frucht, Pfeffer und angenehmen Eichennoten. Der Nachklang zeigt anhaltenden Pfeffer mit zurückkehrender Frucht und abschließendem Siruparoma.

SEAGRAM'S 7 CROWN

Angostura Distillery,
Lawrenceburg, Indiana

Seagram's 7 Crown, einer der bekanntesten und charaktervollsten Blends in Amerika, hat den Zerfall des Seagram-Imperiums überlebt und wird jetzt von dem in der Karibik ansässigen Unternehmen Angostura (bekannt durch den gleichnamigen Bitter) produziert. Neben der ehemaligen Seagram-Brennerei in Lawrenceburg, wo 7 Crown hergestellt wird, hat man auch die lange geschlossene Charles Medley Distillery in Owensboro (Kentucky) übernommen. Lawrenceburg verfügt über die größte Produktionskapazität in den USA.

SEAGRAM'S 7 CROWN
BLEND 40 VOL.-%
Er besitzt ein delikates Aroma mit einem Hauch kräftigen Roggens. Würziger Geschmack, rein und gut strukturiert.

ST. GEORGE

St. George Spirits, 2601 Monarch
Street, Almeda, California
www.stgeorgespirits.com

1982 gründete Jörg Rupf St. George Spirits. Die Brennerei betreibt zwei kupferne Pot Stills von Holstein. Die Gerste wird stark geröstet und teilweise über Erlen- und Buchenholz geräuchert. Der Single Malt reift zum größten Teil für drei bis fünf Jahre in ehemaligen Bourbonfässern; kleinere Mengen lagern in französischer Eiche und ehemaligen Portweinfässern.

ST. GEORGE
SINGLE MALT 43 VOL.-%
In der Nase frische, blumige Noten mit Frucht, Nüssen, Kaffee und Vanille. Recht delikat am Gaumen, süß, nussig und fruchtig, mit einem Hauch Menthol und Kakao. Vanille und Schokoladennoten im Nachklang neben sanftem Rauch.

STRANAHAN'S

Stranahan's Colorado Whiskey, 2405
Blake Street, Denver, Colorado
www.stranahans.com

Mit der Destillerie von Jess Graber und George Stranahan entstand im März 2004 die erste lizenzierte Brennerei in Colorado. Der Wash aus vier Gerstensorten entsteht in der benachbarten Flying Dog Brewery. Die Destillation findet in einer Vendome Still statt. Anschließend reift die Spirituose in neuen Fässern aus ausgekohlter amerikanischer Eiche. Sie lagert wenigstens zwei Jahre, und jede Abfüllung umfasst den Inhalt von zwei bis sechs Fässern.

STRANAHAN'S COLORADO WHISKEY
COLORADO WHISKEY 47 VOL.-%
Er riecht wie ein Bourbon, mit Noten von Karamell, Lakritz, Gewürz und Eiche. Am Gaumen leicht ölig, groß und süß, mit Honig und Gewürzen. Ziemlich kurzer eichiger Nachklang.

TEMPLETON RYE

East 3rd Street, Templeton, Iowa
www.templetonrye.com

Scott Bushs Templeton Rye Whiskey kam 2006 auf den Markt. Er wird in einer kupfernen Pot Still mit 1150 Litern Fassungsvermögen gebrannt und reift in neuen, ausgekohlten Eichenfässern.

Bush rühmt sich, dass sein Whiskey nach einem Rezept aus der Prohibitionszeit entsteht. Während der Weltwirtschaftskrise begannen Farmer in der Gegend von Templeton, illegal Whiskey aus Roggen zu brennen, um ihre sinkenden Einnahmen aufzubessern. Schon bald erlangte der sogenante Templeton Rye einen guten Ruf.

TEMPLETON RYE SMALL BATCH
RYE WHISKEY 40 VOL.-%
Lebhaft, frisch und leicht süß am Gaumen. Der Nachklang ist weich und am Ende lang und wärmend.

TEN HIGH

Barton Distillery, 1 Barton Road,
Bardstown, Kentucky
www.bartonbrands.com

Ten High, eine traditionsreiche Marke, wurde 1879 kreiert und ist heute im Besitz von Barton Brands. Der Whiskey wird mit einer kleinen Menge alter Maische, die eine besondere Hefe enthält, angesetzt, was für einen gleichbleibenden Geschmack sorgt – ähnlich dem Verfahren bei Sauerteigbrot. Die Spirituose reift in Weißeichenfässern. Der Name Ten High geht auf einen Begriff aus dem Pokerspiel zurück.

TEN HIGH KENTUCKY
BOURBON 40 VOL.-%
Getreidig und leicht eichenbetont in der Nase. Ten High ist bemerkenswert malzig im Geschmack, fast wie ein junger Malt Scotch, und zeigt Noten von Vanille und Karamell. Der Nachklang ist recht kurz und zunehmend trocken.

THOMAS H. HANDY

Buffalo Trace Distillery, 1001 Wilkinson Boulevard, Frankfort, Kentucky
www.buffalotrace.com

Die neueste Ergänzung der Buffalo Trace Antique Collection. Es ist ein unverschnittener, ungefilterter reiner Rye Whiskey, benannt nach einem Barkeeper in New Orleans, der Roggenwhiskey erstmals für seinen Sazerac-Cocktail verwendete. Laut Hersteller lagern die Fässer sechs Jahre und fünf Monate in der fünften Etage von Lagerhaus M – der Whiskey »ist sehr aromatisch und erinnert an weihnachtlichen Früchtekuchen«.

THOMAS H. HANDY SAZERAC 2008 EDITION
RYE WHISKEY 63,8 VOL.-%
Duftet nach Sommerfrüchten und Pfeffer. Am Gaumen verschmelzen weiche Vanille und pfeffriger Roggen, während der Nachklang lang und wohlig ist, mit öliger, würziger Eiche.

TOM MOORE

Barton Distillery, 1 Barton Road,
Bardstown, Kentucky
www.bartonbrands.com

Diese Marke aus dem Hause Barton wurde nach der Brennerei benannt, die Tom Moore und Ben Mattingly 1889 gründeten, nur einen Steinwurf entfernt von der heutigen Barton Distillery.

Die Anlage wurde während der Prohibition geschlossen, öffnete 1934 aber wieder und wurde ein Jahrzehnt später von der Familie von Oscar Getz erworben, die später die Barton Distilling Company gründete.

TOM MOORE
BOURBON 50 VOL.-%
Ausgeprägte Noten von Roggen und Kräutern in der Nase, dazu Vanille, Eiche und gekochte Beeren. Mittelschwer; im Mund eine Mischung aus zuckriger Süße und würziger Roggenbitterkeit. Sahnekaramell und Ingwer beherrschen den Nachklang.

Kleinbrennereien

Die USA erleben zurzeit einen Boom von Kleinbrennereien, sogenannten *micro distilleries*, der dem früheren Zuwachs an handwerklich betriebenen Brauereien vergleichbar ist. Diese Kleinbrennereien sind ein interessantes Geschäftsfeld, gekennzeichnet von Experimentierfreude und Innovationskraft. Die Brenner arbeiten oft außerhalb der gesetzlich definierten Grenzen für Bourbon, Rye oder Corn Whiskey.

Eine Kleinbrennerei wird dadurch definiert, dass sie weniger als 500 Fässer Spirituosen pro Jahr produziert. Einer der frühen Pioniere der Bewegung ist der Brauer Fritz Maytag aus San Francisco, der 1994 die Anchor Distilling Company *(s. S. 250)* gründete. In Kentucky haben drei neue Unternehmen die Produktion aufgenommen. Alltech (alltech.com) stellt Pearse Lyons Reserve, Kentuckys ersten Malt Whiskey, her. Er wird in einem Paar kupferner Pot Stills gebrannt, und die erste Abfüllung gereifter Spirituose sollte 2010 erhältlich sein. In Lexington begann The Barrel House (barrelhousedistillery.com) 2009, Woodshed Whiskey und Barrel House Bourbon zu brennen. In Bowling Green öffnete 2009 die Corsair Artisan Distillery (corsairartisan.com). Sie brennt Wry Moon Unaged Rye Whiskey in einem Paar kupferner Pot Stills und lagert Roggen- und Bourbon-Spirituosen zur Reifung ein.

In Virginia wurde mit der Mount Vernon Distillery (mountvernon.org) die Whiskeybrennerei wiederbelebt, die Präsident George Washington 1797 gegründet hatte. Ihre Stills aus dem 18. Jahrhundert stehen seit 2006 in rekonstruierten Gebäuden. Sie fungiert als Brennereimuseum und als Kleinbrennerei. Andere neue Kleinbrennereien sind Ballast Point in San Diego (ballastpointspirits.com), Colorado Gold in Colorado (coloradogolddistillery.com), Washington's Dry Fly (dryflydistilling.com), Garrison in Texas (garrisonbros. com), High West in Utah (highwestdistillery.com), House Spirits in Oregon (medoyeff.com), Nashoba Valley in Massachusetts (nashobawinery.com), New Holland in Michigan (newhollandbrew.com) und Rough Stock in Montana (montanawhiskey.com).

OLD RIP VAN WINKLE 10-YEAR-OLD

PAPPY VAN WINKLE'S FAMILY RESERVE 15-YEAR-OLD

PAPPY VAN WINKLE'S FAMILY RESERVE 20-YEAR-OLD

VAN WINKLE SPECIAL RESERVE 12-YEAR-OLD

VAN WINKLE FAMILY RESERVE RYE 13-YEAR-OLD

VAN WINKLE'S FAMILY RESERVE 23-YEAR-OLD

OLD RIP VAN WINKLE 107 PROOF

VAN WINKLE

2843 Brownsboro Road
Louisville, Kentucky
www.oldripvanwinkle.com

Buffalo Trace *(s. S. 222)* unterhält seit 2002 eine Partnerschaft mit Julian Van Winkle und produziert und vertreibt dessen Whiskeys. Die aktuellen Abfüllungen wurden in mehreren Brennereien hergestellt und reiften in der jetzt stillgelegten Old Hoffman Distillery Van Winkles.

Julian ist ein Enkel des legendären Julian P. »Pappy« Van Winkle Sr., der 1893 im Alter von 18 Jahren bei W. L. Weller & Sons als Verkäufer begann und später für seinen Bourbon Old Fitzgerald berühmt

wurde. Van Winkle ist Spezialist für gereifte Small Batch Whiskeys. Der Bourbon wird mit Weizen anstelle des preiswerteren Roggens erzeugt. Dies soll dem Whiskey während der von Van Winkle bevorzugten langen Reifung einen weicheren, süßeren Geschmack verleihen. Alle Whiskeys reifen wenigstens zehn Jahre in leicht ausgekohlten Bergeichenfässern. Die Palette enthält den raren 23-Jährigen sowie einen 10-Jährigen 107-Proof.

OLD RIP VAN WINKLE 10-YEAR-OLD

BOURBON 45 VOL.-%

Große Nase mit Karamell und Sirup, tiefer, weicher Geschmack nach Honig und üppiger, würziger Frucht. Der

Nachklang ist lang, mit Kaffee- und Lakritznoten.

PAPPY VAN WINKLE'S FAMILY RESERVE 15-YEAR-OLD

BOURBON 53,5 VOL.-%

Süßer Karamell- und Vanilleduft, dazu Holzkohle und Eiche. Körperreich, rund und weich im Mund, mit langem, komplexem Nachklang aus würziger Orange, Sahnekaramell, Vanille, Eiche.

PAPPY VAN WINKLE'S FAMILY RESERVE 20-YEAR-OLD

BOURBON 45,2 VOL.-%

Dieser alte Bourbon hat der Zeit standgehalten. Süße Karamell- und Vanillenase mit Rosinen, Äpfeln und Eiche. Üppig und buttrig am Gaumen, mit Sirup und einem Hauch Kohle. Der

Nachklang ist lang und komplex, mit einer Spur Eichen-Holzkohle.

VAN WINKLE SPECIAL RESERVE 12-YEAR-OLD

BOURBON 45,2 VOL.-%

Karamell, Vanille, Honig und Eiche in der Nase. Ein süßer, vollmundiger Geschmack mit Karamell, Vanille und Weizen. Der Nachklang ist lang, ausgewogen und elegant.

VAN WINKLE FAMILY RESERVE RYE 13-YEAR-OLD

RYE WHISKEY 47,8 VOL.-%

Ein fast einmalig gealterter Rye Whiskey. Kräftiger Duft nach Frucht und Gewürz. Vanille, Pfeffer und Kakao im Mund. Ein langer Nachklang vereint Karamell mit schwarzem Kaffee.

Rye Whiskey

Die Geschichte des Roggenwhiskeys in Nordamerika geht vermutlich bis zum Beginn des 17. Jahrhunderts zurück. Viel verdankt er irischen und schottischen Siedlern, denen in der neuen Heimat der Anbau von Roggen einfacher erschien als der von Gerste. Die Iren hingegen waren bereits vertraut mit der Verwendung von Roggen bei der Whiskeyherstellung.

Rye Whiskey dominierte vor allem in Pennsylvania und Maryland. Der größte Teil des Roggenwhiskeys wird heute jedoch in Kentucky gebrannt. Einst wurde in den USA mehr Rye Whiskey konsumiert als Bourbon. Das änderte sich erst nach der Prohibition, als man Geschmack an milderen Spirituosen fand. Doch zeigt sich heute eine allmähliche Belebung der Nachfrage – nicht zuletzt dank einer Reihe von Kleinbrennereien *(s. S. 259)*. So begann der Pionier Fritz Maytag von der Anchor Steam Brewery in San Francisco 1996, Old Potrero *(s. S. 250)* aus 100 % gemälztem Roggen zu brennen, und die wiederbelebte Mount Vernon Distillery in Virginia *(s. S. 259)* erzeugt jetzt Roggenwhiskey nach einem Rezept des schottischstämmigen Gutsverwalters James Anderson.

Von Rechts wegen darf die Maische von Rye Whiskey nicht weniger als 51 % Roggen enthalten. Die anderen Zutaten sind in der Regel Mais und gemälzte Gerste. Er darf auf nicht mehr als 80 Vol.-% gebrannt werden und kommt mit 62,5 Vol.-% oder weniger ins Fass. Wie bei Bourbon werden neue, ausgekohlte Eichenfässer für die Reifung verwendet; die minimale Reifungsdauer beträgt zwei Jahre. Führende Marken sind unter anderem Pikesville *(s. S. 254)*, Rittenhouse *(s. S. 254)* und Sazerac *(s. S. 257)*, außerdem Jim Beam *(s. S. 242)* sowie Wild Turkey *(s. S. 264)*.

VIRGINIA GENTLEMAN

A. Smith Bowman Distillery, Bowman Drive, Fredericksburg, Virginia
www.asmithbowman.com

Die einzige große Brennerei in Virginia, einem Staat, der einst mehr Whiskey produzierte als Kentucky, wurde von Abram Smith Bowman 1935 gegründet und 2003 von Sazerac übernommen, wozu auch Buffalo Trace gehört (*s. S. 222*). Der erste Durchlauf wird bei Buffalo Trace vergoren und gebrannt, bevor ein zweiter, langsamer Durchlauf durch eine kupferne Pot Doubler Still bei Smith Bowman erfolgt. Dort reift er schließlich in ausgekohlten Weißeichenfässern.

VIRGINIA GENTLEMAN
BOURBON 45 VOL.-%
Ein leichtes, süßes Aroma von gerösteten Nüssen, dazu würziger Roggen, süßer Mais, Honig, Karamell und Kakao im Mund. Komplexer Nachklang mit Roggen, Malz und Vanille.

VIRGINIA LIGHTNING

Belmost Farms of Virginia, 13490 Cedar Run Road, Culpeper, Virginia
www.virginiamoonshine.com

Chuck Miller verwendet ein altes Familienrezept, eine Mischung aus Mais, Weizen und Gerste. Die Destillation findet in einer kupfernen 7600-Liter-Still aus den 1930er-Jahren statt. Schließlich erfolgt ein Durchlauf durch eine Doubler Still. Danach wird der Whiskey ungealtert abgefüllt. Virginia Lightning hat einen Bruder namens Kopper Kettle. Dieser wird durch Holzkohle gefiltert und profitiert von Spänen aus Eiche und Apfelholz, um die Reifung zu verstärken, bevor er zwei Jahre im Fass lagert.

VIRGINIA LIGHTNING
CORN WHISKEY 50 VOL.-%
Mais und Alkohol in der Nase, am Gaumen weich und zuckrig, mit öligem Mais. Im Nachklang ein kräftiger Kick.

WASMUND'S

Copper Fox Distillery, 9 River Lane, Sperryville, Virginia
www.copperfox.biz

Im Jahr 2003 erwarb Rick Wasmund eine bestehende Brennerei in Virginia, um Copper Fox Whiskey herauszubringen, und 2005 zog das Unternehmen an seinen neu gebauten Standort in Sperryville.

Wasmund mälzt Gerste auf traditionell schottische Art und trocknet sie dann mit Apfel-, Kirsch- und Eichenholz. Er brennt in einer doppelten Pot Still in Einzelfassportionen und wendet ein selbst entwickeltes »Späne- und Fass-«Verfahren an, das die Reifung stark beschleunigt.

WASMUND'S
SINGLE MALT WHISKY 48 VOL.-%
Honig, Vanille, Wassermelone und Leder in der Nase, eine ausgewogene Mischung süßer und trockener Aromen im Mund, mit Nüssen, Rauch, Gewürzen und Vanille.

W.L. WELLER

Buffalo Trace Distillery, 1001 Wilkinson Boulevard, Frankfort, Kentucky
www.buffalotrace.com

W. L. Weller wird von Buffalo Trace gebrannt. Man verwendet Weizen als zweite Getreidesorte für einen besonders weichen Geschmack.

William Larue Weller war im Kentucky des 19. Jahrhunderts ein prominenter Brenner, dessen Firma 1935 schließlich mit den Gebrüdern Stitzel fusionierte. Daraufhin wurde eine neue Stitzel-Weller-Brennerei in Louisville gebaut.

W. L. WELLER SPECIAL RESERVE
BOURBON 45 VOL.-%
Frische Frucht, Honig, Vanille und Sahnekaramell charakterisieren den Duft, am Gaumen aromareich, mit reifem Mais und würziger Eiche. Im mittellangen Nachklang dominieren süße Getreidenoten und angenehme Eiche.

WILD TURKEY 80 PROOF

WILD TURKEY KENTUCKY SPIRIT

WILD TURKEY

Boulevard Wild Turkey Distillery,
1525 Tyrone Road, Lawrenceburg,
Kentucky
www.wildturkeybourbon.com

Die Boulevard Distillery, in der
dieser Whiskey entsteht, liegt auf
dem Wild Turkey Hill oberhalb
des Kentucky River nahe Lawrenceburg in Anderson County.
Wild Turkey ist im Besitz der
Pernod-Ricard-Gruppe, seit der
französische Getränkeriese 1980
die Austin Nichols Distilling Co.
aus New York übernahm. Gegründet wurde die Brennerei 1905
von den drei Brüdern Ripy, deren
Familie seit 1869 im nahen Bren-
nereizentrum Tyrone Whiskey
hergestellt hatte.

Die Marke Wild Turkey selbst
entstand 1940, als Thomas
McCarthy, damals Direktor von
Austin Nichols, etwas 101 Proof
Bourbon aus seinen Lagerbestän-
den mit auf die Truthahnjagd

nahm. Heute wird Wild Turkey
unter den wachsamen Augen des
legendären Brennmeisters Jimmy
Russell und seines Sohnes Eddie
gebrannt – letzterer arbeitet in
der vierten Generation in der
Brennerei und verfügt bereits
über mehr als 25 Jahre Berufserfahrung. Die Russells haben
auch andere angesehene Marken kreiert, darunter Russell's
Reserve *(s. S. 256)* und American
Spirit *(s. S. 220)*.

WILD TURKEY 80 PROOF

BOURBON 40 VOL.-%

Wild Turkey 80 Proof wurde der
Palette 1974 hinzugefügt und lässt sich
laut Jimmy Russell ideal auf Eis genießen. Ebenso geeignet soll er für jene
sein, die ihren Bourbon gerne mixen.
Der weiche, süße Duft deutet Mais an,
während der Whiskey im Mund sehr
traditionell wirkt, mit schön ausgewogenen Karamell- und Vanillearomen.

WILD TURKEY 101 PROOF

WILD TURKEY RARE BREED

WILD TURKEY KENTUCKY STRAIGHT RYE

WILD TURKEY KENTUCKY SPIRIT

BOURBON 50,5 VOL.-%

Für diese Einzelfassabfüllung wählte Jimmy Russell Fässer mit besonders vollmundigem Inhalt aus. Frische, ansprechende Nase mit Orangen- und Roggennoten. Komplex am Gaumen, mit Mandeln, Honig, Sahnekaramell, mehr Orange und einem Hauch Leder. Der Nachklang ist lang und süß, nach und nach sich verdunkelnd und zunehmend sirupartig.

WILD TURKEY 101 PROOF

BOURBON 50,5 VOL.-%

Jimmy Russell meint, 50,5 Vol.-% seien die optimale Abfüllstärke für Wild Turkey. Dieser hat ein bemerkenswert weiches, üppiges Aroma für einen so starken Whiskey, teilweise sicher aufgrund seiner 8-jährigen Reifung. Karamell, Vanille, weiche Früchte und ein Hauch Gewürze in der Nase, körperreich, üppig und robust im Mund, mit mehr Vanille, frischer Frucht und Gewürz neben braunem Zucker und

Honig. Eichennoten im langen, kräftigen und doch milden Nachklang.

WILD TURKEY RARE BREED

BOURBON (VARIABLE VOL.-%)

Dieser 1991 herausgekommene Bourbon enthält Whiskeys im Alter von sechs bis zwölf Jahren. Aroma und Geschmack sind bemerkenswert angesichts des hohen Alkoholgehalts. Komplexer, anfangs energischer Duft nach Nüssen, Orange, Gewürzen, dazu blumige Noten. Honig, Orange, Vanille, Tabak, Minze und Sirup sorgen für einen ebenso komplexen Gaumen. Langer, nussiger Nachklang mit würzigpfeffrigem Roggen.

WILD TURKEY KENTUCKY STRAIGHT RYE

RYE WHISKEY 50,5 VOL.-%

Ein Rye Whiskey mit angenehm fester Nase voller Frucht. Der Körper ist voll und üppig, und der ausgewogene Geschmack bietet intensive Gewürze und reife Frucht. Ein ungemein würziger, nussiger Nachklang.

LABROT & GRAHAM

WOODFORD RESERVE

DISTILLER'S SELECT

KENTUCKY STRAIGHT BOURBON WHISKEY

WOODFORD RESERVE

7855 McCracken Pike,
Versailles, Kentucky
www.woodfordreserve.com

Woodford Reserve ist die kleinste aktive Destillerie in Kentucky. Sie ist einzigartig unter den Bourbon-Brennereien, da hier mit drei kupfernen Pot Stills dreifach destilliert wird.

Woodford Reserve gehört heute zu Brown-Forman aus Louisville, aber die Ursprünge der Brennerei lassen sich bis 1797 zurückverfolgen. Brown-Forman begann erst 1996 hier zu brennen, in der damaligen Labrot & Graham Distillery. Man investierte 10,5 Mio. Dollar zur Renovierung der Anlage. 2003 wurde der derzeitige Name Woodford Reserve für die Brennerei und den Whiskey angenommen.

2005 kam die erste Abfüllung in der Master's Collection unter dem Namen Four Grain heraus, zwei Jahre später wurde ein Sonoma Cutrer Finish zur Palette hinzugefügt. Der Master's Collection 1838 Sweet Mash kam 2008 heraus, um an das Jahr zu erinnern, in dem die derzeitige Woodford Reserve Distillery errichtet wurde – und um die historische Süßmaische-Methode der Bourbonherstellung aufzugreifen.

WOODFORD RESERVE DISTILLER'S SELECT

BOURBON 45,2 VOL.-%

Distiller's Select ist elegant, aber robust in der Nase, parfümiert, mit Milchschokolade-Rosinen, Dörrobst, gebranntem Zucker, Ingwer und einem Hauch Sattelseife. Ebenso komplex am Gaumen, ist er duftig und fruchtig, mit Himbeeren, Kamille und Ingwer. Der Nachklang zeigt nachhaltige Vanillenoten sowie pfeffrige Eiche.

MASTER'S COLLECTION FOUR GRAIN

BOURBON 46,2 VOL.-%

Würziger Apfelkuchen, Vanille, Karamell und Minze in der Nase, während der abgerundete und komplexe Geschmack mehr Vanille und Karamell zeigt, dazu Orange, Nüsse und Eiche. Langer Nachklang mit Kiefer und würziger Eiche. Die vier verwendeten Getreidesorten sind Mais, gemälzte Gerste, Roggen und Weizen.

MASTER'S COLLECTION SONOMA-CUTRER FINISH

BOURBON 43,2 VOL.-%

Der erste und einzige Bourbon der Welt mit einem Finish in kalifornischen Chardonnayfässern nach einer anfänglichen Reifung in neuen, ausgekohlten Fässern. Duft und Geschmack sind fruchtig und süß, mit sehr deutlichem Einfluss der Weinfässer. Butterkaramell und Mandeln sind auch in der Nase erkennbar, während sich im Mund Backäpfel, Pfirsiche und Toffee zeigen. Der Nachklang ist mittel bis lang, mit Möbelpolitur und fruchtiger Eiche.

MASTER'S COLLECTION 1838 SWEET MASH

BOURBON 43,2 VOL.-%

Ahornsirup und würzige Frucht in der Nase, dazu Zimt und Muskatnuss. Im Mund zeigt sich mehr Ahornsirup, dazu reiche Frucht sowie ein Hauch Roggen und Minze. Der Nachklang ist lang, mit Noten weicher Äpfel.

MASTER'S COLLECTION FOUR GRAIN

MASTER'S COLLECTION SONOMA-CUTRER FINISH

MASTER'S COLLECTION 1838 SWEET MASH

NORTHWEST
TERRITORIES

BRITISH
COLUMBIA

ALBERTA

MANITOBA

SASKATCHEWAN

HUDSON
BAY

ONTARIO

EDMONTON

Alberta

CALGARY

Highwood

VANCOUVER

REGINA

Black Velvet

WINNIPEG

Crown Royal

USA

OTTAWA

Canadian Mist

TORONTO

Hiram Walker
(Canadian Club)

Kittling
Ridge

0   100
Kilometer

N

W   O

S

FORTY CREEK

GLEN BRETON

CROWN ROYAL

QUÉBEC

NEUFUNDLAND
UND LABRADOR

QUÉBEC
MONTRÉAL   NEW
BRUNSWICK   Glenora
(Glen Breton)
NOVA
SCOTIA

KANADA

Das Goldene Zeitalter des kanadischen Whiskys dauerte vom späten 19. bis zur Mitte des 20. Jahrhunderts, als Whiskyproduzenten wie Hiram Walker, der Gründer von Canadian Club, und Sam Bronfman von Seagram große Handelsimperien aufbauten. Diese beiden Firmen dominierten weitgehend den Weltmarkt. In der zweiten Hälfte des 20. Jahrhunderts indessen ging die marktbeherrschende Stellung verloren. Wo einst 200 Brennereien Ströme von Whisky für den scheinbar nicht zu sättigenden amerikanischen Markt produzierten, existieren heute weniger als ein Dutzend Brennereien, meist im Besitz amerikanischer Bourbonfirmen oder internationaler Spirituosenproduzenten. Unter dem Namen Seagram, der so eng mit Kanada verbunden ist, sind auch heute noch einige Whiskys auf dem Markt, doch das Imperium ist vergangen. Es bleibt abzuwarten, ob die verbliebenen Hersteller dem kanadischen Whisky zu neuem Glanz verhelfen können.

ALBERTA

WISER'S

SEAGRAM'S VO

CANADIAN CLUB

CANADIAN MIST

Kanadischer Whisky

Kanadischer Whisky ist immer verschnitten, abgesehen von Glen Breton, einem Single Malt *(s. S. 277)*. Die Produktion erfolgt durch kontinuierliche Destillation, und jede Brennerei produziert eine Reihe unterschiedlicher Sorten. Die Blends enthalten zwischen 15 und 50 verschiedene Whiskys. Wie in Schottland reift die Spirituose mindestens drei, oft aber sechs bis acht Jahre. Die Basisspirituose ist leicht und relativ neutral im Charakter, gebrannt aus Roggen, Gerste, Weizen oder Mais. Anders als in den USA gibt es keine Vorschriften für die Zusammensetzung der Maische. Es wird ein Anteil an Brand aus Roggen oder gemälztem Roggen zugefügt, der dem Blend Würze gibt und kanadischem Whisky seinen Charakter verleiht. Er wird auch oft als Rye Whisky bezeichnet, ist aber mit dem amerikanischen nicht gleichzusetzen.

Die ersten Einwanderer fanden in Kanada alles, was man für die Herstellung von Whisky brauchte. Bis 1840 waren um die 200 Brennereien im Land entstanden. Kommerzielle Destillerien begannen als Ableger von Getreidemühlen – darunter Hiram Walker, Joseph Seagram, J. P. Wiser und Gooderham & Worts. Ihr Geschäft war nicht leicht, da die puritanische Ethik den Absatz von Alkohol bremste. Heute ist der Spirituosenverkauf in staatlicher Hand, ausgenommen in Alberta. Ironischerweise war es die Prohibition in den USA zwischen 1920 und 1933, die dem kanadischen Whisky entscheidenden Auftrieb gab. Die Hauptakteure – Seagram, Schenley und Hiram Walker – erkannten, dass sie einen Exportmarkt aufbauen konnten.

Heute konsumiert Amerika mehr kanadischen Whisky als jede andere Spirituose, amerikanischen Whiskey eingeschlossen. Ein Großteil des kanadischen Whiskys wird speziell für den US-Markt verschnitten.

ALBERTA

1521 34th Avenue Southeast,
Calgary, Alberta

Die Alberta Distillery in Calgary wurde 1946 gegründet, um von den weiten Getreidefeldern des kanadischen Westens und dem guten Wasser der Rocky Mountains zu profitieren. Sie hat eine Kapazität von 20 Mio. Litern pro Jahr in ihren Bier-, Säulen- und Pot Stills und ist seit 1987 im Besitz von Jim Beam. Neben den eigenen Produkten brennt man hier auch für andere Marken wie Tangle Ridge und Windsor Canadian (s. S. 279).

Roggen bildet das Rückgrat vieler kanadischer Whiskys und prägt auch alle Erzeugnisse der Alberta Distillery. Der Großteil ihrer Blends besteht aus einer Spirituose, die vorwiegend aus Roggen anstelle von Mais zunächst in einer Bier-Still und anschließend nach dem kontinuierlichen Verfahren gebrannt wird. Daneben stellt man eine Roggenspirituose her, die nur einfach gebrannt wird, wodurch Öle und ähnliche Substanzen in der Spirituose verbleiben und sie schwer, ölig und aromatisch machen. Beide Spirituosen werden verschnitten. Die Reifung erfolgt in erstgefüllten Bourbon- oder neuen Weißeichenfässern.

ALBERTA SPRINGS 10-YEAR-OLD

CANADIAN RYE 40 VOL.-%
Süßer Duft mit Roggenbrot und schwarzem Pfeffer. Der Geschmack ist sehr süß, sogar etwas zu süßlich, dann treten ausgekohlte Noten und Karamell in den Vordergrund.

ALBERTA PREMIUM

CANADIAN RYE 40 VOL.-%
Der Hersteller bezeichnet ihn als »Special Mild Canadian Rye Whisky«. Das Aroma enthält Vanille-Toffee, einen Hauch Gewürz, leichte Zitrusnoten und Fruchtigkeit. Der Geschmack ist vor allem süß, mit Apfelkompott, Pflaumen und Marzipan.

BLACK VELVET

2925 9th Avenue North,
Lethbridge, Alberta
www.blackvelvetwhisky.com

Black Velvet belegt unter den meistverkauften kanadischen Whiskys in den USA den dritten Platz. Er wurde von Gilbey Canada in den 1950er-Jahren als Black Label kreiert und in der Old Palliser Distillery in Toronto hergestellt. Er war so erfolgreich, dass man 1973 die Black Velvet Distillery in Lethbridge gründete, im Schatten der Rocky Mountains nahe der amerikanischen Grenze. 1999 wurden Black Velvet und Palliser an Barton Brands verkauft (heute Constellation Brands).

BLACK VELVET RESERVE

BLEND 40 VOL.-%
Leichter, weicher Duft mit Vanillenoten. Am Gaumen mild und süß, mit Butterkaramell, einer leichten Zitrusnote und etwas Würze. Samtweicher Körper, doch wenig Tiefe.

CANADIAN MIST

202 MacDonald Road,
Collingwood, Ontario
www.canadianmist.com

Von diesem 1965 herausgekommenen Whisky werden heute in den USA 3 Mio. Kisten pro Jahr verkauft. Die Brennerei unterscheidet sich in verschiedener Hinsicht von allen anderen: Ihre Ausrüstung besteht aus Edelstahl, sie ist die einzige kanadische Brennerei, die eine Maische aus Mais und gemälzter Gerste verwendet, und sie importiert ihren Roggenbrand von Early Times in Kentucky (s. S. 227). Fast die gesamte Spirituose wird zum Verschnitt dorthin verfrachtet. Neben der beliebten Marke Canadian Mist ist auch die 1185 Special Reserve erhältlich.

CANADIAN MIST

BLEND 40 VOL.-%
Leicht fruchtig in der Nase, mit Vanille- und Karamellnoten. Milder, süßer Geschmack mit etwas Vanille-Toffee.

CANADIAN CLUB RESERVE

CANADIAN CLUB 6-YEAR-OLD

CANADIAN CLUB PREMIUM

CANADIAN CLUB

Hiram Walker Distillery, Riverside Drive East, Walkerville, Ontario
www.canadianclubwhisky.com

Canadian Club ist die älteste und wichtigste Whiskymarke Kanadas. Eingeführt 1884 von Hiram Walker und einfach »Club« genannt, zielte sie auf die anspruchsvollen Mitglieder der Gentlemen's Clubs. In einer Zeit, als Whisky meist im Fass verkauft wurde, lieferte man diesen schon in Flaschen und verhinderte damit, dass er gepanscht werden konnte — eine Praxis, die andere Hersteller bald übernahmen. Das Unternehmen war seit der Zeit Königin Victorias lange Hoflieferant der britischen Krone.

Ein weniger hochgestellter Kunde, Al Capone, schmuggelte während der Prohibition Tausende von Kisten über die Grenze.

1927 wurde Hiram Walker & Sons von Harry Hatch übernommen, dem Besitzer der Gooderham & Worts Distillery in Toronto. So entstand der größte Brenner der Welt. Hatch machte während der Prohibition ein Vermögen. 1935 übernahm er die Mehrheit an H. Corby *(s. S. 279)*, 1937 kaufte er Ballantine's *(s. S. 35)* sowie mehrere Malt-Brenner und baute die Strathclyde Grain Distillery. 1987 ging alles an Allied Distillers.

Die Markenrechte für Canadian Club wurden 2005 an Fortune Brands verkauft, den Besitzer von

CANADIAN CLUB CLASSIC

CANADIAN CLUB 20-YEAR-OLD

CANADIAN CLUB SHERRY CASK

Jim Beam *(s. S. 242)*. Canadian Club wird »bei Geburt verschnitten« – die Whiskykomponenten also vor der Reifung von wenigstens fünf Jahren gemischt. Die Standardabfüllung ist ein 6-Jähriger. Ältere, wie der 20-Jährige, kommen gelegentlich hinzu.

CANADIAN CLUB RESERVE
BLEND 40 VOL.-%

Bei Geburt verschnitten, dann für ein üppigeres Aroma in kleinen Eichenfässern gelagert.

CANADIAN CLUB 6-YEAR-OLD 100 PROOF
BLEND 50 VOL.-%

Gemixt kommen die typischen Aromen besser zur Geltung.

CANADIAN CLUB PREMIUM
BLEND 40 VOL.-%

Cremig und getreidig; recht spritig. Trockener als die meisten kanadischen Whiskys, mit etwas Rauch und Nuss.

CANADIAN CLUB CLASSIC
BLEND 40 VOL.-%

Nase von tropischen Früchten, Eiche, Honig und etwas Sahnekaramell. Sehr weicher süßer Geschmack, im Nachklang Banane.

CANADIAN CLUB SHERRY CASK
BLEND 41,3 VOL.-%

Wenigstens acht Jahre in Weißeichenfässern gelagert, dann für die weitere Reifung in Sherryfässer umgefüllt, die dem Whisky tanninartige Geschmackskomponenten verleihen.

Riesige Getreidesilos, die in den Himmel ragen, sind typisch für die Landschaft und das landwirtschaftliche Erbe Kanadas, zu dem auch die Whiskybranche zählt.

CROWN ROYAL CASK NO. 16

SPECIAL RESERVE

CROWN ROYAL

CROWN ROYAL

Distillery Road, Gimli, Manitoba
www.crownroyal.ca

Crown Royal mit der kronenförmigen Flasche im Samtbeutel wurde von Sam Bronfman, dem Direktor von Seagram *(s. S. 278)*, anlässlich des Staatsbesuchs von König George VI. und Königin Elizabeth 1939 in Kanada kreiert. Bis 1964 nur in Kanada erhältlich, ist er heute einer der meistverkauften kanadischen Whiskys in den USA.

Seit 1992 produziert man ihn in Gimli am Lake Winnipeg. Ursprünglich entstand er in der 1857 gegründeten Waterloo Distillery, die 1883 in den Besitz von Joseph Emm Seagram kam. Sie wurde 1928 an die Distillers Corporation verkauft. Die treibende Kraft im Unternehmen war Sam Bronfman oder »Mr. Sam«, ein energischer, kühner, rücksichtsloser und leidenschaftlicher Mann. Mithilfe seiner Brüder baute er Seagram zur größten Spirituo-

senfirma der Welt aus. Der Prohibition jenseits der Landesgrenze verdankte das Unternehmen viel; doch Sam zog es vor, diesen Zusammenhang zu verschleiern.

2001 trennte sich die Firma von ihrer Spirituosensparte – die Gimli Distillery und Crown Royal gingen an Diageo.

CROWN ROYAL CASK NO. 16

BLEND 40 VOL.-%

Ein Blend aus über 50 Whiskys, die wenigstens zwölf Jahre alt sind, mit einem Finish in eichenen Cognacfässern. Frucht, Roggen und Getreide in der Nase, Brandy im Nachklang.

SPECIAL RESERVE

BLEND 40 VOL.-%

Große, üppige, runde Nase mit fruchtigen (Apfel, Guave, Kokosnuss) und blumigen Noten.

CROWN ROYAL

BLEND 40 VOL.-%

Üppig, robust und ausgewogen. Vanille, Eiche und Frucht im Mund.

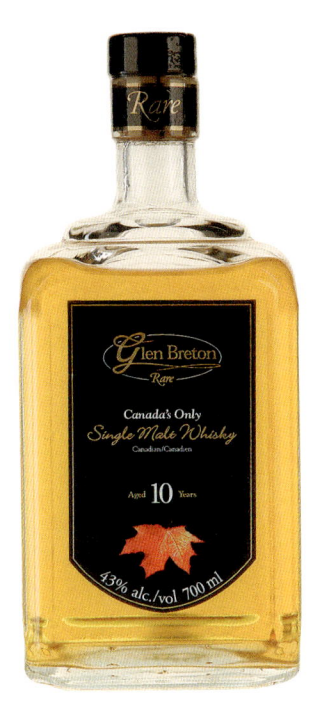

FORTY CREEK

Kittling Ridge Distillery,
Grimsby, Ontario
www.fortycreekwhisky.com

Kittling Ridge wurde 2008 vom
Magazin *Whisky* zur kanadischen
Brennerei des Jahres gewählt. Hier
verwendet man Pot Stills neben
Säulendestillation und eine Maischemischung aus Roggen, Gerste
und Mais. Die 1970 gebaute Brennerei gehört zu einer angesehenen
Weinkellerei und sollte ursprünglich Obstbrände herstellen. John
Hall, seit 1992 der Besitzer, bringt
die Fertigkeiten eines Winzers mit.
Whiskykritiker Michael Jackson
nannte Forty Creek »den revoluti-
onärsten Whisky Kanadas«.

BARREL SELECT

BLEND 40 VOL.-%
Komplexe, duftige Nase mit weicher
Frucht, Geißblatt, Vanille und Gewürz.
Ähnlicher Geschmack, Spuren von
Nüssen und Leder, weicher Nachklang
mit anhaltender Frucht und Vanille.

GLEN BRETON

Glenora Distillery, Route 19,
Glenville, Cape Breton, Nova Scotia
www.glenoradistillery.com

Die Insel Cape Breton pflegt ihr
schottisches Erbe, doch die Scotch
Whisky Association hat den
Namen Glen Breton kritisiert,
weil er zu sehr nach Scotch klingt.
   Die Produktion begann im Juni
1990, stoppte aber schon nach
Wochen wegen fehlender Mittel.
Lauchie MacLean kaufte die Brennerei und brannte unbeständige
Spirituosen ein zweites Mal.
   Glenora hat eigene Mälzböden
und verwendet leicht getorfte
schottische Gerste. Die beiden Stills
stammen von Forsyths aus Rothes.

GLEN BRETON RARE

SINGLE MALT 43 VOL.-%
Buttertoffee, Heidekraut, getrockneter
Ingwer und Honig in der Nase. Leich-
ter bis mittlerer Körper mit cremiger
Struktur. Noten von Holz, Mandeln,
Karamell und Torf.

HIGHWOOD

114 10th Avenue Southeast,
High River, Alberta
www.highwood-distillers.com

Die 1974 gegründete Highwood
Distillery ist – für Kanada ungewöhnlich – in Privatbesitz. Sie
produziert eine Reihe von Bränden und ist die einzige Destillerie
Kanadas, die nur Weizenbrand aus
Säulendestillation als Basisspirituose für ihre Blends verwendet.
2005 erwarb man zusätzlich die
Brennereien Potter's und Cascadia.
Potter's ist eine eigene Marke; er
wird mit Sherry gemischt, was
ihm eine andere Geschmacksdi-
mension verleiht.

HIGHWOOD

CANADIAN RYE 40 VOL.-%
Ein Blend aus Weizen- und Roggenbrand. Die eichenbetonte Vanillenase
gibt Spuren von Roggenwürze, Oran-
genblüten und Honig frei. Am Gaumen
eine Balance aus Süße, Eichentanninen
und Nüssen.

HIRSCH

Vertrieb: Preiss Imports Inc.,
San Diego, USA

Obwohl kanadischer Whisky oft
als »Rye« bezeichnet wird, enthalten nur wenige mehr als 50 %
Roggenbrand, was einen echten
Roggenwhisky ausmacht. Hirsch
ist einer, und Kenner behaupten,
dass er es mit dem besten Rye aus
Kentucky aufnehmen kann. Die
Whiskys, in kleinen Mengen per
Säulendestillation hergestellt und
in ehemaligen Bourbonfässern
gereift, werden von Preiss Imports
ausgewählt und von Glenora
Distillers in Nova Scotia abgefüllt
(s. Glen Breton).

HIRSCH SELECTION
8-YEAR-OLD

CANADIAN RYE 43 VOL.-%
Duftet nach Lösungsmittel und Kiefernholz, gefolgt von süßem Ahornsaft.
Geschmack süß, mit Karamell, Kokosnuss und Eichenholz; vollmundig. Bittersüßer Nachklang mit erdigen Noten.

SEAGRAM'S VO

SEAGRAM'S 83

SEAGRAM'S FIVE STAR

SEAGRAM'S

Diageo Canada, West Mall,
Etobicoke, Ontario
www.diageo.com

Die Familie von Joseph Emm Seagram kam 1837 aus dem englischen Wiltshire nach Kanada. Seit
1864 Manager einer Mehlmühle in
Waterloo (Ontario), interessierte
Seagram sich für das Brennen als
Möglichkeit, überschüssiges
Getreide zu verwerten. 1869
wurde er Teilhaber der Firma, und
1883, als Brennen bereits das
Kerngeschäft war, alleiniger Besitzer. Seagram's 83 erinnert daran.
»VO« steht für *very own*. Der
Blend war einst der meistverkaufte
kanadische Whisky und auch Sam
Bronfmans *(s. S. 276)* bevorzugtes
Getränk.

Seagrams Söhne verkauften die
Firma an Bronfman's Distillers Corporation Ltd., die Seagrams Vorräte
vorteilhaft nutzten, als 1933 die
Prohibition aufgehoben wurde.
Nach weiteren Besitzerwechseln

übernahmen 2001 Diageo und Pernod Ricard gemeinsam das Seagram
Portfolio, das auch andere Spirituosen sowie Weine umfasst. Diageo
kontrolliert nun Seagrams kanadisches Geschäft sowie Seagrams 7
Crown *(s. S. 257)*, der als amerikanischer Whiskey vermarktet wird.

SEAGRAM'S VO
BLEND 40 VOL.-%
Die Nase zeigt Birnenbonbons, Karamell und etwas würzigen Roggen, dazu
Butter. Leichter Körper, süß und leicht
würzig, mit einem etwas rauen Mundgefühl.

SEAGRAM'S 83
BLEND 40 VOL.-%
Dieser Blend war einst noch beliebter
als der VO. Heute ist er ein kanadischer
Standardwhisky: weich und leicht zu
trinken.

SEAGRAM'S FIVE STAR
CANADIAN RYE 40 VOL.-%
Ein vollkommen akzeptabler, preisgünstiger Whisky zum Mixen.

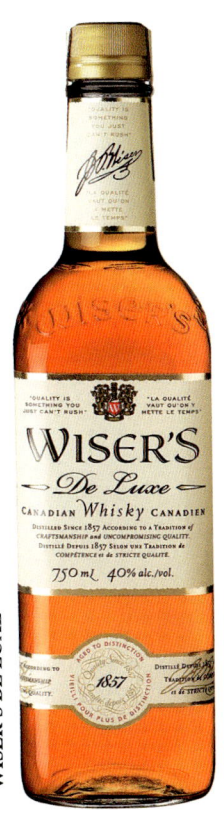

WISER'S DE LUXE

WISER'S SMALL BATCH

TANGLE RIDGE

*Alberta Distillery, 1521 34th Avenue
Southeast, Calgary, Alberta*

Süßer als seine Kollegen aus der Alberta Distillery *(s. S. 271)*, obwohl er, wie die anderen nur aus Roggen gemacht wird. 1996 eingeführt, vertritt er eine neue Schule kanadischer Premiumwhiskys: Nach zehn Jahren in Eichenfässern wird er »abgelassen« und mit Vanille sowie Sherry vermischt. Er kommt dann wieder ins Fass, damit die Aromen sich vermählen können.

Für den Namen stand eine Felsformation in den kanadischen Rocky Mountains Pate, entdeckt von der bekannten Forscherin, Künstlerin und Autorin Mary Schaffer (1861–1939).

TANGLE RIDGE DOUBLE CASK

CANADIAN RYE 40 VOL.-%
Buttertoffee und gebrannter Zucker in der Nase, samtweiches Mundgefühl und sehr süßer Geschmack mit einem Hauch Sherry. Wenig Komplexität.

WINDSOR CANADIAN

*Alberta Distillery, 1521 34th Avenue
Southeast, Calgary, Alberta*

Man könnte meinen, er stamme aus der Hiram Walker Distillery in Windsor (Ontario), doch er wird in der Alberta Distillery hergestellt *(s. S. 271)*. Der Name soll zweifellos an die britische Königsfamilie erinnern, der Blend ist aber nicht zu verwechseln mit dem gleichnamigen Scotch *(s. S. 180)*. Wie andere Whiskys aus Alberta basiert Windsor Canadian nur auf Roggen.

WINDSOR CANADIAN

BLENDED CANADIAN RYE 40 VOL.-%
Aroma von Honig, Pfirsich, Kiefernzapfen und Gewürznelke. Mittlerer Körper und süßer Geschmack, mit Getreide- und Holznoten. Ein eingängiger Whisky; gutes Preis-Leistungs-Verhältnis.

WISER'S

*Hiram Walker Distillery, Riverside
Drive East, Walkerville, Ontario
www.wisers.ca*

John Philip Wiser war wohl der erste Brenner, der den Begriff »Canadian Whisky« auf einem Etikett verwendete – auf der Weltausstellung in Chicago 1893. Wiser, Sohn holländischer Einwanderer, hatte 1864 eine Destillerie am Ufer des St. Lawrence River in Prescott (Ontario) übernommen. Anfang des 20. Jahrhunderts war dies die drittgrößte Brennerei Kanadas, ihre Produkte wurden bis nach China und auf die Philippinen sowie in die USA exportiert.

Nicht lange nach dem Tod von J. P. Wiser 1917 entschloss sich die Firma, mit der H. Corby Distillery Company, die von Henry Corby 1859 in Corbyville (Ontario) gegründet worden war, zu fusionieren. Die Produktion von Wisers Marken wurde 1932 dorthin ver-

lagert. Drei Jahre später erwarben Hiram Walker, Gooderham & Worts 51 % der Firma. 1969 wurde Hiram Walker von Allied Lyons übernommen. Corbys Brennerei schloss 1969, und die Produktion der Corby/Wiser-Whiskys ging an die Hiram Walker Distillery in Walkerville, die heute – wie die Marken – im Besitz von Pernod Ricard ist. Wiser's steht auf Platz fünf der meistverkauften Whiskys in Kanada.

WISER'S DE LUXE

BLEND 40 VOL.-%
Fruchtige und würzige Nase mit Getreide und Leinsamenöl, Vanille sowie Sahnekaramell.

WISER'S SMALL BATCH

BLEND 43,4 VOL.-%
Diese Ergänzung der Wiser's-Palette ist ein vollaromatischer Whisky mit Vanille, Eiche und Buttertoffee in Duft und Geschmack. Der höhere Alkoholgehalt verleiht ihm mehr Geschmack und Struktur.

SUNTORY YAMAZAKI

KIRIN KARUIZAWA

NIKKA PURE MALT

HOKKAIDO

Nikka
Yoichi

SAPPORO

AOMORI

Nikka Miyagikyo

SENDAI

HONSHU

Kirin Karuizawa

Suntory Hakushu

Chichibu

TOKYO

Kirin Gotemba

KYOTO

OSAKA

Suntory Yamazaki

HIROSHIMA

SHIKOKU

FUKUOKA

KYUSHU

NAGASAKI

N
O
S
W

0   100
Kilometer

NIKKA YOICHI

HANYU

SUNTORY HIBIKI

SUNTORY HAKUSHU

NIKKA TAKETSURU

NIKKA MIYAGIKYO

KIRIN FUJI GOTEMBA

Suntory ist Japans bedeutendster Whiskyhersteller und betreibt dafür zwei große Brennereien in Yamazaki und Hakushu. Sein Hauptkonkurrent Nikka hat zwei Destillerien in Yoichi und Miyagikyo, die Getränkefirma Kirin brennt in Karuizawa und Gotemba. Die einzige weitere Whiskybrennerei in Japan arbeitet derzeit in Chichibu; sie hat erst 2007 die Produktion aufgenommen. Andere japanische Destillerien haben die Whiskyproduktion nach der asiatischen Finanzkrise von 1997 aufgegeben und entweder geschlossen oder ihre Produktion auf *shochu*, den traditionellen japanischen Brand aus Kartoffeln, umgestellt. Nikkas Brennerei Yoichi liegt auf Hokkaido, Japans nördlichster Insel, wo das Klima dem Schottlands ähnelt. Die übrigen befinden sich auf der Hauptinsel Honshu. Im Unterschied zu Brennereien in Schottland oder anderen Teilen der Welt verwenden japanische Brenner keine Whiskys aus fremder Produktion für Blends. Alles, was man dazu braucht, wird selbst hergestellt.

CHICHIBU

*Vertrieb: Number One Drinks, Nether-
conesford, King Street, Norwich, UK
www.one-drinks.com*

Die jüngste japanische Brennerei
gründete Ichiro Akuto, der zuvor
für Hanyu tätig war *(s. Hanyu)*,
2007. Die kleine Anlage verfügt
wahrscheinlich über die weltweit
einzigen Washbacks aus japanischer
Eiche. Die Lagerung erfolgt in japanischer Eiche, Bourbon-, Sherry-
und einigen Cognacfässern. Zwei
Linien werden verfolgt: ein Wisky
für kurze Lagerung, der andere für
lange Reifung. Es gibt Pläne, mit
japanischem Torf zu mälzen.

CHICHIBU NEWBORN

NEW MAKE 62,5 VOL.-%
Er darf noch nicht als Whisky bezeichnet werden, gibt aber eine Ahnung der
zu erwartenden Qualität. Wärmend,
mit dem für New Make typischen Charakter von unreifer Frucht, dazu etwas
grüne Birne und Jasmin. Reiner
Geschmack mit ausgewogener Süße.

GOLDEN HORSE

*Tou Shuzo, Chichibu
www.toashuzo.com*

Die Marke Golden Horse ist noch
im Besitz von Toa Shozu, der
Firma, die einst die Hanyu-Bren-
nerei besaß *(s. Hanyu)*, und die
Whiskys stammen aus ihren letzten Vorräten. Es gibt Abfüllungen
mit acht, zehn und zwölf Jahren.
Man sieht sie selten außerhalb
Japans, und im Moment ist noch
unklar, was mit Golden Horse
geschieht, wenn die Vorräte von
Toa Shozu verbraucht sind.

GOLDEN HORSE 8-YEAR-OLD

SINGLE MALT 40 VOL.-%
Eine recht lebendige Nase mit leichten
Malzextraktnoten und etwas Eiche.
Dieser duftige Malt zeigt eine grund-
legende Süße und nur einen Hauch
Rauch im Nachklang, aber in einigen
Abfüllungen einen störenden säuerli-
chen Zug.

HANYU

*Vertrieb: Number One Drinks, Nether-
conesford, King Street, Norwich, UK
www.one-drinks.com*

Die Brennerei Hanyu wurde in
den 1940er-Jahren von der Familie
Akuto errichtet, um *shochu* zu produzieren. Der Einstieg in die Whiskyherstellung erfolgte 1980. Hanyu
war erfolgreich, bis die Finanzkrise
von 1997 das Ende des japanischen
Whiskybooms auslöste. Die Brennerei musste 2000 schließen. Als die
Firma 2003 verkauft wurde, blieben Ichiro Akuto *(s. Ichiro's Malt)*
nur wenige Monate, um möglichst
viel von den Lagerbeständen
zurückzukaufen, bevor die Brennerei abgerissen wurde.

HANYU 1988 CASK 9501

SINGLE MALT 55,6 VOL.-%
Lebhaft und intensiv, mit Vanille, etwas
Zitrus und feinem Kakaobutteraroma.
Die japanische Eiche verleiht ihm einen
bittersüßen Zug. Am Gaumen üppige
Tiefe. Der Nachklang zeigt Rauch.

ICHIRO'S MALT

*Vertrieb: Number One Drinks, Nether-
conesford, King Street, Norwich, UK
www.one-drinks.com*

Ichiro's Malt ist eine Reihe von
Abfüllungen von Ichiro Akuto, dem
ehemaligen Direktor von Hanyu
(s. Hanyu) und Enkel von Hanyus
Gründer Isouji Akuto. Die Whiskys stammen aus den 400 Fässern
Single Malt, die Akuto erwerben
konnte, nachdem Hanyu geschlossen wurde.

Als junger Mann hatte Ichiro
Akuto als Markenmanager bei Suntory gearbeitet und seine Fähigkei-
ten im Bereich Marketing entwickelt. Der Großteil von Hanyus
restlichen Vorräten wird von Akuto
in 53 nach Spielkarten benannten
Whiskys vermarktet. Diese sogenannte Card Series ist nicht nur für
ihr unverwechselbares Markenzeichen bekannt, sondern auch für die
hohe Qualität vieler Abfüllungen.
Die Brenndaten reichen von 1985
bis 2000, und die Card Series wird

ICHIRO'S MALT – ACE OF SPADES

ICHIRO'S MALT – KING OF DIAMONDS

ICHIRO'S MALT – FIVE OF SPADES

gestreckt, bis Akutos neuer Chichibu-Single-Malt die Marktreife erreicht *(s. Chichibu)*.

Einige Whiskys der Card Series haben eine zweite Reifung erfahren, etwa in Fässern aus japanischer Eiche, Cognac- oder Sherryfässern. Andere alte Hanyu-Fässer wurden entweder in neues Holz oder amerikanische Eiche umgefüllt. Wieder andere sind unberührt geblieben.

Alle Card-Series-Abfüllungen sind extrem begrenzt, doch einige sind auf dem Exportmarkt erhältlich. Die Number One Drinks Company ist der wichtigste Vertreiber außerhalb Japans.

ACE OF DIAMONDS, DISTILLED 1986, BOTTLED 2000

SINGLE MALT 56,4 VOL.-%

Reife Nase mit Bitterorange, Möbelpolitur, Rose, Pfeifentabak; bei Verdünnung treten Schlehe und Moscatel hervor. Würzig und schokoladig auf der Zunge.

ACE OF SPADES, DISTILLED 1985, BOTTLED 2006

SINGLE MALT 55 VOL.-%

Ace of Spades – auch als Motorhead Malt bezeichnet, nach der Band, die für den gleichnamigen Song bekannt ist – ist einer der ältesten der Card Series. Kühn, üppig und fett mit einer Menge Rosinen, einigen Teernoten und Sirup. Der Geschmack ist zäh und toffeeartig, etwas Pflaume; pikanter Nachklang.

KING OF DIAMONDS, DISTILLED 1988, BOTTLED 2006

SINGLE MALT 56 VOL.-%

Komplex und nussig, trockene Noten von Sackleinen, Sandelholz, Zitrus, Ananas und Kiefer. Würzig, doch blumig am Gaumen mit subtilem Rauch. Einer der komplexesten aus der Reihe.

FIVE OF SPADES, DISTILLED 2000, BOTTLED 2008

SINGLE MALT 60,5 VOL.-%

Süße Nase mit Sandelholz, Rosine, Minze, dunkler Schokolade und etwas Rauch. Etwas Wasser bringt Muffins, Weihrauch und weißen Pfeffer hervor.

5 ♠

Ichiro's Malt "CARD"

Finished in American Oak Refill Sherry Butt
Japanese Single Malt Whisky
Distilled 2000, Bottled 2008
Bottle # 181 / 632

700 ml   60,5 %vol

GOTEMBA FUJISANROKU 18-YEAR-OLD

FUJI GOTEMBA 15-YEAR-OLD

FUJI GOTEMBA 18-YEAR-OLD

KIRIN GOTEMBA

Shibanta 970, Gotembashi, Shizuoka
www.kirin.co.jp

Die Brennerei in Gotemba, ein-
drucksvoll gelegen in den Ausläufern des Fujiyama 620 Meter über
dem Meeresspiegel, wurde 1973
als Joint Venture mit dem kanadischen Konzern Seagram *(s. S. 278)*
gegründet. Sie beherbergt eine Produktionsstätte für Grain-Whisky
sowie eine Malt-Destillerie. Ihre
Produkte orientieren sich an dem
für Seagram typischen leichten Stil,
den in den 1970er-Jahren auch
die japanischen Konsumenten
bevorzugten, da er gut zur japanischen Küche passt. Die Brennerei
produzierte drei verschiedene
Grain Whiskys sowie drei Malts,
auch getorft.

Gotemba ist für Besucher
zugänglich, aber derzeit nicht
in Betrieb. Die Whiskys sind bei
ausgewählten Einzelhändlern in
Japan und einigen Verkaufsstellen
in Übersee erhältlich.

GOTEMBA FUJISANROKU 18-YEAR-OLD

SINGLE MALT 40 VOL.-%

Die neue 18-jährige Abfüllung ist blumiger und zurückhaltender als der »alte«
Fuji Gotemba 18-Year-Old, mit weniger
Eiche. Etwas Pfirsich, Lilie und eine
würzige Grapefruitnote. Honignoten
aus dem Getreide scheinen wieder auf.

FUJI GOTEMBA 15-YEAR-OLD

SINGLE GRAIN 40 VOL.-%

Sehr süße und konzentrierte Nase.
Körper likörartig dickflüssig mit
Honigtönen. Es gibt Noten von Sesam,
Kokosnuss (von der Eiche) und Orangenschale. Am Gaumen weich und mild
wie schmelzende Butter. Im Nachklang
ausbalancierte Eiche und Süße.

FUJI GOTEMBA 18-YEAR-OLD

SINGLE MALT 40 VOL.-%

Ein leichter, süßer, keksartiger Start
geht in feine Ledernoten über, was auf
einiges Alter schließen lässt. Die Spirituose darunter ist süß und esterartig,
mit Birne und Apfel. Man schmeckt
Nüsse und einen leichten Zug Eiche.

GOTEMBA FUJISANROKU 18-YEAR-OLD

Japanischer Whisky

Am Beginn der Whiskyproduktion in Japan stand in den 1920er-Jahren die Partnerschaft zwischen Shinjiro Torii, dem Besitzer einer Importfirma für Scotch, und Masataka Taketsuru, einem Brenner, der sein Handwerk in Schottland erlernt hatte. Torii baute Yamazaki *(s. S. 300)* auf, Japans erste Malt-Brennerei, und beschäftigte Taketsuru als Brennmeister. Aus Toriis Firma erwuchs der Getränkeriese Suntory. Taketsuru gründete 1934 sein eigenes Unternehmen in Yoichi – Suntorys großen Rivalen Nikka.

Während Taketsuru einen schwereren, torfigen Whisky bevorzugt, den er auf Japans nördlicher Insel Hokkaido erzeugen kann, blieb Torii im milden Klima Zentraljapans dem leichten Stil treu. Zu den beiden Rivalen traten in den 1950er-Jahren eine Handvoll weiterer Konkurrenten. Wie bei Scotch stützte sich der anfängliche Erfolg auch in Japan auf Blends. In den 1980er-Jahren war Suntory Royal die meistverkaufte Einzelmarke der Welt – mit über 15 Mio. Kisten auf dem Heimatmarkt. Ebenfalls wie bei Scotch beruhte der jüngste Aufschwung auf dem erwachenden Interesse an Single Malt. Hinzu kommt der außerordentlich reine Geschmack japanischer Whiskys, der zunehmend Freunde findet.

Die japanischen Brennereien legen höchste Qualitätsmaßstäbe an und nutzen modernste wissenschaftliche Erkenntnisse. In Japan hat man sämtliche Aspekte der Whiskyherstellung – Wasser, Gerste, Hefetypen, Maischen, Vergären, Brennen und Reifung in unterschiedlichen Eichenfässern – gründlich studiert. So sind die Destillerien in der Lage, eine breite Palette verschiedener Ausprägungen von Single Malt zu erzeugen. Das wiederum unterscheidet japanischen Single Malt vom schottischen Modell, denn heute sind die meisten japanischen Single Malts verschnitten aus verschiedenen Malts derselben Brennerei.

Wie andere Whiskybars in Japan strahlt auch The Crane in Tokyo eine ausgeprägt schottische Atmosphäre aus, obwohl der japanische Barmann im Unterschied zu seinem schottischen Kollegen gewöhnlich eine Fliege trägt und den Whisky mit von Hand zerkleinertem Eis serviert.

KARUIZAWA 1986

KARUIZAWA 1995: NOH SERIES

KARUIZAWA 1971

KIRIN KARUIZAWA

Maseguchi 1795–2, Oaza, Miyotamachi, Kitasakugun, Nagano
www.kirin.co.jp

Kirins zweite Brennerei war ursprünglich eine Weinkellerei, die ihre Produktion in den 1950er-Jahren auf Whisky umstellte. Im Gegensatz zu anderen Destillerien in Japan erzeugt sie ausschließlich Malt. Während die meisten japanischen Malts eher leicht und delikat sind, bevorzugt Karuizawa einen robusten und rauchigen Stil. Dazu pflegt man Traditionen, die heute sogar in Schottland selten sind: Das schwere Aroma der Gerstensorte Golden Promise wird durch kleine Stills hervorgehoben, während die Reifung in ehemaligen Sherryfässern Dörrobstnoten hinzufügt.

Die Brennerei ist für Besucher zugänglich, arbeitet aber derzeit nicht. Hausabfüllungen sind rar, doch gibt es viele Single Cask Bottlings von unabhängigen Abfüllern.

KARUIZAWA 1986: CASK NO. 7387, ABGEFÜLLT 2008

SINGLE MALT 60,7 VOL.-%

Weihrauch in der Nase, dazu Wachs, kandierte Früchte, getrocknete Feigen, Zimt, Tamarinde, Rauch, Gewürze. Mit Wasser entfalten sich Noten von Dörrobst, Rosenholz und Kaffee.

KARUIZAWA 1995: NOH SERIES, ABGEFÜLLT 2008

SINGLE MALT 63 VOL.-%

Der Duft ist sehr harzartig, eine Mischung aus Tigerbalsam, Geranie, Schuhcreme, Pflaume und öligen Hölzern. Etwas Wasser holt Minzschokolade hervor. Der Geschmack ist leicht säuerlich und braucht einen Tropfen Wasser, um die Tannine zu mildern. Ein exotischer, blumiger Whisky.

KARUIZAWA 1971: CASK NO. 6878, ABGEFÜLLT 2008

SINGLE MALT 64,1 VOL.-%

Aromen von Bienenwachs und Sandelholz, dazu Tee, Sirup und Rauch. Am Gaumen harzig, mit Walnüssen, anhaltendem Pfeffer und Zigarre.

NIKKA SINGLE COFFEY MALT

NIKKA ALL MALT

NIKKA WHISKY FROM THE BARREL

NIKKA – GRAIN & BLENDS

Nikka 1, Aobaku, Sendaishi, Miyagiken;
Kurokawacho 7–6, Yoichimachi,
Yoichigun, Hokkaido
www.nikka.com

Nikka, Japans zweitgrößtes Brennereiunternehmen, wurde 1934 von Masataka Taketsuru gegründet. Nachdem er in Schottland die Kunst des Whiskymachens erlernt hatte (bei Longmorn in Speyside und bei Hazelburn in Campbeltown), unterstützte er in Japan anfangs Shinjiro Torii bei der Gründung von Yamazaki *(s. S. 300)*. Später ließ er sich auf der Insel Hokkaido nieder, wo das Klima dem Schottlands ähnelt, und gründete dort die Brennerei Yoichi.

Taketsurus Firma Nikka gehört heute zum Brauereikonzern Asahi und betreibt neben zwei Malt-Brennereien in Yoichi und Miyagikyo auch Destillerien für Grain Whisky. Wie in Japan üblich, produziert sie alle Whiskys für ihre Blends selbst. In den letzten Jahren hat sich Nikka verstärkt auf den Exportmarkt eingestellt.

Obwohl auch die Blends außerhalb Japans erhältlich sind, profitierten von den Anstrengungen in erster Linie die beiden Single Malts Nikka Miyagikyo *(s. S. 292)* und Nikka Yoichi *(s. S. 296)*. Zu den Blends zählen die Pure Malt Series *(gegenüber)* sowie Nikka Taketsuru Pure Malt *(s. S. 293)*.

NIKKA SINGLE COFFEY MALT

MALTED BARLEY MASH 55 VOL.-%
Dieser ungewöhnliche, wenn nicht einzigartige Whisky wird aus 100 % gemälzter Gerstenmaische in einer Coffey Still gebrannt. Daher kann niemand mit Bestimmtheit sagen, ob es sich um Malt oder Grain Whisky handelt. Der Duft ist mild, süß und rund, mit Noten von Banane, Honig, Kokosnuss, Khakifrucht und trockenem Gras. Am Gaumen ist er zäh und süß, mit Andeutungen von Muskatnuss, Zimt, Pfirsich und Vanille.

NIKKA PURE MALT RED

NIKKA PURE MALT WHITE

NIKKA PURE MALT BLACK

NIKKA ALL MALT

BLENDED MALT 40 VOL.-%

Ein Blend aus Pot-Still-Malt und 100-prozentigem Malt aus einer Coffey Still. Eine faszinierende Mischung aus süßer und trockener Eiche in der Nase, dazu etwas Banane. Der Geschmack ist weich und ölig.

NIKKA WHISKY FROM THE BARREL

BLEND 51,4 VOL.-%

Nikkas preisgekrönter Blend aus Malt und Grain reift in erstgefüllten Bourbonfässern. Die Nase ist direkt und leicht blumig bei angenehmer Intensität, leicht pfirsichartig und mit einem Zug von Rosmarinöl und Kiefernsaft. Am Gaumen leicht süß, dazu etwas Vanille, ein Hauch Kirsche und viel Würze im Nachklang – ein Spitzenblend.

NIKKA PURE MALT SERIES

Dieses Trio verschnittener Malts wird aus der breiten Palette der Erzeugnisse von Nikkas beiden Malt-Brennereien, Yoichi und Miyagikyo, zusammengestellt:

NIKKA PURE MALT RED

BLENDED MALT 43 VOL.-%

Leicht und duftig, mit dezenten Noten von Ananas, frischem Apfel, Birne und milden, mandelähnlichen Eichenaromen. Dieser Eindruck hält im Mund an; im Nachklang leichte Zitrustöne.

NIKKA PURE MALT WHITE

BLENDED MALT 43 VOL.-%

Das rauchigste Mitglied des Trios, mit viel Salznebel, duftendem getrocknetem Lavendel und Ruß in der Nase sowie derselben kräuterartigöligen Note wie From The Barrel. Der Geschmack ist üppig und seifig.

NIKKA PURE MALT BLACK

BLENDED MALT 43 VOL.-%

Üppig und süß, mit viel dunklen Beeren, dunkler Schokolade und etwas geschmeidiger Eiche. Solider als Red, mit einer Extraportion Rauchigkeit und mehr Tiefe und Kraft am Gaumen. Pfeffrig im Nachklang.

Whisky-Tour: Japan

Tokyo ist ein guter Ausgangspunkt für eine Whisky-Tour. Die Stadt verfügt über unzählige Whiskybars sowie Bahnverbindungen zu den Brennereien in Chichibu, Karuizawa, Hakushu und Gotemba. Die weiter entfernt gelegene Vorzeigebrennerei Yamazaki von Suntory ist ebenfalls per Zug erreichbar und kann mit dem Besuch Kyotos oder Osakas verbunden werden.

JAPAN

TOUR-DETAILS

TAGE: 8	LÄNGE: 480 km		BRENNEREIEN: 5
REISE: Shinkansen (Schnellzüge), Regionalzüge		REGION: Zentral-Honshu, Japan	

STILLS IN CHICHIBU

TAG 1: CHICHIBU

1 **Chichibu**, Japans jüngste, von Ichiru Akuto gegründete Brennerei, hat noch kein Besucherzentrum, doch Whiskyliebhaber können nach Voranmeldung einen geführten Rundgang durch die Anlage unternehmen. Die Stadt Chichibu ist mit dem Zug 90 Minuten vom Tokyoter Bahnhof Ikebukoro entfernt. Am Bahnhof in Chichibu nimmt man ein Taxi zur Brennerei, die etwas außerhalb liegt. (+81 (0)494 62 4601).

TAGE 2–3: KARUIZAWA (KIRIN)

2 Die Kirin-Brennerei in **Karuizawa** ist eine kleine Anlage. Sie ist für Besucher geöffnet und besitzt eine Kunstgalerie. Der Kurort Karuizawa liegt 65–80 Minuten mit dem Nagano Shikansen vom Tokyoter Hauptbahnhof entfernt. Von Chichibu aus benötigt man drei bis fünf Stunden mit Regionalzügen. Wer in Karuizawa eine längere Pause einlegen möchte, um die heißen Quellen zu nutzen, kann unter zahlreichen Hotels wählen.
(+81 (0)267 32 2006)

MATSUE

Chugoku Expy

KYOTO

YAMAZAKI **5**

KOBE

OSAKA

ZIEL

Chugoku Expy

OKAYAMA

Sanyo Expy

HIROSHIMA

FUKUOKA

Shinjiro Torii, der Gründer von Suntory, gilt als Vater des japanischen Whiskys. Suntory betreibt die Brennereien in Yamazaki und Hakushu.

START

SENDAI

FUKUSHIMA

NIIGATA

Banetsu Expy

Banetsu Expy

Joetsu Expy

Tohoku Expy

Kanetsu Expy

NAGANO

Nagano Shinkansen

② KARUIZAWA

①

CHICHIBU

③ HAKUSHU

JR-Chuo-Linie

JR-Asagiri-Linie

TOKYO

HONSHU

GOTEMBA ④

Tokaido Shinkansen

NAGOYA

0   30
Kilometer

TAG 4: HAKUSHU (SUNTORY)

③ Die Suntory-Brennerei in **Hakushu** liegt in den südlichen Japanischen Alpen, inmitten eines Landschaftsschutzgebiets. Der nächste Bahnhof ist in Kobuchizawa, mit Regionalzügen von Karuizawa aus erreichbar oder in zweieinhalb Stunden mit dem Expresszug (JR-Chuo-Linie), der vom Bahnhof Shinjuku in Tokyo abfährt. Nach der Besichtigung der Brennerei und des Museums kann man die Wanderwege im Wald erkunden. Dann kehrt man am besten nach Tokyo zurück, um eine Schnellzugverbindung nach Gotemba zu bekommen.

(+81 (0)551 35 2211)

DIE DESTILLERIE HAKUSHU

TAGE 5–6: GOTEMBA (KIRIN)

④ Der Ort **Gotemba** ist Ausgangspunkt einer der Hauptrouten auf den Fuijyama. Hier betreibt Kirin eine seiner Brennereien. Viele Besucher kommen wegen beidem. Sie beginnen mit der Besteigung des Fujiyama am Nachmittag, um bei Einbruch der Dunkelheit die 8. oder 9. Etappe zu erreichen, wo es Unterkünfte für Wanderer gibt. Den Gipfel des Berges besteigt man dann bei Sonnenaufgang. Nach dem Abstieg kann man einen Bus zurück nach Gotemba nehmen und die Brennerei besichtigen. Sie ist nicht die hübscheste, hat aber gute Besuchereinrichtungen und einen spektakulären Ausblick auf den Fujiyama von der Dachterrasse aus. Der Zug vom Bahnhof Shinjuku in Tokyo benötigt etwa eine Stunde und 40 Minuten.

(+81 (0)550 89 4909)

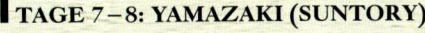

DER FUJIYAMA

TAGE 7–8: YAMAZAKI (SUNTORY)

DIE DESTILLERIE YAMAZAKI

⑤ Um die Suntory-Brennerei in **Yamazaki** zu besichtigen, die Keimzelle und Vorzeigeanlage der Firma, nimmt man am besten den Schnellzug nach Kyoto oder Osaka; Regionalzüge von beiden Städten halten am Bahnhof JR Yamazaki. Die Brennerei erreicht man nach einem zehnminütigen Spaziergang. Es gibt ausgedehnte Besuchereinrichtungen, darunter eine beeindruckende Verkostungsbar mit exklusiven Abfüllungen. Gutbetuchte Kunden haben die Möglichkeit, im Rahmen des Owner's-Cask-Programms ein Fass zu erwerben. Man kann außerdem einen traditionellen Shinto-Schrein besichtigen.

(+81 (0)759 61 1234; www.theyamazaki.jp/en/distillery)

NIKKA MIYAGIKYO

Nikka 1, Aobaku, Sendaishi, Miyagiken
www.nikka.com

Nikka Miyagikyo, nach der nächstgelegenen Großstadt auch Sendai genannt, ist die zweite von Masataka Taketsuru gegründete Brennerei. Heute produziert hier eine Malt-Destillerie mit acht Stills sowie eine Grain-Destillerie mit zwei verschiedenen Systemen, hinzu kommen weiträumige Lagerhäuser. Wie die meisten japanischen Brennereien erzeugt man eine breite Palette an Spirituosen. Der vorherrschende Stil ist leicht duftend und fruchtig-weich. Daneben gibt es auch einige torfige Varianten. Auch Nikkas Coffey Grain ist hier zu Hause. Die Brennerei empfängt Besucher.

Neu in der Produktpalette ist ein Miyagikyo ohne Altersangabe, der mit Wasser getrunken werden soll. Die Nase ist blumig und leicht, am Gaumen ein Hauch Sultaninen.

NIKKA MIYAGIKYO 10-YEAR-OLD

SINGLE MALT 45 VOL.-%

Ihm eigen ist ein schöner, blumiger Zug, der typisch ist für den Hausstil der Brennerei: Lilien, Stechginster, Flieder, mit einem Hauch Anis im Hintergrund. Am Gaumen ausgewogene, spritzige Eiche, einige Buttertoffeenoten und einen kiefernartiger Nachklang.

NIKKA MIYAGIKYO 12-YEAR-OLD

SINGLE MALT 45 VOL.-%

Die beiden Jahre mehr füllen die Nase mit Blumen, die tropischen Früchten wie Mango und Khaki weichen sowie einem üppigeren Geschmack nach Vanilleschoten. Gute Struktur mit einem Hauch Rauch.

NIKKA MIYAGIKYO 15-YEAR-OLD

SINGLE MALT 45 VOL.-%

Größer, mit Rosinen- und Sherryfassnoten, daneben Sahnekaramell und Fruchtfülle. Der feine Hausstil kommt deutlich zum Vorschein, ferner ein Hauch des frisch-blumigen, jugendlichen Charakters. Die üppigste der Varianten.

NIKKA MIYAGIKYO 10-YEAR-OLD

NIKKA TAKETSURU 17-YEAR-OLD

NIKKA TAKETSURU 12-YEAR-OLD

NIKKA TAKETSURU 21-YEAR-OLD

NIKKA TAKETSURU

*Nikka 1, Aobaku, Sendaishi, Miyagiken;
Kurokawacho 7–6, Yoichimachi,
Yoichigun, Hokkaido*
www.nikka.com

Diese kleine Palette verschnittener
Malts wurde nach dem Gründer
von Nikka, Masataka Taketsuru,
benannt. Wie die Pure-Malt-Palette
besteht sie aus Whiskys von beiden
Brennereien der Firma, doch angesichts der produzierten Vielzahl
von Malts ist es unmöglich zu
sagen, welches Element aus wel-
cher Destillerie stammt.

NIKKA TAKETSURU
17-YEAR-OLD

BLENDED MALT 43 VOL.-%
Die meistverkaufte Abfüllung aus der
Palette. Der 17-Jährige hat die Kom-
plexität, die man von gut gelagertem
Whisky erwartet. Rauch ist offenkun-
diger als beim 12-Jährigen: Anflüge von
Zigarrenkisten, Lack und Leder. Bei
Verdünnung zeigt sich ein frischer Tro-

penfruchtcharakter. Er bestimmt den
Geschmack, bevor der Torfrauch sich
durchsetzt. Ein sauberer, präziser und
komplexer Whisky.

NIKKA TAKETSURU
12-YEAR-OLD

BLENDED MALT 40 VOL.-%
Relativ leichte Nase, mit einem Hauch
Honig, Schnittblumen und milden
Früchten. Rein, mit Aromen aus den
ehemaligen Bourbonfässern. Am Gaumen eine gelungene Balance zwischen
sehr konzentrierter, süßer Spirituose
und reiner, nussiger Eiche mit Back-
äpfeln und Mandeln.

NIKKA TAKETSURU
21-YEAR-OLD

BLENDED MALT 43 VOL.-%
Bei diesem vielfach preisgekrönten
Whisky ist der Rauch unmittelbar,
während die Spirituose dahinter
dicker, üppiger und dunkler ist: reife
Beeren, Kuchen, Eiche und ein Hauch
Pilz oder Trüffel, der vom Alter zeugt.
Fruchtsirup, Feige, Pflaume, Rauch;
vielschichtig und komplex.

Nikkas Destillerie Miyagikyo liegt in den Bergen und Kirschgärten der Präfektur Miyagi nordöstlich von Tokyo. Angeblich kam der Brennmeister Masataka Taketsuru in den 1960er-Jahren hierher, kostete das Wasser und befand es für gut.

NIKKA YOICHI 10-YEAR-OLD

NIKKA YOICHI 12-YEAR-OLD

NIKKA YOICHI 20-YEAR-OLD

NIKKA YOICHI

Kurokawacho 7–6, Yoichimachi,
Yoichigun, Hokkaido
www.nikka.com

Obwohl die Malts aus der Brennerei Yoichi eindeutig japanisch sind, haben sie Ähnlichkeit mit ihren schottischen Brüdern – vor allem den Whiskys von Islay und Campbeltown. Man produziert eine breite Stilpalette, berühmt ist Yoichi vor allem für komplexe, robuste, ölige und rauchige Malts.

Der jüngste Yoichi ohne Altersangabe soll eine Einführung in die Produktpalette bieten und mit Wasser oder Soda getrunken werden. Er ist spritzig und rein, mit leichtem Rauch, einer heuartigen Note und süßem Zentrum.

NIKKA YOICHI 10-YEAR-OLD

SINGLE MALT 45 VOL.-%

Ein für japanischen Single Malt ungewöhnlicher Hauch Malzigkeit. Anfangs Salznebel und leichter Rauch in der Nase, mit karamellisierten Fruchtno-

ten. Ölig auf der Zunge, während der Rauch von duftend zu rußig wechselt, mit getrockneten Blüten im Nachklang.

NIKKA YOICHI 12-YEAR-OLD

SINGLE MALT 45 VOL.-%

Klassischer Yoichi – voll, tief, robust und komplex. Torf fügt der kohlenartigen Rußigkeit einen erdigen Charakter hinzu. Birnenkompott und gebackener Pfirsich liefern eine ausgleichende Süße, balanciert durch Rauch, Lakritz und Heidekraut.

NIKKA YOICHI 20-YEAR-OLD

SINGLE MALT 52 VOL.-%

Eine riesige, kompromisslose Nase, wobei die ölige Anmutung, die alle Varianten auszeichnet, im Vordergrund steht. Teaköl oder Waffenöl, Küste, Räucherhering und die verrückten Noten großer Reife – Leder, Zeder, Eibe und Laubkompost. Reine Kurkuma- und Korianderwürze. Am Gaumen massiv, mit dezent appetitanregender Säuerlichkeit, die trockene Eiche und Rauch ins Gleichgewicht bringt. Noch frisch im Nachklang.

Die Brennerei Yoichi auf der Insel Hokkaido wurde 1933 von Masataka Taketsuru gegründet. Die ersten Whiskys von Yoichi kamen 1940 in den Handel.

SUNTORY HAKUSHU 12-YEAR-OLD

SUNTORY HAKUSHU 10-YEAR-OLD

SUNTORY HAKUSHU 18-YEAR-OLD

SUNTORY HAKUSHU

Torihara 2913–1, Hakushucho,
Komagun, Yamanashi
www.suntory.co.jp

Hakushu liegt hoch in den Japanischen Alpen und war einst die
größte Malt-Brennerei der Welt, mit
zwei riesigen Still-Häusern, die eine
Reihe von Bränden zum Verschneiden produzierten. Heute arbeitet
nur noch eines der Still-Häuser,
aber dem Prinzip der Vielfalt ist
man treu geblieben. Nirgendwo
sonst gibt es eine vergleichbare
Palette an Formen und Größen von
Pot Stills. Die Abfüllungen von
Hakushu Single Malt reflektieren
den Geist des Ortes; sie sind leicht,
fein und frisch, obwohl es auch rauchige und schwere Varianten gibt.

SUNTORY HAKUSHU 12-YEAR-OLD

SINGLE MALT 43,5 VOL.-%
Der meistverkaufte Hakushu. Die Nase
des 12-Jährigen ist sehr kühl, mit

geschnittenem Gras und zunehmender
Minze. Es gibt einen Hauch Leinsamenöl, was auf Jugend schließen lässt.
Der Geschmack ist süß, entwickelt
sich aber recht langsam; der minzig-
grasige Charakter erhält etwas Tiefe
durch Aprikosen-Frucht und zusätzlichen Duft durch eine Kamillenote.

SUNTORY HAKUSHU 10-YEAR-OLD

SINGLE MALT 43 VOL.-%
Leichter Charakter mit einer etwas floralen Note, fast kiefernartigem Aroma
und nur einem Hauch Rauch.

SUNTORY HAKUSHU 18-YEAR-OLD

SINGLE MALT 43 VOL.-%
Ausgewogen und etwas zurückhaltend.
Wieder eine vegetale Note, diesmal
eher wie tropischer Regenwald; dane-
ben Pflaume, Mango, Heu sowie fri-
scher Ingwer. Gute Säure und geröstete
Eiche im Nachklang. Allgemein frische
Säure, durchzogen von üppig-delikater
Süße. Am Gaumen geradlinig, mit mehr
gerösteter Eiche.

SUNTORY HIBIKI

*Torihara 2913 – 1, Hakushucho,
Komagun, Yamanashi*
www.suntory.co.jp

Japans einflussreichstes Brennereiunternehmen wurde 1923 von
Shinjiro Torii gegründet. Sein
Erfolg basiert auf den Single Malts
der Brennereien in Yamazaki und
Hakushu. Doch auch Hibiki Blended Malt erfreut sich großer Reputation.

Der 12-jährige Hibiki ist das
jüngste Mitglied der Gruppe. Er
hat eine Nase, die Pflaume, Ananas,
Zitrone, dann Karamellbonbon
und frischer, saftiger Eiche gleicht.
Süß und dick auf der Zunge, mit
mentholartigem Nachklang.

SUNTORY HIBIKI
17-YEAR-OLD

BLENDED MALT 43 VOL.-%
Der Original-Hibiki hat ein weiches,
vollmundiges Aroma mit sehr reifen
Früchten, leichter Torfigkeit, einem
Hauch schwerer Blütendüfte sowie
Zitrus. Am Gaumen Karamell,
Schwarzkirsche, Vanille, Hagebutte
und eine leichte Eichenstruktur.

SUNTORY HIBIKI 21-YEAR-OLD

BLENDED MALT 43 VOL.-%
Tief und sinnlich, mit der Dichte und
dem Aroma großer, gealterter Whiskys.
Braune Butter, Sandelholz und ein
faszinierender Anflug grüner Kräuter.
Duftig und an leichten Rauch erin-
nernd. Am Gaumen dick und reif mit
vielen Blüten und Dörrobst. Süß und
ausdauernd auf der Zunge.

SUNTORY HIBIKI 30-YEAR-OLD

BLENDED MALT 43 VOL.-%
Dieser Whisky wurde bei den World
Whisky Awards zwei Jahre in Folge
zum »Best Blend in the World« gekürt.
Er ist gewaltig im Aroma, mit einer
Mischung verschiedener Früchte:
Bitterorange, Quittenpaste, recht ener-
gisches Holz sowie Walnüsse, gefolgt
von Anis, Fenchel und tiefer Würze.
Am Gaumen süß und samtig, mit Oran-
genmarmelade im Vordergrund, neben
süßen, staubigen Gewürznoten.

Die Geheimnisse von … Yamazaki

Als Shinjiro Torii 1921 an der alten Straße zwischen Kyoto und Osaka nahe dem kleinen Dorf Yamazaki Land kaufte, hatte er eine große Vision. Er war überzeugt, dass es keinen Grund gab, warum man in Japan nicht Whisky herstellen könnte.

Woran es ihm fehlte, war jemand, der Whisky machen konnte. Er fand ihn in Masataka Taketsuru, einem jungen Wissenschaftler, der zum Chemiestudium nach Schottland gegangen und mit einer schottischen Frau und einer Leidenschaft für die Whiskyherstellung zurückgekehrt war. Yamazaki begann 1924 zu brennen, und fünf Jahre später kam Japans erster Whisky, Shirofuda (White Label), heraus.

Yamazaki ist eine der bemerkenswertesten Brennereien der Welt, und das Experimentieren hat hier nie aufgehört. Dies liegt zum Teil am Bestreben japanischer Brenner, nur ihre eigenen Whiskys für ihre Blends zu verwenden. Yamazaki steht auch beim Export japanischen Whiskys ganz weit vorn. Der heimische Boom ist lange vorbei, und so umwerben die Brenner eine neue Generation. Obwohl sie vom *shochu* (einer traditionellen Spirituose) entwöhnt sind, interessieren sich junge Japaner wie ihre Altersgenossen in anderen Teilen der Welt für Single Malt, Individualität und Spitzenklasse.

Niemand weiß, ob Torii bei der Gründung seines Unternehmens davon träumte, dass seine Whiskys eines Tages schottischen Single Malts ebenbürtig wären. Tatsache ist, sie sind es.

▲ ORT DER KRAFT

In Yamazaki erbaute einst Sen no Rikyu, der Schöpfer der Teezeremonie *(cha-noyu)* im 16. Jahrhundert ein erstes Teehaus. Drei Flüsse fließen hier zusammen. Torii brauchte gutes Wasser, und die waldreiche Gegend bot Feuchtigkeit für die Reifung.

SUNTORY YAMAZAKI DISTILLERY

THE YAMAZAKI SINGLE MALT WHISKY 山崎

▲ SUNTORYS FLAGGSCHIFF

Das alte Gebäude gehört längst der Vergangenheit an, ebenso die ersten Stills. Heute steht hier ein recht imposanter Backsteinbau, überragt von zwei großen Pyramiden.

◄ WASHBACKS

Yamazaki verarbeitet ungetorftes, leicht getorftes und stark getorftes Malz. Die beiden Maischebottiche liefern verschiedene Arten von Würze, und man verwendet unterschiedliche Hefekulturen. Würze und Hefe kommen in den Washbacks zusammen, und die Vergärung beginnt — ihre Dauer variiert.

▲ DER NEW MAKE

Suntorys jüngste Vorliebe für direkte Befeuerung und kleinere Stills verleihen dem New Make mehr Gewicht. Dieser New Make ist ein mittelschwerer, fruchtiger Malt mit subtiler Tiefe in der Gaumenmitte. Zukünftige Abfüllungen werden wohl einen Hauch Rauch enthalten.

◄ DIE BRENNBLASEN

Yamazaki pflegt eine bemerkenswerte Sammlung von Stills, die meist im Tandem arbeiten. Darunter sind dampfbefeuerte Brennblasen verschiedener Form und Größe. Die Brennerei ist bekannt für ihre Experimentierfreude. Die kleineren, direkt befeuerten Stills kamen erst 2005 hinzu.

▲ REIFUNG

Für die Reifung kommen verschiedene Hölzer zum Einsatz, darunter neue Eiche, Bourbon- und Sherryfässer. Es gibt sogar einen Whisky, der in Fässern reift, in denen zuvor Pflaumenbrand lagerte. Wie viele verschiedene Whiskys Yamazaki produziert, wird nicht verraten.

THE YAMAZAKI 12-YEAR-OLD

THE YAMAZAKI 10-YEAR-OLD

THE YAMAZAKI 25-YEAR-OLD

SUNTORY YAMAZAKI

Yamazaki 5 – 2 – 2, Honcho, Mishimagun, Osaka
www.suntory.co.jp

Yamazaki nimmt für sich in Anspruch, die erste Malt-Brennerei in Japan zu sein. Sie war das Werk der beiden Väter der japanischen Whiskybranche, Shinjiro Torii und Masataka Taketsuru. Wie Hakushu produziert sie eine breite Palette. Die Single-Malt-Abfüllungen sind vorwiegend süßfruchtig. Gelegentlich kommen Einzelfassabfüllungen hinzu. Die meisten älteren Varianten sind in ehemaligen Sherryfässern gereift, andere in japanischer Eiche.

THE YAMAZAKI 12-YEAR-OLD

SINGLE MALT 43 VOL.-%

Die 12-jährige Stütze der Palette ist spritzig mit einer frischen Nase von Ananas, Zitrus, Blüten, getrockneten Kräutern und etwas Eiche. Der Geschmack ist süß und voll reifer, weicher Früchte, dazu ein Hauch Rauch.

THE YAMAZAKI 10-YEAR-OLD

SINGLE MALT 40 VOL.-%

Der leichteste der Serie. Süße Gewürze im Vordergrund, dezenter Apfel und Traube. Am Gaumen ein wenig Eiche.

THE YAMAZAKI 25-YEAR-OLD

SINGLE MALT 43 VOL.-%

Ein gewaltiger, konzentrierter, fast balsamischer Sherryduft mit süßen Rosinen, Granatapfel, Sirup, Feigen-

konfitüre, Backpflaume, Rosenblüten, Moschus, Leder und brennendem Laub. Am Gaumen bitter und recht tanninreich. Er ist sehr trocken.

SUNTORY VINTAGE 1984
SINGLE MALT 56 VOL.-%

Starke Sherrytöne. Sehr dunkel, mit balsamischer Nase, Baumrinde, Eibenholz, Plumpudding und Espresso. Der Geschmack zeigt Schwarzkirsche, Sirup-Toffee und Backpflaume. Interessante Mischung aus bitter und süß, starke Tannine.

THE CASK OF YAMAZAKI 1990 SHERRY BUTT
SINGLE MALT 61 VOL.-%

Aus einer regelmäßigen Reihe von Einzelfassabfüllungen. Fast opake Mahago-nifarbe und eine Nase voller Datteln, Backpflaumen, Feigen- und Sherrynoten. Etwas Torf steigert die Komplexität. Der Geschmack ist griffig und herbstlich mit leichtem Holzrauch, Walnuss, gesüßtem Espresso und einem langen, festen Nachklang, der mit einem Hauch Sirup endet.

THE YAMAZAKI 18-YEAR-OLD
SINGLE MALT 43 VOL.-%

Im Alter nimmt Yamazaki mehr von der Eiche auf. Die esterartigen Noten jüngerer Varianten weichen reifem Apfel, Veilchen und tiefen, süßen Eichennoten. Dieser Eindruck setzt sich am Gaumen fort mit einem mosig-kiefern-artigen Charakter und der klassischen Yamazaki-Fülle im Zentrum. Ein ausgesprochen edler Whisky.

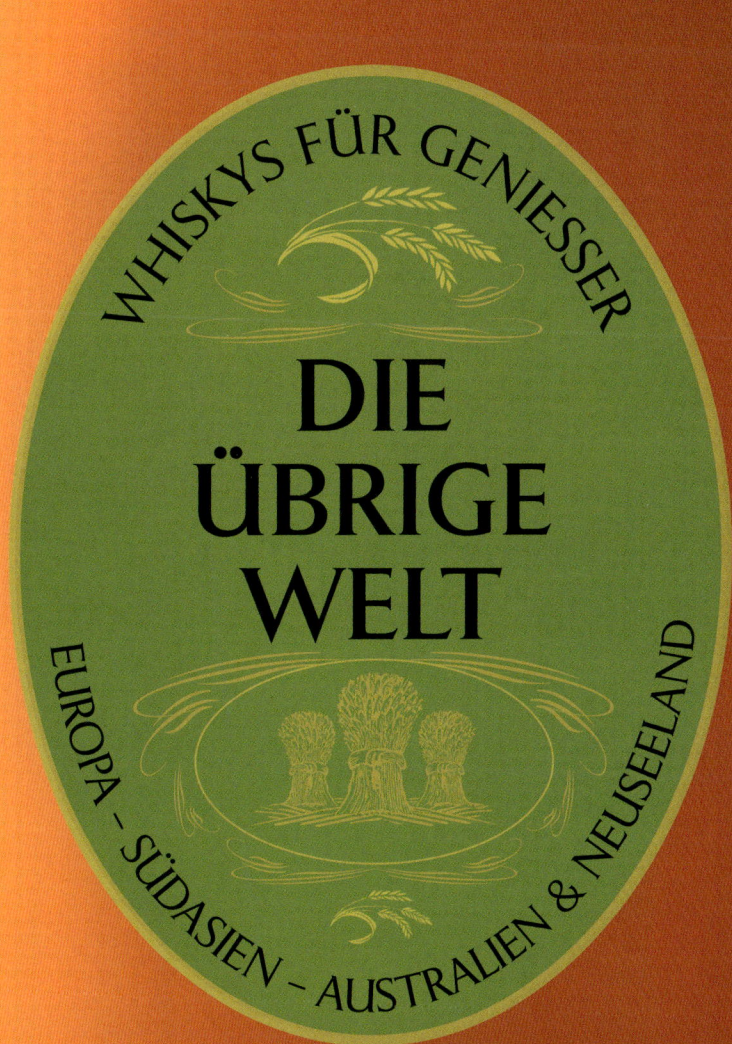

WHISKYS FÜR GENIESSER

DIE ÜBRIGE WELT

EUROPA – SÜDASIEN – AUSTRALIEN & NEUSEELAND

Europäischer Whisky

Auch außerhalb der großen Whiskynationen Schottland und Irland gibt es Whiskybrennereien in ganz Europa. In Skandinavien, Osteuropa und auch in Deutschland destilliert man seit Jahrhunderten Spirituosen aus Getreide, vor allem Wodka, Gin, Aquavit und Korn. In anderen Ländern haben Obst- oder Tresterbrände eine lange Tradition.

Als in den letzten Jahren das Interesse an Whisky weltweit zunahm, haben manche dieser meist kleinen europäischen Brennereien die Whiskyproduktion für sich entdeckt. Im Norden sind solche Unternehmen oft eine Erweiterung bestehender Bierbrauereien, im Süden nutzt man einfach die für Branntwein verwendeten Brennblasen. Aus diesem Grund sind südeuropäische Whiskys oft fruchtiger als ihre nördlichen Pendants. Auch die häufige Verwendung von Weinfässern zur Reifung beschert den südeuropäischen Whiskys ein süßes Aroma.

Die meisten Brennereien auf dem europäischen Festland produzieren nur geringe Mengen. Eine treue Kundschaft sorgt dafür, dass Abfüllungen bisweilen in wenigen Tagen ausverkauft sind. Abgesehen von Mackmyra (Schweden) und Slyrs (Deutschland) sind nur wenige Whiskys außerhalb ihres Herstellungslandes erhältlich. Zu den sehr kleinen Whiskyproduzenten zählen Brasch, Gruel, Höhler, Rabel und Zaiser in Deutschland, Weutz in Österreich, Fisselier in Frankreich, Maison Les Vignettes und Bauernhof in der Schweiz.

Die türkische Marke Tekel (in Staatsbesitz) kann technisch nicht als Whisky bezeichnet werden, da für die Maische gemälzte Gerste und Reis verwendet wird. In Dagestan (Russland) wurde 2003 Kizlyarskoye gegründet. Es gibt dort Pläne, verschiedene Produkte, darunter einen Malt und einen Grain Whisky, auf den Markt zu bringen.

PENDERYN AUR CYMRU

PENDERYN PEATED

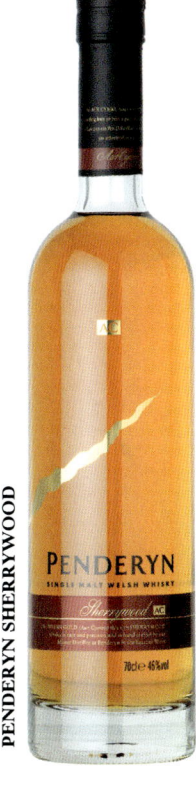

PENDERYN SHERRYWOOD

PENDERYN

WALES

Penderyn, near Aberdare
www.welsh-whisky.co.uk

Penderyn, die derzeit einzige Whiskybrennerei in Wales, erhielt 2008 vom führenden amerikanischen Whiskymagazin *Malt Advocate* eine Auszeichnung als »Microdistillery Whisky of the Year«. Das kleine Unternehmen produziert nur ein Fass pro Tag. Nach mühsamem Start ist es inzwischen weltweit für exquisite Whiskys anerkannt. In seiner *Whisky Bible 2009* beschreibt Jim Murray Penderyn als »einen Fürsten des walisischen Whiskys, des Prince of Wales wahrlich würdig«. Es war Prince Charles, der im Juni 2008 die Brennerei offiziell eröffnete – acht Jahre, nachdem das erste Destillat aus den Stills gelaufen war.

Das Whiskymachen begann in Wales lange zuvor: Laut Penderyn haben die Waliser möglicherweise schon im 4. Jahrhundert Whisky (*gwirod*) gemacht. Die amerikanischen Whiskypioniere Evan Williams und Jack Daniel sollen walisischer Abstammung sein.

Penderyn reift in Bourbonfässern, vor allem von Buffalo Trace (*s. S. 222*) und Evan Williams (*s. S. 228*). Später erhält er ein Finish in Madeira- oder Sherryholz. Das Etikett nennt kein Alter.

PENDERYN AUR CYMRU

SINGLE MALT 46 VOL.-%

Würzig und frisch; dieser Malt ist kratzig, fruchtig und bittersüß.

PENDERYN PEATED

SINGLE MALT 46 VOL.-%

Süßer, aromatischer Rauch, gefolgt von Vanille, grünen Äpfeln und erfrischenden Zitrusnoten.

PENDERYN SHERRYWOOD

SINGLE MALT 46 VOL.-%

Üppige dunkle Früchte und Karamell mischen sich mit Apfel, Haselnuss und subtilen Noten gebrannter Mandeln.

THE ENGLISH WHISKY CO.

ENGLAND

St. George's Distillery, Harling Road, Roudham, Norfolk
www.englishwhisky.co.uk

Laut Alfred Barnards Buch *Distilleries of the United Kingdom and Ireland* von 1887 gab es in England im 19. Jahrhundert wenigstens vier Brennereien. Um die Jahrhundertwende existierte keine einzige mehr, und erst seit 2006 fließt wieder Brand aus Pot Stills – dank English Whisky Co., die keine Mühe scheuten und den legendären Iain Henderson anheuerten. Die erste Abfüllung kam im November 2009 heraus.

ENGLISH WHISKY CO. CHAPTER 3

NEW MAKE 40 VOL.-%

Es ist noch kein Whisky, da ihm die Reife fehlt. Der New Make ist sehr fruchtig. Iain Hernderson hat 2007 auch eine getorfte Spirituose gebrannt.

FRYSK HYNDER

NIEDERLANDE

Us Heit distillery, Snekerstraat 43, 8701 XC Bolsward, Friesland
www.usheitdistillery.nl

Us Heit (friesisch für »Unser Vater«) wurde 1970 als Brauerei gegründet. Aart van der Linde, ein enthusiastischer Whiskyliebhaber, beschloss 2002, Whisky mit Gerste aus einer örtlichen Mühle zu brennen. Es ist die gleiche Gerste, aus der das Bier gebraut wird; gemälzt wird sie in der Brennerei. Seit 2005 kommt jedes Jahr ein 3-jähriger Single Malt namens Frysk Hynder heraus. Us Heit verwendet verschiedene Fasstypen für die Reifung, von Bourbon- bis zu Wein- und Sherryfässern.

FRYSK HYNDER SHERRY MATURED

SINGLE MALT 43 VOL.-%

Süßlich und bemerkenswert weich für einen jungen Whisky. Schöner, voller Körper und ausgeprägte Sherrynoten.

MILLSTONE

NIEDERLANDE

Zuidam, Weverstraat 6, 5111 PW, Baarle Nassau
www.zuidam-distillers.com

Was vor etwa 50 Jahren als Ginbrennerei begann, ist jetzt ein Unternehmen, das in der zweiten Generation von der Familie Zuidam geleitet wird. Es produziert schön gemachte Single Malts, neben exzellentem jungem und altem Genever. Der 5-jährige Millstone Single Malt wurde 2007 eingeführt, gefolgt von einem 8-jährigen Bruder. Zuidam verwendet Bourbon- wie auch Sherryfässer für die Reifung. Eine 10-jährige Variante soll hinzukommen.

MILLSTONE 5-YEAR-OLD

SINGLE MALT 40 VOL.-%

Delikate Töne von Frucht und Honig, kombiniert mit Vanille, Holz und einem Hauch Kokosnuss. Üppige Honigsüße, delikate würzige Noten und ein langer Vanille-Eiche-Nachklang.

VALLEY

NIEDERLANDE

Asschatterweg 233, 3831 JP Leusden
www.valleibieren.nl/whisky

Im Dezember 2007 erblickte der erste 3-jährige Single Malt aus dieser altmodischen Hofbrennerei das Licht der Welt. Es ist eine richtige Heimarbeit, die 2002 begann, als Besitzer Bert Burger anfing, auf dem Küchentisch zu destillieren. Er brauchte bis 2004, um eine Brauerei und eine Brennerei für die Produktion zu finden. Mit Hilfe seines Sohnes macht Burger jetzt Valley Whisky, einen Whiskylikör sowie biologisches Bier. Der Ausstoß ist sehr gering und die Produkte sind nur in der Region erhältlich.

VALLEY 3-YEAR-OLD

SINGLE MALT 40 VOL.-%

Fruchtig, mit Noten von Aprikose, Gewürznelke und Dörrobst. Leicht metallisch, mit Lakritz im Nachklang.

Die traditionelle holländische Windmühle bei Zuidam leistet der Brennerei gute Dienste: Sie mahlt die gemälzte Gerste für den Millstone Single Malt.

THE BELGIAN OWL

BELGIEN

The Owl Distillery, Rue Sainte Anne 94, 4460 Grâce-Hollogne
www.belgianwhisky.com

Brennmeister Etienne Bouillon gründete diese Brennerei 2004 im französischsprachigen Teil Belgiens. Er verwendet einheimische Gerste und erstgefüllte Bourbonfässer für seinen 3-jährigen Single Malt Whisky. Die erste Portion wurde im Herbst 2007 abgefüllt. The Owl Destillery war ursprünglich bekannt für Lambicool und PUR.E.

BELGIAN SINGLE MALT

SINGLE MALT 46 VOL.-%

Dieser ohne Kaltfiltration abgefüllte Malt bietet Vanille, Kokosnuss, Banane und Eiskrem, darüber Feige, gefolgt von einem Crescendo anderer Aromen wie Zitrone, Äpfel und Ingwer. Langer Nachklang mit reifen Früchten und Vanille.

GOLDLYS

BELGIEN

Graanstokerij Filliers,
Leernsesteenweg 5, 9800 Deinze
www.filliers.be

Die flämische Brennerei Filliers produziert seit 1880 Getreidespirituosen. 2008 überraschte sie die Whiskywelt mit zwei gut gereiften Whiskys. Ihr Name stammt vom Fluss Lys, der auch »Goldener Fluss« genannt wird, wegen des in ihm eingeweichten Flachses. Goldlys entsteht aus Malz, Roggen und Mais und wird – ähnlich wie Bourbon – zweifach gebrannt, erst in einer Säulenbrennanlage, dann in einer Pot Still. Die Spirituose reift in ehemaligen Bourbonfässern.

GOLDLYS 10-YEAR-OLD

MIXED GRAIN WHISKY 40 VOL.-%

Würzige, süße Frucht, Lakritz und ein Hauch Holz. Etwas Pfeffer im kurzen, trockenen Nachklang.

GOUDEN CAROLUS

BELGIEN

Brouwerij Het Anker, Guido
Gezellelaan 49, 2800 Mechelen
www.hetanker.be

Die belgische Bierbrauerei Het Anker, die das berühmte Bier Gouden Carolus Triple braut, begann mit der Whiskyherstellung 2003. Der derzeitige Besitzer Charles Leclef repräsentiert die fünfte Generation der Familie Van Breedam, der das Unternehmen gehört. Im Jahr 2008 wurden 2500 Flaschen Gouden Carolus Single Malt abgefüllt und verkauft.

GOUDEN CAROLUS

SINGLE MALT 40 VOL.-%

Schön ausgewogen für einen jungen Whisky, mit fruchtigen, holzigen Noten.

ARMORIK

FRANKREICH

Distillerie Warenghem, Route de
Guingamp, 22300 Lannion, Bretagne
www.distillerie-warenghem.com

Die bretonische Distillerie Warenghem wurde 1900 gegründet, um Brände aus Apfelwein und Obst herzustellen. Es sollte 99 Jahre dauern, bis auch andere Erzeugnisse hinzukamen, darunter Bier und Whisky. Hier werden nun zwei Arten Whisky produziert: Armorik, ein Single Malt, und WB (Whisky Breton), ein Blend. In welchen Fässern er reift, ist nicht zu erfahren.

ARMORIK
WHISKY BRETON

SINGLE MALT 40 VOL.-%

Armorik, eine junge Spirituose, ist frisch und sehr würzig, mit einem salzigen Zug und trockenem, eichigem Einfluss im Nachklang.

EDDU SILVER

EDDU GOLD

EDDU GREY ROCK

EDDU
FRANKREICH

*Des Menhirs, Pont Menhir,
29700 Plomelin, Bretagne
www.distillerie.fr*

Dieser Whisky stammt aus dem
Land der Menhire und des aus
Apfelwein gebrannten Lambig. Die
Distillerie Des Menhirs begann als
Hersteller von Cidre 1986, wandte
sich 1998 jedoch dem Whisky zu.
Die meisten Obstbrenner, die sich
für die Whiskyherstellung ent-
scheiden, nutzen ihre Ausrüstung,
um Whisky zusätzlich zu machen.
Nicht so diese Firma: Des Menhirs
baute eine eigene Still nur für die
Produktion von Whisky, den sie
nicht aus Gerste, sondern aus
Buchweizen brennt (*eddu* auf Bre-
tonisch). Die Brennerei liefert der-
zeit drei verschiedene Varianten:
Silver, Gold und Grey Rock. Der
Whisky reift in französischen
Eichenfässern. 2006 wurde die
Brennerei erweitert und man findet dort jetzt auch einen Laden.

EDDU SILVER

PURE BLÉ NOIR 40 VOL.-%

Duftende Rose und Heidekraut in
der Nase. Fruchtig, mit einem Hauch
Honig, Marmelade und etwas Muskatnuss. Samtiger Körper, Vanille und
Eiche im Nachklang.

EDDU GOLD

PURE BLÉ NOIR 43 VOL.-%

Fast identisch mit seinem silbernen
Bruder – mit denselben Blüten- und
Gewürznoten –, aber alkoholstärker.

EDDU GREY ROCK

BLEND 40 VOL.-%

Ein Blend mit 30 % Buchweizen.
Orangen- und Aprikosenaromen ver-
einen sich mit Ginsterblüten. Eine
schwache Seebrise wird von einem
Hauch Zimt umrahmt. Ausgewogene
Aromen und ein langer, langer Nachklang.

GLANN AR MOR
FRANKREICH

Crec'h ar Fur, 22610 Pleubian,
Bretagne
www.glannarmor.com

Glann ar Mor bedeutet auf Bretonisch »Meeresküste«. Die Brennerei eröffnete 2005 nach achtjähriger Vorbereitung. Am 17. November 2008 wurde der Inhalt eines Fasses abgefüllt – auf 305 Flaschen. Der so gewonnene ungetorfte Whisky wird als Artisan Single Malt bezeichnet, »ein Erbe der echten keltischen Tradition«. Er ist nicht gefärbt oder gefiltert. Eine zweite Abfüllung mit der getorften Variante erfolgte im November 2009.

GLANN AR MOR
SINGLE MALT 46 VOL.-%
Recht komplex, mit Ingwer, Vanille und einem Hauch Meeresbrise, dann grasig und blättrig. Große Frucht, darunter reife Äpfel und Birnen, umrahmt von feiner Eiche.

GUILLON
FRANKREICH

Hameau de Vertuelle, 51150 Louvois,
Champagne
www.whisky-guillon.com

Die Brennerei Guillon liegt in der französischen Champagne und wurde 1997 eigens für die Whiskyherstellung gebaut. Sie begann 1999 zu brennen. Für die Reifung kommen ausschließlich Weinfässer zum Einsatz: Die erste Reifungsperiode findet in Burgunderfässern statt. Danach erhält der Whisky ein Finish in Fässern, die Süßweine wie Banyuls, Loupiac oder Sauternes enthielten. Guillon füllt einen Premiumblend mit 40 Vol.-% ab. Die verschiedenen Single Malts werden mit 42, 43 und 46 Vol.-% abgefüllt.

GUILLON NO. I
SINGLE MALT 46 VOL.-%
Hocharomatisch, fruchtig und elegant, dank des ungewöhnlichen Finishs in Süßweinfässern.

P&M
FRANKREICH

Domaine Mavela, Brasserie Pietra,
Route de La Marana,
20600 Furiani, Korsika
www.brasseriepietra.com

P&M ist eine erfolgreiche Kooperation zwischen zwei Firmen auf der Mittelmeerinsel Korsika. Pietra, 1996 als Brauerei gegründet, produziert die Maische, die in Mavela gebrannt wird. Der Malt Whisky reift in Fässern aus der Eiche der örtlichen Wälder. Weitere Spirituosen von Mavela sind P&M Blend sowie P&M Supérieur. Das Alter wird nicht angegeben.

P&M PURE MALT
MALT 42 VOL.-%
Dieser komplexe, aromatische Whisky hat ein subtiles Aroma von Honig, Aprikose und Zitrusfrucht sowie einen üppigen Geschmack.

UBERACH
FRANKREICH

Distillerie Bertrand,
3 rue du Maréchal Leclerc, BP 21,
67350 Uberach, Elsass
www.distillerie-bertrand.com

Die Weinbrand- und Likörbrennerei Bertrand im Elsass datiert von 1874 und wird seitdem von derselben Familie betrieben. Das Elsass ist gesegnet mit fruchtbarem Alluvialboden, und die Gegend rings um die Brennerei produziert eine Reihe von Früchten, die in einigen Bränden Bertrands verwendet werden. Die Firma hat sich kürzlich der Produktion von Bier und zwei ungefilterten Whiskys zugewandt, Uberach Single Malt und Uberach Single Cask.

UBERACH SINGLE MALT
SINGLE MALT 42,2 VOL.-%
Blumig, fruchtig und würzig, mit schwarzem Tee, Noten von Pflaumen, Wachs und Tabak. Aromatisch, ausgewogen; eichig-fruchtiger Nachklang.

WAMBRECHIES

FRANKREICH

1 Rue de la Distillerie,
59118 Wambrechies,
Nord-Pas-de-Calais
www.wambrechies.com

Wambrechies wurde 1817 als Brennerei für Genever gegründet und betreibt eine von nur drei Stills in der Region. Sie produziert weiterhin eine beeindruckende Reihe an Genever neben einem Malt Whisky sowie Bier. Die Whiskys werden mit drei bis acht Jahren abgefüllt; der jüngere ist ein leichterer, blumiger Blend, der ältere besitzt einen tieferen, würzigen Charakter.

WAMBRECHIES 8-YEAR-OLD

SINGLE MALT 40 VOL.-%

Delikate Nase mit Noten von Anis, frischer Farbe, Vanille und Getreide. Weich am Gaumen, mit einem feinen, malzigen Profil. Im Nachklang würzig, mit gemahlenem Ingwer und Milchschokolade.

HOLLE

SCHWEIZ

Holle 52, 4426 Lauwil, Basel
www.single-malt.ch

Bis zum 1. Juli 1999 war es in der Schweiz gesetzlich verboten, Getreide, das als Nahrungsmittel galt, zu Spirituosen zu brennen. Nach einer Gesetzesänderung begann die Familie Bader, die auf eine lange Erfahrung mit Obstbränden zurückblickt, Getreidebrand herzustellen und wurde der erste Whiskyproduzent des Landes.

HOLLE

SINGLE MALT 42 VOL.-%

Feine Aromen von Malz, Holz und Vanille, mit leichtem Weingeschmack. Es gibt zwei Varianten: Eine reift in Weißwein-, die andere in Rotweinfässern. Eine Fassstärke wird mit 51,1 Vol.-% abgefüllt.

SINGLE LAKELAND

SCHWEIZ

Spezialitätenbrennerei Zürcher
Nägeligässli 7, 2562 Port
www.lakeland-whisky.ch

Die Brennerei Zürcher begann 2003, Whisky herzustellen. Die Spirituose reift für drei Jahre in Oloroso-Sherryfässern. Die erste Abfüllung kam 2007 heraus und ist nicht mehr erhältlich. Es gab eine weitere 2008, weitere sollen regelmäßig folgen.

SINGLE LAKELAND

SINGLE MALT 42 VOL.-%

GEBRANNT 2005 ABGEFÜLLT 2008

Perfekt ausgewogen. Aromen von Tannin und Rauch von der dreijährigen Reifung in Oloroso-Sherryfässern. Weiche Vanille- und Zimtnoten.

WHISKY CASTLE

SCHWEIZ

Schlossstrasse 17, 5077 Elfingen
www.whisky-castle.com

Käsers Schloss – so der Name der Brennerei – ist im Besitz von Ruedi und Franziska Käser. Das Paar begann 2000 Whisky zu brennen und weitete 2006 seine Aktivitäten durch Events wie Whisky-Diners und Vorträge in den Geschäftsräumen aus. Der Markenname ihres Whiskys lautet Whisky Castle. Es gibt eine Reihe von Varianten, darunter Doublewood, der einen Hauch Kastanie hat, und Edition Käser, der in neuen Bordeauxfässern reift und in Fassstärke abgefüllt wird.

WHISKY CASTLE FULL MOON

SINGLE MALT 43 VOL.-%

Dieser Whisky wird aus geräucherter, gemälzter Gerste bei Vollmond gemacht. Ein junger Whisky mit süßlichem Aroma und Geschmack.

REISETBAUER 7-YEAR-OLD

REISETBAUER 12-YEAR-OLD

WALDVIERTLER J. H. SPECIAL PURE RYE MALT »NOUGAT«

NOCK·LAND

ÖSTERREICH

Wolfram Ortner, Untertscherner Weg 3,
9546 Bad Kleinkirchheim
www.wob.at

Wolfram Ortner ist auf Luxuswaren, besonders Zigarren, Gläser und Obstbrände, spezialisiert. Die Firma begann 1996, Nock-Land-Whisky zu produzieren, benannt nach den Nockbergen in der Nähe. Dieser Blend besteht aus gemälzter Gerste und reift in neuen Fässern aus europäischer Eiche unterschiedlicher Provenienz – etwa Limousin, Allier, Nevers und Vogesen – sowie in amerikanischer Eiche.

NOCK·LAND WHISKY

MALT 48 VOL.-%

Süß und malzig, mit schweren Noten von Tabak und Gewürz. Abgerundet von einem leichten Hauch Honigwabe.

REISETBAUER

ÖSTERREICH

Axberg 15, 4062 Kirchberg-Thening
www.reisetbauer.at

Hans Reisetbauer hat sich ursprünglich einen Namen als Obstbrenner gemacht und eine schöne Palette von Spirituosen produziert. 1995 beschloss er, Single Malt Whisky zu brennen. Damit behauptet er, der erste österreichische Whiskybrenner zu sein – obgleich das auch die Waldvierteler Roggenhof-Brennerei für sich in Anspruch nimmt *(s. nächster Eintrag)*.

Im Bemühen, sein Ackerland voll auszunutzen, baut Reisetbauer seine Gerste selbst an; seine erste Ernte von Sommerbraugerste wurde im Juli 1995 eingefahren.

Mälzen und Vergären finden vor Ort statt. Der Wash wird zweifach in kupfernen Pot Stills gebrannt. Für die Reifung verwendet Reisetbauer Fässer, die zuvor Trockenbeerenauslese und Char-

donnay enthielten. Die Spirituose absorbiert Fruchtnoten aus dem Holz und verstärkt so den Geschmack des Whiskys. Reisetbauer bezieht seine Fässer ausschließlich von österreichischen Winzern. Seine erste Abfüllung kam 2002 auf den Markt.

REISETBAUER 7-YEAR-OLD

SINGLE MALT 43 VOL.-%

Fein und vielschichtig in der Nase, mit leichten Röstaromen, die an Haselnüsse und getrocknete Kräuter erinnern. Angenehme Brot- und Getreidenoten am Gaumen. Leicht rauchig, mit feiner Würze.

REISETBAUER 12-YEAR-OLD

MALT 48 VOL.-%

Ähnlich dem 7-Jährigen, aber stärkere Präsenz der Fruchtnoten von den für die Reifung verwendeten Weinfässern.

WALDVIERTLER

ÖSTERREICH

Whiskydestillerie J. Haider OG,
3664 Roggenreith 3
www.roggenhof.at

Die Waldviertler Brennerei Roggenhof wurde 1995 gegründet und behauptet wie Reisetbauer *(s. vorheriger Eintrag)*, die erste Whiskybrennerei Österreichs zu sein. Sie produziert fünf Whiskys. Zwei sind Single Malts – J. H. Single Malt und J. H. Special Single Malt »Karamell«. Die übrigen sind Roggenwhiskys – J. H. Original Rye, J. H. Pure Rye Malt und J. H. Special Pure Rye Malt »Nougat«.

Die Firma verwendet Fässer, die aus der örtlichen Manhartsberger Eiche gemacht werden. Die Whiskys reifen darin zwischen drei und zwölf Jahren und werden als Einzelfassabfüllungen angeboten. Der Alkoholgehalt variiert zwischen 41 und 54 Vol.-%, und die Aromen reichen von leichter Vanille hin zu Karamell, Schokolade und Nugat.

WALDVIERTLER J. H. SPECIAL SINGLE MALT »KARAMELL«

Johann Haider, der Brennmeister und Mitinhaber des Waldviertler Roggenhofs, hat auch die »Whisky-Erlebniswelt« auf dem Gelände kreiert, bestehend aus einer Schaubrennerei, einer Filmvorführung und einem Café, in dem man verschiedene Whiskys in Kaffee verkosten kann. Seminare nach Haiders Buch *Faszination Whisky* werden ebenfalls gegeben. In der Destillerie entstehen auch Wodka, Gin und Weinbrand, aber der Schwerpunkt liegt auf Whisky.

WALDVIERTLER J. H. SPECIAL PURE RYE MALT »NOUGAT«
RYE WHISKY 41 VOL.-%
Milder, süßer Honiggeschmack, der perfekt mit dem leichten Vanillearoma harmoniert.

WALDVIERTLER J. H. SPECIAL SINGLE MALT »KARAMELL«
SINGLE MALT 41 VOL.-%
Rauchig und trocken, mit intensiven Karamellnoten.

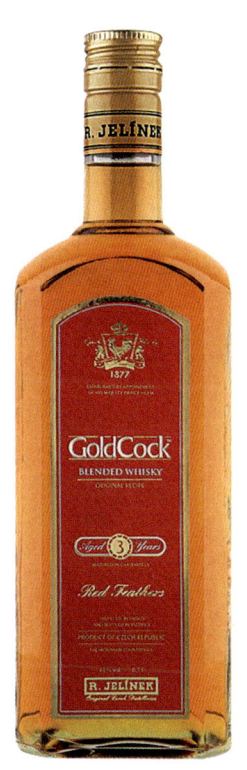

GOLD COCK
TSCHECHIEN
R. Jelínek Distillery, Razov 472, 76312 Vizovice
www.rjelinek.cz

Die Brennerei Jelínek wurde Ende des 19. Jahrhunderts gegründet. Die Marke Gold Cock hat man von Tesetice, einer nicht mehr bestehenden Destillerie, übernommen. Für die beiden Varianten — Red Feathers sowie einen 12-Jährigen — nutzt Jelínek mährische Gerste und das mineralreiche Wasser einer unterirdischen Quelle. Die verwendeten Fasstypen werden nicht spezifiziert.

GOLD COCK RED FEATHERS
BLEND 40 VOL.-%
Leicht und getreidig, etwas metallisch und süßlich.

PRINTER'S
TSCHECHIEN
Stock Plzeň, Palirenska 2, 32600 Plzeň
www.stock.cz

Stock Plzeň wurde in den 1920er-Jahren gegründet und ist der bekannteste Spirituosenhersteller Tschechiens, mit hohem Qualitätsstandard und breiter Produktpalette. Die Firma aus Pilsen erzeugt 40 verschiedene Spirituosen, darunter Printer's Whisky, angeblich nach traditionellen schottischen Methoden hergestellt. Ein anderes Produkt ist Whisky Cream Stock, ein Sahnelikör aus Printer's Whisky, der mit 17 Vol.-% abgefüllt wird.

PRINTER'S 6-YEAR-OLD
BLEND 40% ABV
Ein delikater, getorfter Whisky, der zur schnelleren Reifung in kleinen Eichenfässern lagert.

AMMERTAL
DEUTSCHLAND
Hotel Gasthof Lamm, Jesinger Hauptstraße 55/57, 72070 Tübingen
www.lamm-tuebingen.de

Volker Theurer, der Besitzer des Hotels Gasthof Lamm, ist auch ein Brenner und stellt für den örtlichen Markt einen Whisky namens Black Horse Original Ammertal her. Die Maische besteht aus 70 % gemälzter Gerste sowie 30 % Roggen und Weizen. Der Whisky reift in ehemaligen Bourbon- und Sherryfässern aus deutscher Eiche. Eine 5-jährige Variante soll unter dem Label »Schwäbischer Single Malt« abgefüllt werden.

ORIGINAL AMMERTAL
BLEND 40 VOL.-%
Leicht nussig, dazu Kaffeenoten und Töne von süßem Getreide.

FRÄNKISCHER

DEUTSCHLAND

Reiner Mösslein, Untere Dorfstraße 8,
97509 Zeilitzheim
www.weingeister.de

Reiner Mösslein produziert auf
seinem Weingut nur einen Malt
Whisky – Fränkischen Whisky –
und eine Reihe von Schnäpsen. Der
Whisky wird aus einer Mischung
einheimischer Gerste und anderem
Getreide gebrannt. Dann reift die
Spirituose fünf Jahre in ausgekohlten Eichenfässern, was ihr ein
rauchiges Aroma verleiht.

FRÄNKISCHER 5-YEAR-OLD

GRAIN WHISKY 40 VOL.-%

Schokolade und Rauch in der Nase werden von erdigen Aromen mit Eichennoten abgelöst.

GLEN ELS

DEUTSCHLAND

Hammerschmiede Spirituosen,
Elsbach 11A, 37449 Zorge
www.hammerschmiede.de

Die Firma Hammerschmiede
wurde 1984 gegründet, der erste
Single Malt Whisky im Herbst
2002 gebrannt. Die Spirituose
lagert in einer Schmiede aus
dem Jahr 1250 und reift in Bordeauxfässern und Fässern aus
deutscher Eiche, in denen zuvor
Sherry, Portwein, Marsala oder
Madeira reifte. Glen Els ist nur als
Einzelfassabfüllung in Fassstärke
erhältlich.

GLEN ELS AMOROSO
SHERRY CASK

SINGLE MALT 42,8 VOL.-%

Unmittelbar fruchtig, mit leichtem
Eichenduft und einem Hauch Vanille
sowie Schokolade. Der Geschmack
zeigt etwas Früchtekuchen, milde
Vanille und Sahnekaramell.

GRÜNER HUND

DEUTSCHLAND

Fleischmann, Bamberger Straße 2,
91330 Eggolsheim-Neuses
www.fleischmann-whisky.de

Robert Fleischmanns Weinbrand-
brennerei entstand 1980 an der
Stelle, wo die Familie ursprünglich
ein Lebensmittel- und Tabakge-
schäft betrieb. Nach beinahe
14 Jahren des Experimentierens mit
der Whiskybrennerei brachte
Fleischmann 1996 den ersten
Whisky heraus. Jetzt sind sieben
Single Cask Malts erhältlich – Blaue
Maus, Spinnaker, Krottentaler,
Schwarzer Pirat, Grüner Hund,
Austrasier und Old Fahr –, alle mit
40 Vol.-% abgefüllt.

GRÜNER HUND

SINGLE MALT 40 VOL.-%

Geröstete Mandeln und Kakao in der
Nase. Dunkle Schokolade, Chili und
Pfefferkuchen auf der Zunge; trocke-
ner, mittellanger Nachklang.

SLYRS

DEUTSCHLAND

Bayrischzellerstraße 13 ,
83727 Schliersee, Ortsteil Neuhaus
www.slyrs.de

Die Destillerie Slyrs wurde 1999
von Florian Stettner am Schliersee
gegründet. Der Bavarian Single
Malt lagert in neuen amerikanischen Weißeichenfässern. Seit
2002 wird jedes Jahr ein 3-Jähriger
abgefüllt, 2015 soll ein 12-Jähriger
auf den Markt kommen. Seit Okto-
ber 2008 gibt es außerdem spezielle Editionen von Raritas Diaboli,
die von Jürgen Deibel aus verschiedenen Whiskys verschnitten und in
Fassstärke abgefüllt wurden.

SLYRS

SINGLE MALT 43 VOL.-%

Blumige Aromen und würzige Noten
kündigen einen angenehmen, leichten
Schluck an. Der Geschmack variiert je
nach Jahrgang.

BRAUNSTEIN
DÄNEMARK

Braunstein, Carlsensvej 5, 4600 Koge
www.braunstein.dk

Braunstein, eine Brauerei in einem alten Lagerhaus im Hafen von Koge, brennt in einer kleinen Still Spirituosen aus gemälzter Gerste. Das Ergebnis ist rein, frisch und fruchtig. Die Reifung erfolgt in ehemaligen Oloroso-Sherryfässern. Jedes Jahr kommt eine neue Abfüllung des Whiskys heraus. Die Brennerei erzeugt ferner Aquavit, Kräuterschnäpse, Schnaps sowie ein Bier namens BB Amber Lager. Jeden Monat finden Verkostungen statt.

BRAUNSTEIN

SINGLE MALT (VARIABLE VOL.-%)
Früchte, Rosinen und Schokolade treten bei diesem Single Malt, dessen Stärke von Abfüllung zu Abfüllung variiert, in den Vordergrund.

TEERENPELI
FINNLAND

Teerenpeli, Hämeenkatu 19, Lahti
www.teerenpeli.com

Die erste Teerenpeli-Brauerei wurde im Mai 1995 gegründet, und ihr Bier gewann mehrere Auszeichnungen. 2002 eröffnete man die neue Brauerei und Brennerei im Restaurant Taivaanranta. Das Brauhaus liegt im Speiseraum, während Vergärungs- und Brennausrüstung mit einem Besucherzentrum im Keller Platz gefunden haben. Teerenpeli Malt Whisky wird im Fass verkauft, sowohl an Privatpersonen wie an Firmen.

TEERENPELI 3-YEAR-OLD NO. 001

MALT 43 VOL.-%
Viel Getreide (Gerste), Vanille und Eichenholz; Körper etwas dick.

GOTLAND
SCHWEDEN

Gotland Whisky AB, Sockerbruket,
62254 Romakloster
www.gotlandwhisky.se

Vor vielen Jahrzehnten blühte in Schweden die Whiskyherstellung. Mit Hven *(s. nächster Eintrag)* und Mackmyra *(s. S. 318)* bildet die neue Brennerei Gotland ein Trio, das vielleicht an die alten Zeiten anknüpfen kann. Die Brennerei, die derzeit in der alten Roma Sockerfabrik (Zuckerfabrik) entsteht, ist das Projekt einer Firma namens Gotland Whisky AB, und ihre erste Abfüllung wird für 2012 erwartet. Für den kommenden Whisky wurde der Name Isle of Lime (Kalkinsel) gewählt, da ein großer Teil der Insel Gotland aus Kalkstein besteht.

HVEN
SCHWEDEN

Backafallsbyn AB, Insel Hven,
26013 St. Ibb
www.hven.com

In der Backafallsbyn Kleinbrennerei auf der Insel Hven (im Öresund zwischen Schweden und Dänemark gelegen) wird Whisky gemacht. Zwei verschiedene Spirituosen von Hven sollen ab 2011 erhältlich sein. Laut Einschätzung des New Make durch den Hersteller zeigt der eine Frucht, Himbeere, Vanille und Schokolade, gefolgt von Rhabarber und Rosinen. Der andere bietet Sand, Seetang und Räucherfisch, gestützt von Honigsüße, gemischt mit Herbstäpfeln und Lakritz. Die Besitzer des Unternehmens planen, in Zukunft auch biologischen Wodka und Rum zu erzeugen.

MACKMYRA PRELUDIUM 05

MACKMYRA PRELUDIUM 06

MACKMYRA RESERVE ELEGANT SWEDISH OAK

MACKMYRA

SCHWEDEN

Mackmyra, Bruksgatan 4,
81832 Valbo
www.mackmyra.se

Der schwedische Ingenieur Magnus Dardanell gründete Mackmyra 1999 zusammen mit einer Gruppe von Freunden. Die Stills wurden von Forsyth aus Rothes (Speyside, Schottland) gefertigt. Die Washbacks sind schwedisch, und der Maischebottich stammt aus Deutschland.

Mackmyra brachte 2006 seinen ersten Whisky in einer limitierten Abfüllung heraus: Preludium 01. Preludium 02, 03, 04 und 05 erschienen in rascher Folge. Preludium 06 kam im Dezember 2007 heraus, gefolgt von Special 01 im Juni 2008. Erhältlich sind ferner Einzelfasss-Abfüllungen des Mackmyra Reserve. Dieser lagert in kleinen 30-Liter-Fässern, was die Reifung beschleunigt.

MACKMYRA PRELUDIUM 05

SINGLE MALT 48,4 VOL.-%

Marzipan, Vanillesoße und eine leichte Zitrusnote in der Nase. Aromen von Crème brulée, Bitterschokolade und Zitronenschale. Etwas ölig; leicht metallisch und getreidig im Nachklang – cremiger mit Wasser.

MACKMYRA PRELUDIUM 06

SINGLE MALT 50,5 VOL.-%

Fruchtig, mit Aromen von Zitrone, Birne, Banane und Honig. Ein leichter Hauch von Karamell, gerösteter Eiche und Pfeffer. Ausgesprochen rauchiger Charakter, mit Obertönen von Wacholder. Der Nachklang bringt Süße, geröstetes Eichenfass, Rauch sowie einen Hauch Salz.

MACKMYRA RESERVE ELEGANT SWEDISH OAK

SINGLE MALT 57 VOL.-%

Dieser Reserve reift nur drei Jahre in schwedischer Eiche, was jedoch ausreicht, ihm eine sehr dunkle Farbe, kräftigen Duft und würzigen Charakter am Gaumen zu verleihen.

DYC PURE MALT

DYC FINE BLEND

DYC 8-YEAR-OLD

DYC

SPANIEN

Beam Global España SA,
Pasaje Molino del Arco,
40194 Palazuelos de Eresma, Segovia
www.dyc.es

Die erste spanische Whiskybrennerei wurde 1959 nahe Segovia gegründet und nahm 1963 die Produktion auf. Sie steht direkt am Flüsschen Eresma, das für seine ausgezeichnete Wasserqualität bekannt ist. Die Destillerie ist derzeit im Besitz von Fortune Brands, die all ihre Weine und Spirituosen über ihre Tochtergesellschaft Beam Global vertreibt.

DYC (eine Abkürzung von Destilerías y Crianza del Whisky) erscheint in drei Versionen: Es gibt einen Fine Blend ohne Altersangabe sowie einen 8-Jährigen. Der Pure Malt ohne Altersangabe ist ein Blended Malt.

Die Spirituosen reifen in amerikanischen Eichenfässern und werden vor allem auf dem heimischen

Markt verkauft. Spanier trinken ihren Whisky DYC (ausgesprochen »Whisky dick«) gerne mit Cola gemischt.

DYC 8-YEAR-OLD

BLEND 40 VOL.-%

Blumig, würzig, rauchig, grasig, mit einem Hauch Honig und Heidekraut. Weiches, cremiges Gefühl im Mund; malzig mit einem Hauch Vanille, Marzipan, Apfel und Zitrus. Bittersüßer, langer, milder Nachklang.

DYC PURE MALT

BLENDED MALT 40 VOL.-%

Kultiviertes, duftiges Bukett mit einem Hauch Zitrus, Süße, Honig und Vanille. Vollmundiger, üppiger Malzgeschmack. Der Nachklang ist lang, kultiviert und subtil, mit Tönen von Heidekraut, Honig und Früchen.

DYC FINE BLEND

BLEND 40 VOL.-%

Rein, mit einem Hauch Frucht, Gewürz und geröstetem Holz. Malzig, würzig, mild. Im Nachklang rauchig-würzig.

Asiatischer Whisky

Indien ist der größte Whiskykonsument der Welt. Wie in anderen Teilen Asiens wurde auch dort die Spirituosenindustrie im 18. Jahrhundert von Europäern aufgebaut. Westliche Alkoholika wie Gin und Whisky sind in diesen Ländern als »Locally Made Foreign Liquor« (LMFL) bekannt. In Indien nennt man sie »Indian Made Foreign Liquor« (IMFL).

Bis heute sind Rohstoffe und Herstellungsverfahren für LMFL und IMFL nicht gesetzlich definiert. Ein indisches Produkt aus Melasse-Alkohol und Whiskyessenz darf jedoch in der EU und auf anderen Exportmärkten nicht den Namen »Whisky« tragen. So wurde etwa Thai Mekong früher als Whisky bezeichnet, wird jetzt aber als Rum vermarktet. Die meisten LMFL- und IMFL-Spirituosen werden in industriellen Ethanolanlagen erzeugt. Es gibt jedoch einige Grain- und Pot-Still-Anlagen in Indien und Pakistan, und die Forsyth Group aus Speyside hilft derzeit beim Bau neuer Malt-Whisky-Brennereien in Taiwan, Südkorea und China.

Kategorien asiatischen Whiskys:

Extra Neutral Alkohol (ENA) Hergestellt durch Vergärung und Brennen nach dem kontinuierlichen Verfahren, typischerweise aus Zuckerrohr, Reis, Hirse, Buchweizen oder Gerste. Einfache asiatische Whiskys werden aus ENA, gemischt mit Whiskyessenz und anderen künstlichen Aromastoffen, hergestellt.

Blended Whisky Eine Mischung aus ENA-Whisky und vor Ort produziertem Malt Whisky und/oder en gros importiertem Whisky. Auch dies ist nach europäischen Maßstäben kein Whisky.

Malt Whisky Blends aus 100 % Malt Whiskys (heimische oder fremde) erfüllen die europäische Definition von Whisky, wenn sie mindestens drei Jahre gereift sind.

Single Malt Whisky Wenn er nur aus gemälzter Gerste von einer Brennerei erzeugt wurde und wenigstens drei Jahre gereift ist, erfüllt er die Anforderungen.

MURREE'S CLASSIC 8-YEAR-OLD

MURREE'S RAREST 21-YEAR-OLD

8PM CLASSIC

8PM ROYALE

MURREE

PAKISTAN

*Murree Distillery, National
Park Road, Rawalpindi
www.murreebrewery.com*

Murree wurde 1861 als Brauerei gegründet, um die im Pandschab stationierten britischen Truppen zu versorgen. In Ghora Gali in den Ausläufern des Himalaja errichtet, benannte man sie nach dem nahen Gebirgsort. 1889 baute die Firma eine weitere Brauerei in Rawalpindi; hier entstand zehn Jahre später auch eine Brennerei.

Als nach dem Zweiten Weltkrieg der neue muslimische Staat Pakistan entstand, wurde den nichtmuslimischen Besitzern eine Sondergenehmigung erteilt, alkoholische Getränke für »Besucher und Nichtmuslime« zu brennen. So ist Murree heute die einzige Brennerei alkoholischer Getränke in einem muslimischen Land, das älteste Unternehmen Pakistans und eine der ältesten Firmen auf dem Subkontinent.

Die Gerste für den Whisky kommt aus Großbritannien und wird auf Malzböden und in Saladin-Kästen gemälzt. Die vier großen Wash Stills aus Edelstahl mit kupfernen Abdeckungen und Kondensatoren stehen im Freien, ebenso zwei Spirit Stills. Nur ein kleiner Teil der Spirituose reift in Fässern, der Rest lagert in großen Bottichen (einige aus australischer Eiche) in gekühlten Kellern.

MURREE'S CLASSIC
8-YEAR-OLD

SINGLE MALT 43 VOL.-%

Blumig und buttrig in Nase und Nachklang, etwas grün, mit Noten von warmen Desserts. Wahrscheinlich kein reiner Malt Whisky.

MURREE'S RAREST
21-YEAR-OLD

SINGLE MALT 43 VOL.-%

Der älteste in Asien produzierte Whisky. Er hat die Murree-Typik entwickelt und durch eine starke Dosis aus dem Holz extrahierter Aromen vertieft.

8PM

INDIEN

*Besitzer: Radico Khaitan
www.radicokhaitan.com*

8PM wurde erst 1999 gegründet und zeichnet sich durch den Verkauf von 1 Mio. Kisten bereits im ersten Jahr aus (inzwischen verkauft man 3 Mio.). Markeninhaber ist Radico Khaitan, nach eigenen Angaben »einer der ältesten und größten Alkoholproduzenten Indiens«. Eigentümer und Manager sind der altgediente Brenner Dr. Lalit Khaitan und sein Sohn Abhishek. Ihr Unternehmen besitzt noch weitere Whiskymarken, darunter Whytehall (s. S. 325), und ist jüngst eine Partnerschaft mit Diageo eingegangen, dem weltgrößten Getränkekonzern, um Masterstroke zu produzieren (s. S. 324).

Die Firmenzentrale liegt in der Rampur Distillery in Uttar Pradesh. Sie wurde 1943 gegründet und ist heute eine gigantische Anlage mit einer Kapazität von über 90 Mio. Litern Alkohol pro Jahr in drei verschiedenen Bereichen: eine kleine Malt-Brennerei, eine kürzlich eröffnete Grain-Brennerei und eine Melasse-Brennerei, die ENA (s. S. 320), rektifizierten Alkohol, wasserfreien Alkohol, Ethanol und Gasohol (das mit Benzin vermischt und als Kraftstoff genutzt wird) erzeugt. Neben Whisky produziert Radico Khaitan Rum, Weinbrand, Gin und Wodka.

8PM CLASSIC

BLEND

Hergestellt aus einer »Mischung hochwertigen Getreides« hat dieser Whisky einen Kern, der *thaath* verspricht (Kühnheit, Wohlstand) und den »Zugang zur Welt der Träume öffnet«.

8PM ROYALE

BLEND

Ein Blend indischer Spirituosen und reifer schottischer Malt Whiskys.

AMRUT INDIAN SINGLE MALT CASK STRENGTH

AMRUT PEATED INDIAN SINGLE MALT

AMRUT SINGLE MALT

AMRUT

INDIEN

Amrut Distilleries, 36 Sampangi Tank Road, Bangalore, Karnataka
www.amrutdistilleries.com

Amrut Distilleries wurde 1948 von Shri J. N. Radhakrishna Jagdale gegründet, um Alkohol an das Verteidigungsministerium zu liefern. 1976 trat sein Sohn Shri Neelakanta Rao Jagdale, der derzeitige Firmenchef, die Nachfolge an.

2002 testete Amrut den Verkauf von Miniaturflaschen in indischen Restaurants in Großbritannien. Es war ein großer Erfolg, und die Marke ist jetzt auf europäischen Whiskymessen präsent.

In der Hindu-Mythologie ist *amrut* ein goldenes Gefäß mit dem Elixier des Lebens. Der Whisky desselben Namens wird aus Gerste gemacht, die in den Pandschab-Ausläufern des Himalaja wächst. Sie wird in Jaipur gemälzt und in kleinen Portionen 900 Meter über dem Meeresspiegel in Bangalore

gebrannt. Dort reift sie auch in ehemaligen Bourbon- und neuen Eichenfässern und wird ungefiltert abgefüllt.

AMRUT INDIAN SINGLE MALT CASK STRENGTH

SINGLE MALT 61,9 VOL.-%

Leicht fruchtig und getreidig; das Bourbonfass führt Toffeenoten ein. Mit Wasser holziger, würzig und malzig. Einem jungen Speyside Malt ähnlich.

AMRUT PEATED INDIAN SINGLE MALT

SINGLE MALT 62,78 VOL.-%

Getreide und Räuchernoten in der Nase, dazu Salz und Pfeffer. Der Geschmack ist süß und malzig, mit einem Hauch Rauch im Nachklang.

AMRUT SINGLE MALT

SINGLE MALT 40 VOL.-%

Frische, grasige und fruchtige Aromen mit einer Spur Würze, Ingwer und Anis. Am Gaumen weich und süß, mit Getreide und karamellisierten Äpfeln. Kurzer Nachklang.

ANTIQUITY
INDIEN

Besitzer: United Spirits
www.unitedspirits.in

Antiquity ist im Besitz der alteingesessenen indischen Handelsfirma Shaw Wallace, die heute zu United Spirits gehört. Indiens teuerster Whisky gewann eine Goldmedaille bei der World Beverage Competition 2007 in der Kategorie »Scotch Whisky«. Tatsächlich ist es ein Blend aus schottischem Whisky, indischem Malt und ENA.

United Spirits – die Spirituosensparte der gewaltigen United Breweries Group – ist der größte Spirituosenkonzern Indiens und zählt zu den Top Drei weltweit.

ANTIQUITY
BLEND 42,8 VOL.-%

Milde, keksartige Nase mit etwas gut integrierter Frucht und blumigen Noten. Der Geschmack ist vor allem süß, mit einigen Schwefelspuren im mittellangen Nachklang.

ARISTOCRAT
INDIEN

Jagatjit Industries,
91 Nehru Place, New Delhi
www.jagatjit.com

Aristocrat wird von Jagatjit Industries erzeugt, Indiens drittgrößtem Spirituosenhersteller und führendem Produzenten von IMFL aus Getreide statt aus Zuckerrohr-Melasse. Die Firma wurde 1944 von L. P. Jaiswal gegründet, mit Unterstützung des Maharadschas von Kapurthala, Jagatjit Singh. Ihr Motto lautet »Spirit of Excellence«. Aristocrat wird weithin einfach »AC« genannt, und eine Marke mit diesem abgekürzten Namen bereichert seit Kurzem das Portfolio.

ARISTOCRAT PREMIUM
BLEND 42,8 VOL.-%

Dies ist sicherlich kein reiner Malt Whisky. Einige Verkoster gehen davon aus, dass es sich wohl um IMFL mit einer Spur Malzextrakt handelt.

BAGPIPER
INDIEN

Besitzer: United Spirits
www.unitedspirits.in

Der »weltweit erfolgreichste Non-Scotch-Whisky« verkauft nahezu 14 Mio. Kisten pro Jahr. Dieser IMFL, vermutlich aus Melasse-Alkohol und Konzentraten, lanciert von der United-Spirits-Tochter Herbertson's 1987, brachte es in seinem ersten Jahr gerade auf 100 000 Kisten. Die Marke wurde immer mit Bollywood assoziiert, Indiens riesiger Filmindustrie, und hat die Anerkennung vieler Filmstars gewonnen. Die Firma ist mit einer wöchentlichen *Bagpiper*-Sendung im indischen Fernsehen vertreten und sponsert Talentshows.

BAGPIPER GOLD
BLEND 42,8 VOL.-%

Gold ist die Premiumvariante von Bagpiper. Aufgrund des etwas künstlichen Geschmacks am besten gemischt zu trinken, etwa mit Cola.

BLENDERS PRIDE
INDIEN

Besitzer: Pernod Ricard
www.pernod-ricard.com

Seit die Marke zum Portfolio von Pernod Ricard gehört, steht sie Kopf an Kopf mit Royal Challenge (s. S. 325) als Marktführer in ihrem Segment. Blenders Pride ist ein Premium-IMFL aus schottischen Malts und indischen Grains, dessen Name auf eine Anekdote zurückgeht, die berichtet, dass die Brennmeister ein Fass Whisky in regelmäßigen Abständen der Sonnenwärme aussetzten. Die delikate Süße und der aromatische Geschmack des Blends zeugen vom Erfolg ihres Experiments.

BLENDERS PRIDE
BLEND 42,8 VOL.-%

Weiches, üppiges Gefühl im Mund. Süßer Geschmack, der einem enttäuschend matten Nachklang weicht.

IMPERIAL BLUE
INDIEN

Besitzer: Pernod Ricard
www.pernod-ricard.com

Imperial Blue ist mit über 3,8 Mio. Kisten pro Jahr nach Blenders Pride die erfolgreichste Marke der Pernod-Ricard-Gruppe in Indien. Obwohl auf dem Etikett immer noch Seagram's steht, hat sie bereits 2001 den Besitzer gewechselt und davon stark profitiert. Die Produktion ist von weniger als einer halben Million Kisten pro Jahr auf über 1 Mio. 2002 gestiegen. Imperial Blue geriet in die Schlagzeilen, als einige Flaschen unter Normalstärke auftauchten. Später stellte sich heraus, dass sie von verärgerten Angestellten gepanscht worden waren.

IMPERIAL BLUE
BLEND 42,8 VOL.-%
Trotz des »Grain« im Namen ein Blend aus importiertem schottischem Malt und vor Ort gemachter neutraler Spirituose. Er ist leicht, süß und weich.

MASTERSTROKE
INDIEN

Besitzer: Diageo Radico
www.radicokhaitan.com
www.diageo.com

Masterstroke De Luxe Whisky, ein IMFL der »Prestige«-Kategorie, wurde von Diageo Radico im Februar 2007 herausgebracht. Die Firma ist ein Joint Venture zwischen Radico Khaitan *(s. S. 321)*, »Indiens am schnellsten wachsendem Alkoholhersteller«, und der weltgrößten Getränkefirma, Diageo. Es ist ihre erste derartige Kooperation. Die Unterstützung durch Bollywood-Superstar Shah Rukh Khan dürfte nicht ohne Wirkung geblieben sein.

MASTERSTROKE
BLEND 42,8 VOL.-%
Üppig in Nase und Mund dank eines großzügigen Anteils Blair Athol Single Malt. Ausgewogen, mit der typischen Leichtigkeit eines IFML im Nachklang.

MCDOWELL'S
INDIEN

Besitzer: United Spirits
www.unitedspirits.in

Der Schotte Angus McDowell gründete McDowell & Co. 1826 in Madras als Handelsfirma für Alkohol und Zigarren. 1951 übernahm Vittal Mallya, der Besitzer von United Breweries, das Unternehmen. McDowell's No. I kam 1968 heraus und setzt derzeit über 9 Mio. Kisten pro Jahr ab – damit liegt er auf Platz vier weltweit.

McDowell & Co. nahmen 1971 eine Malt-Whisky-Brennerei in Ponda (Goa) in Betrieb. Sie befolgt die Herstellungsvorschriften für schottischen Malt mit Reifung in ehemaligen Bourbonfässern für etwa drei Jahre. Es heißt, dass Hitze und Feuchtigkeit in Goa die Reifung beschleunigen.

Laut Herstellerangabe ist McDowell's »der erste ausschließlich hier entwickelte Single Malt in Asien«. Drei Hauptvarianten sind erhältlich: zwei Blends namens No. I Reserve und Signature Rare, sowie ein Single Malt. McDowell produziert auch den ersten sogenannten »Diät-Whisky der Welt«. Es ist ein Blend aus »Reserve« Whisky mit Garcenia, einem indischen Kraut, das angeblich den Cholesterinspiegel senken und Fett abbauen soll.

MCDOWELL'S NO. I RESERVE
BLEND 42,8 VOL.-%
»Verschnitten aus schottischen und ausgewählten indischen Malts«, verströmt er einen Duft nach getrockneten Feigen und süßem Tabak, später Dörrpflaumen und Datteln. Anfangs süßer Geschmack, dann verbrannter Zucker und ein kurzer Nachklang.

MCDOWELL'S SINGLE MALT
SINGLE MALT 42,8 VOL.-%
Ein echter Single Malt, mit frischgetreidiger, fruchtiger Nase und süßem, angenehmem Zitrusgeschmack, ähnlich einem jungen Speyside.

ROYAL CHALLENGE

INDIEN

Besitzer: United Spirits
www.unitedspirits.in

Ein »Blend seltener schottischer und reifer indischer Malt Whiskys«. Die Marke ist im Besitz von Shaw Wallace und gehört seit 2005 zu United Spirits. Royal Challenge ist »der« indische Premiumwhisky. Bis 2008 war er auch der meistverkaufte, wird jetzt jedoch von Blenders Pride schwer bedrängt.

ROYAL CHALLENGE

BLEND 42,8 VOL.-%

In der Nase weich und abgerundet, mit Spuren von Malz, Nüssen, Karamell sowie einer leichten Gumminote. Diese Aromen übertragen sich bei voller Stärke gut in den Mund. Auch mit Wasser bleibt er dicht und körperreich, doch der Geschmack wirkt weniger schwer. Sehr süß, leicht nussig, mit recht langem Nachklang.

ROYAL STAG

INDIEN

Besitzer: Pernod Ricard
www.pernod-ricard.com

Seagram's Royal Stag überschritt 2000 die Schwelle von 1 Mio. verkaufter Kisten pro Jahr. Bald darauf, im Zuge der Aufteilung des Seagram-Imperiums zwischen Pernod Ricard und Diageo, wurde die Marke von den Franzosen übernommen. Man behielt den Namen bei und positionierte Royal Stag im »Prestige«-Segment des indischen Marktes. Der Blend aus verschnittenen schottischen Malts und indischen Grain Whiskys wurde verbessert. Derzeit setzt Royal Stag über 5 Mio. Kisten pro Jahr ab.

ROYAL STAG

BLEND 42,8 VOL.-%

Für einen Standardblend entwickelt er sich gut: frisch und süß zu Beginn, mit Gewürz- und Getreidenoten sowie einem festem Nachklang.

SIGNATURE

INDIEN

Besitzer: United Spirits
www.unitedspirits.in

Der kürzlich eingeführte Signature Rare Aged Whisky kommt aus dem Haus McDowell's (im Besitz von United Spirits) und propagiert den Slogan »Erfolg macht Spaß«. Der Blend aus schottischen und indischen Malt Whiskys ist die wachstumsstärkste Marke im Portfolio der Firma; 2006/2007 wurden über 600 000 Kisten verkauft. Signature hat eine Reihe internationaler Preise gewonnen, darunter Gold bei der Monde Selection 2006.

SIGNATURE

BLEND 42,8 VOL.-%

Üppiger Duft mit ausgeprägt medizinischer Note. Pur ist der Geschmack überraschend süß, mit rauchigen und medizinischen Untertönen; weniger süß mit Wasser. Relativ leichter Körper mit ausgeprägt torfiger, rauchiger Note.

WHYTEHALL

INDIEN

Besitzer: Radico Khaitan
www.radicokhaitan.com

Whytehall gehört ebenfalls zum Portfolio von Radico Khaitan (s. S. 321), seit er den Anteil seines einstigen Joint-Venture-Partners Bacardi an Whytehall India Limited im Juli 2005 übernahm.

Gebrannt wird in der firmeneigenen Destillerie in Haiderabad, und man verkauft jetzt eine halbe Million Kisten pro Jahr. Whytehall hat eine Silbermedaille auf der International Wine and Spirit Competition 2007 sowie eine Goldmedaille auf der Monde Selection in Belgien 2008 gewonnen.

WHYTEHALL

BLEND 42,8 VOL.-%

Ein solider IMFL-Blend aus gereiften schottischen Malts und indischen Spirituosen.

Australischer Whisky

Auch in Australien und Neuseeland produzieren einige wenige Brennereien Malt Whisky. Manche darunter werden mit den besten schottischen verglichen. Vor allem in Tasmanien herrschen ideale Bedingungen für die Whiskyproduktion. Außerhalb ihres Heimatmarkts dürften diese Whiskys jedoch nur schwerlich aufzutreiben sein.

Bis 1938 bildeten Australien und Neuseeland den größten Exportmarkt für schottischen Whisky, und es überrascht nicht, dass Siedler schottischer Abstammung im 19. Jahrhundert dort Destillerien gründeten. Die meisten waren illegale Hofbrennereien, doch es gab auch industrielle Unternehmen wie die New Zealand Distillery in Dunedin (1867 – 1873) oder die Crown Distillery im neuseeländischen Auckland (1865 – 1879), denen allerdings kein langes Leben beschieden war. Beide öffneten, als die Steuer auf vor Ort gebrannte Spirituosen halbiert wurde. Sie schlossen, als die Steuern wieder stiegen – in Folge des Drucks, den schottische Banken, die den Eisenbahnbau im Land finanzierten, auf die Regierung ausübten.

Der erste Versuch, die Brenntradition in Neuseeland neu zu beleben, war Wilson's Willowbank Distillery in Dunedin (1964 – 1995), deren Marke Lammerlaw in Europa und Ostasien sowie auf dem heimischen Markt einige Bekanntheit erreichte. Während der 1990er-Jahre jedoch lag der Schwerpunkt in Australien, vor allem in Tasmanien, wo fünf Brennereien öffneten (eine, die Small Concern Distillery, hat inzwischen wieder geschlossen). Tasmanien hat die reinste Luft der Welt und Mengen guten Wassers sowie viel fruchtbaren Boden zum Anbau von Gerste. Weitere drei Brennereien arbeiten jetzt erfolgreich in Südaustralien. Dies alles sind kleine, handwerklich betriebene Destillerien, doch sie produzieren einzigartige Malt Whiskys mit typisch australischem Charakter.

BAKERY HILL PEATED MALT

BAKERY HILL CASK STRENGTH PEATED MALT

BAKERY HILL DOUBLE WOOD

BAKERY HILL

AUSTRALIEN

28 Ventnor Street,
North Balwyn, Victoria
www.bakeryhilldistillery.com.au

»Single Malt ist mehr als ein Handwerk, er ist unsere Berufung«, sagt David Baker, Chemiker und Gründer (zusammen mit seiner Frau Lynn) der Bakery Hill Distillery nahe Melbourne (Victoria). Ihre erste Spirituose floss 2000.

Die Gerstensorten Australian Franklin und Australian Schooner werden vor Ort eingekauft und teilweise über heimischem Torf gemälzt. Der Wash wird in 1000-Liter-Portionen gebraut und zweifach in einer kupfernen Pot Still gebrannt. Die Reifung findet in Fässern der Jack Daniel Distillery *(s. S. 238)* statt. Die Temperatur in Bakery Hill liegt bei 10–30 °C, sodass die Reifung schneller als in Schottland abläuft.

Baker wollte zeigen, dass Australien Spitzen-Malt hervorbringen

kann, und der Erfolg gibt ihm recht: Seine ungefilterten Einzelfass-Malts gewinnen bereits Preise. Derzeit können sie nur von der Brennerei bezogen werden.

BAKERY HILL PEATED MALT

SINGLE MALT 46 VOL.-%

Eine süße und eichige Balance aus Torf und Malz in der Nase. Diese Aromen setzen sich auf der Zunge fort.

BAKERY HILL CASK STRENGTH PEATED MALT

SINGLE MALT 60 VOL.-%

Intensives Torfaroma, dazu dunkle Kirsche. Der Geschmack ist süß (Toffee, Honigwabe), mit etwas Salz und Rauch. Gute Struktur.

BAKERY HILL DOUBLE WOOD

SINGLE MALT 46 VOL.-%

Reifung in Bourbonfässern, Finish in Weinfässern aus französischer Eiche. Aprikose, Kokosnuss und Pflaume, dann Sirup, Früchtekuchen und Gewürznelke. Süßer Geschmack, mit Orangenmarmelade und Eiche.

LARK'S SINGLE MALT

LARK'S PM

HELLYERS ROAD
AUSTRALIEN

153 Old Surrey Road, Burnie, Tasmania
www.hellyersroaddistillery.com.au

Hellyers Road Distillery, 1999 eröffnet, ist im Besitz der Betta Milk Cooperative und verfügt derzeit über etwa 3000 ehemalige Bourbonfässer voll reifendem Whisky. Man produziert außerdem Pot-Still-Wodka aus tasmanischer Gerste. Die Erfahrung beim Betrieb einer Milchverarbeitungsanlage hat Laurie House das nötige Wissen vermittelt, um diese moderne Brennerei zu führen.

Benannt ist der Whisky nach Henry Hellyer, der in den 1820er-Jahren die erste Straße ins Innere Tasmaniens baute – dieselbe Straße, die jetzt zur Brennerei führt.

HELLYERS ROAD ORIGINAL
SINGLE MALT 46,2 VOL.-%

Ein leichter, heller Malt, ungefärbt und ungefiltert. Die Nase ist frisch, mit Zitrustönen und Vanillenoten.

LARK
AUSTRALIEN

14 Davey Street, Hobart, Tasmania
www.larkdistillery.com.au

Die Wiederbelebung der Tradition des Whiskybrennens in Australien begann 1992 mit der Eröffnung dieser kleinen Brennerei im tasmanischen Hobart. Die Idee dazu hatte Bill Lark, den angeblich eine Flasche Single Malt Scotch, die er mit seinem Schwiegervater beim Angeln trank, dazu veranlasste, sich zu fragen, warum in Tasmanien niemand mehr Malt Whisky machte. Lark erkannte, dass die Insel alle wichtigen Voraussetzungen erfüllt: Es gibt üppige Gerstenfelder, eine Fülle reinen, weichen Wassers, Torfmoore sowie das ideale Klima zur Reifung.

Lark siedelte seine Brennerei an der Hafenpromenade in Hobart an, und seine Frau Lyn und Tochter Kristy helfen ihm. Man verwendet vor Ort angebaute Franklin-Gerste, wovon 50 % über Torf gedarrt wer-

den. Der Distilling Act von 1901 fordert eine minimale Kapazität von 2700 Litern pro Brennblase – Larks erste Aufgabe war es, eine Gesetzesänderung herbeizuführen, sodass er kleinere Stills verwenden konnte. Die Brennerei produziert zehn bis zwölf 100-Liter-Fässer Whisky pro Monat sowie eine Reihe anderer Spirituosen, darunter Liköre mit dem einheimischen Pepperberry-Gewürz. Der Malt wird aus Einzelfässern mit drei bis fünf Jahren abgefüllt. Alle Produkte von Lark gelten als koscher.

LARK'S SINGLE MALT
SINGLE MALT 58 VOL.-%

Malzig und leicht getorft, mit pfeffrigen Noten. Weiches Mundgefühl mit üppigem Malz, Äpfeln und Eichenholz. im Nachklang Gewürze.

LARK'S PM
BLENDED MALT 45 VOL.-%

Süß und rauchig in Nase und Mund; rein und leicht würzig. Ein gut gemachter »Gersten-Schnaps« .

LIMEBURNERS
AUSTRALIEN

Great Southern Distilling Company,
252 Frenchman Bay Road, Albany,
Western Australia
www.distillery.com.au

Die Great Southern Distillery wurde 2007 von einem Rechtsanwalt und Buchhalter gegründet. Cameron Syme wählte als Standort Albany, wegen der kühlen, feuchten Winter und der Möglichkeit, 75 % des Energiebedarfs durch Wind zu decken. Die nahen Weinkellereien des Margaret River liefern die Zutaten für Brände. Limeburners Whisky gibt es nur in Einzelfassabfüllungen; die erste (M 2) kam im April 2008 heraus und gewann gleich einen Preis.

LIMEBURNERS BARREL M11
SINGLE MALT 43 VOL.-%

Die vierte Abfüllung (M 11) reifte in einem Weinbrandfass aus französischer Eiche und erhielt ein Finish in einem zweitgefüllten Bourbonfass.

NANT

AUSTRALIEN

The Nant Estate, Bothwell, Tasmania
www.nantdistillery.com.au

Keith und Margaret Batt kauften 2004 das seit 1821 bestehende Anwesen Nant in Tasmanien, um in der historischen Farm eine Brennerei einzurichten. Unter Anleitung des Experten Bill Lark (s. Lark) ging die Brennerei im April 2008 in Produktion. Man will eine streng limitierte Anzahl von Fässern pro Jahr produzieren. Gerste und Wasser hat man selbst; eine restaurierte Mühle schrotet das Malz. Es gibt ein elegantes neues Besucherzentrum.

NANT DOUBLE MALT

BLENDED MALT 43 VOL.-%

Ein Verschnitt von zwei ausgewählten Fässern anderer tasmanischer Brenner, der eine Vorstellung davon liefert, wie Nant einmal schmecken soll. Süß und fruchtig, Noten von Pflaume und Eiskrem-Soda; mittlerer Körper, weich.

SMITH'S

AUSTRALIEN

Yalumba, Angaston, South Australia
www.yalumba.com

Samuel Smith kam 1847 als einer der ersten Siedler nach Angaston. Er war von Beruf Brauer und baute nach zwei Jahren die Yalumba Winery auf, als er auf den Goldfeldern von Victoria ein kleines Vermögen gemacht hatte. In den frühen 1930er-Jahren installierte man eine Pot Still in der Kellerei, um Weinbrand herzustellen. Sie wurde dreimal verwendet, um eine Maische aus vor Ort angebauter Gerste zu brennen (1997, 1998 und 2000). Der Whisky hatte einen guten Ruf, doch leider arbeitet die Still nicht mehr.

SMITH'S ANGASTON

BLENDED MALT 40 VOL.-%

Heu, Vanille und Sahnekaramell in der Nase; süß, leicht und delikat, mit Vanille und Nüssen am Gaumen. Reiner, süßer Nachklang.

SULLIVANS COVE

AUSTRALIEN

Tasmania Distillery, Lamb Place, Cambridge, Tasmania
www.tasmaniadistillery.com.au

Sullivans Cove war eine der ersten britischen Siedlungen bei Hobart in Tasmanien. Der Malt Whisky gleichen Namens wird von der kleinen Tasmania Distillery gebrannt, die 1994 in der Nähe des Ortes entstand, aber 2003 infolge eines Besitzerwechsels nach Cambridge am Stadtrand von Hobart verlegt wurde.

Mitinhaber und Brennmeister Patrick Maguire gibt zu, dass einige der frühen Abfüllungen der Spirituose nicht so gut waren, wie sie hätten sein sollen, doch nun gewinnt der Whisky Preise – Gold und Silber bei Blindverkostungen der Whisky Society of Australia (WSoA) 2007. Es wird vor Ort angebaute, ungetorfte Franklin-Gerste verwendet. Der Wash wird in der Cascade Brewery gebraut, in einer Pot Still im Charentais-Stil gebrannt und von Hand aus Einzelfässern abgefüllt. Wie die meisten anderen australischen Brennereien stellt Tasmania auch Gin, Wodka und Liköre her.

SULLIVANS COVE PORT MATURATION

SINGLE MALT 60 VOL.-%

Dieser 7-Jährige reifte in einem ehemaligen Portweinfass aus französischer Eiche. Blumige Nase, die sich in Richtung üppiges, malziges Stout entwickelt; am Gaumen tanninhaltig und wärmend. Er gewann Gold bei der WSoA 2007.

SULLIVANS COVE BOURBON MATURATION

SINGLE MALT 60 VOL.-%

Ein weiterer 7-Jähriger, diesmal aus einem ehemaligen Bourbonfass aus amerikanischer Eiche. Er ist süß und malzig, mit eichigen und schokoladigen Noten, und errang Silber bei der WSoA 2007.

Gerste wird in den Ausläufern der Stirling
Ranges und in anderen Gegenden Australiens
und Neuseelands angebaut. Einige Brennereien
experimentieren mit neuen Züchtungen,
die besser an die örtlichen Bedingungen
angepasst sind als europäische Sorten.

LAMMERLAW

NEUSEELAND

Abgefüllt von Cadenhead
www.wmcadenhead.com

1974 produzierte die Wilson Brewery and Malt Extract Company Neuseelands ersten legalen Whisky seit 100 Jahren. Unglücklicherweise benutzte sie Pot Stills aus Edelstahl, und das Resultat war nicht überzeugend. 1981 übernahm Seagram die Brennerei, verbesserte die Qualität und füllte einen 10-jährigen Single Malt ab, der den Namen der nahegelegenen Bergkette erhielt – Lammerlaw. Die Brennerei wurde 2002 abgerissen, die Lagerbestände verkauft *(s. Milford)*. Cadenhead hat Lammerlaw Single Malt in der World-Whiskies-Serie abgefüllt.

CADENHEAD'S LAMMERLAW 10-YEAR-OLD

SINGLE MALT 47,3 VOL.-%

Leichter Körper, etwas »grün« und getreidig; angenehm im Geschmack.

MACKENZIE

NEUSEELAND

Southern Distilleries,
Stafford Street, Timaru
www.hokonuiwhiskey.com

Mackenzie betätigte sich in den 1850er-Jahren als Schäfer und Schafdieb in jenem Teil der Southern Alps zwischen Canterbury und Otago, der heute seinen Namen trägt. Denkmäler in der Gegend erinnern an ihn und seinen Hund. Er trank gerne Scotch, und diese Neuinterpretation seines Lieblingsgetränks ist ein Blend aus Scotch und neuseeländischen Malts von Southern Distilleries, die auch Old Hokonui *(s. Eintrag)* herstellen. Das Wasser für diesen Whisky fließt aus dem Mackenzie-Becken.

THE MACKENZIE

BLENDED MALT 40 VOL.-%

Ein leichter, erfrischender Schluck mit viel Karamell und Eichennoten.

MILFORD

NEUSEELAND

The New Zealand Malt Whisky
Company & Preston Associates,
14–16 Harbour St., Oamaru
www.milfordwhisky.co.nz

Milford Whisky wurde ursprünglich in der Willowbank Distillery in Dunedin (South Island) hergestellt, die im Besitz der Wilson Brewery war *(s. Lammerlaw)*. Inzwischen gehört Milford (wie die weniger angesehene Marke Prestons) zur New Zealand Malt Whisky Company. Eine neue Brennerei entsteht in Bannockburn (Central Otago), ein Lagerhaus mit Verkaufsräumen wurde in Oamaru eröffnet.

MILFORD 10-YEAR-OLD

SINGLE MALT 43 VOL.-%

Milfords 10-Jähriger, oft mit einem schottischen Lowland Malt verglichen, hat eine leichte, trockene und duftige Nase. Der Geschmack ist süß, dann trocken, mit einem leicht holzigen, kurzen Nachklang.

OLD HOKONUI

NEUSEELAND

Southern Distilleries,
Stafford Street, Timaru
www.hokonuiwhiskey.com

Southern Distilleries betreibt zwei kleine Pot Stills, die Old Hokonui Moonshine, Single Malt und Blended Malts herstellen – unter Verwendung des, wie die Brenner sagen, »Originalrezepts von 1892 von Murdoch McRae«.

McRae war einer der großen Schwarzbrenner der Gegend. Er hatte das Handwerk von seiner Mutter gelernt, mit der er 1872 aus Kintail in Schottland gekommen war. Auch viele seiner Nachfahren wurden Brenner, und ihre Geschichte wird im Hokonui Museum in Gore lebendig.

OLD HOKONUI

BLEND 40 VOL.-%

Blasse Farbe, leichter Körper mit weichem Mundgefühl; eichiger Geschmack und ausgeprägte Rauchnoten.

Ihre Verkostungsnotizen ...

Auf den folgenden Seiten können Sie sich eigene Notizen machen über
Aussehen, Duft, Geschmack und Nachklang der verschiedenen Whiskys, die Sie verkosten.

WHISKY			
SORTE			
ABFÜLLER			
ALTER			
AUSSEHEN			
DUFT			
GESCHMACK			
MIT WASSER			
NACHKLANG			
URTEIL	IMMER WIEDER NOCH EINEN NIE WIEDER	IMMER WIEDER NOCH EINEN NIE WIEDER	IMMER WIEDER NOCH EINEN NIE WIEDER

WHISKY			
SORTE			
ABFÜLLER			
ALTER			
AUSSEHEN			
DUFT			
GESCHMACK			
MIT WASSER			
NACHKLANG			
URTEIL	IMMER WIEDER NOCH EINEN NIE WIEDER	IMMER WIEDER NOCH EINEN NIE WIEDER	IMMER WIEDER NOCH EINEN NIE WIEDER

Ihre Verkostungsnotizen...

Auf den folgenden Seiten können Sie sich eigene Notizen machen über
Aussehen, Duft, Geschmack und Nachklang der verschiedenen Whiskys, die Sie verkosten.

WHISKY			
SORTE			
ABFÜLLER			
ALTER			
AUSSEHEN			
DUFT			
GESCHMACK			
MIT WASSER			
NACHKLANG			
URTEIL	IMMER WIEDER NOCH EINEN NIE WIEDER	IMMER WIEDER NOCH EINEN NIE WIEDER	IMMER WIEDER NOCH EINEN NIE WIEDER

WHISKY			
SORTE			
ABFÜLLER			
ALTER			
AUSSEHEN			
DUFT			
GESCHMACK			
MIT WASSER			
NACHKLANG			
URTEIL	IMMER WIEDER NOCH EINEN NIE WIEDER	IMMER WIEDER NOCH EINEN NIE WIEDER	IMMER WIEDER NOCH EINEN NIE WIEDER

Ihre Verkostungsnotizen ...

Auf den folgenden Seiten können Sie sich eigene Notizen machen über
Aussehen, Duft, Geschmack und Nachklang der verschiedenen Whiskys, die Sie verkosten.

WHISKY			
SORTE			
ABFÜLLER			
ALTER			
AUSSEHEN			
DUFT			
GESCHMACK			
MIT WASSER			
NACHKLANG			
URTEIL	IMMER WIEDER / NOCH EINEN / NIE WIEDER	IMMER WIEDER / NOCH EINEN / NIE WIEDER	IMMER WIEDER / NOCH EINEN / NIE WIEDER

WHISKY			
SORTE			
ABFÜLLER			
ALTER			
AUSSEHEN			
DUFT			
GESCHMACK			
MIT WASSER			
NACHKLANG			
URTEIL	IMMER WIEDER NOCH EINEN NIE WIEDER	IMMER WIEDER NOCH EINEN NIE WIEDER	IMMER WIEDER NOCH EINEN NIE WIEDER

Ihre Verkostungsnotizen …

Auf den folgenden Seiten können Sie sich eigene Notizen machen über
Aussehen, Duft, Geschmack und Nachklang der verschiedenen Whiskys, die Sie verkosten.

WHISKY			
SORTE			
ABFÜLLER			
ALTER			
AUSSEHEN			
DUFT			
GESCHMACK			
MIT WASSER			
NACHKLANG			
URTEIL	IMMER WIEDER NOCH EINEN NIE WIEDER	IMMER WIEDER NOCH EINEN NIE WIEDER	IMMER WIEDER NOCH EINEN NIE WIEDER

WHISKY			
SORTE			
ABFÜLLER			
ALTER			
AUSSEHEN			
DUFT			
GESCHMACK			
MIT WASSER			
NACHKLANG			
URTEIL	IMMER WIEDER NOCH EINEN NIE WIEDER	IMMER WIEDER NOCH EINEN NIE WIEDER	IMMER WIEDER NOCH EINEN NIE WIEDER

Glossar

Analyser Still siehe *kontinuierliche Destillation*.

Angel's Share Die Menge Flüssigkeit, die während der *Reifung* aus dem Fass verdunstet.

Batch Destillation siehe *portionsweise Destillation*

Blended Malt Eine Mischung von Single Malt Whiskys aus mehr als einer Brennerei.

Blended Whisky Eine Mischung aus Malt und Grain Whiskys.

Cask Finishing Die Praxis, für die Schlussphase der Whiskyreifung andere Fässer (Portwein-, Madeira-, Rum- oder französische Weinfässer) zu verwenden.

Darren Beim Prozess des *Mälzens* bedeutet Darren das vorsichtige Erhitzen des »Grünmalzes«, um die Keimung zu stoppen und so den Stärkegehalt zu bewahren für die Umwandlung in Zucker (in der Maischphase). Am Ende wird aus diesem Zucker Alkohol. In der Darre kann Torf verbrannt werden, um Malz mit Raucharoma zu erhalten.

Dreifache Destillation Die *portionsweise Destillation* besteht meist aus zwei Durchläufen: zunächst in der *Wash Still*, dann in der *Spirit Still*. Dreifache Destillation – die traditionelle Methode in Irland – erfordert einen dritten *Durchlauf*, um eine weichere und reinere Spirituose zu erzeugen.

Dumping Den Inhalt eines Fasses in einen Bottich leeren, entweder vor der Abfüllung oder vor dem Umfüllen in eine andere Art Fass.

Durchlauf Bei der *portionsweisen Destillation* in *Pot Stills* wird ein Destillationsvorgang als Durchlauf bezeichnet. Die während des Durchlaufs produzierte Spirituose

variiert qualitativ und wird durch *Schnittstellen* unterteilt.

Einzelfass (*single cask, single barrel*) Eine Abfüllung, die aus nur einem Fass stammt (oft in *Fassstärke* abgefüllt).

Erstgefüllt Wird ein Fass zum ersten Mal zur Lagerung von Whisky außer Bourbon verwendet, bezeichnet man es als erstgefülltes Fass. Ein erstgefülltes Sherryfass hat nur Sherry enthalten vor seiner Verwendung zur Whiskyreifung; ein erstgefülltes Bourbonfass hat nur einmal Bourbon enthalten vor seiner Verwendung zur Whiskyreifung.

Fass (*cask*) Es gibt viele verschiedene Typen und Größen von Fässern wie auch eine prinzipielle Unterscheidung zwischen dem verwendeten Holz: amerikanische oder europäische Eiche. In den USA reift Whisky meist in Barrels (180 – 200 Liter). Amerikanische Barrels werden andernorts wiederverwendet; in Schottland werden sie oft aufgebrochen und zu Oxhoftfässern neu zusammengesetzt (250 Liter). Butts und Puncheons (500 Liter) sind die größten zur Whiskyreifung verwendeten Fässer, die zuerst zur Lagerung von Sherry dienten.

Fassstärke (*cask strength; barrel proof*) Whisky, der ohne vorherige Verdünnung direkt vom Fass abgefüllt wird. Er hat um 57 bis 63 Vol.-%.

High Wines (USA) Eine Mischung aus einmal destillierter Spirituose mit dem *Vor-* und *Nachlauf* der zweiten Destillation. Mit einer Stärke von um 28 Vol.-% werden High Wines ein zweites Mal gebrannt, um den *New Make* zu erhalten.

Kondensator Die aus den Stills verdampfte Spirituose wird im Kondensator in Flüssigkeit umge-

wandelt. Der traditionelle Kondensator ist ein *Worm Tub* – eine sich verjüngende Spirale aus Kupfer in einem Bottich kalten Wassers außerhalb des Brennhauses. Worm Tubs wurden weitgehend abgelöst durch Shell-and-Tube-Kondensatoren, die meist innerhalb des Brennhauses stehen.

Kontinuierliche Destillation Die Gewinnung einer Spirituose in einem fortlaufenden Prozess im Gegensatz zur *portionsweisen Destillation*. Kontinuierliche Destillation verwendet eine Säulen-Still (auch bekannt als Coffey- oder Patent-Still) im Gegensatz zur *Pot Still*. Sie hat zwei verbundene Säulen: *Rectifier* und *Analyser*. Der kalte *Wash* durchläuft den Rectifier in einer Spirale und wird erhitzt. Er gelangt dann in den Kopf des Analysers, den er über eine Reihe perforierter Kupferplatten hinabtröpfelt. Dampf tritt vom Fuß des Analysers ein und sprudelt durch den Wash, alkoholische Dämpfe lösend, die den Analyser hinaufsteigen und dann zum Fuß des Rectifiers gelangen. Hier steigen sie wieder auf, um vom kühlen Wash kondensiert zu werden (der dadurch erhitzt wird), während sie im Zickzack durch eine weitere Reihe perforierter Kupferplatten strömen. Beim Anstieg wird der Dampf reiner und alkoholstärker, bis er von der »Striking Plate« mit 94 Vol.-% abgezogen wird.

Lomond Still Eine *Pot Still*, mit der die Brennerei den Charakter der produzierten Spirituose variieren kann. Der Grad des *Rückflusses* kann verändert werden durch einen zusätzlichen *Kondensator* auf der Still, sodass ganz nach Wunsch eine schwerere oder leichtere Spirituose erzeugt wird.

Low Wines Die bei der ersten Destillation erzeugte Spirituose. Sie hat eine Stärke von etwa 21 Vol.-%. Vgl. *High Wines*.

Lyne Arm (oder Lye Pipe) Das Rohr zwischen der Spitze der Still und dem *Kondensator*. Winkel, Höhe und Dicke haben entscheidenden Einfluss auf die Merkmale der Spirituose.

Maische Mischung aus Getreideschrot und Wasser.

Maischebottich Das Gefäß, in dem das Malzschrot mit heißem Wasser gemischt wird, um die Stärke im Getreide vor der Vergärung in Zucker umzuwandeln. Die vergärbare Flüssigkeit ist bekannt als *Würze*, der feste Rest (Spelzen und ausgelaugtes Getreide) ist *Trester*.

Maischemischung Die Mischung von Getreidesorten bei Herstellung eines bestimmten Whiskys. In den USA gibt es z. B. spezielle Anforderungen für den Prozentanteil bestimmter Getreidesorten bei Herstellung von Bourbon, Tennessee Whisky und Rye Whisky.

Mälzen Der Prozess des gezielten Startens und Stoppens der Keimung des Getreides, um seinen Stärkegehalt zu maximieren. Wenn das Getreide zu keimen beginnt (unter dem Einfluss von Wärme und Feuchtigkeit), wird es zu »Grünmalz« (Getreide, das gerade zu sprießen begonnen hat). Das Grünmalz wird durch *Darren* zu Malz.

Malzschrot Gemahlenes, gemälztes Getreide. Durch Zugabe von Wasser erhält man die *Maische*.

Mittellauf siehe *Schnittstellen*.

Nachlauf (*feints, aftershots*) Der letzte Abschnitt einer durch portionsweise Destillation gewonnenen Spirituose. Er ist aromatisch unangenehm und wird gesammelt und mit den *Low Wines* gemischt, um mit dem nächsten Durchlauf erneut destilliert zu werden.

New Make Die klare, verwendbare Spirituose, die aus der *Spirit Still* fließt. Sie hat eine Stärke von um 70 Vol.-% und wird verdünnt auf 63–64 Vol.-%, bevor sie zur Reifung in Fässer kommt. In den USA wird der New Make White Dog genannt.

Phenole Eine Gruppe aromatischer chemischer Verbindungen, die Malz und Whisky einen rauchigen, medizinischen Charakter verleihen. Phenole werden in mg/l gemessen. Für stark phenolische Whiskys wie Laphroaig und Ardbeg wird *Malz* verwendet, das auf zwischen 35 und 50 mg/l getorft ist.

Portionsweise Destillation Destillation in einzelnen Portionen im Gegensatz zur *kontinuierlichen Destillation.* Jede Portion fällt etwas anders aus, weshalb bei diesem Verfahren handwerkliches Geschick gefragt ist.

Pot Still Die großen, zwiebelförmigen, fast immer aus Kupfer bestehenden Behälter für *portionsweise Destillation.* Pot Stills variieren in Größe und Form, und diese Unterschiede wirken sich auf die Spirituose aus.

Poteen siehe *Uisce Poitin*

Proof Der alte Begriff für den Alkoholanteil einer Spirituose, jetzt abgelöst von Vol.-%. Der amerikanische Proof-Wert, der sich vom Imperial Proof unterscheidet, ist doppelt so hoch wie der Volumen-%-Anteil.

Rectifier siehe *Kontinuierliche Destillation.*

Reifung Damit aus *New Make* Whisky wird, muss er eine Zeit lang in Eichenfässern reifen. Der Zeitraum variiert und ist gesetzlich festgelegt: In Schottland und Irland mindestens drei Jahre, in den USA zwei Jahre.

Rückfluss Der Prozess, bei dem schwerere alkoholische Dämpfe in die Still zurückfallen anstatt den *Lyne Arm* zum *Kondensator* zu passieren. Dadurch werden diese Dämpfe erneut destilliert, werden reiner und leichter. Größe, Höhe und Form der Still sowie ihr Betrieb tragen zum Grad des Rückflusses bei und damit zur Leichtigkeit und zum Charakter der Spirituose. Stills mit langem Hals haben einen höheren Grad an Rückfluss und produzieren eine delikatere Spirituose als rundlichere Stills, die eher schwerere, »öligere« Whiskys erzeugen.

Saladin-Kasten Großer, rechteckiger Trog, in dem das Getreide bei industriellem *Mälzen* von Gerste keimt. Im Trog wird Luft durch die Gerste geblasen. Das Getreide wird mechanisch gewendet, damit die Körner nicht zusammenkleben.

Säulen-Brennanlage Auch bekannt als Coffey- oder Patent Still. Sie wird verwendet für die *kontinuierliche Destillation.*

Schnittstellen Bei der Pot-Still-Destillation teilt der Brenner den Durchlauf in drei »Schnitte« ein, um die verwendbare Spirituose von der verworfenen zu trennen, die neu destilliert werden muss. Der erste Schnitt enthält den *Vorlauf (foreshots)*, der Mittellauf den Bereich verwendbarer Spirituose (*middle cut*), der *Nachlauf* die *feints* oder *aftshots*.

Single cask siehe *Einzelfass*

Single Malt Ein Malt Whisky, der das Produkt nur einer Brennerei ist.

Small Batch Whisky In den USA die Bezeichnung für in kleinen Mengen produzierten Whisky.

Spirit Safe Ein Behälter mit Glasfenster, das der Überwachung

der Reinheit der Spirituose dient. Der Brenner nutzt den Spirit Safe während eines *Durchlaufs*, um die *Schnittstellen* festzulegen.

Spirit Still Bei *portionsweiser Destillation* dient die Spirit Still der zweiten Destillation, in der die Spirituose aus der *Wash Still* erneut gebrannt wird, um den *New Make* zu erzeugen.

Still Die Brennblase, in der die Destillation stattfindet. Es gibt zwei Haupttypen: die *Pot Still* für *portionsweise Destillation* und die *Säulen-Brennblase* für *kontinuierliche Destillation.*

Torfen Die Zugabe von Torf in die Öfen der Darre beim *Mälzen* von Gerste, um dem Whisky ein rauchiges Aroma zu verleihen. Gerste, die so behandelt wurde, nennt man getorftes Malz.

Trester Getreidereste, die nach dem Maischen übrig bleiben. Sie dienen als Rinderfutter.

Trommelmälzer Große Zylinder, in denen das Getreide keimt während des industriellen *Mälzens* der Gerste. Die Trommeln werden mit temperaturkontrollierter Luft belüftet und rotieren, sodass die Körner nicht zusammenkleben.

Uisce Poitin In Irland die traditionelle Bezeichnung für schwarzgebrannten Whiskey, bekannt als Poteen.

Uisge Beatha/Uisce Beatha Die schottisch-gälischen und irischgälischen Begriffe, von denen das Wort Whisky abgeleitet ist. Der Begriff bedeutet »Wasser des Lebens« und ist daher gleichbedeutend mit *eau de vie* und *aqua vitae.*

Unabhängiger Abfüller Eine Firma, die von den Brennereien kleine Mengen Whisky in Fässern kauft und selbst in Flaschen füllt.

Vatting Das Mischen von Whiskys aus mehreren Fässern. Dies erfolgt üblicherweise, um eine Geschmackskonsistenz über längere Zeit zu wahren (siehe auch *Vermählen*).

Vermählen Das Mischen von Whiskys vor der Abfüllung. Es bezieht sich meist auf Blends, für die unterschiedliche Whiskys gemischt und mitunter eine Zeit lang gelagert werden, um sich besser zu binden.

Vol.-% Der Alkoholanteil eines Getränks, in Prozent ausgedrückt. Whisky enthält meist 40 oder 43 Volumen-%.

Vorlauf (*foreshots, heads*) Der erste Abschnitt des Destillationsdurchlaufs bei der Pot-Still-Destillation. Er ist nicht rein genug für die Verwendung und fließt in einen gesonderten Behälter, um beim nächsten *Durchlauf* erneut destilliert zu werden.

Wash Die sich durch Zugabe von Hefe an die *Würze* ergebende Flüssigkeit, die zu einer Art Bier vergärt. Wash hat eine alkoholische Stärke von um 7 Vol.-%. Er kommt zur ersten Destillation in die *Wash Still.*

Wash Still Bei *portionsweiser Destillation* dient die Wash Still der ersten Destillation, durch die der *Wash* destilliert wird.

Washbacks Die Gärbehälter, in denen durch Hefezugabe aus der *Würze* der *Wash* wird. In den USA »Fermenter« genannt.

Wood Finish siehe *Cask Finishing*

Worm Tub siehe *Kondensator*

Würze Die süße Flüssigkeit, die sich durch Mischen heißen Wassers mit dem Malzschrot in einem *Maischebottich* ergibt.

Anhang

DIE GROSSEN KONZERNE

Es kann bisweilen schwierig sein, herauszufinden, welches Unternehmen eine bestimmte Whiskymarke oder Destillerie besitzt. Da Firmen fusionieren oder von größeren Gruppen aufgekauft werden, ist ihre Spur mitunter schwer fassbar. Hier finden Sie einen kurzen Überblick über die großen Konzerne, der erläutert, wie sie entstanden sind und sich allmählich zu den Schaltstellen der heutigen Whiskywelt entwickelt haben: Diageo, Chivas Brothers/ Pernod Ricard, United Spirits (die UB-Gruppe) sowie Beam Global (selbst Teil von Fortune Brands).

DER AUFSTIEG VON DIAGEO

Die Distillers Company Limited (**DCL**) entstand 1877 als Vereinigung sechs führender Grain-Whisky-Produzenten. 1894 eröffnete sie ihre erste Malt-Brennerei (Knockdhu), und Anfang des 20. Jahrhunderts begann sie, Verschnittfirmen und ihre Marken aufzukaufen. Nach der »großen Vereinigung« 1925, als die Verschnittfirmen Walkers, Dewars und Buchanans hinzukamen, avancierte DCL zum größten Whiskyproduzenten der damaligen Zeit.

1987 wurde DCL von Guinness übernommen und die Whiskysparte in United Distillers umbenannt. 1998 fusionierte Guinness mit Grand Metropolitan, wozu eine Tochterfirma namens International Distillers & Vintners gehörte. Der Zusammenschluss aus dieser Tochterfirma und United Distillers erhielt den Namen United Distillers & Vintners (**UDV**).

Im selben Jahr (1998) wurde **Diageo** als Holdinggesellschaft gegründet. Zwei Jahre später vereinfachte man die Firmenstruktur, und UDV wurde als Handelsgesellschaft durch Diageo ersetzt.

Diageo besitzt eine Fülle an Whiskymarken – darunter ehrwürdige alte Blends wie Buchanan's, Haig und Johnnie Walker – sowie viele schottische Brennereien. Vorzeigemarken sind die zwölf der Classic-Malts-Palette: Caol Ila, Cardhu, Clynelish, Cragganmore, Dalwhinnie, Glen Elgin, Glenkinchie, Knockando, Lagavulin, Oban, Royal Lochnagar und Talisker.

CHIVAS & PERNOD RICARD

Chivas Brothers wurde 1801 in Aberdeen als Wein- und Spirituosenhandel gegründet und 1949 von dem kanadischen Brenner Seagram übernommen. Seagram kaufte oder errichtete weitere neun Brennereien und übernahm eine Reihe führender Blends.

2001 beschloss Seagram, sich seiner Alkoholsparte zu entledigen, die zwischen Diageo und Pernod Ricard aufgeteilt wurde. Chivas bleibt als Whiskysparte von Pernod Ricard bestehen.

Der französische Konzern **Pernod Ricard** stieg 1974 mit dem Erwerb der Aberlour Distillery in die schottische Whiskybranche ein, doch der Sprung in die Oberliga gelang erst mit dem Kauf eines Teils des Seagram-Imperiums 2001. Dazu gehörten die Brennerei Glenlivet, die Marke Chivas Regal sowie sechs Brennereien von Allied Domecq, die 2005 hinzukamen. Pernod Ricard besitzt ferner Marken wie Ballantine's, Jameson, Paddy und Powers sowie angesehene Brennereien wie Aberlour, Scapa und Longmorn. In den Vereinigten Staaten gehört Wild Turkey dazu, in Kanada Wiser's.

IRISH DISTILLERS

Die Geschichte von Irish Distillers begann 1867, als fünf kleine Brenner im County Cork zur Cork Distillers Company (**CDC**) fusionierten und ihre Produktion in der Midleton Distillery zusammenlegten.

Das war der Status Quo, bis fast 100 Jahre später, 1966, durch Fusionierung von Power's, Jameson's und CDC die Irish Distillers Group (**IDG**) entstand.

Die historischen Brennereien von Power und Jameson in Dublin wurden in den frühen 1970er-Jahren geschlossen, und 1975 entstand eine große neue Brennerei in Midleton, um Kapazitäten für die Produktion aller Whiskys von IDG zu bieten. IDG wurde 1988 von Pernod Ricard übernommen.

UNITED SPIRITS

United Spirits gehört zur indischen UB Group und ist der drittgrößte Spirituosenhersteller nach Diageo und Pernod Ricard. Diese Position hat das Unternehmen erst seit Kurzem inne, nach der Übernahme von **Whyte & Mackay** 2007, die ihm mehrere schottische Brennereien einbrachte, darunter Dalmore und Jura. Whyte & Mackay existiert innerhalb von United Spirits weiter.

BEAM GLOBAL

Diese Tochtergesellschaft von Fortune Brands in den USA besitzt die Marke Jim Beam sowie Maker's Mark und Canadian Club. Zu ihren schottischen Whiskymarken gehören Laphroaig und der Blend Teacher's.

BACARDI

Der berühmte Rumhersteller **Bacardi** näherte sich der schottischen Whiskybranche 1992 mit dem Kauf von William Lawson Ltd., dem Besitzer der Macduff Distillery. 1998 erwarb Bacardi von Diageo John Dewar & Sons zusammen mit vier Brennereien und etablierte sich als wichtiger Akteur auf der schottischen Whiskybühne.

ALLIED DOMECQ

In seiner Blütezeit in den 1990er-Jahren war Allied Domecq eine der weltgrößten Whiskyfirmen. Das Unternehmen begann als **Allied Breweries**, kaufte 1976 Teacher's und änderte den Namen ihrer Spirituosenabteilung in **Allied Distillers**, als man 1987 Hiram Walker übernahm, den Besitzer von Ballantine's mit allen Marken und Brennereien. Drei Jahre später erwarb die Firma die Whiskysparte von Whitbreads und stieg in die Oberliga auf.

Nach der Übernahme des spanischen Brenners und Sherryherstellers Pedro Domecq änderte man den Namen in **Allied Domecq** und avancierte zur drittgrößten Getränkefirma der Welt. Allied Domecq zerfiel 2005; Teacher's ging an Beam Global und Ballantine's an den französischen Getränkeriesen Pernod Ricard.

WHISKY-SERIEN

In diesem Buch werden drei wichtige Whisky-Serien erwähnt, auf die Sie bei der Beschäftigung mit Whisky und beim Einfkauf immer wieder stoßen werden: Classic Malts, Flora & Fauna sowie Rare Malts. Hier einige Hintergrundinformationen über jede von ihnen:

Classic Malts: Eine Reihe von sechs Malts wurde von United Distillers 1987/88 eingeführt. Die Malts kamen aus den Brennereien Cragganmore, Dalwhinnie, Glenkinchie, Lagavulin, Oban und Talisker. Unter der Inhaberschaft von Diageo wurde die Palette auf zwölf Malts erweitert: die sechs ursprünglichen plus Caol Ila, Cardhu, Clynelish, Glen Elgin, Knockando und Royal Lochnagar.

Flora & Fauna: In den frühen 1990er-Jahren entwickelte UDV die Reihe Flora & Fauna mit Single-Malt-Abfüllungen aus allen konzerneigenen Brennereien. Diageo hat diese Reihe zunächst weitergeführt, kürzlich aber beschlossen, sie einzustellen.

Rare Malts: Ebenfalls von UDV stammt diese Auswahl von Kleinmengen-Abfüllungen in natürlicher Stärke und ohne Kaltfiltration. Sie kamen zwischen 1995 und 2006 heraus; 36 Brennereien wurden in der Serie vorgestellt.

SHOPS UND VERSENDER

DEUTSCHLAND

Cadenhead's Whisky Market
Luxemburger Straße 257
50939 Köln
Tel.: +49 (0)221 283 1834
www.cadenhead.de

Celtic Whisk(e)y & Versand
Otto Steudel
Bulmannstraße 26
90459 Nürnberg
Tel.: +49 (0)911 4509 7430
www.whisky.de/celtic

Dixon & Sondheim GbR
Whisky-Versandhandel
St.-Pöltener-Str. 71
70469 Stuttgart
Tel.: +49 (0)711 8560 750
www.best-whisky.de

Finlays Whisky Shop
Andreas Hamann
Limesstraße 9a
61381 Friedrichsdorf

**SCOMA –
Scotch Malt Whisky GmbH**
Online-Versandhandel
Am Bullhamm 17
26441 Jever
Tel.: +49 (0)4461 912 237
www.scoma.de

Weinquelle Lühmann
Lübeckerstraße 145
22087 Hamburg
Tel.: +49 (0)40 256 391
www.weinquelle.com

Whisky & Cigars
Sophienstraße 8-9
10178 Berlin-Mitte
Tel.: +49 (0)30 282 03 76
www.whisky-cigars.de

Whisky Corner
Reichertsfeld 2
92278 Illschwang
Tel.: +49 (0)96 6695 1213
www.whisky-corner.de

Whisky Depot
Poppenbüttler Landstr. 1
22391 Hamburg
Tel.: +49 (0)40 602 52 34
www.whiskydepot.com

Whisk(e)y Shop tara
Fred Heinz Schober
Rindermarkt 16
80331 München
Tel.: +49 (0)89 265 118
www.whiskyversand.de

The Whisky Store
Theresia Lüning
Am Grundwassersee 4
82402 Seeshaupt
Tel.: +49 (0)8801 2317
www.whisky24.de

ÖSTERREICH

Potstill
Strozzigasse 37
1080 Wien
Tel.: +43 (0)676 965 89 36
www.potstill.org

Caledonia Single Malt Whisky
Hatzenstrasse 1
5324 Faistenau b. Salzburg
Tel.: +43 (0)6228 20488 11
www.caledonia.at

SCHWEIZ

**Anne McKenzie's
Finest Scottish Whisky Online**
Kronenstrasse 9
8840 Einsiedeln
Tel.: +41 (0)55 422 16 00
www.annes-whiskyshop.ch

L. van der Heijden
Freienhofgasse 5
3600 Thun
Tel. +41 (0)33 222 00 50
www.whiskybaron.ch

Nessi – Finest Malt Whiskys
Langhagweg 3
4222 Zwingen
Tel.: +41 (0)61 761 78 88

TheWhiskyShop
Dorfstr. 19
9535 Wilen
Tel: +41 (0)71 923 47 23
www.thewhiskyshop.ch

World of Whisky
Via dim Lej 6
7500 St. Moritz
Tel.: +41 (0) 81 852 33 77
www.worldofwhisky.ch

GROSSBRITANNIEN

Berry Brothers & Rudd
3 St. James's Street
London SW1A 1EG
Tel.: +44 (0)20 7396 9600
www.bbr.com

Cadenhead's Whisky Shop
172 Canongate, Royal Mile
Edinburgh EH8 8BN
Tel.: +44 (0)131 556 5864
www.wmcadenhead.com

Gordon & MacPhail
58–60 South Street, Elgin
Moray IV30 1JY
Tel.: +44 (0)1343 545110
www.gordonandmacphail.com

Loch Fyne Whiskies
Inverary, Argyll PA32 8UD
Tel.: +44 (0)1499 302 219
www.lfw.co.uk

Milroys of Soho
3 Greek Street, London W1D 4NX
Tel.: +44 (0) 20 7437 2385
www.milroys.co.uk

Royal Mile Whiskies
279 High Street, Royal Mile
Edinburgh EH1 1PW
Tel.: +44 (0)131 5249380
www.royalmilewhiskies.com

The Vintage House
42 Old Compton Street
London W1D 4LR
Tel.: +44 (0)20 7437 5112
www.sohowhisky.com

Whisky Castle
Main Street, Tomintoul
Aberdeenshire AB37 9EX
Tel.: +44 (0)1807 580 213
www.whiskycastle.co.uk

The Whisky Exchange
Vinopolis, 1 Bank End
London SE1 9BU
Tel.: +44 (0)208 838 9388
www.thewhiskyexchange.com

The Whisky Shop
www.whiskyshop.com

The Whisky Shop Dufftown
1 Fife Street, Dufftown, Keith,
Moray AB55 4AL
Tel.: +44 (0)1340 821097
www.whiskyshopdufftown.co.uk

IRLAND

Celtic Whisky Shop
27–28 Dawson Street,
Dublin 2
Tel.: +353 (0)1 675 9744

Mitchell & Son
The CHQ Building
IFSC Docklands, Dublin 1
Tel.: +353 (0)1 612 5540
www.mitchellandson.com

USA

D & M
2200 Fillmore Street
San Francisco, CA 94115
Tel.: +001 (415) 346 1325
www.dandm.com

Park Avenue Liquor Shop
292 Madison Avenue
New York, NY 10017
Tel.: +001 (212) 685 2442
www.parkaveliquor.com

Sam's Wine & Spirits
1720 North Marcey Street
Chicago, IL 60614
Tel.: +001 (866) 726 7946
www.samswine.com

The Whisky Shop
360 Sutter Street
San Francisco, CA, 94108
Tel.: +001 (415) 989 1030
www.whiskyshopusa.com

WEBSEITEN ÜBER WHISKY

DEUTSCH:
www.whiskymania.de
www.whiskynews.de
www.whiskyplanet.de

ENGLISCH:
blog.maltadvocate.com
www.maltmadness.com
www.maltmaniacs.org
www.nonjatta.blogspot.com
www.singlemalt.tv
www.spiritofislay.net
www.thewhiskychannel.com
www.whiskycast.com
www.whiskymag.com
www.whisky-pages.com

Register

BILDNACHWEIS

Deepak Aggarwal © DK Images. 323 Antiquity, Bagpiper, Blenders Pride, 324 Imperial Blue, Masterstroke, McDowell's, 325 Royal Challenge

Alamy Images: 196–197 © FAN Travelstock/Alamy, 206–207 © David Sanger Photography/Alamy, 252–253 © Peter Horree/Alamy, 274–275 © Design Pics Inc./Alamy

Paul Bock © Beam Global: 132–133 Laphroaig Distillery

Dave Broom: 290 Chichibu

Chris Bunting: 282 Golden Horse, 286 The Crane Bar, Tokyo

Corbis: 330 © Doug Pearson/JAI/Corbis

Peter Mulryan: 11 Abfüllung, 210–211 Die Quelle des Whiskeys, Gerste, Dreifache Maischung, Abfüllung, 212 Gerstenfeld bei Midleton

Thameside Media/Michael Ellis © DK Images: 2, 4, 6, 8–11, 14–15, 21 Allt-A-Bhainne, 26–27, 28, 36 Balmenach, 38–39, 40–41, 46–47, 42 Bell's, 43 Ben Nevis, 51 Bladnoch, Blair Athol, 58 Braeval, 60 Caol Ila Distillers Edition, 61 Caperdonich, 62–63, 70 Crawford's, 71 Cutty Sark, Dailuaine, Dallas Dhu, 76 Deanston, 78 Dimple, Dufftown, Edradour, 79, 82 Fettercairn, 82 Glenallachie, 83 Glenburgie, Glen Deveron, 84–85, 94–95, 98 Glen Grant, Glen Keith, 102 Glenlossie, 108 Glen Ord, Glen Scotia, Glen Spey, Glentauchers, 109 Glenturret, 111 Haig, 112–113, 117 Inchgower, 117 Invergordon, 120–121, 122 Kilchoman, 123, 124–125, 127, 128 Lagavulin 16-year-old, 21-year-old, 129 Lagavulin 30-year-old, Distillers Edition, 131, 134 Lauder's, 135 Linkwood, Loch Fyne Living Cask, Loch Lomond, 136 Long John, Longmorn, 138, 142 Mannochmore, 144 Millburn, Miltonduff, 145 Mortlach, Oban Distillers Edition, 148, 151 Poit Dubh, Port Ellen, Prime Blue, 152–153, 158–159, 160 Sheep Dip, 164 Stewarts Cream of the Barley, 165, 166–167, 170 Tamdhu, 171 Teaninich G&M, Te Bheag, 174, 176–177, 179 White Horse, 181, 190 Coleraine, 193, 194 Craoi Na Mona, 194 Feckin' Irish, 195 Green Spot, 223, 225 Bulleit, 226, 229, 233 I.W. Harper, 237 Henry McKenna, 245 Knob Creek, 257 Seagram's 7 Crown, 259, 260–261, 262, 263, 264 Kentucky Spirit, 265 Rare Breed, 270, 276 Crown Royal, 277 Glen Breton, 277 Hirsch, 278 Seagram's, 285, 288, 289, 292, 293, 296, 302, 303, 306, 310 Goldlys, Gouden Carolus, Armorik, 315 Gold Cock, 316 Slyrs, 320, 322, 326, 331 Lammerlaw; Kartografie von Rosalyn Ellis, Nora Zimerman, Steve Crozier

The Whisky Couple: 230 Wild-Turkey-Emblem, 231 Maker's Mark, 239 Gläser, 241, 246–247 Pot Stills, 247 Rack Houses

The Whisky Exchange: 237 Hirsch Reserve

Der Verlag dankt den folgenden Produzenten für ihre Unterstützung und die freundliche Genehmigung zum Abdrucken ihrer Fotografien:

Aberfeldy Distillery; Aberlour Distillery; Alberta Distillery: Alberta, Tangle Ridge, Windsor Canadian; Allied Distillers; Anchor Distilling Company: Old Potrero; Angus Dundee; Ardbeg Distillery; Ardmore Distillery; Arran Distillers: Arran, Lochranza; Auchroisk Distillery; Aultmore Distillery; Bacardi & Company: Dewar's, Royal Brackla, William Lawson's; Backafallsbyn AB: Hven; Bakery Hill Distillery; Balblair Distillery; The Balvenie Distillery Company; Beam Global España: DYC; Beam Global Distribution (UK): Ardmore, Laphroaig, Teacher's; Beam Global Spirits & Wine, Inc. (USA): Baker's® Kentucky Straight Bourbon Whiskey (53.5 % Alc./Vol. ©CST), James B. Beam Distilling Co., Clermont, KY; Basil Hayden's® Kentucky Straight Bourbon Whiskey (40 % Alc./Vol. ©CST), Kentucky Springs Distilling Co., Clermont, KY; Booker's® Kentucky Straight Bourbon Whiskey (60.5 %–63.5 % Alc./Vol. ©CST), James B. Beam Distilling Co., Clermont, KY; Clermont Distillery; Canadian Club® Blended Canadian Whisky (40 % alc./vol. ©CST) Canadian Club Import Company, Deerfield, IL; Jim Beam Black® Kentucky Straight Bourbon Whiskey (43 % Alc./Vol. ©CST), James B. Beam Distilling Co., Clermont, KY; Jim Beam® Kentucky Straight Bourbon Whiskey (40 % Alc./Vol. ©2009), James B. Beam Distilling Co., Clermont, KY; Jim Beam's Choice® Kentucky Straight Bourbon Whiskey (40 % Alc./Vol. ©2009), James B. Beam Distilling Co., Clermont, KY; Jim Beam® Straight Rye Whiskey (40 % Alc./Vol. ©CST), James B. Beam Distilling Co., Clermont, KY; Kessler® American Blended Whiskey Lightweight Traveler® (40 % Alc./Vol. 72.5 % Grain Neutral Spirits, ©2009), Julius Kessler Company, Deerfield, IL; Knob Creek® Kentucky Straight Bourbon Whiskey (50 % Alc./Vol. ©2009), Knob Creek Distillery, Clermont, KY; Maker's Mark® Bourbon Whisky (45 % Alc./Vol. ©CST), Maker's Mark Distillery, Inc., Loretto, KY; Old Crow® Kentucky Straight Bourbon Whiskey (40 % Alc./Vol. ©2009), W.A. Gaines, Div. of The Old Crow Distillery Company, Frankfort, KY; Old Grand-Dad® Kentucky Straight Bourbon Whiskey (43 %, 50 % and 57 % Alc./Vol. ©2009), The Old Grand-Dad Distillery Company, Frankfort, KY; Old Taylor® Kentucky Straight Bourbon Whiskey (40 % Alc./Vol. ©CST), The Old Taylor Distillery Company, Frankfort, KY; Belmont Farms of Virginia: Virginia Lightning; Benriach Distillery; Benrinnes Distillery; Benromach Distillery; Berry Brothers & Rudd: Cutty Sark; Bertrand Distillery: Uberach; Betta Milk Cooperative: Hellyers Road; Bowmore Distillery; Braunstein; Brown-Forman Corporation: Canadian Mist, Early Times, Old Forester, Woodford Reserve, Jack Daniel's; Bruichladdich Distillery; Buffalo Trace Distillery: Ancient Age, Blanton's, Buffalo Trace, Eagle Rare, Elmer T. Lee, Experimental Collection, George T. Stagg, Hancock's Reserve, Old Charter, Rock Hill Farms, Sazerac Rye, Thomas H. Handy, W.L. Weller; Bunnahabhain Distillery; Burn Stewart Distillers: Black Bottle, Deanston, Scottish Leader; The Old Bushmills Distillery Co: Bushmills, The Irishman, Knappogue Castle; Campari Drinks Group: Glen Grant, Old Smuggler; Cardhu Distillery; Castle Brands Inc.: Jefferson's, Sam Houston; Chivas Brothers: 100 Pipers, Ballantine's, Chivas Regal, Clan Campbell, Imperial, Long John, Passport, Queen Anne, Royal Salute, Something Special, Stewarts Cream of the Barley, Strathclyde, Strathisla, Tormore; Clear Creek Distillery: McCarthy's; Clontarf Distillery; Clynelish Distillery; Compass Box Delicious Whisky; Constellation Spirits Inc.: Very Old Barton®, Kentucky Gentleman®, Kentucky Tavern®, Ridgemont®, Ten High®, Tom Moore®, Black Velvet®; Cooley Distillery: Connemara, Cooley, Greenore, Inishowen, Kilbeggan, Locke's, Magilligan, Tyrconnel, Wild Geese; Copper Fox Distillery: Wasmund's; Corby Distilleries: Wiser's; Craigellachie Distillery; Cragganmore Distillery; Des Menhirs: Eddu; Diageo plc: Bell's, Black & White, Buchanan's, Bulleit Bourbon, Bushmills, Cameron Brig, Caol Ila,

Cardhu, Crown Royal, Dalwhinnie, Dimple, Glen Elgin, Haig, J&B, Johnnie Walker, Lagavulin, Linkwood, Oban, Old Parr, Royal Lochnagar, Teaninich, Usher's Green Stripe, VAT 69, White Horse, Windsor; Diageo Canada: Seagram's; Domaine Charbay: Charbay; Domaine Mavela: P&M; Edrington Group: The Famous Grouse, Tamdhu; The English Whisky Co.; Fleischmann: Grüner Hund; Four Roses Distillery; The Gaelic Whisky Co.: Mac Na Mara, Poit Dhubh; George A. Dickel & Co.: George Dickel; Girvan Distillery; Glann Ar Mor; Glencadam Distillery; Glendronach Distillery; Glendullan Distillery; Glenfarclas Distillery; Glenfiddich Distillery; Glenglassaugh Distillery; Glengoyne Distillery; Glenkinchie Distillery; Glenlivet Distillery; The Glenmorangie Company: Bailie Nicol Jarvie, Glenmorangie, James Martin's; Glen Moray Distillery; Glenora Distillery: Glen Breton; Glenrothes Distillery; Glenturret Distillery; Gotland Whisky AB; Graanstokerij Filliers: Goldlys; Great Southern Distilling Company: Limeburners; Guillon Distillery; Hammerschmiede Spirituosen: Glen Els; Heaven Hill Distilleries, Inc.: Bernheim, Elijah Craig, Evan Williams, Heaven Hill, Georgia Moon, Heaven Hill, Parker's, Mellow Corn, Old Fitzgerald, Parker's, Pikesville, Rittenhouse Rye; Highland Park Distillery; Highwood Distillers; Holle; Hotel Gasthof Lamm, Ammertal; Ian MacLeod: Langs; International Beverage Holdings; Inver House Distillers: Catto's, Hankey Bannister, Inver House, MacArthur's, Pinwinnie Royale, Speyburn; Isle of Arran: Robert Burns; Jagatjit Industries: Aristocrat; Jura Distillery; Käsers Schloss: Whisky Castle; Kentucky Bourbon Distillers, Ltd.: Johnny Drum, Noah's Mill; Kilchoman Distillery; Kirin Holdings Company; Kittling Ridge Distillery: Forty Creek; Knockdhu Distillery: AnCnoc, Knockeen Hills; La Maison du Whisky: Nikka; La Marttiniquaise: Label 5; Lark Distillery; Last Drop Distillers; Leopold Bros; Lotte Chilsung: Scotch Blue; Luxco Spirited Brands: Rebel Yell; Macallan; Macduff International: Grand Macnish, Islay Mist, Lauder's; Mackmyra; McMenamin's Group: Edgefield; Midleton Distillery: Clontarf, Crested Ten, Dungourney, Green Spot, The Irishman, Jameson, Midleton, Paddy, Powers, Redbreast, Tullamore Dew; Morrison Bowmore Distillers: Auchentoshan, Bowmore, Glen Garioch, McClelland's, Yamazaki; Murree Distillery; The Nant Estate; The New Zealand Malt Whisky Company: Milford; The Nikka Whisky Distilling Co.; Number One Drinks Company: Chichibu, Hanyu, Ichiro's Malt; Old Pulteney Distillery; The Owl Distillery: The Belgian Owl; Pernod Ricard USA: American Spirit, Russell's Reserve, Wild Turkey; Piedmont Distillers: Catdaddy; Preiss Imports; Radico Khaitan: 8PM, Whytehall; Reiner Mösslein:Fränkischer; Reisetbauer; Richard Joynson: Loch Fyne; Rogue Spirits; Rosebank Distillery; Saint James Spirits: Peregrine Rock; Scapa Distillery; Southern Distilleries: MacKenzie, Old Hokonui; Spencerfield Spirits: Pig's Nose; Speyside Distillery; Springbank Distillers: Hazelburn, Longrow, Springbank; St George Spirits; Stock Plzen: Printer's; Stranahan's Colorado Whiskey; Suntory Group; Tasmania Distillery: Sullivan's Cove; Teerenpeli; Templeton Rye; Talisker Distillery; Tobermory Distillery: Ledaig, Tobermory; Tomatin Distillery: The Antiquary, The Talisman, Tomatin; Tomintoul Distillery; Triple Eight Distillery: The Notch; Tullibardine Distillery; Tuthilltown Distillery: Hudson; United Spirits; Us Heit Distillery: Frysk Hynder; Vallei Distillery: Valley; Waldviertler Whiskydestillerie; Wambrechies Distillery; Welsh Whisky Company: Penderyn; Whyte & Mackay: Black Dog, The Claymore, Cluny, The Dalmore, Findlater's, John Barr, Tamnavulin, Whyte & Mackay; William Grant & Sons: Clan MacGregor, Glenfiddich, Grant's, Ladyburn, Monkey Shoulder; Wolfram Ortner: Nock-Land; Yalumba: Smith's; Zuidam Distillery: Millstone; Spezialitätenbrennerei Zürcher: Single Lakeland

DANK

Thameside Media dankt den folgenden Personen und Unternehmen für ihre Unterstützung und die freundliche Genehmigung, auf ihrem Gelände zu fotografieren:

Jane Grimley von Aberfeldy Distillery, Ann Miller von Aberlour Distillery, Michael Heads von Ardbeg Distillery, Rob, Robbie und Brian von Balvenie und Glenfiddich, Adam Holden von Berry Brothers & Rudd, Dave und Heather von Bowmore Distillery, Mark und Duncan von Bruichladdich Distillery, John MacLellan von Bunnhabhain Distillery, Ewan Mackintosh von Caol Ila Distillery, Belegschaft und Besitzer von The Canny Man's in Edinburgh, Stephanie Macleod von Dewar's, Ian und Claire von Gordon & MacPhail, Cathy und Ruth von Kilchoman Distillery, Ruth und Ian (Pinky) von Lagavulin Distillery, Vicky Stevens, Graham Holyoake und David McLean von Laphroaig Distillery, Margaret und Morag von Macallan Distillery, die Mitarbeiter von The Mash Tun in Aberlour, Philip Shorten von Milroy's of Soho, Graham Logie von Port Ellen Maltings, Gary von Speyside Cooperage, The Whisky Shop Dufftown.

Thameside Media möchte außerdem folgenden Personen für ihre Unterstützung danken: Sukhinder Singh und Mitarbeiter von The Whisky Exchange, London (www.thewhiskyexchange.com), Marisa Renzullo, Casper Morris, Becky Offringa von The Whisky Couple, Aparna Sharma von DK Indien.

Außerdem ein großes Dankeschön an Stuart Bale und Luca Saladini von der Bar The Albannach in London für die Anleitung und das Mixen der Cocktails auf S. 112–113.

Umschlagabbildung Vorderseite: fotosearch.co.uk, Image Zoo (Gerstengarben)

DIE AUTOREN

DAVE BROOM
Dave Broom gibt das *Whisky Magazine Japan* heraus. Er ist ferner als Herausgeber und Autor für das *Whisky Magazine* sowie als regelmäßiger Kolumnist für viele Periodika tätig. Der Verfasser zahlreicher Bücher hat für seine Arbeit drei Glenfiddich Awards gewonnen. Er ist geschätzt als Verkoster und ein begehrter Dozent. Für dieses Buch hat er das Kapitel über japanischen Whisky verfasst.

TOM BRUCE-GARDYNE
Tom Bruce-Gardyne ist ein Experte für schottischen Malt and hat mehrere Bücher zum Thema geschrieben, darunter *Scotch Whisky* und *The Scotch Whisky Book*. Er liefert regelmäßig Beiträge für das *Whisky Magazine, Wine and Spirit* und *The Herald*. Aus seiner Feder stammen die Beiträge über schottische Malt Whiskys.

IAN BUXTON
Ian Buxton wurde 1991 zum Keeper of the Quaich gewählt – die höchste Auszeichnung der schottischen Whiskybranche –, und er ist Mitglied der Worshipful Company of Distillers. Er gehört zudem zum Verkostungsgremium des *Whisky Magazine* für die World Whiskies Awards und ist Direktor der World Whiskies Conference. Er schreibt unter anderem für *Whisky Magazine, Scottish Field* und *The Times*. Kürzlich gab er die Gedenkschrift für Michael Jackson (*Beer Hunter, Whisky Chaser*) heraus. Derzeit arbeitet er an einer Geschichte der Glenglassaugh Distillery. Ian verfasste für dieses Buch die Beiträge über schottische Blended Whiskys.

CHARLES MACLEAN
Er schreibt seit 1981 über Whisky und hat zehn Bücher zum Thema publiziert, darunter *Scotch Whisky: A Liquid History*, das 2005 den James Beard Award »Best Book on Wine & Spirits« gewann. Er war Gründungsherausgeber des *Whisky Magazine* und ist Moderator des einzigen TV-Kanals der Welt über Whisky (www.single-malt.tv). Er ist Herausgeber dieses Buches und hat auch die Kapitel über kanadischen, asiatischen und australischen Whisky geschrieben.

PETER MULRYAN
Peter Mulryan ist Autor von vier Büchern über Spirituosen: *The Whiskeys of Ireland, Poteen – Irish Moonshine, Bushmills – 400 years* und *Irish Whiskey Guide*. Von ihm stammen zahlreiche Beiträge zum Thema, unter anderem im *Whisky Magazine*. Als TV-Produzent ist er auf Sendungen zu Getränken und Kulinaria spezialisiert. Von ihm stammt das Kapitel über irischen Whiskey.

HANS OFFRINGA
Zusammen mit seiner Frau Becky führt Hans Offringa Veranstaltungen zum Thema Whisky in Europa und den USA durch (www.thewhiskycouple.com). Er hat mehr als 15 Bücher über Whisky verfasst und übersetzt und schreibt für *Whisky Passion, Whiskyetc, The Malt Advocate* und verschiedene Whisky-Websites. In diesem Band stellt er die europäischen Whiskys vor.

GAVIN D. SMITH
Gavin D. Smith ist Autor von zehn Büchern über Whisky, beitragender Herausgeber von *www.whisky-pages.com*, und er war Gründungsherausgeber des Getränkemagazins *Fine Expressions*. Er schreibt regelmäßig für das *Whisky Magazine* und *The Malt Advocate*, hält Vorträge und leitet Whiskyverkostungen. Er hat für dieses Buch das Kapitel über die USA beigesteuert.